中国能源统计年鉴

CHINA ENERGY STATISTICAL YEARBOOK

2015

国家统计局能源统计司 编

Compiled by
Department of Energy Statistics,
National Bureau of Statistics, People's Republic of China

中国统计出版社
China Statistics Press

图书在版编目（CIP）数据

中国能源统计年鉴. 2015 : 汉英对照 / 国家统计局能源统计司编. -- 北京 : 中国统计出版社, 2015.12
ISBN 978-7-5037-7735-6

Ⅰ. ①中… Ⅱ. ①国… Ⅲ. ①能源经济－经济统计－中国－2015－年鉴－汉、英 Ⅳ. ①F426.2-54

中国版本图书馆 CIP 数据核字(2015)第 315572 号

中国能源统计年鉴 2015

作　　者／国家统计局能源统计司
责任编辑／许立舫
装帧设计／李雪燕
出版发行／中国统计出版社
通信地址／北京市丰台区西三环南路甲 6 号　邮政编码/100073
电　　话／邮购（010）63376909　书店（010）68783171
网　　址／http://www.zgtjcbs.com
印　　刷／河北天普润印刷厂
经　　销／新华书店
开　　本／880 × 1230mm　1/16
字　　数／1200 千字
印　　张／23.5
版　　别／2015 年 12 月第 1 版
版　　次／2015 年 12 月第 1 次印刷
定　　价／298.00 元

如有印装差错，由本社发行部调换。

《中国能源统计年鉴 2015》

编委会和编辑人员

China Energy Statistical Yearbook 2015

EDITORIAL BOARD AND STAFF

编 辑 说 明

一、《中国能源统计年鉴》是一部全面反映中国能源建设、生产、消费、供需平衡的权威性资料书，从 1986 年开始，由国家统计局工业交通统计司主编。2008 年版起，由国家统计局能源统计司主编，中国统计出版社出版，向国内外公开发行。

二、为满足广大读者对中国能源统计数据的需求，提高数据应用的时效性，从 2004 年起，《中国能源统计年鉴》由每两年出版一册改为每年出版一册，封面的年份由数据年份改为出版年份。

三、《中国能源统计年鉴》共分为 7 个篇章：1.综合；2.能源建设；3.能源生产；4.能源消费；5.全国能源平衡表；6.地区能源平衡表；7.香港、澳门特别行政区能源数据；附录内容为台湾省及有关国家和地区能源数据、主要统计指标解释以及各种能源折标准煤参考系数。

四、本书大部分资料来源于国家统计局年度统计报表及《中国统计年鉴》。全国统计数字均未包括香港、澳门特别行政区和台湾省。能源平衡表核算范围不包括非商品能源。

五、本书中，中国能源数据截止到 2014 年，世界和各国及地区能源数据截止到 2013 年。

六、符号使用说明：年鉴各表中“空格”表示该项统计指标数据不足本表最小位数、数据不详或无该项数据；“#”表示其中的主要项。

七、从 2012 年起，行业分类均采用 2011 年版最新行业分类标准。

PREFACE

China Energy Statistical Yearbook is an annual statistical publication, which covers very comprehensive data in energy construction, production, consumption, equilibrium of supply and demand in an all-round way, established in 1986, edited by Department of Industry and Transport Statistics, National Bureau of Statistics. 2008 annual is edited by Department of Energy Statistics, National Bureau of Statistics, published by China Statistics Press, to the domestic and international public publication.

In order to satisfy the masses of readers' demands for China energy statistics, improve the efficiency and timeliness of the data use, from each of 2004, *China Energy Statistical Yearbook* is published one volume every year instead of one volume every 2 years, the year of front cover also switched over to publishing year.

China Energy Statistical Yearbook consists of seven chapters: 1. General Survey; 2. Construction of Energy Industry; 3. Energy Production; 4. Energy Consumption; 5. Energy Balance Table of China; 6. Energy Balance Table by Region; 7. Energy data for the Hong Kong and Macao Special Administrative Region. Additional information provided in the appendices include major energy data for Taiwan province, energy data for related countries or areas and explanatory notes of main statistical indicators and conversion factors from physical units to coal equivalent.

Annual statistical reports from the National Bureau of Statistics and the *China Statistical Yearbook* are the main data sources of this document. However, the national data in this book does not include that of the Hong Kong and Macao Special Administrative Region, the Taiwan province. Also, the data in the energy balance tables does not cover non-commercial energy.

The China energy data were by the year of 2014, energy data for the world and other countries or area were by the year of 2013.

Notations used in the yearbook：blank space indicates that the figure is not large enough to be measured with the smallest unit in the table, or data are unknown or are not available; " # "indicates a major breakdown of the total.

Since 2012, Classification for national standard of industry classification is implementing new version of 2011 except legal entities.

目　录

CONTENTS

一、综合
Chapter 1　General Survey

二、能源建设
Chapter 2　Construction of Energy Industry

四、能源消费

Chapter 4 Energy Consumption

五、全国能源平衡表
Chapter 5 Energy Balance Table of China

六、地区能源平衡表
Chapter 6 Energy Balance Table by Region

七、香港、澳门特别行政区能源数据
Chapter 7 Energy Data For Hong Kong And Macao Special Administrative Region

附录 1 台湾省能源数据
Appendix Ⅰ Energy Data For Taiwan Province

附录 2 有关国家和地区能源数据

Appendix Ⅱ Energy Data For Related Countries Or Areas

一、综　　合

Chapter 1　General Survey

1-1 能源生产、消费与国内生产总值增长速度
Growth Rate of Energy Production and Consumption Compared With Growth Rate of GDP

年 份 Year	国内生产总值增长速度(%) Growth Rate of GDP (%)	能源生产增长速度(%) Growth Rate of Energy Production	电力生产增长速度(%) Growth Rate of Electricity Production	能源消费增长速度(%) Growth Rate of Energy Consumption	电力消费增长速度(%) Growth Rate of Electricity Consumption	能源生产弹性系数 Elasticity of Energy Production	电力生产弹性系数 Elasticity of Electricity Production	能源消费弹性系数 Elasticity of Energy Consumption	电力消费弹性系数 Elasticity of Electricity Consumption
1980	7.9	-1.3	6.6	2.9	6.6		0.84	0.37	0.84
1981	5.1	-0.8	2.9	-1.4	3.0		0.57		0.59
1982	9.0	5.6	6.0	4.4	5.9	0.62	0.67	0.49	0.66
1983	10.8	6.7	7.2	6.4	7.3	0.62	0.67	0.59	0.68
1984	15.2	9.2	7.3	7.4	7.4	0.61	0.48	0.49	0.49
1985	13.5	9.9	8.9	8.1	9.0	0.73	0.66	0.60	0.67
1986	8.9	3.0	9.5	5.4	9.5	0.34	1.07	0.61	1.07
1987	11.7	3.6	10.6	7.2	10.6	0.31	0.91	0.62	0.91
1988	11.3	5.0	9.6	7.4	9.7	0.44	0.85	0.65	0.86
1989	4.2	6.1	7.3	4.2	7.3	1.45	1.74	1.00	1.74
1990	3.9	2.2	6.2	1.8	6.2	0.56	1.59	0.46	1.59
1991	9.3	0.9	9.1	5.1	9.2	0.10	0.98	0.55	0.99
1992	14.3	2.3	11.3	5.2	11.5	0.16	0.79	0.36	0.80
1993	13.9	3.6	15.3	6.3	11.0	0.26	1.10	0.45	0.79
1994	13.1	6.9	10.7	5.8	9.9	0.53	0.82	0.44	0.76
1995	11.0	8.7	8.6	6.9	8.2	0.79	0.78	0.63	0.75
1996	9.9	3.1	7.2	3.1	7.4	0.31	0.73	0.31	0.75
1997	9.2	0.3	5.1	0.5	4.8	0.03	0.55	0.06	0.52
1998	7.8	-2.7	2.7	0.2	2.8		0.35	0.03	0.36
1999	7.6	1.6	6.3	3.2	6.1	0.21	0.83	0.42	0.80
2000	8.4	5.0	9.4	4.5	9.5	0.60	1.12	0.54	1.13
2001	8.3	6.4	9.2	5.8	9.3	0.77	1.11	0.70	1.12
2002	9.1	6.0	11.7	9.0	11.8	0.66	1.29	0.99	1.30
2003	10.0	14.1	15.5	16.2	15.6	1.41	1.55	1.62	1.56
2004	10.1	15.6	15.3	16.8	15.4	1.54	1.51	1.67	1.52
2005	11.3	11.1	13.5	13.5	13.5	0.98	1.19	1.19	1.19
2006	12.7	6.9	14.6	9.6	14.6	0.54	1.15	0.76	1.15
2007	14.2	7.9	14.5	8.7	14.4	0.56	1.02	0.61	1.01
2008	9.6	5.0	5.6	2.9	5.6	0.52	0.58	0.31	0.58
2009	9.2	3.1	7.1	4.8	7.2	0.34	0.77	0.53	0.78
2010	10.6	9.1	13.3	7.3	13.2	0.86	1.25	0.69	1.25
2011	9.5	9.0	12.0	7.3	12.1	0.95	1.26	0.77	1.27
2012	7.7	3.2	5.8	3.9	5.9	0.41	0.75	0.51	0.77
2013	7.7	2.2	8.9	3.7	8.9	0.29	1.16	0.48	1.16
2014	7.3	0.9	4.0	2.1	4.0	0.12	0.55	0.29	0.55

注：国内生产总值增长速度按可比价格计算，能源生产增长速度和能源消费增长速度采用等价值总量计算。

a) GDP growth rate is calculated at comparable prices, the growth rates of energy production and consumption are calculated by coal equivalent.

1-2 国民经济和能源经济主要指标

指标	Item	2000	2001	2002
1.年底人口总数(万人)	1.Year-end Population (10^4 persons)	126743	127627	128453
城镇	Urban	45906	48064	50212
乡村	Rural	80837	79563	78241
2.国内生产总值(亿元)	2.Gross Domestic Products (10^8 yuan)	99776	110270	121002
第一产业	Primary Industry	14716	15501	16189
第二产业	Secondary Industry	45326	49262	53624
工业	Industry	39932	43470	47311
建筑业	Construction	5522	5932	6465
第三产业	Tertiary Industry	39734	45507	51189
3.全社会固定资产投资总额(亿元)	3.Investment in Fixed Assets (10^8 yuan)	32918	37214	43500
能源工业(国有)	Energy Industry (State-owned)	2840	2622	2626
煤炭采选业	Coal Mining and Processing	199	199	233
石油和天然气开采业	Petroleum and Natural Gas Extraction	365	375	158
电力、蒸汽、热水生产和供应业	Electricity, Steam Production and Supply	2130	1861	2082
石油加工及炼焦业	Petroleum Processing and Coking	95	127	93
煤气生产和供应业	Gas Production and Supply	60	58	60
4.进出口总额(亿元)	4.Total Value of Exports and Imports (10^8 yuan)	39273	42184	51378
出口总额	Exports	20634	22024	26948
进口总额	Imports	18639	20159	24430
5.一次能源生产总量(发电煤耗计算法)* (万吨标准煤)	5.Primary Energy Production (coal equivalent calculation)* (10^4 tce)	138570	147425	156277
一次能源生产总量(电热当量计算法)** (万吨标准煤)	Primary Energy Production (calorific value calculation)**(10^4 tce)	132384	139928	148450
6.能源消费总量(发电煤耗计算法)* (万吨标准煤)	6.Total Energy Consumption (coal equivalent calculation)*(10^4 tce)	146964	155547	169577
能源消费总量(电热当量计算法)** (万吨标准煤)	Total Energy Consumption (calorific value calculation)**(10^4 tce)	140993	148264	161935

注：* 发电煤耗计算法是指电力按当年平均火力发电煤耗换算成标准煤(下表同)。
** 电热当量计算法是指电力按自身的热功当量换算成标准煤。采用的折标系数为1万千瓦时=1.229吨标准煤(下表同)。
* Electricity is converted to TCE by average quantity of fuel used for power generation. (the same as in the following tables)
** Electricity is converted to TCE by 104kwh=1.229TCE. (The same as in the following tables)

Main Indicators of National Economy and Energy Economy

2003	2004	2005	2006	2007	2008	2009	2010	2011	2012	2013	2014
129227	129988	130756	131448	132129	132802	133450	134091	134735	135404	136072	136782
52376	54283	56212	58288	60633	62403	64512	66978	69079	71182	7311	74916
76851	75705	74544	73160	71496	70399	68938	67113	65656	64222	62961	61866
136565	160714	185896	217657	268019	316752	345629	408903	484124	534123	588019	636139
16968	20902	21804	23313	27783	32747	34154	39355	46153	50893	55322	58336
62121	73530	87127	103164	125145	148098	157850	188805	223390	240200	256810	271765
54806	65044	77034	91079	110254	129929	135849	162376	191571	204540	217264	228123
7491	8694	10367	12409	15296	18743	22601	27178	32840	36805	40807	44790
57476	66283	76965	91180	115091	135907	153625	180743	214580	243030	275887	306038
55567	70477	88774	109998	137324	172828	224599	278122	311485	374695	446294	512021
2876	3643	4766	5687	6715	7940	10003	11219	11468	12402	14011	15425
310	420	624	759	836	1014	1241	1477	1635	1784	1657	1496
236	301	279	387	586	740	1271	1798	2009	1963	2480	2695
2158	2640	3451	4042	4611	5336	6686	7054	6806	7670	8458	9929
90	188	299	369	549	698	561	556	653	540	723	628
82	95	113	129	133	153	244	336	365	446	693	678
70484	95539	116922	140974	166864	179921	150648	201722	236402	244160	258169	264242
36288	49103	62648	77597	93564	100395	82030	107023	123241	129359	137131	143884
34196	46436	54274	63377	73300	79527	68618	94699	113161	114801	121038	120358
178299	206108	229037	244763	264173	277419	286092	312125	340178	351041	358784	361866
170305	196418	218355	233269	251772	262992	271067	294807	323045	330203	336452	336149
197083	230281	261369	286467	311442	320611	336126	360648	387043	402138	416913	425806
189269	220738	250835	275134	299271	306455	321336	343601	370163	381515	394794	400299

1-3 平均每万元国内生产总值能源消费量

Energy Intensity by GDP

年 份 Year	万元国内生产总值能源消费量(吨标准煤/万元) Total Energy Consumption (tce/10^4 yuan)	万元国内生产总值煤炭消费量(吨/万元) Coal (ton/10^4 yuan)	万元国内生产总值焦炭消费量(吨/万元) Coke (ton/10^4 yuan)	万元国内生产总值石油消费量(吨/万元) Petroleum (ton/10^4 yuan)	万元国内生产总值原油消费量(吨/万元) Crude Oil (ton/10^4 yuan)	万元国内生产总值燃料油消费量(吨/万元) Fuel Oil (ton/10^4 yuan)	万元国内生产总值电力消费量(万千瓦小时/万元) Electricity (10^4 kW·h/10^4 yuan)
	国内生产总值按1980年可比价格计算 GDP is calculated at 1980 constant prices						
1980	13.20	13.36	0.94	1.92	2.02	0.67	0.66
1981	12.37	12.60	0.82	1.94	1.82	0.59	0.64
1982	11.84	12.23	0.76	1.57	1.66	0.54	0.63
1983	11.36	11.82	0.71	1.44	1.56	0.49	0.61
1984	10.59	11.20	0.66	1.29	1.38	0.43	0.56
1985	10.10	10.74	0.62	1.21	1.25	0.37	0.54
1986	9.78	10.40	0.63	1.18	1.24	0.36	0.55
1987	9.39	10.06	0.62	1.12	1.16	0.34	0.54
1988	9.06	9.68	0.59	1.08	1.09	0.32	0.53
1989	9.07	9.68	0.60	1.08	1.09	0.32	0.55
1990	8.90	9.51	0.62	1.04	1.06	0.30	0.56
	国内生产总值按1990年可比价格计算 GDP is calculated at 1990 constant prices						
1990	5.32	5.69	0.37	0.62	0.63	0.18	0.34
1991	5.12	5.45	0.35	0.61	0.61	0.17	0.34
1992	4.72	4.93	0.34	0.58	0.57	0.15	0.33
1993	4.40	4.59	0.33	0.56	0.52	0.14	0.32
1994	4.12	4.31	0.31	0.50	0.47	0.12	0.31
1995	3.97	4.16	0.32	0.49	0.45	0.11	0.30
1996	3.69	3.83	0.32	0.48	0.43	0.10	0.29
1997	3.40	3.44	0.27	0.48	0.43	0.09	0.28
1998	3.16	3.13	0.27	0.46	0.40	0.09	0.27
1999	3.03	3.00	0.23	0.45	0.41	0.08	0.26
2000	2.89	2.80	0.22	0.45	0.42	0.08	0.27
	国内生产总值按2000年可比价格计算 GDP is calculated at 2000 constant prices						
2000	1.47	1.36	0.11	0.23	0.20	0.04	0.14
2001	1.44	1.32	0.11	0.21	0.18	0.03	0.14
2002	1.44	1.30	0.11	0.21	0.17	0.03	0.14
2003	1.52	1.42	0.12	0.21	0.18	0.03	0.15
2004	1.61	1.49	0.13	0.22	0.17	0.03	0.15
2005	1.64	1.53	0.16	0.20	0.17	0.02	0.16
	国内生产总值按2005年可比价格计算 GDP is calculated at 2005 constant prices						
2005	1.41	1.31	0.14	0.18	0.14	0.02	0.13
2006	1.37	1.29	0.14	0.17	0.13	0.02	0.14
2007	1.30	1.21	0.13	0.15	0.13	0.02	0.14
2008	1.22	1.15	0.12	0.14	0.12	0.01	0.13
2009	1.17	1.13	0.13	0.13	0.12	0.01	0.13
2010	1.14	1.10	0.12	0.14	0.12	0.01	0.13
	国内生产总值按2010年可比价格计算 GDP is calculated at 2010 constant prices						
2010	0.88	0.85	0.09	0.11	0.10	0.01	0.10
2011	0.86	0.87	0.09	0.10	0.09	0.01	0.10
2012	0.83	0.85	0.09	0.10	0.09	0.01	0.10
2013	0.80	0.82	0.09	0.10	0.09	0.01	0.10
2014	0.76	0.74	0.08	0.09	0.09	0.01	0.10

1-4 能源加工转换效率

Efficiency of Energy Transformation

单位：% (%)

年 份 Year	总效率 Total Efficiency	发电及电站供热 Power Generation and Heating by Power Station	炼 焦 Coking	炼 油 Petroleum Refinery
1980	69.54	36.02	88.68	99.00
1981	69.28	36.68	90.89	99.06
1982	69.20	36.78	90.51	99.13
1983	69.93	36.94	91.18	99.16
1984	69.16	36.95	90.08	99.17
1985	68.29	36.85	90.79	99.10
1986	68.32	36.69	90.63	99.04
1987	67.48	36.75	90.46	98.81
1988	66.54	36.34	90.77	98.76
1989	66.51	36.74	90.30	98.57
1990	66.48	37.34	91.28	90.19
1991	65.90	37.60	89.90	98.10
1992	66.00	37.80	92.70	96.80
1993	67.32	39.90	98.05	98.49
1994	65.20	39.35	89.62	97.48
1995	71.05	37.31	91.99	97.67
1996	70.19	36.63	94.07	97.46
1997	69.76	35.89	94.01	97.37
1998	69.28	37.09	94.97	96.41
1999	69.25	37.04	96.13	97.51
2000	69.38	37.78	96.20	97.32
2001	69.70	38.15	96.47	97.60
2002	68.99	38.67	96.63	96.73
2003	69.38	38.46	96.13	96.38
2004	70.60	38.64	97.10	96.48
2005	71.11	38.97	97.14	96.94
2006	70.87	39.08	97.02	96.90
2007	71.23	39.80	97.54	97.17
2008	71.46	40.47	98.46	96.22
2009	72.41	41.23	98.00	96.74
2010	72.52	41.99	96.38	97.00
2011	72.19	42.13	96.30	97.41
2012	72.68	42.81	95.65	97.11
2013	72.96	43.12	95.60	97.65
2014	73.49	43.55	95.07	97.54

1-5 人均能源生产量和消费量
Energy Production and Consumption Per Capita

年 份 Year	人均能源生产量 Per-Capita Energy Production				人均能源消费量 Per-Capita Energy Consumption			
	能源总量 (千克标准煤) Total Energy (kgce)	原煤 (千克) Raw Coal (kg)	原油 (千克) Crude Oil (kg)	电力 (千瓦小时) Electricity (kW•h)	能源总量 (千克标准煤) Total Energy (kgtce)	煤炭 (千克) Coal (kg)	石油 (千克) Oil (kg)	电力 (千瓦小时) Electricity (kW•h)
1980	650	632	108	306	614	622	89	306
1981	636	625	102	311	598	610	94	311
1982	662	661	101	325	615	636	81	325
1983	696	698	104	343	645	671	82	344
1984	751	761	111	364	684	723	83	364
1985	814	830	119	391	730	776	87	392
1986	826	838	123	421	758	806	91	422
1987	842	856	124	459	799	856	95	460
1988	870	889	124	495	844	902	101	496
1989	909	942	123	523	867	925	104	524
1990	915	951	122	547	869	930	101	549
1991	911	945	123	589	902	960	108	591
1992	921	958	122	647	937	979	115	651
1993	942	976	123	711	984	1026	125	715
1994	996	1040	123	779	1030	1078	125	777
1995	1071	1129	125	836	1089	1143	133	832
1996	1093	1147	129	887	1110	1150	145	884
1997	1085	1128	131	923	1105	1120	157	917
1998	1045	1073	130	939	1097	1087	160	934
1999	1053	1089	128	989	1122	1112	168	982
2000	1097	1096	129	1074	1156	1075	178	1067
2001	1159	1157	129	1164	1223	1125	180	1158
2002	1221	1211	130	1292	1324	1200	194	1286
2003	1384	1424	132	1483	1530	1426	214	1477
2004	1590	1638	136	1700	1777	1637	241	1695
2005	1757	1814	139	1918	2005	1867	250	1913
2006	1867	1960	141	2186	2185	2064	266	2181
2007	2005	2094	141	2490	2363	2204	278	2482
2008	2094	2192	144	2617	2420	2269	282	2608
2009	2149	2340	142	2790	2525	2441	290	2782
2010	2399	2563	152	3145	2696	2609	330	3135
2011	2531	2801	151	3506	2880	2894	339	3497
2012	2599	2921	154	3693	2977	3018	354	3684
2013	2643	2928	155	4002	3071	3127	368	3993
2014	2652	2840	155	4141	3121	3017	380	4133

注：本表按年平均人口数计算，下表同。
a) This table is calculated by annual average population, the same applies to table following.

1-6 人均生活用能量

Residential Energy Consumption Per Capita

年 份 Year	全国人均生活用能量（千克标准煤） Annual Average (kgce)	煤炭（千克） Coal (kg)	电力（千瓦小时） Electricity (kW•h)	液化石油气（千克） LPG (kg)	天然气（立方米） Natural Gas (cu.m)	煤气（立方米） Gas (cu.m)	城镇人均生活用能量（千克标准煤） Urban (kgce)	农村人均生活用能量（千克标准煤） Rural (kgce)
1980	112	118	11	0.4	0.2	1.4	332	60
1981	101	122	12	0.5	0.2	1.4	290	55
1982	102	124	12	0.5	0.2	1.5	281	56
1983	107	128	13	0.6	0.1	1.5	283	59
1984	113	135	15	0.6	0.4	1.6	288	63
1985	127	149	21	0.9	0.4	1.3	307	72
1986	127	148	23	1.1	0.6	1.3	306	71
1987	132	152	26	1.1	0.7	1.6	300	76
1988	141	159	31	1.2	1.4	1.6	307	84
1989	139	152	35	1.4	1.5	2.4	297	84
1990	139	147	42	1.4	1.6	2.5	298	83
1991	139	143	47	1.8	1.6	3.2	292	83
1992	134	127	55	2.1	1.8	4.4	267	85
1993	133	123	63	2.5	1.5	4.6	258	86
1994	129	109	73	3.2	1.7	6.3	238	86
1995	131	112	83	4.4	1.6	4.7	242	86
1996	121	83	88	5.9	1.7	6.4	238	71
1997	119	77	99	6.2	1.7	8.9	226	71
1998	119	73	104	6.9	1.9	9.7	218	71
1999	122	70	109	6.8	2.1	9.3	213	75
2000	132	67	115	6.8	2.6	10.0	213	88
2001	136	66	127	6.7	3.3	9.4	210	93
2002	146	66	138	7.6	3.6	9.8	215	103
2003	166	70	160	8.6	4.0	10.1	238	119
2004	191	75	184	10.4	5.2	10.7	264	140
2005	211	77	221	10.2	6.1	11.1	288	155
2006	230	77	256	11.5	7.8	12.7	248	169
2007	250	74	308	12.4	10.9	14.1	327	186
2008	254	69	332	11.0	12.8	13.9	324	194
2009	264	69	366	11.2	13.3	12.5	328	206
2010	273	68	383	10.5	17.0	12.5	320	227
2011	294	69	418	12.0	19.7	10.9	331	257
2012	313	69	460	12.1	21.3	10.2	344	280
2013	335	68	515	13.6	23.8	7.9	357	311
2014	346	68	526	15.9	25.1	7.1	364	325

1-7 年末交通运输设备拥有量
Number of Transportation Equipment (Year-End)

指标 Item	2000	2003	2004	2005	2006	2007	2008	2009	2010	2011	2012	2013	2014
铁路机车合计(台) Total Railway Locomotives(unit)	15253	16320	17022	17473	17799	18306	18437	18922	19431	20721	20797	20835	21069
蒸汽机车 Steam Locomotives	911	343	263	193	133	124	118	107	72	15	15	15	15
内燃机车 Diesel Locomotives	10826	11355	11872	12114	12148	12111	12021	11805	10990	11081	10602	9961	9485
电力机车 Electric Locomotives	3516	4622	4887	5166	5518	6071	6298	7010	8369	9625	10180	10859	11596
铁路客车(辆) Railway Passenger Coaches(coach)	35989	38972	39766	40328	40945	42471	43215	47436	50391	52838	55764	56841	58898
铁路货车(辆) Railway Freight Cars(coach)	439943	503868	520101	541824	558483	571078	584961	594388	622284	644677	664333	715492	710127
民用汽车合计(万辆) Total Civil Motor Vehicles(104 unit)	1609	2383	2694	3160	3697	4358	5100	6281	7802	9356	10933	12670	14598
载客汽车 Passenger Vehicles	854	1479	1739	2132	2620	3196	3839	4845	6124	7478	8943	10562	12327
载货汽车 Trucks	716	854	893	956	986	1054	1126	1369	1598	1788	1895	2011	2125
其它机动车(万辆) Others(10^4 unit)	4168	7109	7786	8595	8798	9434	9757	10489	11306	11549	11322	10547	9852
公路部门营运车辆(万辆) Motor Vehicles Owned by Highway Department(10^4 unit)	703	925	1067	733	803	849	931	1087	1133	1264	1340	1505	1538
私人汽车(万辆) Private Vehicles(10^4 unit)	625	1219	1482	1848	2333	2876	3501	4575	5939	7327	8839	10502	12339
民航飞机合计(架) Total Civil Aircraft(unit)	982	1160	1245	1386	1614	1813	1961	2181	2405	3191	3589	4004	4168
民用运输船舶合计(艘) Total Civil Transport Vessels(unit)	229676	204270	210700	207294	194360	191771	184190	176932	178407	179242	178591	172554	171977
机动船 Motor Vessels	185018	163813	166854	165900	157805	157544	152247	149367	155624	157950	158309	155340	154974
驳船 Barges	44658	40457	43846	41394	36555	34227	31943	27565	22783	21292	20282	17214	17003
#私人运输船舶 #Private Transport Vessels	142117	114297	115503	95838	70292	70017	64552						

1-8 主要能源品种进、出口量

Imports and Exports of Major Energy Products

指 标 Item	2000	2002	2003	2004	2005	2006	2007	2008	2009	2010	2011	2012	2013	2014
进口量 Import														
煤(万吨) Coal(10^4tons)	212	1081	1110	1861	2617	3811	5102	4034	12584	16310	18210	28841	32702	29122
焦炭(万吨) Coal(10^4tons)				1	1				16	11	12	8	3	0
原油(万吨) Crude Oil(10^4tons)	7027	6941	9102	12272	12682	14517	16317	17889	20365	23768	25378	27103	28174	30837
汽油(万吨) Gasoline(10^4tons)						6	23	199	4		3		0	3
煤油(万吨) Kerosene(10^4tons)	255	215	210	282	328	561	524	648	612	487	618	621	669	414
柴油(万吨) Diesel Oil(10^4tons)	26	48	85	275	53	71	162	624	184	180	233	91	27	47
燃料油(万吨) Fuel Oil(10^4tons)	1480	1660	2395	3059	2609	2799	2417	2186	2407	2299	2684	2683	2347	1785
液化石油气(万吨) LPG(104tons)	482	626	637	641	617	536	405	259	408	327	350	359	452	739
其它石油制品(万吨) Other Petroleum Products(10^4tons)	161	384	432	384	443	443	689	666	1153	1731	1648	1548	1924	1677
天然气(亿立方米) Natural Gas(10^8cu.m)						10	40	46	76	165	312	421	525	591
电力(亿千瓦小时) Electricity(10^8kW•h)	15	23	30	34	50	54	43	38	60	56	66	69	75	68
出口量 Export														
煤(万吨) Coal(10^4tons)	5505	8384	9403	8666	7172	6327	5317	4543	2240	1910	1466	928	751	574
焦炭、半焦炭 (万吨) Coke and Semi-coke(10^4tons)	1520	1357	1472	1501	1276	1447	1530	1221	54	335	330	102	467	851
原油(万吨) Crude Oil(10^4tons)	1031	766	813	549	807	634	389	424	507	303	252	243	162	60
汽油(万吨) Gasoline(10^4tons)	455	612	754	541	560	351	464	203	492	517	406	292	469	508
煤油(万吨) Kerosene(10^4tons)	199	170	202	205	269	371	448	536	594	605	656	745	917	1067
柴油(万吨) Diesel Oil(10^4tons)	55	124	224	64	148	78	66	63	451	464	202	185	278	410
燃料油(万吨) Fuel Oil(10^4tons)	33	64	76	182	230	258	380	732	862	990	1227	1162	1135	948
液化石油气(万吨) LPG(104tons)	2	6	2	3	3	15	34	68	85	93	119	128	127	144
其它石油制品(万吨) Other Petroleum Products(10^4tons)	280	246	262	361	473	473	416	419	305	386	459	328	315	343
天然气(亿立方米) Natural Gas(10^8cu.m)				24	30	29	26	32	32	40	32	29	27	26
电力(亿千瓦小时) Electricity(10^8kW•h)	99	97	103	95	112	123	146	166	174	191	193	177	187	182

1-9 主要高耗能产品的进、出口量
Imports and Exports of Energy Intensive Products

指 标 Item	2000	2004	2005	2006	2007	2008	2009	2010	2011	2012	2013	2014
进口量 Import												
钢材（万吨） Steel Products(10^4tons)	1596	2930	2582	1851	1687	1543	1763	1643	1558	1366	1408	1443
未锻造的铜及铜合金(万吨) Copper and Copper Alloys(10^4tons)	81	138	142	97	173	170	347	338	329	398	389	422
未锻造的铝及铝合金(万吨) Aluminum and Aluminum Alloys(10^4tons)	91	103	64	51	28	26	174	36	33	64	48	35
纯碱(万吨) Soda Ash(104tons)	13	20	7	14	4							
肥料(万吨) Chemical Fertilizers, Manufactured(10^4ton)	1189	1240	1397	1129	1169	622	411	718	795	843	793	959
纸浆(万吨) Paper Pulp(104ton)	335	732	759	796	847	952	1368	1137	1445	1646	1685	1796
纺织用合成纤维(万吨) Synthetic Fiber Suitable for Spinning(10^4tons)	100	99	84	62	51	32	35	37	35	33	38	34
出口量 Export												
水泥(万吨) Cement(10^4tons)	605	704	2216	3613	3301	2604	1561	1616	1061	1200	1454	1391
平板玻璃(万平方米) Plate Glass(10^4sq.m)	5592	14464	19925	26433	30917	27762	16643	17398	18726	17632	19546	21896
钢材（万吨） Steel Products(10^4tons)	621	1423	2052	4301	6265	5923	2460	4256	4888	5573	6234	9378
铜材(吨) Copper Products (ton)	144484	390023	463560	559122	499678	517522	455136	508580	500347	492980	489000	507858
铝材(万吨) Aluminum Products(10^4tons)	13	43	71	124	185	190	139	218	300	283	307	367
未锻造的锌及锌合金(吨) Zinc and Zinc Alloys(ton)	593336	263149	146845	341465	276714	71320	29287	43395	48369	7937	5395	132719
纸及纸板(未切成形)(万吨) Paper and Paperboard in Rolls(10^4tons)	65	101	167	305	422	361	362	380	450	471	565	630

1-10 分地区废气中主要污染物排放情况（2014年）
Main Pollutant Emission in Waste Gas by Region (2014)

地 区	Region	废气中主要污染物排放量 Main Pollutant Emission in Waste Gas		
		二氧化硫 (万吨) Sulphur Dioxide (10^4 tons)	氮氧化物 (万吨) Nitrogen Oxides (10^4 tons)	烟(粉)尘 (万吨) Smoke and Dust (10^4 tons)
全 国	**National Total**	**1974.42**	**2078.00**	**1740.75**
北 京	Beijing	7.89	15.10	5.74
天 津	Tianjin	20.92	28.23	13.95
河 北	Hebei	118.99	151.25	179.77
山 西	Shanxi	120.82	106.99	150.68
内蒙古	Inner Mongolia	131.24	125.83	102.15
辽 宁	Liaoning	99.46	90.20	112.07
吉 林	Jilin	37.23	54.92	47.51
黑龙江	Heilongjiang	47.22	73.06	79.35
上 海	Shanghai	18.81	33.28	14.17
江 苏	Jiangsu	90.47	123.26	76.37
浙 江	Zhejiang	57.40	68.79	37.97
安 徽	Anhui	49.30	80.73	65.28
福 建	Fujian	35.60	41.17	36.79
江 西	Jiangxi	53.44	54.01	46.23
山 东	Shandong	159.02	159.33	120.81
河 南	Henan	119.82	142.20	88.21
湖 北	Hubei	58.38	58.02	50.40
湖 南	Hunan	62.37	55.28	49.62
广 东	Guangdong	73.01	112.21	44.95
广 西	Guangxi	46.66	44.24	40.29
海 南	Hainan	3.26	9.50	2.32
重 庆	Chongqing	52.69	35.50	22.61
四 川	Sichuan	79.64	58.54	42.86
贵 州	Guizhou	92.58	49.11	37.79
云 南	Yunnan	63.67	49.89	36.68
西 藏	Tibet	0.42	4.83	1.39
陕 西	Shaanxi	78.10	70.58	70.91
甘 肃	Gansu	57.56	41.84	34.58
青 海	Qinghai	15.43	13.45	23.99
宁 夏	Ningxia	37.71	40.40	23.92
新 疆	Xinjiang	85.30	86.28	81.39

1-11 分地区废水中主要污染物排放情况（2014年）

地 区	Region	废水排放总量（万吨）Total Waste Water Discharged (10^4 tons)	废水中主要污染物排放量 Main Pullutant Emission in Waste Water			
			化学需氧量（万吨）COD (10^4 tons)	氨氮（万吨）Ammonia Nitrogen (10^4 tons)	总氮（万吨）Total Nitrogen (10^4 tons)	总磷（万吨）Total Phosphorus (10^4 tons)
全 国	**National Total**	**7161751**	**2294.6**	**238.5**	**456.1**	**53.4**
北 京	Beijing	150714	16.9	1.9	3.7	0.5
天 津	Tianjin	89361	21.4	2.4	3.7	0.5
河 北	Hebei	309824	126.9	10.3	38.5	4.7
山 西	Shanxi	145033	44.1	5.4	9.2	1.0
内蒙古	Inner Mongolia	111917	84.8	4.9	18.9	2.2
辽 宁	Liaoning	262879	121.7	10.0	20.8	2.9
吉 林	Jilin	122171	74.3	5.3	12.8	1.6
黑龙江	Heilongjiang	149644	142.4	8.5	27.6	2.8
上 海	Shanghai	221160	22.4	4.5	1.5	0.2
江 苏	Jiangsu	601158	110.0	14.3	17.4	1.9
浙 江	Zhejiang	418262	72.5	10.3	9.6	1.2
安 徽	Anhui	272313	88.6	10.0	18.6	2.0
福 建	Fujian	260579	63.0	8.9	9.3	1.3
江 西	Jiangxi	208289	72.0	8.6	11.2	1.5
山 东	Shandong	514423	178.0	15.5	57.4	6.4
河 南	Henan	422832	131.9	13.9	42.7	5.1
湖 北	Hubei	301704	103.3	12.0	19.3	2.4
湖 南	Hunan	309960	122.9	15.4	22.3	2.7
广 东	Guangdong	905082	167.1	20.8		2.8
广 西	Guangxi	219304	74.4	7.9	11.4	1.4
海 南	Hainan	39351	19.6	2.3	4.1	0.5
重 庆	Chongqing	145822	38.6	5.1	5.4	0.7
四 川	Sichuan	331277	121.6	13.5	22.5	2.6
贵 州	Guizhou	110912	32.7	3.8	4.7	0.5
云 南	Yunnan	157544	53.4	5.6	7.7	0.8
西 藏	Tibet	5450	2.8	0.3	0.6	
陕 西	Shaanxi	145785	50.5	5.8	10.0	1.0
甘 肃	Gansu	65973	37.3	3.8	5.1	0.5
青 海	Qinghai	23001	10.5	1.0	0.8	0.1
宁 夏	Ningxia	37277	22.0	1.7	3.1	0.3
新 疆	Xinjiang	102748	67.0	4.6	17.3	1.4

Main Pollutant Emission in Waste Water by Region (2014)

废水中主要污染物排放量 Main Pollutant Emission in Waste Water						
石油类 (吨) Petroleum (ton)	挥发酚 (吨) Volatile Phenol (ton)	铅 (千克) Plumbum (kg)	汞 (千克) Mercury (kg)	镉 (千克) Cadmium (kg)	总铬 (千克) Total Chromium (kg)	砷 (千克) Arsenic (kg)
16203.6	**1378.4**	**73185**	**746**	**17251**	**132797**	**109730**
51.1	0.4	41		1	267	8
58.8	1.1	96	5	3	299	12
964.1	33.9	322	2	15	5650	52
957.6	653.5	299	43	52	802	265
1226.5	183.5	7058	44	760	89	15638
789.7	8.4	131	7	24	685	71
231.9	3.9	165	6	30	216	890
223.3	4.3	44	2	4	100	13
656.0	1.7	132	8	7	2524	71
1160.1	44.8	1204	4	26	9677	308
506.2	5.0	454	6	244	12903	185
709.8	5.4	1345	6	145	758	2245
373.4	1.9	3727	13	634	10391	3754
687.5	14.2	6145	75	1769	922	7355
507.4	35.2	877	11	1051	7860	2400
1069.7	116.2	3138	20	784	27844	1084
939.6	12.9	5882	36	1039	13539	12448
542.7	18.4	21609	152	6537	5919	35794
450.5	10.0	2278	20	396	13355	856
269.9	10.0	5009	91	954	1353	5012
47.3	0.1	3	4		101	13
328.8	8.5	113		5	706	63
545.5	2.8	1209	15	86	1790	1679
330.8	0.6	397	10	197	9351	276
319.3	2.1	4846	16	846	190	7354
0.8	5.4	5		1	2	5203
621.6	5.3	1426	29	512	696	1018
281.0	4.4	4382	88	824	3406	3266
339.3	1.0	693	8	244	13	1479
165.5	156.9	31	2	2	105	70
847.9	26.8	125	22	57	1285	847

二、能源建设

Chapter 2　Construction of Energy Industry

2-1 国有经济能源工业分行业固定资产投资

Investment In Fixed Assets of State-Owned Units in Energy Industry

单位：亿元 (100 million yuan)

项　目　Item	1995	2000	2005	2006	2007	2008	2009	2010	2011	2012	2013	2014
能源工业 Energy Industry	2025	2840	4766	5687	6715	7940	10003	11219	11468	12402	14011	15425
煤炭采选业 Coal Mining and Processing	282	199	624	759	836	1014	1241	1477	1635	1784	1657	1496
石油和天然气开采业 Petroleum and Natural Gas Extraction	500	356	279	387	586	740	1271	1798	2009	1963	2480	2695
电力、蒸汽、热水生产和供应业 Electricity, Steam, Hot Water Producing and Supply	1043	2130	3451	4042	4611	5336	6686	7054	6806	7670	8458	9929
石油加工及炼焦业 Petroleum Processing and Coking	162	95	299	369	549	698	561	556	653	540	723	628
煤气生产和供应业 Coal Gas and Coal Products	39	60	113	129	133	153	244	336	365	446	693	678

注：自2011年起，除房地产开发投资和农户投资，固定资产投资统计起点由50万元提高到500万元；城镇固定资产投资数据发布口径改为固定资产投资(不含农户)，该口径等于原来城镇固定资产投资加上农村企事业组织的项目投资,以下表同。

a) Since 2011, the cut-off point has changed from 500 000 yuan to 5 million yuan, published coverage of investment in fixed assets in urban area changed into investment in fixed assets (excluding rural households) which included investment in urban area and investment in rural enterprises (units). The same applies to the tables following.

2-2 国有经济能源工业分行业固定资产投资构成

Proportions of Investment in Fixed Assets of State-Owned Units in Energy Industry

单位：% (%)

项　目　Item	1995	2000	2005	2006	2007	2008	2009	2010	2011	2012	2013	2014
能源工业 Energy Industry	100.00	100.00	100.00	100.00	100.00	100.00	100.00	100.00	100.00	100.00	100.00	100.00
煤炭采选业 Coal Mining and Processing	13.94	7.00	13.08	13.35	12.45	12.77	12.40	13.16	14.26	14.38	11.83	9.70
石油和天然气开采业 Petroleum and Natural Gas Extraction	24.67	12.52	5.85	6.80	8.72	9.31	12.71	16.02	17.52	15.83	17.70	17.47
电力、蒸汽、热水生产和供应业 Electricity, Steam, Hot Water Producing and Supply	51.48	75.02	72.42	71.09	68.67	67.20	66.84	62.87	59.35	61.84	60.37	64.37
石油加工及炼焦业 Petroleum Processing and Coking	7.98	3.34	6.28	6.49	8.18	8.79	5.61	4.95	5.70	4.35	5.16	4.07
煤气生产和供应业 Coal Gas and Coal Products	1.93	2.11	2.37	2.27	1.97	1.92	2.44	2.99	3.18	3.60	4.94	4.39

2-3 分地区国有经济能源工业固定资产投资
Investment in Fixed Assets of State-Owned Units in Energy Industry by Region

单位：亿元 (100 million yuan)

地 区	Region	1995	2000	2005	2006	2007	2008	2009	2010	2011	2012	2013	2014
北 京	Beijing	48	54	100	91	133	124	125	94	88	89	121	168
天 津	Tianjin	121	31	47	104	175	273	297	235	241	194	174	164
河 北	Hebei	109	167	190	268	257	276	209	370	426	400	464	463
山 西	Shanxi	70	107	263	332	441	538	599	797	868	995	1012	1178
内 蒙	Inner Mongolia	74	33	382	445	600	695	822	906	824	648	887	1224
辽 宁	Liaoning	133	180	127	167	241	248	307	407	366	424	385	330
吉 林	Jilin	44	66	47	80	104	217	256	321	253	229	266	307
黑龙江	Heilongjiang	163	72	114	149	180	283	313	586	566	620	549	528
上 海	Shanghai	76	76	108	122	138	158	272	140	101	115	116	143
江 苏	Jiangsu	49	202	311	285	175	248	324	294	275	417	404	447
浙 江	Zhejiang	56	91	291	272	339	258	318	326	420	433	459	529
安 徽	Anhui	77	54	170	238	380	388	326	321	289	422	382	340
福 建	Fujian	38	71	115	169	272	311	235	268	280	362	468	435
江 西	Jiangxi	19	51	81	97	93	83	136	150	129	134	149	168
山 东	Shandong	181	330	216	232	216	263	277	407	531	323	458	890
河 南	Henan	100	181	210	215	267	405	422	298	275	285	280	220
湖 北	Hubei	138	222	188	234	244	280	334	334	298	287	301	284
湖 南	Hunan	58	89	117	131	176	220	188	195	226	215	227	265
广 东	Guangdong	85	90	376	401	342	349	558	691	544	691	795	874
广 西	Guangxi	21	71	67	103	105	95	210	256	284	257	234	266
海 南	Hainan	2	13	71	47	20	30	37	27	32	32	27	59
重 庆	Chongqing		43	74	140	136	126	150	151	174	266	330	385
四 川	Sichuan	111	95	183	273	328	317	386	513	669	751	744	919
贵 州	Guizhou	27	67	180	187	202	242	241	263	283	230	268	331
云 南	Yunnan	23	49	141	207	215	267	382	348	358	453	535	545
西 藏	Tibet	9	10	15	13	18	30	39	44	49	77	144	202
陕 西	Shaanxi	40	94	238	276	425	471	580	667	717	766	1026	1037
甘 肃	Gansu	34	53	97	97	147	195	312	416	384	373	532	463
青 海	Qinghai	22	11	21	42	32	34	75	57	111	180	235	218
宁 夏	Ningxia	12	16	61	76	105	141	182	199	243	188	213	286
新 疆	Xinjiang	107	50	74	89	106	173	239	277	308	616	860	877

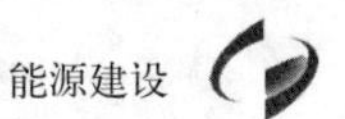

2-4 分地区国有经济煤炭采选业固定资产投资
Investment in Fixed Assets of State-Owned Units in Coal Mining and Processing by Region

单位：亿元 (100 million yuan)

地 区	Region	1995	2000	2005	2006	2007	2008	2009	2010	2011	2012	2013	2014
北 京	Beijing	0.62	0.21	0.01	0.21	0.66	0.71	1.00	1.15	0.33		1.39	1.04
天 津	Tianjin	60.30											
河 北	Hebei	62.86	19.54	30.68	42.42	28.63	18.44	29.08	33.88	52.50	40.96	28.79	30.38
山 西	Shanxi	46.59	34.25	180.97	198.03	193.31	259.36	321.92	505.01	573.41	622.18	528.11	482.67
内 蒙	Inner Mongolia	35.26	2.49	31.74	70.73	103.60	135.68	188.78	166.89	210.74	205.51	257.35	308.43
辽 宁	Liaoning	6.09	7.95	15.34	7.94	14.16	17.53	11.27	13.89	18.17	36.17	6.11	6.30
吉 林	Jilin	2.86	0.84	5.07	14.43	8.49	16.04	15.88	13.21	12.33	8.36	4.34	4.75
黑龙江	Heilongjiang	14.12	7.46	22.48	33.68	34.66	39.46	54.82	46.95	54.78	51.77	51.35	37.75
上 海	Shanghai												
江 苏	Jiangsu	6.16	5.48	12.31	7.85	1.00	12.52	13.69	11.55	4.59	4.11		
浙 江	Zhejiang	0.12											
安 徽	Anhui	34.64	13.16	91.42	131.17	166.54	160.06	167.18	164.91	104.34	163.33	89.05	71.70
福 建	Fujian	1.48	1.27	1.73	1.60	0.81	2.65	3.11	3.32	2.38	2.44	3.50	2.27
江 西	Jiangxi	1.72	0.89	4.40	4.18	6.47	4.43	8.21	1.00	2.07	0.18	0.41	0.21
山 东	Shandong	24.62	39.50	55.61	41.61	36.43	31.21	37.13	21.52	26.97	26.43	22.08	19.24
河 南	Henan	22.83	18.47	23.80	22.97	33.85	50.40	47.32	44.87	49.95	59.07	38.25	26.71
湖 北	Hubei	0.56	0.43				0.64	0.95	0.65	0.45		0.82	
湖 南	Hunan	3.38	1.04	4.16	2.59	5.21	4.76	6.71	8.84	10.20	16.55	13.90	11.80
广 东	Guangdong	0.99	0.17										0.60
广 西	Guangxi	0.93	0.52	1.58	1.83	1.56	2.36	5.79	6.57	10.29	3.94	2.02	1.77
海 南	Hainan	0.01											2.29
重 庆	Chongqing		1.08	5.06	15.69	10.09	9.46	9.71	14.37	13.13	20.26	27.38	20.61
四 川	Sichuan	6.61	2.21	6.90	7.65	6.58	7.05	8.90	15.68	25.46	15.09	11.45	15.55
贵 州	Guizhou	6.65	4.46	21.56	30.11	32.17	49.92	35.97	42.58	56.44	61.58	45.06	39.87
云 南	Yunnan	3.59	1.90	6.30	8.69	10.57	17.95	22.96	23.35	14.33	21.53	20.94	13.40
西 藏	Tibet	0.09									0.20		
陕 西	Shaanxi	8.38	3.20	12.93	20.28	24.69	36.53	75.84	146.32	200.54	216.75	211.62	136.01
甘 肃	Gansu	4.07	4.97	10.21	8.96	11.56	10.32	46.11	60.63	78.32	66.38	86.13	66.13
青 海	Qinghai	0.24	0.01	0.42	0.48	1.43	1.28	1.20	2.29	4.61	5.01	17.93	15.24
宁 夏	Ningxia	5.21	2.79	32.88	32.42	58.67	69.76	77.88	77.76	75.67	76.61	104.25	106.23
新 疆	Xinjiang	3.34	2.15	6.92	15.90	15.28	18.70	49.31	49.75	33.10	59.24	84.92	74.70

2-5 分地区国有经济石油和天然气开采业固定资产投资
Investment in Fixed Assets of State-Owned Units in Petroleum and Natural Gas Extraction by Region

单位：亿元 (100 million yuan)

地 区	Region	1995	2000	2005	2006	2007	2008	2009	2010	2011	2012	2013	2014
北 京	Beijing			0.03	0.03		18.16			0.14		1.11	0.61
天 津	Tianjin	30.77	4.11	9.03	30.60	28.26	29.22	28.18	62.30	66.51	1.40	8.22	
河 北	Hebei	3.06	3.35	2.09	0.96	1.78	1.51	0.97	4.98	3.95	0.90	0.10	
山 西	Shanxi							4.84	5.98	6.08	26.60	59.88	79.81
内 蒙	Inner Mongolia		0.70	18.05	28.28	105.87	175.69	157.29	184.41	92.55	38.78	129.01	126.54
辽 宁	Liaoning	54.91	67.50	21.58	34.63	49.47	19.72	11.27	16.18	24.74	4.80	12.07	9.56
吉 林	Jilin	17.39	20.85	0.14	6.22	20.14	33.47	80.54	66.51	54.99	59.27	66.46	87.32
黑龙江	Heilongjiang	103.85	0.40	7.52	5.00	19.36	61.43	98.39	327.04	337.64	296.37	322.88	302.73
上 海	Shanghai	0.07	2.17			12.72	28.41	8.21	0.33	0.57			
江 苏	Jiangsu	6.28	10.74	11.62	14.97	11.25	19.20	25.24	25.71	13.67	28.20	30.59	35.25
浙 江	Zhejiang												
安 徽	Anhui						0.25		1.50				0.68
福 建	Fujian												3.64
江 西	Jiangxi						0.22						
山 东	Shandong	79.97	132.95		0.82	3.47	3.55	8.04	172.27	279.13	2.05	3.88	279.09
河 南	Henan	26.10	43.95	55.37	55.33	67.44	71.43	73.31	71.26	55.49	59.15	50.28	33.01
湖 北	Hubei	3.77	13.20	12.19	16.94	28.12	27.46	28.08	1.64	2.02	0.17	1.62	
湖 南	Hunan							0.04	0.10	0.77		0.30	
广 东	Guangdong	6.28	0.72	0.47	0.56	0.60	0.44	0.28	0.08	1.90	0.84	80.46	110.61
广 西	Guangxi	0.04			0.14	1.17	0.78	1.52	1.02	4.24		1.90	0.65
海 南	Hainan		5.00										
重 庆	Chongqing		0.09	0.28	0.24	3.14	7.13	8.31	6.20	4.88	11.84	24.29	113.56
四 川	Sichuan	24.11	6.87	13.65	15.19	19.50	19.37	11.66	7.45		3.16	1.90	8.83
贵 州	Guizhou			0.52	0.54			0.42		0.56			
云 南	Yunnan		0.03				0.29	0.67	0.73	0.17			
西 藏	Tibet				0.03								
陕 西	Shaanxi	2.76	23.98	94.69	126.50	172.30	161.49	177.36	233.38	273.57	275.01	396.21	358.84
甘 肃	Gansu	4.29	6.57	5.76	8.05	14.23	22.35	15.23	10.82	17.65	74.09	73.19	110.49
青 海	Qinghai	6.00	1.76	4.54	1.07	0.92	0.59		0.15	0.05	38.67	60.15	47.98
宁 夏	Ningxia							0.15	0.05			5.11	1.34
新 疆	Xinjiang	85.85	10.61	21.23	40.43	26.13	37.35	16.03	11.18	18.05	215.80	290.67	189.09

2-6 分地区国有经济电力、蒸汽、热水生产和供应业固定资产投资

Investment in Fixed Assets of State-Owned Units in Electricity, Steam, Hot Water Production and Supply by Region

单位：亿元 (100 million yuan)

地 区	Region	1995	2000	2005	2006	2007	2008	2009	2010	2011	2012	2013	2014
北 京	Beijing	37	36	76	65	126	101	113	82	74	78	96	162
天 津	Tianjin	23	21	28	60	106	125	155	130	154	167	121	116
河 北	Hebei	38	134	142	209	193	226	147	307	357	343	368	408
山 西	Shanxi	21	67	77	123	223	232	245	240	259	310	322	493
内 蒙	Inner Mongolia	33	29	308	292	340	338	434	536	450	369	457	756
辽 宁	Liaoning	42	86	77	108	160	187	260	320	215	240	258	261
吉 林	Jilin	20	43	41	58	73	160	157	238	177	155	190	188
黑龙江	Heilongjiang	26	59	76	88	110	151	125	181	143	224	152	164
上 海	Shanghai	57	62	103	114	100	122	248	124	95	105	105	129
江 苏	Jiangsu	29	172	284	257	161	202	269	196	246	351	341	368
浙 江	Zhejiang	54	90	261	259	333	253	313	319	403	403	411	494
安 徽	Anhui	27	39	66	90	194	209	135	141	128	219	268	253
福 建	Fujian	33	67	95	118	123	154	154	174	227	257	322	379
江 西	Jiangxi	14	47	66	86	79	68	116	136	119	120	115	156
山 东	Shandong	61	149	140	171	127	166	168	181	198	274	422	541
河 南	Henan	46	113	123	116	147	273	268	157	150	147	168	142
湖 北	Hubei	126	204	169	208	198	237	279	252	168	178	229	242
湖 南	Hunan	51	75	101	127	168	209	177	180	205	187	199	237
广 东	Guangdong	64	82	330	329	244	234	515	645	487	626	628	649
广 西	Guangxi	20	69	65	100	98	89	199	210	219	222	215	245
海 南	Hainan	2	6	8	8	15	30	35	23	32	31	22	36
重 庆	Chongqing		41	67	121	116	103	121	125	150	219	208	219
四 川	Sichuan	77	83	158	240	295	275	349	475	545	717	709	871
贵 州	Guizhou	20	62	157	156	168	192	202	218	218	163	210	270
云 南	Yunnan	19	47	130	197	198	242	344	309	332	423	446	435
西 藏	Tibet	9	10	15	13	18	30	38	44	48	75	101	152
陕 西	Shaanxi	25	63	110	107	197	217	264	208	164	189	256	351
甘 肃	Gansu	18	39	44	42	92	136	188	278	236	208	315	246
青 海	Qinghai	16	9	16	40	29	32	74	52	104	136	156	154
宁 夏	Ningxia	6	13	27	43	46	71	104	120	165	110	99	177
新 疆	Xinjiang	12	34	37	29	60	108	157	178	234	318	441	546

2-7 分地区国有经济石油加工及炼焦业固定资产投资
Investment in Fixed Assets of State-Owned Units in Petroleum Processing and Coking by Region

单位：亿元 (100 million yuan)

地 区	Region	1995	2000	2005	2006	2007	2008	2009	2010	2011	2012	2013	2014
北 京	Beijing	6.95	5.59	12.37	15.08	6.79	4.45	8.57	5.81	6.61	8.35	11.28	1.15
天 津	Tianjin	5.17	1.48	6.94	11.00	35.37	112.59	103.55	29.71	5.10	7.84	7.32	16.42
河 北	Hebei	4.66	7.14	11.03	6.20	21.35	22.48	16.62	8.24	6.30	2.78	34.25	7.92
山 西	Shanxi	1.06	2.90	5.08	8.99	21.61	40.12	16.80	20.21	6.71	3.18	73.49	98.25
内 蒙	Inner Mongolia	5.59	0.26	23.24	51.85	48.22	40.44	32.72	13.35	61.26	29.11	30.85	3.29
辽 宁	Liaoning	28.90	16.59	8.81	13.64	13.33	17.44	17.31	22.71	43.61	32.42	18.95	25.33
吉 林	Jilin	3.15	0.55	0.25		0.08		0.22	0.09	0.95		0.95	13.71
黑龙江	Heilongjiang	16.74	4.26	7.09	19.44	14.31	27.39	26.24	27.15	21.41	41.18	14.40	16.35
上 海	Shanghai	10.05	5.33	0.97	2.67	19.94	5.53	7.25	10.96	4.19	5.02	3.05	5.08
江 苏	Jiangsu	6.80	12.24	1.55	3.16	0.80	1.27	1.26	16.89	1.61	27.59	22.02	32.29
浙 江	Zhejiang	1.36	0.24	0.44	0.37	1.01	0.13	0.10			0.11	6.09	7.55
安 徽	Anhui	14.39	1.42	9.79	14.32	15.52	11.24	11.78	2.28	46.55	33.64	14.28	2.54
福 建	Fujian	3.56		11.07	26.35	121.10	143.20	63.89	74.55	42.05	98.64	123.26	1.23
江 西	Jiangxi	1.87	1.76	9.13	4.27	5.74	8.60	6.04	0.71			7.33	5.60
山 东	Shandong	13.21	5.68	16.68	14.14	45.55	48.47	57.40	20.41	17.05	9.93	4.51	31.93
河 南	Henan	1.48	1.42	0.19	7.54	14.48	8.23	4.45	1.84	0.83	1.54	1.61	2.87
湖 北	Hubei	6.80	3.33	3.24	7.86	11.78	7.45	9.50	68.02	117.23	95.94	55.90	17.59
湖 南	Hunan	2.02	11.62	10.15	0.71		0.44	0.31	0.90	1.26	0.44	1.90	
广 东	Guangdong	11.70	6.48	36.52	65.65	92.63	107.04	33.05	28.53	46.20	48.38	64.05	92.94
广 西	Guangxi	0.09	0.10	0.22	1.21	2.14	1.85	2.54	36.83	44.36	15.63	1.63	3.96
海 南	Hainan			62.53	38.30	2.81		0.26	0.80			4.13	18.29
重 庆	Chongqing		0.15	0.09	0.14	0.22	0.24	0.25	0.03		0.60	9.39	1.52
四 川	Sichuan	0.53	0.03	0.33	0.03	3.07	10.22	9.16	5.47	62.93	2.52	1.23	1.04
贵 州	Guizhou		0.07	0.13		1.36		1.06	1.31	2.38	4.42	2.70	2.62
云 南	Yunnan	0.05	0.06	0.66			3.03	10.20	9.22	8.56	2.41	57.19	92.81
西 藏	Tibet							0.03			0.20		
陕 西	Shaanxi	3.31	1.70	16.92	18.18	25.71	50.18	50.71	58.24	53.86	51.45	93.82	87.94
甘 肃	Gansu	6.64	2.26	36.31	36.51	21.91	20.90	57.58	59.08	40.85	7.28	38.52	29.17
青 海	Qinghai							0.14	0.38	1.00	0.10		
宁 夏	Ningxia	0.25	0.05	0.49						0.10	0.25	2.86	
新 疆	Xinjiang	5.32	2.07	7.11	1.69	2.53	4.72	12.20	31.86	10.28	8.97	15.64	9.07

2-8 分地区国有经济煤气生产和供应业固定资产投资
Investment in Fixed Assets of State-Owned Units in Gas Production and Supply by Region

单位：亿元 (100 million yuan)

地区	Region	1995	2000	2005	2006	2007	2008	2009	2010	2011	2012	2013	2014
北京	Beijing	4.04	12.50	11.03	10.57			2.08	4.73	7.24	1.90	11.16	2.67
天津	Tianjin	1.10	3.90	2.63	2.50	5.72	6.58	10.93	13.88	15.29	17.81	37.80	31.01
河北	Hebei	0.53	2.53	4.20	9.55	12.04	7.12	15.26	16.78	6.18	12.30	32.37	16.33
山西	Shanxi	1.07	2.80	0.79	2.09	3.55	6.38	11.02	26.24	22.43	32.38	28.30	24.47
内蒙	Inner Mongolia	0.14	0.74	1.44	2.64	2.46	5.87	8.79	4.49	9.25	6.18	12.40	29.94
辽宁	Liaoning	1.55	1.83	4.15	2.18	3.87	6.16	6.90	34.57	64.71	111.10	89.51	27.67
吉林	Jilin	0.91	0.76	0.50	1.49	2.59	7.22	1.92	3.47	7.03	5.77	4.07	13.03
黑龙江	Heilongjiang	2.61	1.22	0.71	2.43	2.01	4.18	8.42	4.41	9.51	7.17	7.52	7.19
上海	Shanghai	8.43	6.88	4.18	5.43	4.65	2.05	8.31	5.39	1.07	4.72	8.07	9.71
江苏	Jiangsu	0.86	1.41	1.32	1.94	1.07	12.73	14.92	43.47	9.85	5.60	10.55	11.31
浙江	Zhejiang	1.38	1.16	29.35	12.21	4.72	5.10	5.15	6.48	16.96	28.96	41.79	27.30
安徽	Anhui	0.88	0.61	3.27	3.00	3.55	6.90	12.15	11.82	9.90	6.76	10.42	11.34
福建	Fujian	0.26	2.03	7.36	22.57	26.95	11.08	13.78	15.77	9.04	4.07	18.69	49.51
江西	Jiangxi	0.78	0.64	1.14	1.89	1.91	1.85	6.08	12.08	7.95	14.60	26.84	6.03
山东	Shandong	2.37	3.38	4.40	4.50	4.05	14.45	6.80	11.54	9.90	10.93	5.42	18.14
河南	Henan	3.24	3.64	7.62	12.62	4.59	2.19	29.82	22.42	19.33	19.14	21.54	14.83
湖北	Hubei	1.29	0.44	3.10	1.43	5.53	7.86	15.93	11.37	10.37	12.20	14.00	23.99
湖南	Hunan	1.05	0.83	1.07	1.13	2.41	5.35	4.75	5.61	9.23	11.06	12.77	16.57
广东	Guangdong	1.83	1.45	8.99	5.50	4.70	6.96	9.57	17.14	9.56	15.84	21.72	20.14
广西	Guangxi	0.11	1.44	0.27	0.72	1.44	0.97	2.00	1.34	6.06	15.36	14.17	14.71
海南	Hainan	0.01	1.58	0.14	0.20	1.80		1.45	2.66		0.63	0.66	2.36
重庆	Chongqing		0.72	1.40	2.48	6.48	6.38	11.42	4.52	6.27	13.56	60.44	30.58
四川	Sichuan	2.27	3.00	4.51	10.10	4.19	5.54	7.80	9.91	36.34	13.38	20.36	22.61
贵州	Guizhou	0.20	0.49	0.36	0.20	0.40	0.32	0.78	1.17	5.61	0.54	10.20	18.49
云南	Yunnan	0.41	0.19	3.16	1.00	6.05	3.12	3.92	5.86	3.50	6.30	10.54	3.76
西藏	Tibet					0.10	0.24	0.79	0.40	0.72	1.99	43.26	49.25
陕西	Shaanxi	0.78	2.37	3.21	3.68	6.02	5.50	11.71	20.72	25.17	33.93	68.29	103.35
甘肃	Gansu	0.52	0.36	0.80	1.71	6.79	5.43	5.96	8.10	11.74	16.51	18.87	11.41
青海	Qinghai			0.09	0.10	0.11			2.12	1.46	0.24	1.22	1.39
宁夏	Ningxia	0.09	0.47	0.21	0.47	0.32	0.57	0.70	0.98	1.55	1.09	1.92	1.17
新疆	Xinjiang	0.29	0.68	1.50	2.60	2.47	4.57	4.83	6.10	11.65	13.89	27.92	57.42

2-9 能源工业分行业投资

Investment in Energy Industry

单位：亿元 (100 million yuan)

项 目 Item	1995	2000	2005	2006	2007	2008	2009	2010	2011	2012	2013	2014
能源工业 Energy Industry	2369	3991	10206	11826	13699	16346	19478	21627	23046	25500	29009	31515
煤炭采选业 Coal Mining and Processing	286	211	1163	1459	1805	2399	3057	3785	4907	5370	5213	4684
石油和天然气开采业 Petroleum and Natural Gas Extraction	504	789	1464	1822	2225	2675	2791	2928	3022	3077	3821	3948
电力、蒸汽、热水生产和供应业 Electricity Steam, Hot Water Producing and and Supply	1337	2744	6503	7274	7907	9024	11139	11915	11603	12948	14726	17432
石油加工及炼焦业 Petroleum Processing and Coking	194	173	801	939	1415	1828	1840	2035	2268	2500	3039	3208
煤气生产和供应业 Gas Production and Supply	49	74	275	331	347	420	651	964	1244	1605	2210	2242

2-10 能源工业分行业投资构成

Investment in Energy Industry by Proportions

单位：% (%)

项 目 Item	1995	2000	2005	2006	2007	2008	2009	2010	2011	2012	2013	2014
能源工业 Energy Industry	100.00	100.00	100.00	100.00	100.00	100.00	100.00	100.00	100.00	100.00	100.00	100.00
煤炭采选业 Coal Mining and Processing	12.05	5.30	11.40	12.34	13.17	14.68	15.69	17.50	21.29	21.06	17.97	14.86
石油和天然气开采业 Petroleum and Natural Gas Extraction	21.27	19.78	14.34	15.41	16.25	16.37	14.33	13.54	13.11	12.06	13.17	12.53
电力、蒸汽、热水生产和供应业 Electricity Steam, Hot Water Producing and and Supply	56.43	68.76	63.72	61.51	57.72	55.21	57.19	55.09	50.35	50.78	50.76	55.32
石油加工及炼焦业 Petroleum Processing and Coking	8.20	4.32	7.85	7.94	10.33	11.18	9.45	9.41	9.84	9.81	10.48	10.18
煤气生产和供应业 Gas Production and Supply	2.05	1.85	2.69	2.80	2.53	2.57	3.34	4.46	5.40	6.29	7.62	7.11

2-11 分地区能源工业投资
Investment in Energy Industry by Region

单位：亿元　　　　(100 million yuan)

地 区	Region	1995	2000	2005	2006	2007	2008	2009	2010	2011	2012	2013	2014
北 京	Beijing	58	58	117	104	172	138	158	134	141	192	230	258
天 津	Tianjin	59	100	178	270	375	586	756	546	431	447	591	596
河 北	Hebei	80	200	417	513	602	704	635	882	963	1051	1202	1296
山 西	Shanxi	73	157	603	682	863	1023	1206	1521	1919	2113	2098	2313
内 蒙	Inner Mongolia	74	40	790	941	1197	1550	1880	2093	1903	1827	2331	2887
辽 宁	Liaoning	154	190	321	417	599	675	886	1191	960	1059	1094	970
吉 林	Jilin	44	80	160	260	352	584	572	774	616	739	663	758
黑龙江	Heilongjiang	163	225	335	431	555	738	847	1014	983	1113	991	835
上 海	Shanghai	81	115	139	137	219	198	326	199	145	160	143	165
江 苏	Jiangsu	90	223	560	443	316	406	487	479	598	840	908	1019
浙 江	Zhejiang	70	215	478	443	458	366	434	430	529	623	756	881
安 徽	Anhui	78	81	294	370	516	528	453	527	481	624	606	614
福 建	Fujian	64	125	247	299	379	535	567	637	630	728	877	946
江 西	Jiangxi	25	60	133	155	155	179	300	281	331	298	350	368
山 东	Shandong	196	393	764	765	674	758	920	972	1133	1275	1559	2047
河 南	Henan	133	188	498	574	656	833	940	773	827	785	868	764
湖 北	Hubei	146	239	287	365	364	403	495	512	518	491	511	510
湖 南	Hunan	59	96	249	271	329	421	406	496	601	607	677	774
广 东	Guangdong	174	182	674	685	594	710	919	966	891	999	1147	1310
广 西	Guangxi	27	87	187	284	305	289	351	368	421	473	560	560
海 南	Hainan	24	15	83	58	27	36	56	61	101	124	127	167
重 庆	Chongqing		50	164	244	224	225	276	316	343	483	575	680
四 川	Sichuan	123	137	431	573	655	677	824	1050	1315	1427	1429	1574
贵 州	Guizhou	27	72	269	293	319	380	397	467	704	513	586	584
云 南	Yunnan	35	57	371	491	574	674	792	832	891	1086	1184	1073
西 藏	Tibet	9	10	15	13	18	30	39	53	64	90	167	229
陕 西	Shaanxi	42	106	301	384	577	705	924	1043	1235	1343	1786	1676
甘 肃	Gansu	34	65	142	173	243	328	530	667	638	851	1094	1138
青 海	Qinghai	22	30	86	118	112	125	157	141	232	295	397	429
宁 夏	Ningxia	12	19	104	119	159	195	297	351	414	422	439	606
新 疆	Xinjiang	107	180	375	490	649	704	795	988	1233	1491	2101	2603

2-12 分地区煤炭采选业投资

Investment in Coal Mining and Processing by Region

单位：亿元 (100 million yuan)

地区	Region	1995	2000	2005	2006	2007	2008	2009	2010	2011	2012	2013	2014
北京	Beijing	0.62	0.21	0.43	0.43	0.66	0.71	1.92	2.62	2.70		2.39	1.29
天津	Tianjin		0.08		0.21					3.74			
河北	Hebei	17.10	19.96	43.36	57.21	52.20	55.63	71.91	114.13	135.02	164.20	143.54	127.13
山西	Shanxi	47.33	36.53	258.75	305.61	363.92	464.08	599.72	929.51	1240.24	1352.22	1157.95	1078.08
内蒙	Inner Mongolia	35.28	2.82	109.54	227.59	328.42	452.96	520.40	528.36	588.66	674.38	852.20	863.77
辽宁	Liaoning	6.09	7.96	25.05	22.01	23.83	32.80	31.92	69.90	62.36	72.29	50.10	49.95
吉林	Jilin	3.00	0.89	9.02	34.61	28.93	52.29	57.52	59.86	88.11	97.65	56.31	40.09
黑龙江	Heilongjiang	14.29	11.46	40.71	47.50	55.46	95.43	139.38	201.12	171.66	207.86	193.18	101.07
上海	Shanghai												
江苏	Jiangsu	6.16	5.52	13.36	11.11	3.67	15.92	17.34	17.45	13.91	17.91	5.61	15.67
浙江	Zhejiang	0.12		0.34	0.18			0.07			0.19	0.18	0.55
安徽	Anhui	34.70	14.19	106.81	153.52	185.09	186.06	198.22	194.03	142.04	206.04	145.90	126.34
福建	Fujian	1.48	1.35	4.54	5.28	5.65	12.94	24.32	18.90	43.66	62.19	90.23	75.03
江西	Jiangxi	1.86	0.99	9.37	10.66	15.23	24.06	41.42	37.79	78.56	64.76	49.55	47.73
山东	Shandong	25.26	40.35	148.63	88.29	70.70	77.38	99.65	97.25	93.62	79.40	59.89	77.42
河南	Henan	23.18	18.71	102.88	136.92	203.25	275.85	315.70	231.93	296.11	247.61	187.27	145.50
湖北	Hubei	0.58	0.78	3.93	3.70	3.84	8.20	14.77	19.32	45.60	45.92	51.23	39.74
湖南	Hunan	3.38	1.22	18.42	22.86	40.87	63.57	101.55	146.27	182.15	222.98	241.73	252.53
广东	Guangdong	0.99	0.17	0.02					0.46	0.49			0.60
广西	Guangxi	1.04	0.52	5.18	4.41	4.51	4.77	9.74	11.39	21.49	25.20	14.62	12.72
海南	Hainan	0.01											2.29
重庆	Chongqing		1.11	23.70	33.68	34.78	49.40	62.12	69.86	89.83	92.03	99.27	81.06
四川	Sichuan	6.64	2.84	28.74	46.93	58.20	64.40	94.48	139.38	252.46	261.05	186.70	174.55
贵州	Guizhou	6.65	5.31	32.69	44.50	51.35	95.87	121.20	171.81	359.97	229.09	248.89	174.53
云南	Yunnan	3.68	2.07	37.07	25.01	36.23	51.31	60.53	74.90	106.37	175.84	227.31	167.20
西藏	Tibet	0.09									0.20	0.71	0.03
陕西	Shaanxi	8.73	3.75	36.66	48.17	68.32	107.10	205.46	315.98	507.11	593.20	582.38	462.11
甘肃	Gansu	4.07	4.98	13.01	15.41	22.90	30.62	54.51	77.04	111.89	138.49	168.30	117.08
青海	Qinghai	0.24	0.01	2.56	4.93	6.51	11.83	7.61	9.41	14.39	23.80	34.30	41.17
宁夏	Ningxia	5.37	2.82	33.03	38.69	69.32	79.73	102.00	110.69	119.79	143.83	159.29	155.37
新疆	Xinjiang	3.36	2.35	16.02	31.60	41.05	49.18	103.46	135.33	135.33	171.89	203.54	253.87

2-13 分地区石油和天然气开采业投资

Investment in Petroleum and Natural Gas Extraction by Region

单位：亿元 (100 million yuan)

地区	Region	1995	2000	2005	2006	2007	2008	2009	2010	2011	2012	2013	2014
北京	Beijing			0.03	0.03	4.62	18.16	13.16	0.12	0.14		1.11	0.61
天津	Tianjin	30.77	60.14	123.41	182.19	179.06	268.25	393.16	306.39	219.77	172.02	286.57	303.82
河北	Hebei	3.06	3.35	24.89	37.97	74.19	69.60	9.77	33.51	36.79	26.81	39.65	40.70
山西	Shanxi					0.44	1.90	16.49	21.62	65.68	88.31	111.63	140.64
内蒙	Inner Mongolia		0.70	22.15	35.94	110.18	225.70	187.33	196.58	96.48	53.64	141.31	159.06
辽宁	Liaoning	54.91	67.50	94.90	124.21	144.93	102.75	89.03	145.80	110.40	90.71	131.46	95.98
吉林	Jilin	17.40	22.20	66.39	111.18	153.82	175.52	206.23	242.42	160.13	228.44	177.90	253.73
黑龙江	Heilongjiang	103.85	139.44	166.44	212.50	287.45	341.90	332.68	339.90	350.32	312.55	338.93	306.98
上海	Shanghai	0.07	2.17	1.68	2.14	14.80	29.03	8.21	0.33	0.57			
江苏	Jiangsu	6.28	10.74	12.57	14.97	11.85	19.20	25.34	27.35	15.01	28.20	32.14	35.89
浙江	Zhejiang												
安徽	Anhui			0.02	0.01	0.20	0.67	0.20	1.63	1.04	0.66	2.04	3.40
福建	Fujian		0.10			0.11							11.89
江西	Jiangxi						2.42						
山东	Shandong	79.97	132.95	117.68	139.88	120.81	185.66	206.65	219.15	289.60	283.62	289.08	298.87
河南	Henan	26.10	43.95	55.37	55.33	68.40	72.75	75.88	71.46	59.03	59.54	50.28	42.13
湖北	Hubei	3.77	13.20	12.85	17.87	29.94	30.76	30.53	3.64	4.45	0.56	3.20	0.82
湖南	Hunan				0.04			0.59	0.44	2.11		0.30	
广东	Guangdong	6.28	4.41	10.24	26.51	39.43	44.47	54.03	12.35	30.87	28.15	89.18	135.52
广西	Guangxi	0.04		0.16	0.14	1.38	0.85	1.89	1.75	4.94	0.35	1.90	2.24
海南	Hainan	3.62	5.00		0.75	0.73	0.27	4.40	0.27	11.43	3.01	3.30	5.72
重庆	Chongqing		0.34	0.68	0.65	3.44	7.61	10.27	8.95	23.46	12.19	33.00	115.01
四川	Sichuan	24.23	11.63	15.90	17.53	22.84	26.22	17.55	10.48		6.19	13.46	14.35
贵州	Guizhou		0.10	0.52	0.54		0.04	0.42		1.08			
云南	Yunnan		0.03	0.02			0.37	0.72	0.78	0.17			
西藏	Tibet			0.02	0.03								
陕西	Shaanxi	3.16	23.98	95.71	133.92	190.73	177.58	213.62	256.04	301.25	299.49	502.79	394.27
甘肃	Gansu	4.29	6.57	6.11	8.86	15.19	22.40	17.56	11.72	20.98	75.24	115.70	121.20
青海	Qinghai	6.00	16.92	30.73	31.74	29.38	37.68	33.36	39.44	34.51	39.92	62.34	59.85
宁夏	Ningxia				1.47	1.64	4.00	4.10	1.58	0.95	0.86	8.03	4.52
新疆	Xinjiang	85.85	129.38	262.06	308.45	360.56	366.39	323.37	387.93	431.36	440.50	525.30	605.64

2-14 分地区电力、蒸汽、热水生产和供应业投资
Investment in Electricity, Steam, Hot Water Production and Supply by Region

单位：亿元 (100 million yuan)

地 区	Region	1995	2000	2005	2006	2007	2008	2009	2010	2011	2012	2013	2014
北 京	Beijing	46	38	93	77	149	106	124	110	114	160	177	231
天 津	Tianjin	22	34	40	70	145	180	233	173	175	226	226	186
河 北	Hebei	54	166	283	343	379	437	406	543	598	558	593	756
山 西	Shanxi	22	105	246	294	385	421	451	418	463	501	551	828
内 蒙	Inner Mongolia	33	35	603	557	634	687	934	1152	865	786	940	1457
辽 宁	Liaoning	50	89	116	173	288	376	550	637	498	502	523	547
吉 林	Jilin	20	55	77	104	155	326	283	424	309	345	348	351
黑龙江	Heilongjiang	26	67	103	142	175	232	295	351	278	427	341	342
上 海	Shanghai	58	89	120	116	163	133	267	148	105	111	116	145
江 苏	Jiangsu	69	187	510	383	257	317	383	308	433	619	714	761
浙 江	Zhejiang	60	204	436	410	435	344	406	391	473	541	642	740
安 徽	Anhui	27	65	166	188	299	287	202	276	240	325	377	405
福 建	Fujian	58	121	222	243	220	354	409	426	456	499	566	684
江 西	Jiangxi	21	56	106	131	117	118	195	191	182	164	164	252
山 东	Shandong	74	190	373	413	245	272	388	431	487	536	744	1016
河 南	Henan	79	120	303	326	329	424	430	340	314	310	443	389
湖 北	Hubei	130	218	244	307	297	331	398	384	310	291	322	345
湖 南	Hunan	53	81	206	238	268	324	261	294	340	322	363	431
广 东	Guangdong	151	167	547	520	422	513	783	846	735	778	824	867
广 西	Guangxi	25	85	175	266	269	200	284	280	311	327	347	418
海 南	Hainan	14	7	17	19	21	35	44	54	80	80	75	94
重 庆	Chongqing		47	130	202	174	153	184	193	202	282	289	272
四 川	Sichuan	89	118	370	482	549	547	657	815	885	1046	1104	1236
贵 州	Guizhou	20	65	232	243	252	258	247	269	292	226	285	371
云 南	Yunnan	31	55	321	451	509	596	696	708	747	863	844	781
西 藏	Tibet	9	10	15	13	18	30	39	52	63	87	123	179
陕 西	Shaanxi	26	73	138	173	265	291	327	301	234	268	370	488
甘 肃	Gansu	18	50	85	110	173	246	391	501	437	579	693	795
青 海	Qinghai	16	13	52	73	71	74	114	84	173	225	287	317
宁 夏	Ningxia	6	15	69	76	72	80	170	207	224	209	211	403
新 疆	Xinjiang	12	42	55	63	100	170	251	333	476	649	1021	1257

2-15 分地区石油加工及炼焦业投资
Investment in Petroleum Processing and Coking by Region

单位：亿元 (100 million yuan)

地 区	Region	1995	2000	2005	2006	2007	2008	2009	2010	2011	2012	2013	2014
北 京	Beijing	6.95	6.67	12.37	15.08	6.85	4.45	8.57	5.85	6.72	8.66	11.39	4.18
天 津	Tianjin	5.17	1.52	8.31	14.35	45.47	129.94	117.98	50.96	14.54	26.46	34.18	40.97
河 北	Hebei	5.09	7.65	55.33	45.01	74.12	123.72	121.44	155.33	137.03	215.20	308.99	250.13
山 西	Shanxi	2.12	11.89	94.03	74.49	92.32	101.48	102.55	96.42	98.43	101.78	197.13	170.22
内 蒙	Inner Mongolia	5.64	0.49	51.09	114.45	115.68	165.30	156.93	90.16	158.87	126.10	204.59	228.29
辽 宁	Liaoning	41.89	23.70	78.31	91.95	132.27	149.81	192.93	266.88	189.63	230.81	216.05	179.23
吉 林	Jilin	3.15	1.09	3.25	6.37	5.20	12.25	9.00	18.34	21.56	30.60	20.57	30.00
黑龙江	Heilongjiang	16.93	6.27	24.55	25.81	31.61	59.88	66.85	100.68	126.71	105.79	63.82	32.11
上 海	Shanghai	10.05	17.06	5.54	6.41	29.85	16.65	25.87	24.80	26.59	36.86	3.33	7.13
江 苏	Jiangsu	7.12	17.46	11.11	18.22	22.50	27.68	26.78	60.64	72.35	116.97	103.26	134.50
浙 江	Zhejiang	8.24	9.86	8.88	10.53	13.92	10.99	17.34	21.19	22.41	24.41	47.39	75.79
安 徽	Anhui	15.05	1.46	13.74	20.27	20.39	34.33	27.77	25.30	68.47	59.72	30.82	30.79
福 建	Fujian	3.59	1.05	11.82	26.71	124.04	152.84	111.85	168.43	111.31	146.29	173.24	84.97
江 西	Jiangxi	1.87	1.76	11.93	6.42	9.35	20.36	34.55	15.17	29.29	26.05	62.41	41.75
山 东	Shandong	14.04	26.00	104.50	93.86	213.16	185.24	182.99	178.97	201.64	287.25	361.98	529.29
河 南	Henan	1.53	1.76	18.84	25.28	37.56	44.65	59.17	74.80	96.29	77.10	69.07	59.16
湖 北	Hubei	9.86	4.97	9.70	21.68	21.40	16.32	19.62	83.37	129.38	116.05	85.00	54.84
湖 南	Hunan	2.02	12.47	15.01	3.85	9.21	16.00	20.80	34.63	33.06	18.98	23.09	22.43
广 东	Guangdong	11.85	6.96	71.62	96.31	108.51	131.84	63.63	55.38	75.50	116.72	143.79	218.20
广 西	Guangxi	0.09	0.14	2.59	9.72	25.41	77.28	48.01	63.15	67.69	55.95	85.15	49.24
海 南	Hainan	5.60	0.38	62.65	38.33	3.29	0.35	4.19	2.08	1.13	29.30	33.68	38.40
重 庆	Chongqing		0.15	3.09	1.19	1.64	2.32	3.34	8.75	7.43	65.53	70.37	147.75
四 川	Sichuan	0.67	0.14	7.15	7.96	10.50	21.10	28.94	37.81	101.76	43.39	42.60	46.88
贵 州	Guizhou		0.48	3.18	3.13	13.06	20.28	19.30	21.76	38.09	39.35	30.17	13.75
云 南	Yunnan	0.05	0.22	9.62	12.51	22.39	21.99	29.56	37.36	29.11	29.54	73.33	97.82
西 藏	Tibet							0.03			0.20		1.15
陕 西	Shaanxi	3.48	2.09	26.33	22.31	42.81	119.21	153.90	136.15	158.84	129.90	211.11	184.58
甘 肃	Gansu	6.65	2.78	36.65	37.14	23.50	22.59	60.02	66.86	48.57	31.04	79.38	61.28
青 海	Qinghai				7.20	4.16	0.44	1.79	5.58	6.97	1.35	3.23	4.79
宁 夏	Ningxia	0.25	0.84	2.37	2.21	15.46	27.66	17.23	21.64	60.99	56.96	38.53	24.82
新 疆	Xinjiang	5.43	5.25	37.73	80.53	139.74	110.56	106.89	106.63	128.10	146.13	211.46	344.04

2-16 分地区煤气生产和供应业投资
Investment in Gas Production and Supply by Region

单位：亿元 (100 million yuan)

地 区	Region	1995	2000	2005	2006	2007	2008	2009	2010	2011	2012	2013	2014
北 京	Beijing	4.04	12.50	11.12	10.89	10.64	7.88	9.72	15.10	16.98	23.86	38.14	21.31
天 津	Tianjin	1.10	3.90	6.21	2.70	5.92	7.23	11.74	15.70	18.06	22.84	44.34	65.39
河 北	Hebei	0.59	3.15	10.83	29.83	22.81	18.10	25.98	36.97	56.26	87.30	117.05	122.14
山 西	Shanxi	1.07	3.45	3.66	8.41	21.01	34.75	36.58	55.63	51.87	69.34	80.29	95.94
内 蒙	Inner Mongolia	0.14	0.78	4.17	5.92	8.15	19.12	81.38	126.19	194.54	186.29	192.44	178.80
辽 宁	Liaoning	1.55	2.25	6.64	5.76	10.51	14.00	21.83	71.63	99.51	163.59	173.67	97.23
吉 林	Jilin	0.91	1.07	4.69	3.90	9.95	18.03	15.98	29.56	37.29	37.06	59.47	83.35
黑龙江	Heilongjiang	2.61	1.36	1.13	2.96	5.89	9.25	13.96	21.18	55.52	59.69	54.25	53.43
上 海	Shanghai	12.98	6.88	11.60	11.84	10.78	19.57	25.57	24.95	12.37	11.89	22.74	12.80
江 苏	Jiangsu	1.88	2.19	12.46	15.07	21.27	26.15	34.46	65.18	64.24	57.61	52.32	72.15
浙 江	Zhejiang	1.77	1.59	33.32	22.34	9.01	10.71	10.23	17.07	33.32	57.34	66.23	64.77
安 徽	Anhui	0.94	0.82	8.18	8.54	11.56	20.55	25.25	30.26	29.07	32.45	50.24	48.75
福 建	Fujian	0.26	2.12	8.59	24.43	28.94	14.41	21.94	23.87	18.70	20.65	47.75	89.62
江 西	Jiangxi	0.79	0.69	5.53	7.43	13.51	14.48	28.62	37.47	40.81	43.28	73.84	26.58
山 东	Shandong	2.37	3.99	20.68	29.58	23.49	37.57	42.39	46.49	61.00	88.69	104.14	125.02
河 南	Henan	3.24	3.92	17.36	29.97	17.87	15.70	59.45	55.34	61.49	90.20	118.70	127.85
湖 北	Hubei	1.30	2.35	16.36	14.96	12.47	16.96	31.61	22.19	29.40	36.88	50.11	69.58
湖 南	Hunan	1.17	1.11	9.39	6.55	10.79	17.66	22.23	20.84	44.48	43.41	48.52	67.84
广 东	Guangdong	4.11	3.67	45.24	41.70	24.45	21.39	18.45	51.72	49.60	75.96	90.67	88.99
广 西	Guangxi	0.11	1.77	4.08	4.20	4.57	5.59	7.32	10.89	15.30	64.66	111.12	77.11
海 南	Hainan	0.76	2.08	2.70	0.54	2.25	0.15	3.67	4.26	8.62	11.19	15.21	27.30
重 庆	Chongqing		1.53	5.90	6.18	9.92	12.89	16.70	36.00	20.70	31.16	83.48	63.82
四 川	Sichuan	2.44	3.92	9.05	18.55	13.90	18.62	25.53	47.25	75.05	71.02	82.77	102.49
贵 州	Guizhou	0.20	0.98	1.20	1.16	2.70	5.49	8.62	4.81	13.14	18.45	21.34	24.85
云 南	Yunnan	0.41	0.20	3.33	1.87	6.62	4.19	5.45	10.44	9.16	17.65	38.96	26.71
西 藏	Tibet			0.01		0.11	0.34	0.84	0.64	0.77	2.04	43.46	49.27
陕 西	Shaanxi	0.78	2.83	3.90	6.27	10.47	9.92	24.14	33.87	33.93	52.37	120.08	147.22
甘 肃	Gansu	0.61	0.36	1.46	2.22	8.15	6.64	7.01	10.57	19.60	27.67	37.13	43.47
青 海	Qinghai		0.01	0.86	0.34	0.54	0.86	0.43	3.26	3.35	5.45	10.38	6.70
宁 夏	Ningxia	0.09	1.01	0.39	0.62	0.98	3.70	3.32	9.84	7.98	10.50	21.91	18.39
新 疆	Xinjiang	0.29	1.21	4.61	6.78	7.41	8.12	10.26	25.04	62.32	84.20	139.49	142.69

三、能源生产

Chapter 3　Energy Production

3-1 一次能源生产量和构成
Primary Energy Production and Composition

年 份 Year	电热当量计算法 calorific value calculation						
	一次能源生产量 (万吨标准煤) Primary Energy Production (10^4 tce)	占能源生产总量的比重 (%) As percentage of primary energy production (%)					
		原 煤 Raw Coal	原 油 Crude Oil	天然气 Natural Gas	一次电力及其他能源 Primary Electricty and Other Energy	#水电 Hydro Power	#核电 Nuclear Power
1980	62046	71.4	24.4	3.0	1.2	1.2	-
1981	61364	72.4	23.6	2.7	1.3	1.3	-
1982	64686	73.5	22.6	2.5	1.4	1.4	-
1983	68877	74.1	22.0	2.4	1.5	1.5	-
1984	75493	74.7	21.7	2.2	1.4	1.4	-
1985	83005	75.1	21.5	2.1	1.3	1.3	-
1986	85523	74.7	21.8	2.1	1.4	1.4	-
1987	88524	74.9	21.6	2.1	1.4	1.4	-
1988	92809	75.5	21.1	2.0	1.4	1.4	-
1989	98418	76.5	20.0	2.0	1.5	1.5	-
1990	100487	76.8	19.7	2.0	1.5	1.5	-
1991	101490	76.5	19.9	2.1	1.5	1.5	-
1992	103771	76.9	19.6	2.0	1.5	1.5	-
1993	107059	76.8	19.4	2.2	1.8	1.8	
1994	114009	77.7	18.3	2.3	2.2	2.1	0.1
1995	123519	78.7	17.4	1.9	2.0	1.9	0.1
1996	127404	78.3	17.6	2.1	2.0	1.8	0.1
1997	127431	77.8	18.0	2.2	2.0	1.9	0.1
1998	123713	76.9	18.6	2.3	2.2	2.1	0.1
1999	126264	77.2	18.1	2.7	2.1	1.9	0.2
2000	132384	76.3	17.6	2.7	3.4	2.1	0.2
2001	139928	76.5	16.7	2.9	3.9	2.4	0.2
2002	148450	77.0	16.1	2.9	4.0	2.4	0.2
2003	170305	79.3	14.2	2.7	3.8	2.0	0.3
2004	196418	80.5	12.8	2.8	3.9	2.2	0.3
2005	218355	81.2	11.9	3.0	3.9	2.2	0.3
2006	233269	81.4	11.3	3.3	4.0	2.3	0.3
2007	251772	81.6	10.6	3.7	4.1	2.4	0.3
2008	262992	81.0	10.3	4.1	4.6	2.7	0.3
2009	271067	81.0	10.0	4.2	4.8	2.8	0.3
2010	294807	80.7	9.8	4.3	5.2	3.0	0.3
2011	323045	81.9	9.0	4.3	4.8	2.7	0.3
2012	330203	81.0	9.0	4.4	5.6	3.2	0.4
2013	336452	80.4	8.9	4.7	6.0	3.4	0.4
2014	336149	79.2	9.0	5.0	6.8	3.9	0.5

3-1 续表

Continued

年 份 Year	发电煤耗计算法 coal equivalent calculation						
	一次能源生产量 (万吨标准煤) Primary Energy Production (10^4 tce)	占能源生产总量的比重 (%) As percentage of primary energy production (%)					
		原 煤 Raw Coal	原 油 Crude Oil	天然气 Natural Gas	一次电力及其他能源 Primary Electricty and Other Energy	#水电 Hydro Power	#核电 Nuclear Power
1980	63735	69.4	23.8	3.0	3.8	3.8	-
1981	63227	70.2	22.9	2.7	4.2	4.2	-
1982	66778	71.3	21.8	2.4	4.5	4.5	-
1983	71270	71.6	21.3	2.3	4.8	4.8	-
1984	77855	72.4	21.0	2.1	4.5	4.5	-
1985	85546	72.8	20.9	2.0	4.3	4.3	-
1986	88124	72.4	21.2	2.1	4.3	4.3	-
1987	91266	72.6	21.0	2.0	4.4	4.4	-
1988	95801	73.1	20.4	2.0	4.5	4.5	-
1989	101639	74.1	19.3	2.0	4.6	4.6	-
1990	103922	74.2	19.0	2.0	4.8	4.8	-
1991	104844	74.1	19.2	2.0	4.7	4.7	-
1992	107256	74.3	18.9	2.0	4.8	4.8	-
1993	111059	74.0	18.7	2.0	5.3	5.2	0.1
1994	118729	74.6	17.6	1.9	5.9	5.4	0.5
1995	129034	75.3	16.6	1.9	6.2	5.8	0.4
1996	133032	75.0	16.9	2.0	6.1	5.7	0.4
1997	133460	74.3	17.2	2.1	6.5	6.0	0.4
1998	129834	73.3	17.7	2.2	6.8	6.4	0.4
1999	131935	73.9	17.3	2.5	6.3	5.9	0.4
2000	138570	72.9	16.8	2.6	7.7	6.1	0.5
2001	147425	72.6	15.9	2.7	8.8	7.1	0.4
2002	156277	73.1	15.3	2.8	8.8	6.8	0.6
2003	178299	75.7	13.6	2.6	8.1	5.8	0.9
2004	206108	76.7	12.2	2.7	8.4	6.2	0.9
2005	229037	77.4	11.3	2.9	8.4	6.2	0.8
2006	244763	77.5	10.8	3.2	8.5	6.3	0.8
2007	264173	77.8	10.1	3.5	8.6	6.3	0.8
2008	277419	76.8	9.8	3.9	9.5	7.1	0.8
2009	286092	76.8	9.4	4.0	9.8	7.1	0.8
2010	312125	76.2	9.3	4.1	10.4	7.4	0.8
2011	340178	77.8	8.5	4.1	9.6	6.5	0.8
2012	351041	76.2	8.5	4.1	11.2	7.8	0.9
2013	358784	75.4	8.4	4.4	11.8	8.0	1.0
2014	361866	73.6	8.4	4.7	13.3	9.1	1.1

3-2 分地区焦炭生产量
Coke Production by Region

单位：万吨 (10 000 tons)

地 区	Region	1995	2000	2005	2006	2007	2008	2009	2010	2011	2012	2013	2014
北 京	Beijing	401	402	344	254	177	170	166	161				
天 津	Tianjin	175	171	361	376	339	267	308	238	234	229	260	229
河 北	Hebei	938	792	2613	3312	3821	3879	4800	5046	6290	6701	6382	5614
山 西	Shanxi	5298	4967	7981	9202	9897	8296	7682	8505	9010	8608	9022	8766
内 蒙	Inner Mongolia	395	394	1034	1060	1440	1413	1838	2034	2482	2569	3180	3446
辽 宁	Liaoning	820	789	1238	1503	1625	1736	1877	1876	2027	2021	2147	2141
吉 林	Jilin	136	154	270	286	365	318	424	411	485	524	489	448
黑龙江	Heilongjiang	190	129	474	563	683	784	968	957	1011	957	821	803
上 海	Shanghai	651	776	762	736	750	706	661	631	641	633	540	489
江 苏	Jiangsu	191	237	576	954	1073	1086	1213	1394	1855	2052	2253	2396
浙 江	Zhejiang	57	60	55	52	53	166	230	282	292	295	296	297
安 徽	Anhui	293	330	488	509	684	765	773	875	869	899	904	930
福 建	Fujian	39	45	91	91	91	100	118	143	151	190	167	196
江 西	Jiangxi	167	187	401	493	557	526	626	799	876	810	831	868
山 东	Shandong	465	362	1709	2154	2737	2942	3128	3429	3973	4225	4396	4608
河 南	Henan	489	355	1381	1558	1938	1984	2163	2572	2417	2361	2766	2898
湖 北	Hubei	398	411	678	688	696	918	838	947	994	922	943	932
湖 南	Hunan	215	207	446	474	523	451	559	582	677	640	652	660
广 东	Guangdong	54	54	125	125	94	136	191	195	194	178	178	193
广 西	Guangxi	64	61	223	250	256	310	360	392	411	420	540	606
海 南	Hainan												
重 庆	Chongqing		136	223	271	284	282	294	359	397	332	349	267
四 川	Sichuan	708	382	828	946	1049	1100	1167	1159	1281	1312	1400	1356
贵 州	Guizhou	426	134	716	901	825	752	781	713	685	839	891	762
云 南	Yunnan	370	221	1214	1234	1184	1376	1457	1607	1603	1573	1747	1508
西 藏	Tibet												
陕 西	Shaanxi	341	175	591	1111	1519	451	1325	1571	2172	2894	3475	3835
甘 肃	Gansu	95	126	222	275	249	241	245	244	263	338	458	583
青 海	Qinghai	1	2	2	34	84	144	141	130	168	240	252	133
宁 夏	Ningxia	43	30	117	83	128	119	278	424	438	577	705	784
新 疆	Xinjiang	92	95	249	273	431	611	899	1188	1377	1441	2137	2235

3-3 分地区原油生产量

Crude Oil Production by Region

单位：万吨 (10 000 tons)

地 区	Region	1995	2000	2005	2006	2007	2008	2009	2010	2011	2012	2013	2014
北 京	Beijing												
天 津	Tianjin	620.8	764.0	1793.0	1943.1	1924.3	1993.9	2297.0	3332.7	3187.8	3098.3	3044.5	3074.8
河 北	Hebei	517.0	518.3	562.5	610.8	660.0	643.1	599.1	599.0	586.1	584.0	591.0	592.3
山 西	Shanxi												
内 蒙	Inner Mongolia												21.5
辽 宁	Liaoning	1552.7	1401.1	1261.0	1226.5	1207.2	1199.3	1000.0	950.0	1000.0	1000.0	1001.0	1021.9
吉 林	Jilin	342.7	348.5	550.6	680.4	623.9	698.5	639.9	702.3	739.4	810.4	703.7	663.9
黑龙江	Heilongjiang	5601.5	5306.7	4516.0	4340.5	4169.8	4020.5	4000.7	4004.9	4006.0	4001.5	4001.0	4000.0
上 海	Shanghai		52.7	25.3	21.5	20.7	14.6	9.1	8.3	8.1	5.3	7.9	5.7
江 苏	Jiangsu	101.4	155.0	164.7	188.5	195.7	184.0	184.0	186.0	189.0	194.5	201.5	206.0
浙 江	Zhejiang												
安 徽	Anhui												
福 建	Fujian												
江 西	Jiangxi												
山 东	Shandong	3006.3	2675.7	2694.5	2755.1	2793.1	2829.6	2828.2	2786.0	2713.5	2774.7	2726.4	2713.2
河 南	Henan	602.0	562.2	507.2	492.1	485.1	476.3	474.5	497.9	485.5	476.6	476.5	470.5
湖 北	Hubei	85.0	75.1	78.1	79.7	85.5	83.9	80.9	86.5	79.0	78.9	80.1	79.0
湖 南	Hunan												
广 东	Guangdong	651.0	1393.2	1470.0	1337.8	1261.1	1387.7	1345.1	1287.1	1152.8	1209.3	1291.8	1245.4
广 西	Guangxi	3.6	3.3	3.4	3.4	2.9	2.9	2.9	2.7	2.3	2.3	43.8	58.7
海 南	Hainan	0.1		10.1	11.1	10.7	12.1	18.4	20.0	19.7	19.0	26.5	28.5
重 庆	Chongqing												
四 川	Sichuan	17.2	17.3	13.9	18.0	18.1	22.8	21.7	15.1	16.2	17.5	22.4	19.2
贵 州	Guizhou												
云 南	Yunnan	10.2		0.1									
西 藏	Tibet												
陕 西	Shaanxi	166.9	746.4	1778.2	1988.9	2265.9	2463.6	2695.9	3017.3	3225.4	3527.6	3688.0	3767.8
甘 肃	Gansu	267.8	55.3	78.9	81.7	82.9	74.9	49.2	58.2	62.6	69.9	72.8	71.2
青 海	Qinghai	121.7	200.0	221.5	223.0	220.7	220.4	186.4	186.1	195.0	205.0	214.5	220.0
宁 夏	Ningxia	39.0	139.0					3.1	3.1	3.6	2.3	6.1	7.9
新 疆	Xinjiang	1297.8	1848.2	2406.4	2474.7	2604.3	2715.1	2512.9	2558.2	2615.6	2670.7	2792.5	2875.3

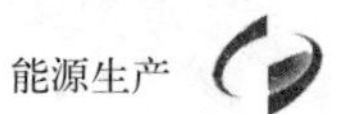

3-4　分地区汽油生产量

Gasoline Production by Region

单位：万吨　　　　(10 000 tons)

地　区	Region	1995	2000	2005	2006	2007	2008	2009	2010	2011	2012	2013	2014
北　京	Beijing	101.95	146.20	170.90	172.93	181.72	215.53	272.55	257.10	251.20	261.90	243.31	299.49
天　津	Tianjin	94.02	122.02	145.42	129.83	150.10	117.17	136.41	164.60	178.20	183.60	211.31	199.60
河　北	Hebei	135.11	159.04	223.60	212.85	230.15	272.49	275.24	270.00	292.80	293.60	304.68	322.21
山　西	Shanxi								3.20	2.80		10.03	2.99
内　蒙	Inner Mongolia	23.43		44.99	60.57	45.93	41.97	49.65	42.10	34.30	15.30	147.50	151.87
辽　宁	Liaoning	398.22	683.88	965.60	1032.33	1005.40	1017.33	1043.57	1057.74	1017.43	1088.10	1059.99	1057.66
吉　林	Jilin	147.88	159.45	164.72	159.74	153.95	166.80	151.67	163.00	193.50	195.30	201.73	208.23
黑龙江	Heilongjiang	261.72	347.46	384.85	387.44	402.71	390.84	430.53	462.90	481.70	463.50	480.71	429.52
上　海	Shanghai	111.00	263.69	263.45	248.16	211.10	244.88	260.04	259.70	274.40	305.00	499.24	471.59
江　苏	Jiangsu	108.07	171.53	233.25	200.58	223.65	232.18	318.24	286.50	298.50	344.40	451.95	564.26
浙　江	Zhejiang	124.15	178.98	288.69	254.94	259.64	288.75	321.32	305.10	315.20	284.53	285.10	308.46
安　徽	Anhui	74.11	79.38	86.00	86.91	89.38	87.87	97.49	97.00	96.30	83.00	126.88	230.85
福　建	Fujian	81.49	102.22	95.19	102.63	98.55	83.36	122.38	149.60	137.10	170.30	149.38	324.30
江　西	Jiangxi	64.56	82.51	86.10	86.85	81.33	86.56	96.57	108.60	100.70	130.60	178.22	173.51
山　东	Shandong	214.88	280.15	474.54	500.33	558.22	799.70	962.20	1195.46	1286.30	1525.36	1670.96	2188.35
河　南	Henan	138.68	136.86	127.65	140.86	157.83	159.43	189.40	208.00	191.40	239.20	222.47	209.60
湖　北	Hubei	126.32	154.97	178.87	178.09	175.74	173.21	216.49	239.80	242.90	241.00	281.34	278.88
湖　南	Hunan	90.38	120.19	122.83	124.20	129.86	137.83	133.15	125.50	191.00	240.70	241.34	199.02
广　东	Guangdong	286.47	331.50	367.23	401.37	417.43	459.84	538.74	635.70	635.50	674.10	759.68	873.16
广　西	Guangxi	15.09	15.64	19.38	24.84	29.58	31.48	37.91	77.30	229.70	300.60	337.39	409.34
海　南	Hainan				65.68	238.66	244.05	264.31	263.20	295.20	302.70	233.78	218.06
重　庆	Chongqing						0.83						
四　川	Sichuan	5.92	8.42	23.20	32.47	45.53	51.61	69.40	57.80	76.20	65.20	74.07	194.80
贵　州	Guizhou												
云　南	Yunnan						0.02						2.91
西　藏	Tibet												
陕　西	Shaanxi	49.68	180.13	387.83	410.32	465.86	465.09	526.21	572.50	610.80	737.70	745.21	766.18
甘　肃	Gansu	166.84	150.92	229.30	239.14	276.04	289.31	314.44	287.90	398.60	375.00	390.18	381.23
青　海	Qinghai	29.48	20.78	29.40	31.52	32.60	30.89	23.62	40.80	46.30	42.10	44.89	49.34
宁　夏	Ningxia	23.57	26.91	58.17	58.15	51.72	65.56	69.38	76.80	46.50	174.00	205.35	193.54
新　疆	Xinjiang	178.53	211.86	238.06	252.03	276.76	280.18	274.57	268.15	233.53	239.28	277.35	320.88

3-5 分地区煤油生产量

Kerosene Production by Region

单位：万吨 (10 000 tons)

地 区	Region	1995	2000	2005	2006	2007	2008	2009	2010	2011	2012	2013	2014
北 京	Beijing	0.26		12.36	11.60	36.39	85.23	111.61	116.10	126.40	132.90	99.38	152.31
天 津	Tianjin	8.85	32.57	25.83	27.42	35.12	21.80	32.74	81.20	115.00	94.50	130.76	134.14
河 北	Hebei	4.83	12.69	11.94	13.15	11.14	12.21	7.05	4.30		0.30	13.72	13.50
山 西	Shanxi												
内 蒙	Inner Mongolia	0.02										2.17	7.75
辽 宁	Liaoning	84.34	231.53	220.00	218.74	206.19	230.06	231.90	224.20	222.00	293.30	355.90	380.50
吉 林	Jilin	1.96	1.28				0.05						8.79
黑龙江	Heilongjiang	22.27	23.27	19.28	20.57	23.54	24.96	28.46	31.50	34.70	42.30	63.97	73.98
上 海	Shanghai	35.84	48.38	144.25	112.27	121.19	136.98	149.71	149.30	150.10	165.10	222.69	244.61
江 苏	Jiangsu	50.64	67.21	99.41	99.45	141.03	108.93	156.87	165.60	201.30	231.60	244.84	290.39
浙 江	Zhejiang	32.31	107.28	130.97	127.29	153.78	129.41	146.08	154.60	162.90	156.20	208.97	218.77
安 徽	Anhui												
福 建	Fujian	3.49	8.64	5.81	6.31	5.55	6.41	32.28	94.70	106.80	103.20	79.34	118.40
江 西	Jiangxi	2.14	4.44	4.67	1.57	1.29	0.07				3.20	21.93	24.35
山 东	Shandong	24.89	44.96	34.65	31.71	35.07	37.88	68.03	86.70	92.20	114.90	163.50	199.53
河 南	Henan	21.10	17.04	20.07	21.18	32.45	31.19	49.33	56.90	47.70	72.10	78.28	72.63
湖 北	Hubei	13.64	16.38	8.85	7.84	12.62	15.72	23.52	46.20	51.20	50.90	63.78	84.84
湖 南	Hunan	7.49	8.57	10.99	7.97	8.44	4.05	3.84	4.80	12.50	28.30	35.22	38.98
广 东	Guangdong	72.28	147.68	156.29	164.21	204.81	188.59	298.61	344.00	366.10	399.10	438.34	535.00
广 西	Guangxi	0.55	0.05	0.01				2.90	3.30	18.40	35.10	23.80	90.30
海 南	Hainan				3.43	32.78	31.06	35.43	44.60	68.10	78.00	90.57	138.64
重 庆	Chongqing			0.02									
四 川	Sichuan	2.76	4.23	1.44	1.88	1.43	1.11	0.83	1.10	0.90	1.20	1.86	0.42
贵 州	Guizhou												
云 南	Yunnan												
西 藏	Tibet												
陕 西	Shaanxi	1.65	8.46		8.92	11.32	15.73	18.69	27.70	25.70	30.80	29.84	35.28
甘 肃	Gansu	38.64	55.88	49.61	48.57	48.53	49.58	50.69	32.30	31.70	39.40	75.29	63.99
青 海	Qinghai												
宁 夏	Ningxia											7.04	8.65
新 疆	Xinjiang	15.80	31.75	32.14	34.79	30.60	38.65	30.86	45.60	46.10	59.00	62.66	65.27

3-6 分地区柴油生产量
Diesel Oil Production by Region

单位：万吨 (10 000 tons)

地 区	Region	1995	2000	2005	2006	2007	2008	2009	2010	2011	2012	2013	2014
北 京	Beijing	79.20	183.92	199.41	204.78	270.89	373.28	364.24	350.40	355.70	319.10	247.15	266.95
天 津	Tianjin	119.44	246.82	364.54	386.99	383.48	340.19	338.69	602.70	646.00	607.10	659.53	582.43
河 北	Hebei	165.81	271.19	403.42	412.08	425.82	513.58	482.34	486.90	538.30	547.00	438.50	394.36
山 西	Shanxi	0.16							0.20				
内 蒙	Inner Mongolia	20.46		41.01	53.96	53.73	42.80	51.13	79.30	93.60	76.40	207.87	214.67
辽 宁	Liaoning	677.68	1202.07	1899.60	1911.19	2048.93	2048.35	2101.38	2379.82	2284.75	2357.95	2391.33	2331.03
吉 林	Jilin	99.83	178.81	367.43	344.02	320.73	321.68	320.88	322.20	412.90	383.40	387.95	382.09
黑龙江	Heilongjiang	379.68	532.61	627.52	577.03	583.59	547.30	589.15	615.50	609.12	573.00	584.50	530.46
上 海	Shanghai	129.13	401.30	717.86	639.32	603.47	747.98	682.63	773.60	798.90	822.10	859.25	685.12
江 苏	Jiangsu	207.31	408.69	725.87	702.33	696.30	738.33	751.10	808.30	746.80	678.70	759.08	687.31
浙 江	Zhejiang	201.52	387.40	728.09	749.50	758.73	862.33	825.89	832.60	870.90	801.80	769.07	713.93
安 徽	Anhui	98.87	151.85	177.36	193.75	188.20	177.95	184.93	196.00	208.20	180.00	225.14	303.32
福 建	Fujian	85.15	161.49	150.34	155.89	135.51	112.86	273.50	388.00	253.20	327.70	283.36	559.96
江 西	Jiangxi	83.17	127.09	132.53	179.04	166.86	182.86	187.47	190.80	193.90	229.00	204.78	179.61
山 东	Shandong	328.63	540.04	939.01	1040.80	1107.53	1645.17	1938.55	2263.86	2463.50	2666.36	2885.08	3244.32
河 南	Henan	121.69	213.42	219.02	265.47	243.96	253.61	287.01	297.57	274.32	310.60	250.19	191.22
湖 北	Hubei	153.05	247.01	329.83	352.35	378.28	341.08	360.08	379.60	389.32	354.80	464.28	459.65
湖 南	Hunan	104.36	215.53	229.25	219.06	228.74	231.16	215.03	215.00	291.60	342.50	322.40	243.25
广 东	Guangdong	377.36	654.02	875.28	994.26	1033.53	1187.35	1287.36	1531.00	1551.70	1539.90	1580.73	1503.74
广 西	Guangxi	14.98	24.92	36.33	42.37	47.46	38.90	44.85	145.50	474.80	650.90	595.46	574.82
海 南	Hainan				94.70	359.06	344.87	341.38	346.00	319.20	294.00	229.70	280.88
重 庆	Chongqing							0.30	0.60		0.40	0.44	
四 川	Sichuan	5.78	11.14	48.52	61.22	80.56	83.43	102.68	83.30	86.60	86.00	59.11	313.63
贵 州	Guizhou												
云 南	Yunnan						0.02						
西 藏	Tibet												
陕 西	Shaanxi	52.93	223.19	513.38	605.17	707.69	769.50	801.61	854.40	853.30	921.50	883.97	895.75
甘 肃	Gansu	188.59	276.23	535.67	585.65	597.39	594.76	641.83	619.90	736.00	685.00	660.54	628.39
青 海	Qinghai	20.99	22.63	44.31	47.51	49.58	46.59	37.27	56.70	73.00	67.50	65.49	61.97
宁 夏	Ningxia	24.92	33.44	76.57	77.64	69.15	85.60	79.94	92.30	53.30	182.00	197.66	193.11
新 疆	Xinjiang	231.88	364.79	697.27	759.46	819.96	826.75	835.78	976.10	1097.40	1059.10	1063.15	1213.38

3-7 分地区燃料油生产量
Fuel Oil Production by Region

单位：万吨　　　　(10 000 tons)

地　区	Region	1995	2000	2005	2006	2007	2008	2009	2010	2011	2012	2013	2014
北　京	Beijing	220.31	78.95	75.29	70.02	50.57	42.33	29.58	35.08	21.40	18.40	22.76	12.08
天　津	Tianjin	142.38	40.60	29.38	25.92	32.76	54.56	18.31	62.68	21.90	23.30	19.34	12.16
河　北	Hebei	44.26	30.17	25.37	28.56	64.85	166.51	34.57	116.94	17.40	25.00	109.49	132.27
山　西	Shanxi						0.18						
内　蒙	Inner Mongolia	18.85		13.56	2.97	26.40	64.57	48.10	30.78	11.20	7.20	9.26	7.97
辽　宁	Liaoning	610.43	413.40	466.15	497.38	526.10	580.50	504.84	602.36	572.80	454.20	377.60	297.25
吉　林	Jilin	85.11	95.59	34.76	43.43	33.92	41.52	38.20	36.83	40.00	31.90	27.19	22.48
黑龙江	Heilongjiang	181.28	120.56	44.69	44.12	48.44	51.28	47.37	55.38	40.40	46.50	42.73	53.70
上　海	Shanghai	290.40	139.03	119.67	112.99	109.65	51.50	15.15	29.57	29.30	17.30	40.79	42.94
江　苏	Jiangsu	162.04	136.29	159.43	181.38	290.59	283.71	154.89	187.61	232.40	284.00	281.16	317.74
浙　江	Zhejiang	78.33	123.40	109.76	192.42	208.57	174.37	113.32	134.66	157.80	115.50	104.12	98.85
安　徽	Anhui	48.48	10.68	8.30	8.07	13.41	13.64	16.57	12.44	7.90	6.00	4.60	4.60
福　建	Fujian	10.44	10.01	8.86	20.73	22.75	18.85	31.02	2.60	3.70	4.30	21.75	53.48
江　西	Jiangxi	43.27	54.27	39.53	20.00	15.76	18.55	22.07	20.89	7.80	4.30	5.38	1.40
山　东	Shandong	334.33	274.66	602.62	434.14	347.49	597.56	428.96	365.19	327.90	398.40	871.47	917.81
河　南	Henan	19.56	30.42	40.02	43.38	48.32	29.46	15.43	17.20	14.70	14.50	43.65	49.78
湖　北	Hubei	95.49	40.24	28.38	23.67	22.58	13.52	15.97	21.93	21.30	16.20	12.06	10.31
湖　南	Hunan	55.29	33.95	31.55	27.91	28.61	24.66	16.90	22.66	24.00	25.10	55.67	53.53
广　东	Guangdong	214.73	186.13	248.08	305.83	266.85	380.68	166.29	156.38	130.80	192.20	333.01	254.55
广　西	Guangxi	3.60	4.37	9.16	9.48	37.82	32.81	20.30	30.82	60.80	72.70	63.92	31.17
海　南	Hainan		9.45	4.36	9.09	23.04	26.31	23.83	27.04	36.70	33.70	17.02	24.86
重　庆	Chongqing			0.06			0.18				5.20		
四　川	Sichuan	3.58	4.10				4.56	8.95	14.39	26.20	27.30	27.90	40.72
贵　州	Guizhou											0.05	
云　南	Yunnan	0.58				0.11	1.34	0.24					
西　藏	Tibet												
陕　西	Shaanxi	55.64	41.54	83.69	90.22	39.34	58.85	42.90	85.30	30.90	61.80	21.64	18.68
甘　肃	Gansu	101.21	91.65	39.57	21.51	26.42	21.19	8.78	20.57	15.50	19.80	22.67	25.11
青　海	Qinghai	19.72	6.39	2.11	2.33	4.19	3.43	2.69	3.34	4.20	4.10	4.25	3.81
宁　夏	Ningxia	10.24	10.54	3.23	3.05	2.85	2.97	2.74	3.10	1.70	9.90	7.71	7.67
新　疆	Xinjiang	111.22	67.26	33.61	49.42	54.65	34.76	28.74	19.33	10.10	10.30	47.14	46.77

3-8 分地区天然气生产量
Natural Gas Production by Region

单位：亿立方米 (100 million cu.m)

地 区	Region	1995	2000	2005	2006	2007	2008	2009	2010	2011	2012	2013	2014
北 京	Beijing											7.50	12.80
天 津	Tianjin	7.57	9.10	8.79	10.50	13.34	14.01	14.30	17.20	18.40	18.70	18.73	21.15
河 北	Hebei	3.49	5.14	6.92	6.55	7.14	8.74	10.87	12.70	12.20	13.40	15.58	17.50
山 西	Shanxi	0.47	1.14	3.24	6.02		5.21					25.11	31.60
内 蒙	Inner Mongolia		4.55									10.04	15.45
辽 宁	Liaoning	21.12	14.70	11.72	11.94	8.72	8.71	8.10	8.00	7.20	7.20	8.32	8.11
吉 林	Jilin	1.83	2.05	5.40	2.41	5.22	8.74	11.62	13.70	15.00	22.20	23.91	22.28
黑龙江	Heilongjiang	25.91	23.04	24.43	24.65	25.50	27.10	30.04	30.00	31.00	33.70	34.99	35.39
上 海	Shanghai		2.60	6.04	5.64	5.07	4.29	4.03	3.30	3.00	2.90	2.35	2.12
江 苏	Jiangsu	0.19	0.24	0.64	0.61	0.58	0.58	0.57	0.60	0.50	0.60	0.51	0.52
浙 江	Zhejiang		0.04	0.03			0.31						
安 徽	Anhui												
福 建	Fujian												
江 西	Jiangxi												0.43
山 东	Shandong	12.85	6.88	9.25	8.55	7.84	8.85	9.05	5.33	5.20	6.00	5.11	4.92
河 南	Henan	11.38	14.95	17.62	18.68	15.76	11.22	29.58	6.72	5.00	5.00	4.93	4.87
湖 北	Hubei	0.76	0.91	1.12	1.16	1.17	1.40	1.67	2.00	2.28	1.70	3.09	1.45
湖 南	Hunan						3.19						
广 东	Guangdong	1.03	34.60	44.75	48.95	52.48	60.78	58.43	78.40	83.30	83.50	75.26	83.66
广 西	Guangxi						8.54					0.10	0.16
海 南	Hainan			1.66	2.05	2.03	2.32	1.86	1.80	2.00	1.80	2.25	1.58
重 庆	Chongqing		1.94	3.27	6.47	5.00	9.54	0.60	1.20	0.46	0.40	1.70	7.78
四 川	Sichuan	76.64	88.60	142.30	159.95	187.46	194.23	193.56	237.65	265.53	242.26	244.81	253.53
贵 州	Guizhou		0.70	0.53				0.12	0.12			0.41	0.40
云 南	Yunnan	1.81	0.05	0.22	0.17	0.14	0.06	0.02	0.06	0.07	0.05	0.02	0.02
西 藏	Tibet												
陕 西	Shaanxi	0.22	21.10	75.46	80.47	110.10	144.20	189.52	223.50	272.20	311.30	371.65	410.11
甘 肃	Gansu	1.13	0.20	0.84	1.53	0.63	1.43	0.29	0.20	0.20	0.20	0.17	0.15
青 海	Qinghai	0.64	3.91	22.26	25.03	34.02	43.65	43.07	56.10	65.00	64.28	68.06	68.90
宁 夏	Ningxia	0.62	0.15							3.02	3.33		
新 疆	Xinjiang	11.81	35.38	106.71	164.20	210.20	235.89	245.39	249.90	235.33	253.01	283.98	296.70

3-9 分地区发电量
Power Generation by Region

单位：亿千瓦小时 (100 million kW•h)

地 区	Region	1995	2000	2005	2006	2007	2008	2009	2010	2011	2012	2013	2014
北 京	Beijing	132	145	213	215	228	243	243	269	263	291	336	364
天 津	Tianjin	134	211	369	359	393	382	416	589	621	590	624	626
河 北	Hebei	607	844	1339	1461	1646	1528	1742	1993	2327	2411	2507	2500
山 西	Shanxi	506	620	1312	1526	1761	1794	1874	2151	2344	2546	2641	2647
内 蒙	Inner Mongolia	279	439	1057	1413	1932	2184	2242	2489	2973	3172	3567	3858
辽 宁	Liaoning	540	646	904	1015	1115	1138	1163	1295	1370	1441	1554	1648
吉 林	Jilin	285	314	433	443	495	578	542	605	710	692	779	772
黑龙江	Heilongjiang	388	427	596	647	685	733	723	777	835	849	839	881
上 海	Shanghai	403	553	734	721	739	774	778	876	949	886	959	792
江 苏	Jiangsu	700	910	2120	2536	2675	2815	2928	3359	3763	4001	4321	4348
浙 江	Zhejiang	401	625	1456	1766	1915	1905	2246	2568	2777	2808	2942	2885
安 徽	Anhui	310	355	648	734	873	1125	1320	1444	1635	1771	1970	2034
福 建	Fujian	262	404	778	904	1038	1127	1171	1356	1580	1623	1777	1873
江 西	Jiangxi	176	203	373	440	502	576	533	664	730	728	875	873
山 东	Shandong	739	1005	1911	2315	2698	2648	2860	3043	3169	3212	3549	3691
河 南	Henan	548	695	1415	1601	1918	1978	2055	2192	2585	2643	2864	2730
湖 北	Hubei	453	559	1290	1307	1588	1828	1818	2043	2086	2238	2237	2382
湖 南	Hunan	333	354	644	755	860	927	1028	1226	1347	1398	1356	1314
广 东	Guangdong	821	1293	2279	2466	2732	2716	2758	3237	3802	3764	3875	3948
广 西	Guangxi	217	289	446	523	683	869	944	1032	1039	1186	1266	1310
海 南	Hainan	32	39	82	97	115	121	128	153	173	199	231	245
重 庆	Chongqing		168	254	291	375	457	474	504	582	598	630	676
四 川	Sichuan	576	500	1019	1227	1263	1383	1579	1795	1981	2151	2631	3079
贵 州	Guizhou	232	405	798	986	1166	1211	1380	1386	1379	1618	1678	1748
云 南	Yunnan	228	298	624	754	905	1079	1171	1365	1555	1759	2181	2550
西 藏	Tibet	5	7	13	15	15	18	18	21	27	26	29	32
陕 西	Shaanxi	237	272	549	585	707	853	909	1112	1222	1342	1512	1621
甘 肃	Gansu	238	254	506	530	619	698	697	792	1028	1103	1202	1241
青 海	Qinghai	60	134	216	282	308	310	378	468	463	584	611	580
宁 夏	Ningxia	108	137	313	388	453	471	480	587	939	1010	1105	1157
新 疆	Xinjiang	120	182	310	357	414	489	549	679	875	1237	1668	2091

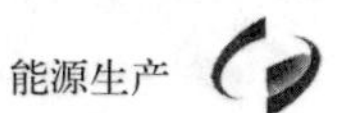

3-10 分地区水力发电量
Hydro Power Generation by Region

单位：亿千瓦小时 (100 million kW•h)

地区	Region	1995	2000	2005	2006	2007	2008	2009	2010	2011	2012	2013	2014
北京	Beijing	3.18	8.64	4.71	4.94	4.93	0.36	0.37	4.40	4.48	4.38	4.72	6.80
天津	Tianjin	0.21	0.14			0.14	0.14					0.20	0.20
河北	Hebei	12.63	4.70	5.61	14.42	5.68	10.95	5.71	5.55	7.25	4.70	10.93	10.97
山西	Shanxi	7.11	13.04	20.32	23.87	47.32	23.36	21.66	36.63	34.63	43.79	38.87	32.93
内蒙	Inner Mongolia	1.43	5.59	11.55	12.80	11.86	11.18	14.82	16.29	12.21	17.66	19.74	34.62
辽宁	Liaoning	41.71	14.89	56.73	47.03	43.81	38.58	28.81	43.98	31.69	38.24	61.11	42.46
吉林	Jilin	83.16	47.84	78.30	54.60	61.83	58.91	56.28	105.50	62.90	65.78	118.48	72.45
黑龙江	Heilongjiang	6.69	13.19	14.70	14.74	10.41	17.56	17.09	22.53	17.02	16.34	30.52	19.86
上海	Shanghai												
江苏	Jiangsu	0.35	0.13	2.66	3.05	2.95	6.65	2.23	2.98	2.02	11.22	11.09	11.28
浙江	Zhejiang	78.25	65.23	135.11	139.76	118.15	143.49	152.67	230.85	161.72	187.01	173.28	176.24
安徽	Anhui	11.39	4.58	12.52	15.72	19.67	28.14	16.39	18.85	17.90	19.60	34.15	41.51
福建	Fujian	154.91	195.22	291.00	346.82	311.59	399.61	275.92	453.69	285.20	476.20	402.68	415.08
江西	Jiangxi	55.13	53.50	67.88	95.40	85.06	167.26	85.07	117.85	79.82	111.66	128.93	133.50
山东	Shandong	0.40	0.03	1.30	0.17	0.77	2.80	1.74	2.14	2.03	1.23	3.45	5.15
河南	Henan	15.64	15.52	67.91	88.26	88.53	98.77	93.15	91.67	103.42	136.72	114.71	94.87
湖北	Hubei	258.82	281.40	813.65	756.06	937.70	1272.47	1205.92	1263.83	1163.89	1415.34	1202.96	1410.50
湖南	Hunan	157.97	191.15	241.28	290.69	312.56	407.00	409.43	502.53	459.03	602.70	507.14	535.87
广东	Guangdong	131.10	106.11	207.74	267.99	241.03	388.31	269.34	348.86	331.03	367.31	388.81	381.98
广西	Guangxi	138.30	168.87	195.82	243.69	323.52	522.97	516.77	475.26	415.49	541.56	488.95	629.36
海南	Hainan	11.32	11.54	10.64	11.59	13.09	12.72	14.95	13.34	12.55	15.36	23.93	24.59
重庆	Chongqing		38.22	67.32	56.43	83.75	171.61	165.74	169.25	184.27	244.75	177.32	240.77
四川	Sichuan	259.79	315.11	653.35	784.65	814.13	980.86	1065.41	1213.42	1364.02	1562.46	2002.01	2490.00
贵州	Guizhou	114.90	183.44	213.35	225.96	340.62	394.04	400.88	416.58	355.00	582.05	477.80	680.66
云南	Yunnan	162.05	196.53	349.19	355.72	430.95	647.28	622.80	814.12	1007.43	1238.23	1656.34	2087.67
西藏	Tibet	3.04	5.54	12.10	13.79	13.99	14.53	15.27	15.85	20.62	18.98	19.75	25.47
陕西	Shaanxi	25.43	34.80	50.54	39.88	55.45	64.23	74.59	87.24	99.63	88.91	110.87	112.98
甘肃	Gansu	96.18	102.54	165.57	170.45	189.08	188.72	250.21	262.32	252.00	294.67	332.98	354.74
青海	Qinghai	42.57	107.69	160.58	209.58	207.76	207.10	276.32	371.11	370.87	455.50	435.49	392.07
宁夏	Ningxia	9.30	8.18	16.41	16.38	17.47	16.08	17.36	18.02	16.75	19.06	18.76	17.46
新疆	Xinjiang	22.82	30.83	42.33	53.42	58.84	73.93	79.55	97.08	114.58	139.66	206.95	161.38

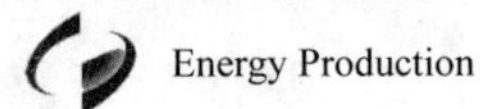

3-11 分地区火力发电量
Thermal Power Generation by Region

单位：亿千瓦小时 (100 million kW•h)

地 区	Region	1995	2000	2005	2006	2007	2008	2009	2010	2011	2012	2013	2014
北 京	Beijing	128.18	136.62	209.80	207.05	223.15	242.99	241.04	261.80	255.50	283.20	327.88	354.05
天 津	Tianjin	131.58	211.35	365.69	359.24	393.13	377.93	389.67	559.60	619.52	587.32	619.05	618.44
河 北	Hebei	593.72	839.53	1332.17	1438.88	1633.04	1407.60	1707.18	1926.28	2214.67	2246.36	2334.06	2292.92
山 西	Shanxi	498.85	607.27	1291.65	1502.50	1713.18	1764.93	1848.76	2104.00	2301.73	2456.14	2551.32	2546.03
内 蒙	Inner Mongolia	277.11	432.09	1042.28	1395.93	1876.83	2071.98	2073.49	2226.55	2639.00	2845.29	3167.64	3409.33
辽 宁	Liaoning	496.63	628.00	845.00	962.82	1065.26	1085.26	1117.15	1204.04	1260.40	1304.35	1333.65	1364.11
吉 林	Jilin	201.45	265.48	354.16	385.76	422.74	398.63	458.61	463.29	591.97	577.62	606.13	626.67
黑龙江	Heilongjiang	381.30	413.54	581.13	629.64	670.32	696.62	685.91	720.35	771.57	765.88	732.66	782.35
上 海	Shanghai	401.93	553.09	728.74	720.33	736.25	765.25	767.77	864.79	946.00	882.45	951.51	787.17
江 苏	Jiangsu	698.42	909.57	2114.03	2512.58	2577.39	2631.34	2762.15	3166.32	3562.63	3779.05	4099.24	4049.84
浙 江	Zhejiang	300.67	539.18	1094.64	1403.49	1570.01	1519.53	1840.32	2075.47	2323.10	2258.60	2412.80	2314.72
安 徽	Anhui	297.94	350.87	636.37	718.67	853.76	1096.32	1300.24	1420.18	1609.86	1744.11	1928.35	1956.08
福 建	Fujian	106.60	208.45	486.88	555.80	723.63	715.97	882.30	890.43	1272.58	1118.97	1263.03	1246.13
江 西	Jiangxi	121.35	149.85	305.61	344.49	416.95	407.54	447.42	545.36	648.70	615.04	745.34	729.19
山 东	Shandong	738.83	1005.14	1909.59	2309.22	2691.43	2598.25	2828.88	3003.60	3128.18	3141.53	3464.17	3534.44
河 南	Henan	532.01	677.76	1346.77	1512.35	1829.73	1754.92	1952.61	2092.09	2467.24	2489.42	2741.34	2613.12
湖 北	Hubei	193.71	277.73	476.15	548.41	644.40	525.63	606.07	752.72	913.63	813.88	1021.59	933.34
湖 南	Hunan	174.86	163.27	403.13	464.08	547.59	520.06	618.51	723.75	880.78	779.17	841.89	750.05
广 东	Guangdong	583.62	1038.61	1764.53	1884.29	2187.24	1968.54	2157.62	2487.86	3017.97	2880.99	2973.41	2961.43
广 西	Guangxi	78.99	120.21	250.23	279.67	355.89	301.26	409.51	543.73	623.02	639.83	774.21	647.32
海 南	Hainan	20.21	27.51	72.46	85.08	101.61	107.90	112.49	137.39	157.24	180.96	200.62	213.47
重 庆	Chongqing		129.68	185.81	234.87	290.69	284.88	307.59	333.76	393.50	338.80	450.92	430.55
四 川	Sichuan	316.18	185.13	365.42	441.93	448.60	400.85	513.09	570.21	609.42	587.90	628.10	581.64
贵 州	Guizhou	116.64	221.27	584.30	760.39	825.71	816.97	979.15	969.05	1024.00	1026.77	1185.44	1047.21
云 南	Yunnan	66.37	101.32	274.89	397.91	473.55	388.44	548.05	546.25	536.03	493.42	479.30	391.41
西 藏	Tibet	0.25	0.05	0.08	0.09	0.01	0.14	1.31	3.82	4.60	4.60	6.76	3.62
陕 西	Shaanxi	211.34	237.48	495.85	544.82	651.28	786.58	834.37	1024.89	1122.04	1252.07	1391.71	1490.86
甘 肃	Gansu	141.56	150.98	339.70	357.38	424.37	479.27	432.45	502.29	709.90	717.50	734.64	730.96
青 海	Qinghai	17.85	26.10	55.63	72.04	99.90	103.23	101.62	97.15	91.80	114.70	134.43	129.86
宁 夏	Ningxia	98.48	128.43	295.19	367.31	432.45	449.28	454.60	551.36	909.42	954.70	1011.60	1041.60
新 疆	Xinjiang	97.27	149.29	265.48	299.01	349.20	404.25	447.82	550.90	731.02	1047.52	1357.29	1759.59

 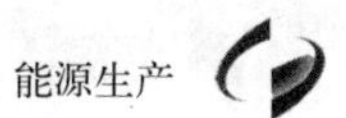

3-12 分地区城市天然气供应情况

Basic Statistics on Supply of Natural Gas in Cities by Region

地 区	Region	供气总量(万立方米) Total Gas Supply (10^4 cu.m)						
		2000	2005	2010	2011	2012	2013	2014
全 国	**National Total**	**821476**	**2104951**	**4875808**	**6787997**	**7950377**	**8882417**	**9643783**
北 京	Beijing	95740	317397	719740	729608	924763	989484	1136874
天 津	Tianjin	23474	68966	169453	169739	256241	281885	301000
河 北	Hebei	4647	25374	106740	193461	214451	244012	257439
山 西	Shanxi	5611	10802	141440	176342	213502	233051	177638
内蒙古	Inner Mongolia		9444	69531	127724	113040	104732	110922
辽 宁	Liaoning	24923	36817	66173	76601	85701	97745	126814
吉 林	Jilin	13162	17333	43462	51758	69697	85834	115404
黑龙江	Heilongjiang	4185	19555	72497	85070	88191	111136	116623
上 海	Shanghai	25974	174962	450032	543314	631126	690885	696093
江 苏	Jiangsu		87634	472309	591493	691763	765869	842071
浙 江	Zhejiang		10428	118884	148674	191322	230091	328121
安 徽	Anhui	600	11564	112190	138832	171251	199095	219684
福 建	Fujian			51101	66297	95325	112446	132312
江 西	Jiangxi		1051	11263	27004	41910	56127	69115
山 东	Shandong	84065	116691	326931	438016	518344	610755	627532
河 南	Henan	55018	53337	158928	194720	241272	288625	305240
湖 北	Hubei	1	17422	152833	204472	240807	285324	309438
湖 南	Hunan		5632	111757	139137	161274	199746	217162
广 东	Guangdong	339	71597	170266	1183316	1174509	1231702	1291347
广 西	Guangxi		84	10320	13606	16904	22234	28510
海 南	Hainan		6360	14264	16374	17664	25280	27635
重 庆	Chongqing	68049	164614	254021	268790	324965	324336	321485
四 川	Sichuan	388394	598531	525686	564557	568317	590236	610050
贵 州	Guizhou	450	6199	3546	5484	9853	16078	29011
云 南	Yunnan	1533	14500	119	212	1207	2286	4414
西 藏	Tibet		808				13	16
陕 西	Shaanxi	17770	76285	164654	182495	221162	238667	285839
甘 肃	Gansu	78	4100	72917	88100	112098	134044	159230
青 海	Qinghai	2022	63606	61557	65738	111917	118969	129793
宁 夏	Ningxia	56	68193	108485	122647	179132	210854	218700
新 疆	Xinjiang	5385	45665	134711	174413	262670	380880	448271

3-12 续表

Continued

地 区	Region	用气人口(万人) Population with Access(10^4 persons)						
		2000	2005	2010	2011	2012	2013	2014
全 国	**National Total**	**2581**	**7104**	**17021**	**19028**	**21208**	**23783**	**25973**
北 京	Beijing	295	880	1292	1334	1367	1399	1425
天 津	Tianjin	304	412	574	598	637	651	772
河 北	Hebei	31	142	839	919	982	1059	1028
山 西	Shanxi	36	50	431	509	584	769	826
内蒙古	Inner Mongolia		50	258	287	347	459	505
辽 宁	Liaoning	410	567	797	852	957	1021	996
吉 林	Jilin	77	167	290	359	387	424	539
黑龙江	Heilongjiang	56	104	568	601	638	673	726
上 海	Shanghai	67	522	1093	1231	1321	1447	1554
江 苏	Jiangsu		380	1300	1558	1744	1907	2125
浙 江	Zhejiang		119	553	644	704	840	937
安 徽	Anhui	5	208	636	786	912	976	1083
福 建	Fujian			274	287	295	347	375
江 西	Jiangxi		38	157	259	322	430	474
山 东	Shandong	62	381	1444	1628	1866	2086	2280
河 南	Henan	186	399	831	931	1095	1307	1449
湖 北	Hubei		264	700	819	945	1106	1175
湖 南	Hunan		62	422	444	562	640	761
广 东	Guangdong	4	79	922	1028	1155	1380	1619
广 西	Guangxi		1	106	133	187	242	266
海 南	Hainan		21	77	91	105	111	128
重 庆	Chongqing	329	509	861	862	934	955	1071
四 川	Sichuan	556	967	1164	1284	1383	1492	1595
贵 州	Guizhou	2	2	12	24	55	129	138
云 南	Yunnan	2	5	37	27	33	38	110
西 藏	Tibet		15				5	8
陕 西	Shaanxi	126	359	547	594	644	713	767
甘 肃	Gansu	2	118	197	221	252	276	298
青 海	Qinghai	4	33	89	100	108	123	127
宁 夏	Ningxia	1	34	108	128	141	178	188
新 疆	Xinjiang	27	220	445	490	548	602	629

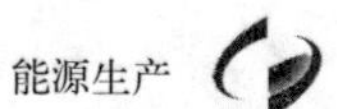

3-13 分地区城市人工煤气供应情况

Basic Statistics on Supply of Coal Gas in Cities by Region

地 区	Region	供气总量(万立方米) Total Gas Supply (10^4 cu.m)						
		2000	2005	2010	2011	2012	2013	2014
全 国	**National Total**	**1523615**	**2558343**	**2799380**	**847256**	**769686**	**627989**	**559513**
北 京	Beijing	47310	20211					
天 津	Tianjin	9882	28803					
河 北	Hebei	45918	78435	89834	84634	89595	71058	56763
山 西	Shanxi	241869	82291	87203	93515	87787	56556	46851
内蒙古	Inner Mongolia	7485	6887	3069	2806	2786	3500	3500
辽 宁	Liaoning	81957	63614	55177	56625	59736	59264	63604
吉 林	Jilin	15508	13755	16727	17445	17086	16575	12827
黑龙江	Heilongjiang	30347	40199	7587	8040	8185	8443	7783
上 海	Shanghai	213147	199744	142167	118541	90438	59346	31379
江 苏	Jiangsu	362606	1290834	1931995	10310	4889	3940	612
浙 江	Zhejiang	27796	27686	484	493	463	500	478
安 徽	Anhui	22996	8723					
福 建	Fujian	12727	1810	2673	2892	3080	2927	2977
江 西	Jiangxi	39463	31707	58208	49641	48497	36049	30991
山 东	Shandong	43041	47743	35730	34513	21316	9210	9438
河 南	Henan	81775	117592	109500	116309	85359	60052	59436
湖 北	Hubei	14588	9184	12042	9950	5100		
湖 南	Hunan	60375	44064	3044	2334	2707	2765	2765
广 东	Guangdong	12097	29310	7037	5307	2509		
广 西	Guangxi	2817	4483	4517	4503	4423	4533	4739
海 南	Hainan							
重 庆	Chongqing	100						
四 川	Sichuan	111677	128252	159719	159719	159925	165003	165113
贵 州	Guizhou	8727	19209	26963	30515	34167	23788	16034
云 南	Yunnan	15407	20287	33818	35309	37653	40535	40722
西 藏	Tibet							
陕 西	Shaanxi	4447	4365					
甘 肃	Gansu	6691	3802	9438	1617	1658	1722	1676
青 海	Qinghai	24						
宁 夏	Ningxia	2838	3013	697	240	137	132	70
新 疆	Xinjiang		232340	1752	1999	2190	2090	1752

3-13 续表

Continued

地 区	Region	用气人口(万人) Population with Access(10^4 persons)						
		2000	2005	2010	2011	2012	2013	2014
全 国	**National Total**	**3944**	**4369**	**2802**	**2676**	**2442**	**1943**	**1757**
北 京	Beijing	83	22					
天 津	Tianjin	73	97					
河 北	Hebei	279	401	180	185	188	181	173
山 西	Shanxi	295	395	238	244	237	102	85
内蒙古	Inner Mongolia	78	93	52	49	46	40	41
辽 宁	Liaoning	422	532	542	574	557	574	591
吉 林	Jilin	150	169	165	168	189	179	117
黑龙江	Heilongjiang	211	289	74	81	81	89	94
上 海	Shanghai	450	662	358	275	198	112	35
江 苏	Jiangsu	325	234	90	46	28	9	9
浙 江	Zhejiang	48	83	5	4	4	4	4
安 徽	Anhui	169	67					
福 建	Fujian	21	11	15	16	19	20	21
江 西	Jiangxi	125	131	150	95	80	32	18
山 东	Shandong	335	357	159	140	88	28	18
河 南	Henan	136	142	165	154	121	43	29
湖 北	Hubei	180	22	41	35	12		
湖 南	Hunan	81	75	33	21	31	32	32
广 东	Guangdong	150	163	18				
广 西	Guangxi	15	25	43	45	46	47	47
海 南	Hainan							
重 庆	Chongqing	1						
四 川	Sichuan	30	33	41	43	49	50	50
贵 州	Guizhou	73	125	167	208	176	127	128
云 南	Yunnan	100	177	233	267	265	248	239
西 藏	Tibet							
陕 西	Shaanxi	33	27					
甘 肃	Gansu	70	24	20	15	19	18	15
青 海	Qinghai	3						
宁 夏	Ningxia	10	9	6	5	4	3	3
新 疆	Xinjiang		5	9	6	7	5	5

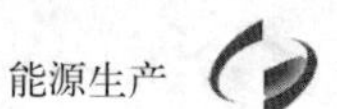

3-14 分地区城市液化石油气供应情况

Basic Statistics on Supply of LPG in Cities by Region

地 区	Region	供气总量(吨) Total Gas Supply (ton)								
		2000	2005	2008	2009	2010	2011	2012	2013	2014
全 国	**National Total**	**10537147**	**12220141**	**13291072**	**13400303**	**12680054**	**11658326**	**11148032**	**11097298**	**10828490**
北 京	Beijing	176460	374358	324549	367323	323104	442535	418156	472980	546293
天 津	Tianjin	44203	61503	87404	58963	53368	58608	49105	49490	43154
河 北	Hebei	189612	327294	254206	284101	205007	224873	205388	183591	161923
山 西	Shanxi	34152	42004	53822	55884	63331	74789	90534	74399	69557
内蒙古	Inner Mongolia	59425	138348	72279	84206	74251	113190	98496	69174	63069
辽 宁	Liaoning	379194	402659	396282	398309	395058	504938	516426	495244	492406
吉 林	Jilin	169062	184659	208064	219848	214818	236297	220874	181420	184553
黑龙江	Heilongjiang	601427	228630	198672	195710	219784	211074	206057	218023	214429
上 海	Shanghai	490561	452613	489201	400176	398427	394278	392514	397314	418013
江 苏	Jiangsu	705010	1129147	931734	865663	766586	766635	735757	700765	651779
浙 江	Zhejiang	630895	1060572	937042	909487	877956	807562	776396	821658	701812
安 徽	Anhui	458621	613614	680514	594994	615770	567246	537160	619620	752627
福 建	Fujian	737609	378053	385945	341795	333758	324768	288978	277846	298252
江 西	Jiangxi	164698	174521	185460	179792	188847	194329	204258	223399	237316
山 东	Shandong	276543	572194	758261	872762	760332	541533	511489	484287	395521
河 南	Henan	162199	225864	250556	237895	241602	238178	234450	227208	223532
湖 北	Hubei	296179	311171	356448	343513	421507	426496	386152	361641	350092
湖 南	Hunan	199873	294718	279320	235885	252906	265876	201279	195167	189230
广 东	Guangdong	3108612	4101990	4478851	4704485	5055955	4049701	3872441	3889033	3684390
广 西	Guangxi	204904	315998	306091	296843	303804	297416	326110	309475	267632
海 南	Hainan	77856	66866	67883	61724	63959	76650	55344	91151	89419
重 庆	Chongqing	38769	95577	69252	70066	92807	92861	93315	87922	95672
四 川	Sichuan	66154	164266	184229	176579	191071	206628	180447	183581	175131
贵 州	Guizhou	28973	53779	58121	60227	63772	65375	66101	71027	76043
云 南	Yunnan	82954	70436	130602	155859	166108	162402	174936	196004	210629
西 藏	Tibet	16680	1500	813348	826148	5521	24650	25918	20394	62481
陕 西	Shaanxi	79038	121943	113582	111081	43381	34059	31516	32732	28635
甘 肃	Gansu	783739	71904	97642	185733	185523	151715	151392	73971	59662
青 海	Qinghai	11496	14339	8743	7628	7142	6633	6834	5366	6250
宁 夏	Ningxia	18231	22697	15868	15625	14984	14037	17086	18444	19885
新 疆	Xinjiang	244018	147314	97102	81999	79617	82993	73123	64973	59105

3-14 续表

Continued

地 区	Region	用气人口(万人) Population with Access(10^4 persons)								
		2000	2005	2008	2009	2010	2011	2012	2013	2014
全 国	**National Total**	**11107**	**18013**	**17632**	**16924**	**16503**	**16094**	**15683**	**15102**	**14378**
北 京	Beijing	253	341	371	349	394	407	417	427	434
天 津	Tianjin	89	123	51	38	42	17	12	13	15
河 北	Hebei	476	705	667	630	503	459	422	342	334
山 西	Shanxi	102	170	188	197	201	205	167	146	127
内蒙古	Inner Mongolia	192	295	337	356	354	355	347	279	260
辽 宁	Liaoning	569	713	694	694	652	669	665	639	601
吉 林	Jilin	350	493	489	491	461	460	443	428	407
黑龙江	Heilongjiang	546	612	538	538	507	430	427	403	369
上 海	Shanghai	421	711	701	719	852	839	862	856	837
江 苏	Jiangsu	883	1765	1328	1248	1115	1043	1007	957	829
浙 江	Zhejiang	555	1135	1327	1236	1244	1166	1161	1150	1083
安 徽	Anhui	379	541	555	525	491	393	353	351	304
福 建	Fujian	341	604	833	712	699	716	745	725	724
江 西	Jiangxi	220	412	453	454	453	454	456	451	448
山 东	Shandong	887	1836	1404	1253	1104	1017	922	819	725
河 南	Henan	430	574	570	547	564	560	575	552	533
湖 北	Hubei	908	1142	945	877	862	818	768	644	606
湖 南	Hunan	461	648	688	647	612	718	687	643	537
广 东	Guangdong	1485	3223	3394	3309	3275	3295	3287	3413	3319
广 西	Guangxi	374	551	598	596	634	649	632	593	608
海 南	Hainan	117	113	109	113	111	119	115	122	127
重 庆	Chongqing	35	72	103	110	114	108	110	100	101
四 川	Sichuan	81	152	133	134	131	126	133	131	146
贵 州	Guizhou	90	189	191	194	199	188	200	210	217
云 南	Yunnan	138	141	235	245	290	295	276	291	282
西 藏	Tibet	14	3	34	38	36	41	17	19	30
陕 西	Shaanxi	206	243	259	217	165	143	132	95	71
甘 肃	Gansu	102	142	166	187	185	179	169	162	164
青 海	Qinghai	30	37	20	19	19	18	19	16	20
宁 夏	Ningxia	70	90	80	93	83	77	65	54	52
新 疆	Xinjiang	306	240	167	161	151	131	95	74	68

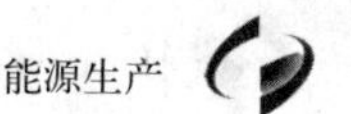

3-15 分地区城市集中供热情况

Basic Statistics on Heating Supply in Cities by Region

地区	Region	蒸汽供应能力(吨/小时) Capacity of Steam Supply (ton/hour)						
		2000	2005	2010	2011	2012	2013	2014
全国	**National Total**	**74148**	**106723**	**105084**	**85274**	**86452**	**84362**	**84664**
北京	Beijing	3408	2297	450	450	450	300	300
天津	Tianjin	9106	3294	3167	3025	3463	3717	3769
河北	Hebei	6427	9290	11570	10357	9244	6975	7142
山西	Shanxi	3316	3133	2674	2802	2639	1291	1225
内蒙古	Inner Mongolia	1200	844	662	1182	1135	767	342
辽宁	Liaoning	11569	12583	13186	11544	13038	12787	12776
吉林	Jilin	3425	4749	5208	3494	1537	1536	1598
黑龙江	Heilongjiang	4513	5937	4411	4951	4789	4874	4874
上海	Shanghai							
江苏	Jiangsu	2554	19744	6280				
浙江	Zhejiang	1516	4569	5438	4923	5442	8039	8914
安徽	Anhui	1915	2006	3530	3753	3846	4305	4493
福建	Fujian							
江西	Jiangxi							
山东	Shandong	12498	22770	31086	25634	24678	25211	23396
河南	Henan	3261	4698	5590	5530	5856	6008	6088
湖北	Hubei	775	1404	1564	1816	1816	1874	2080
湖南	Hunan	493	105					
广东	Guangdong							
广西	Guangxi							
海南	Hainan							
重庆	Chongqing							
四川	Sichuan		160	60				
贵州	Guizhou							
云南	Yunnan							
西藏	Tibet							13
陕西	Shaanxi	1923	2240	3731	3681	5795	4118	3708
甘肃	Gansu	3949	4813	4525		384	224	200
青海	Qinghai							
宁夏	Ningxia	662	646	576	672	381	396	1687
新疆	Xinjiang	1638	1441	1376	1460	1959	1940	2060

3-15 续表

Continued

地　区	Region	热水供应能力(兆瓦) Capacity of Hot Water Supply(10^6 W)						
		2000	2005	2010	2011	2012	2013	2014
全　国	**National Total**	**97417**	**197976**	**315717**	**338752**	**365278**	**403542**	**447068**
北　京	Beijing	4755	30115	35684	36805	38298	38585	40445
天　津	Tianjin	5608	10563	18055	19325	21063	21572	22596
河　北	Hebei	8388	13917	23177	24535	26129	27441	29554
山　西	Shanxi	5347	8578	17405	18210	20706	23068	26412
内蒙古	Inner Mongolia	5687	10887	25850	28560	29489	33729	38000
辽　宁	Liaoning	19154	36051	55770	59855	62826	68631	69158
吉　林	Jilin	10564	18925	29145	30988	36536	40576	41998
黑龙江	Heilongjiang	13750	23952	32052	41000	38743	42296	44551
上　海	Shanghai							
江　苏	Jiangsu	8	200	6055				
浙　江	Zhejiang		233	75	75	75	85	20
安　徽	Anhui	214	135	182	182	182	182	20182
福　建	Fujian	43	286					
江　西	Jiangxi							
山　东	Shandong	9206	16744	27587	28922	33450	39722	43427
河　南	Henan	1334	2118	4767	6763	6204	8568	9544
湖　北	Hubei		78	278	278	278	278	278
湖　南	Hunan							
广　东	Guangdong							
广　西	Guangxi							
海　南	Hainan							
重　庆	Chongqing							
四　川	Sichuan							
贵　州	Guizhou						239	240
云　南	Yunnan							
西　藏	Tibet							
陕　西	Shaanxi	551	1806	4215	5309	6682	8902	11428
甘　肃	Gansu	3611	5791	10208	11137	12758	14069	14146
青　海	Qinghai	89	173	370	230	258	348	348
宁　夏	Ningxia	2963	5115	5945	6113	7927	8252	7138
新　疆	Xinjiang	6145	12309	18897	20465	23675	26997	27604

四、能源消费

Chapter 4　Energy Consumption

4-1 能源消费总量和构成

Total Energy Consumption and Composition

年份 Year	电热当量计算法 calorific value calculation						
	能源消费总量(万吨标准煤) Total Energy Consumption (10^4 tce)	占能源消费总量的比重 (%) As percentage of primary energy consumption (%)					
		煤炭 Coal	石油 Petroleum	天然气 Natural Gas	一次电力及其他能源 Primary Electricty and Other Energy	#水电 Hydro Power	#核电 Nuclear Power
1980	58587	74.2	21.4	3.2	1.2	1.2	-
1981	57577	75.1	20.6	2.9	1.4	1.4	-
1982	59966	76.3	19.6	2.6	1.5	1.5	-
1983	63635	77.0	18.8	2.5	1.7	1.7	-
1984	68495	77.8	18.1	2.5	1.6	1.6	-
1985	74112	78.5	17.7	2.3	1.5	1.5	-
1986	77776	78.2	17.9	2.4	1.5	1.5	-
1987	83850	78.7	17.6	2.2	1.5	1.5	-
1988	89963	78.8	17.6	2.1	1.5	1.5	-
1989	93666	79.3	17.1	2.0	1.6	1.6	-
1990	95384	79.0	17.2	2.1	1.7	1.7	-
1991	100413	78.7	17.7	2.1	1.5	1.5	-
1992	105602	78.3	18.1	2.0	1.6	1.6	-
1993	111490	79.0	17.1	2.1	1.8	1.8	-
1994	118071	79.5	16.2	2.2	2.1	2.0	0.1
1995	123471	77.0	18.6	1.9	2.5	2.4	0.1
1996	129665	76.7	19.5	1.9	1.9	1.8	0.1
1997	130082	74.9	21.3	1.8	2.0	1.9	0.1
1998	130260	74.2	21.8	1.9	2.1	2.0	0.1
1999	135132	73.6	22.3	2.1	1.9	1.8	0.1
2000	140993	71.5	22.9	2.3	3.3	1.9	0.1
2001	148264	71.5	22.2	2.5	3.8	2.3	0.1
2002	161935	71.8	22.0	2.4	3.8	2.2	0.2
2003	189269	73.2	20.9	2.4	3.5	1.8	0.3
2004	220738	73.2	20.8	2.4	3.6	2.0	0.3
2005	250835	75.4	18.6	2.5	3.5	1.9	0.3
2006	275134	75.5	18.2	2.8	3.5	1.9	0.2
2007	299271	75.6	17.6	3.1	3.7	2.0	0.3
2008	306455	75.0	17.4	3.5	4.1	2.3	0.3
2009	321336	74.9	17.2	3.7	4.2	2.4	0.3
2010	343601	72.7	18.3	4.2	4.8	2.6	0.3
2011	370163	73.4	17.6	4.8	4.2	2.3	0.3
2012	381515	72.2	17.9	5.1	4.8	2.8	0.3
2013	394794	71.3	18.0	5.6	5.1	2.9	0.3
2014	400299	69.8	18.5	6.0	5.7	3.3	0.4

 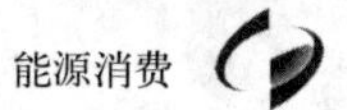

4-1 续表

Continued

年 份 Year	发电煤耗计算法 coal equivalent calculation						
	能源消费总量 (万吨标准煤) Total Energy Consumption (10^4 tce)	占能源消费总量的比重（%） As percentage of primary energy consumption (%)					
		煤 炭 Coal	石 油 Petroleum	天然气 Natural Gas	一次电力及其他能源 Primary Electricty and Other Energy	#水电 Hydro Power	#核电 Nuclear Power
1980	60275	72.2	20.7	3.1	4.0	4.0	-
1981	59447	72.7	20.0	2.8	4.5	4.5	-
1982	62067	73.7	18.9	2.5	4.9	4.9	-
1983	66040	74.2	18.1	2.4	5.3	5.3	-
1984	70904	75.3	17.4	2.4	4.9	4.9	-
1985	76682	75.8	17.1	2.2	4.9	4.9	-
1986	80850	75.8	17.2	2.3	4.7	4.7	-
1987	86632	76.2	17.0	2.1	4.7	4.7	-
1988	92997	76.1	17.1	2.1	4.7	4.7	-
1989	96934	76.1	17.1	2.1	4.7	4.7	-
1990	98703	76.2	16.6	2.1	5.1	5.1	-
1991	103783	76.1	17.1	2.0	4.8	4.8	-
1992	109170	75.7	17.5	1.9	4.9	4.9	-
1993	115993	74.7	18.2	1.9	5.2	5.1	0.1
1994	122737	75.0	17.4	1.9	5.7	5.2	0.5
1995	131176	74.6	17.5	1.8	6.1	5.7	0.4
1996	135192	73.5	18.7	1.8	6.0	5.6	0.4
1997	135909	71.4	20.4	1.8	6.4	5.9	0.4
1998	136184	70.9	20.8	1.8	6.5	6.1	0.4
1999	140569	70.6	21.5	2.0	5.9	5.5	0.4
2000	146964	68.5	22.0	2.2	7.3	5.7	0.4
2001	155547	68.0	21.2	2.4	8.4	6.7	0.4
2002	169577	68.5	21.0	2.3	8.2	6.3	0.5
2003	197083	70.2	20.1	2.3	7.4	5.3	0.8
2004	230281	70.2	19.9	2.3	7.6	5.5	0.8
2005	261369	72.4	17.8	2.4	7.4	5.4	0.7
2006	286467	72.4	17.5	2.7	7.4	5.4	0.7
2007	311442	72.5	17.0	3.0	7.5	5.4	0.7
2008	320611	71.5	16.7	3.4	8.4	6.1	0.7
2009	336126	71.6	16.4	3.5	8.5	6.0	0.7
2010	360648	69.2	17.4	4.0	9.4	6.4	0.7
2011	387043	70.2	16.8	4.6	8.4	5.7	0.7
2012	402138	68.5	17.0	4.8	9.7	6.8	0.8
2013	416913	67.4	17.1	5.3	10.2	6.9	0.8
2014	425806	65.6	17.4	5.7	11.3	7.7	1.0

4-2 工业分行业终端能源消费量(实物量)-2014

行　业	Item	煤合计 (万吨) Coal Total (10^4 tons)
工业	**Industry**	**94927.74**
(一)采掘业	**Mining and Quarrying**	**7186.15**
煤炭开采和洗选业	Mining and Washing of Coal	5686.07
石油和天然气开采业	Extraction of Petroleum and Natural Gas	141.75
黑色金属矿采选业	Mining and Processing of Ferrous Metal Ores	406.15
有色金属矿采选业	Mining and Processing of Non-Ferrous Metal Ores	184.61
非金属矿采选业	Mining and Processing of Nonmetal Ores	736.81
开采辅助活动	Support Activities for Mining	28.37
其他采矿业	Mining of Other Ores	2.39
(二)制造业	**Manufacturing**	**86549.75**
农副食品加工业	Processing of Food from Agricultural Products	2354.63
食品制造业	Manufacture of Foods	1165.99
酒、饮料和精制茶制造业	Manufacture of Liquor, Beverages and Refined Tea	1280.62
烟草制品业	Manufacture of Tobacco	50.20
纺织业	Manufacture of Textile	1655.73
纺织服装、服饰业	Manufacture of Textile, Wearing Apparel and Accessories	261.52
皮革、毛皮、羽毛及其制品和制鞋业	Manufacture of Leather, Fur, Feather and Related Products and Footwear	160.83
木材加工和木、竹、藤、棕、草制品业	Processing of Timber,Manufacture of Wood,Bamboo,Rattan,Palm, and Straw Products	637.77
家具制造业	Manufacture of Furniture	54.11
造纸和纸制品业	Manufacture of Paper and Paper Products	1895.82
印刷和记录媒介复制业	Printing and Reproduction of Recording Media	82.11
文教、工美、体育和娱乐用品制造业	Manufacture of Articles for Culture, Education, Arts and Crafts, Sport and Entertainment Activities	123.76
石油加工、炼焦和核燃料加工业	Processing of Petroleum, Coking and Processing of Nuclear Fuel	4267.35
化学原料和化学制品制造业	Manufacture of Raw Chemical Materials and Chemical Products	18702.92
医药制造业	Manufacture of Medicines	1172.92
化学纤维制造业	Manufacture of Chemical Fibers	612.71
橡胶和塑料制品业	Manufacture of Rubber and Plastics Products	809.79
非金属矿物制品业	Manufacture of Non-metallic Mineral Products	32301.15
黑色金属冶炼和压延加工业	Smelting and Pressing of Ferrous Metals	14511.23
有色金属冶炼和压延加工业	Smelting and Pressing of Non-ferrous Metals	2323.60
金属制品业	Manufacture of Metal Products	510.09
通用设备制造业	Manufacture of General Purpose Machinery	346.67
专用设备制造业	Manufacture of Special Purpose Machinery	312.97
汽车制造业	Manufacture of Automobiles	256.20
铁路、船舶、航空航天和其他运输设备制造	Manufacture of Railway, Ship, Aerospace and Other Transport Equipments	187.29
电气机械和器材制造业	Manufacture of Electrical Machinery and Apparatus	267.93
计算机、通信和其他电子设备制造业	Manufacture of Computers, Communication and Other Electronic Equipment	84.33
仪器仪表制造业	Manufacture of Measuring Instruments and Machinery	25.03
其他制造业	Other Manufacture	64.10
废弃资源综合利用业	Utilization of Waste Resources	65.03
金属制品、机械和设备修理业	Repair Service of Metal Products, Machinery and Equipment	5.37
(三)电力、煤气及水生产和供应业	**Electric Power, Gas and Water Production and Supply**	**1191.84**
电力、热力生产和供应业	Production and Supply of Electric Power and Heat Power	1165.74
燃气生产和供应业	Production and Supply of Gas	12.21
水的生产和供应业	Production and Supply of Water	13.89

Final Energy Consumption by Industrial Sector (Physical Quantity) -2014

原煤 (万吨) Raw Coal (10^4 tons)	洗精煤 (万吨) Cleaned Coal (10^4 tons)	其他洗煤 (万吨) Other Washed Coal (10^4 tons)	焦炭 (万吨) Coke (10^4 tons)	焦炉煤气 (亿立方米) Coke Oven Gas (10^8 cu.m)	高炉煤气 (亿立方米) Blast Furnace Gas (10^8 cu.m)	转炉煤气 (亿立方米) Converter Gas (10^8 cu.m)	其他煤气 (亿立方米) Other Gas (10^8 cu.m)	其他焦化产品 (万吨) Other Coking Products (10^4 tons)
77523.72	**6094.71**	**9978.95**	**46453.78**	**589.56**	**5715.56**	**343.70**	**64.20**	**1095.71**
5963.16	**207.68**	**988.95**	**292.19**	**10.62**	**44.64**	**1.26**	**1.86**	**33.84**
4842.29	102.95	731.68	87.92	6.76	11.11		1.85	32.26
141.69								
318.61	69.53	5.05	187.01	2.87	33.51	1.26		0.90
162.20	19.46	0.91	9.84	0.51	0.02			0.68
467.61	15.74	251.31	7.39	0.47				
28.37			0.03					
2.39								
70487.14	**5877.49**	**8883.23**	**46114.09**	**571.61**	**5670.91**	**342.44**	**61.70**	**1060.14**
2266.61	23.29	59.99	9.87	0.40	0.02			0.05
1136.56	7.76	13.26	2.77	0.24				
1260.13	6.32	8.78	1.39	0.23	0.11			0.01
44.31	3.52	1.38		0.00				
1623.59	4.19	10.19	2.07	1.78				0.01
257.16	0.38	1.34	1.13			0.01	0.04	0.05
156.98	1.19	0.51	0.74					
634.76	0.60	1.86	1.31	0.03				0.03
53.48	0.03	0.53	1.67					
1830.18	16.65	33.66	0.83	0.01				
80.31		0.77	0.46	0.01				0.42
118.76	2.23	2.09	3.94					0.08
1995.95	710.20	1557.89	46.39	100.46	84.28		4.83	75.58
16999.44	1080.22	151.68	3382.02	53.20	12.17	3.09	6.52	599.24
1156.55	9.37	5.47	0.77	0.09			0.01	0.58
556.91	10.37	0.09	0.36					
760.45	21.46	13.25	4.71	0.42				0.51
25148.52	638.73	6409.76	1039.94	40.40	52.58	4.16	7.21	81.26
10452.64	3023.96	455.88	39924.90	357.11	5512.22	333.39	1.87	291.13
1987.42	213.16	115.41	588.01	10.60	0.26		38.88	9.24
492.19	11.99	3.38	100.19	2.15	3.80	0.63	0.02	0.85
336.33	7.38	2.04	698.51	0.37	0.11	0.04	0.20	0.28
245.80	65.26	1.26	74.50	2.32	2.88	0.27	1.63	0.19
250.06	1.99	2.86	162.38	0.13			0.46	
165.43	1.26	20.07	7.28	0.14				
249.58	14.62	2.40	14.13	0.14		0.24		0.37
80.97	0.89	0.51	12.40	0.02	0.01			0.06
24.48	0.01	0.51	4.35	0.04				0.15
60.52	0.31	1.35	0.25					
55.82	0.14	5.05	26.71	1.31	2.48	0.61		
5.25	0.01		0.09					0.03
1073.42	**9.54**	**106.76**	**47.50**	**7.33**			**0.64**	**1.72**
1048.26	9.51	105.99	47.21	4.25				1.72
11.44		0.77	0.27	3.08			0.64	
13.72	0.03		0.02					

4-2 续表 1

行　　业	Item	油品合计(万吨) Petroleum Products Total (10^4 tons)
工业	**Industry**	**15584.49**
(一)采掘业	**Mining and Quarrying**	**1177.03**
煤炭开采和洗选业	Mining and Washing of Coal	212.72
石油和天然气开采业	Extraction of Petroleum and Natural Gas	607.61
黑色金属矿采选业	Mining and Processing of Ferrous Metal Ores	110.75
有色金属矿采选业	Mining and Processing of Non-Ferrous Metal Ores	41.14
非金属矿采选业	Mining and Processing of Nonmetal Ores	72.90
开采辅助活动	Support Activities for Mining	131.27
其他采矿业	Mining of Other Ores	0.64
(二)制造业	**Manufacturing**	**14316.50**
农副食品加工业	Processing of Food from Agricultural Products	86.42
食品制造业	Manufacture of Foods	34.09
酒、饮料和精制茶制造业	Manufacture of Liquor, Beverages and Refined Tea	21.09
烟草制品业	Manufacture of Tobacco	3.37
纺织业	Manufacture of Textile	40.83
纺织服装、服饰业	Manufacture of Textile, Wearing Apparel and Accessories	28.29
皮革、毛皮、羽毛及其制品和制鞋业	Manufacture of Leather, Fur, Feather and Related Products and Footwear	15.57
木材加工和木、竹、藤、棕、草制品业	Processing of Timber,Manufacture of Wood,Bamboo,Rattan,Palm, and Straw Products	21.01
家具制造业	Manufacture of Furniture	13.09
造纸和纸制品业	Manufacture of Paper and Paper Products	31.94
印刷和记录媒介复制业	Printing and Reproduction of Recording Media	15.05
文教、工美、体育和娱乐用品制造业	Manufacture of Articles for Culture, Education, Arts and Crafts, Sport and Entertainment Activities	19.67
石油加工、炼焦和核燃料加工业	Processing of Petroleum, Coking and Processing of Nuclear Fuel	5385.91
化学原料和化学制品制造业	Manufacture of Raw Chemical Materials and Chemical Products	5464.08
医药制造业	Manufacture of Medicines	24.02
化学纤维制造业	Manufacture of Chemical Fibers	6.84
橡胶和塑料制品业	Manufacture of Rubber and Plastics Products	60.90
非金属矿物制品业	Manufacture of Non-metallic Mineral Products	2077.78
黑色金属冶炼和压延加工业	Smelting and Pressing of Ferrous Metals	161.72
有色金属冶炼和压延加工业	Smelting and Pressing of Non-ferrous Metals	301.42
金属制品业	Manufacture of Metal Products	68.95
通用设备制造业	Manufacture of General Purpose Machinery	81.01
专用设备制造业	Manufacture of Special Purpose Machinery	88.24
汽车制造业	Manufacture of Automobiles	89.94
铁路、船舶、航空航天和其他运输设备制造业	Manufacture of Railway, Ship, Aerospace and Other Transport Equipments	38.23
电气机械和器材制造业	Manufacture of Electrical Machinery and Apparatus	66.67
计算机、通信和其他电子设备制造业	Manufacture of Computers, Communication and Other Electronic Equipment	34.40
仪器仪表制造业	Manufacture of Measuring Instruments and Machinery	11.53
其他制造业	Other Manufacture	11.56
废弃资源综合利用业	Utilization of Waste Resources	6.96
金属制品、机械和设备修理业	Repair Service of Metal Products, Machinery and Equipment	5.94
(三)电力、煤气及水生产和供应业	**Electric Power, Gas and Water Production and Supply**	**90.96**
电力、热力生产和供应业	Production and Supply of Electric Power and Heat Power	80.12
燃气生产和供应业	Production and Supply of Gas	5.70
水的生产和供应业	Production and Supply of Water	5.14

Continued 1

原油 (万吨) Crude Oil (10⁴ tons)	汽油 (万吨) Gasoline (10⁴ tons)	煤油 (万吨) Kerosene (10⁴ tons)	柴油 (万吨) Diesel Oil (10⁴ tons)	燃料油 (万吨) Fuel Oil (10⁴ tons)	石脑油 (万吨) Naphtha (10⁴ tons)	润滑油 (万吨) Lubricants (10⁴ tons)	石蜡 (万吨) Paraffin Waxes (10⁴ tons)	溶剂油 (万吨) White Spirit (10⁴ tons)
855.86	**488.25**	**17.33**	**1557.01**	**538.24**	**4233.30**	**127.00**	**101.00**	**84.00**
470.15	**45.95**	**2.52**	**573.90**	**15.64**		**1.31**		
	12.49	1.89	196.25	0.45		0.84		
468.86	12.67	0.01	53.91	12.68				
	4.78	0.02	105.69	0.06		0.18		
	6.90	0.39	31.73	1.80				
	4.19	0.21	68.27	0.20		0.02		
1.28	4.69		117.65	0.45		0.26		
	0.22		0.42					
385.56	**409.87**	**14.77**	**942.05**	**520.61**	**4233.30**	**125.61**	**101.00**	**84.00**
0.02	30.25	0.21	49.30	2.77		0.02	0.01	1.42
	10.29	0.02	16.82	5.54		0.01	0.37	0.02
	6.92	0.02	11.25	1.47		0.01		
	0.57		2.26	0.47				
	14.23	0.07	15.49	7.93		0.03		0.19
0.02	12.25	0.04	14.53	0.82		0.01		
0.01	7.07	0.08	5.77	1.69		0.08	0.05	0.42
0.33	6.85	0.09	12.19	0.14		0.01	1.26	
	4.92	0.01	7.31	0.26				
0.05	6.52	0.02	18.79	5.15		0.05		0.15
	6.66	0.03	6.94	0.50		0.01	0.03	0.01
0.01	8.22	0.04	8.59	0.85		0.01	0.45	0.04
72.19	4.33	0.21	17.65	137.50	729.27	111.47	0.09	21.10
312.40	37.83	3.08	62.54	72.60	3503.86	0.53	97.84	59.45
	10.79	0.16	10.38	1.63			0.03	0.29
	0.98	0.02	1.68	3.54	0.16	0.06		0.01
0.01	22.03	0.27	25.74	8.41		0.29	0.35	0.40
0.17	29.46	1.09	293.93	191.91		0.37	0.39	0.07
0.02	13.09	0.17	74.84	5.47		0.76	0.02	
0.06	7.12	0.89	47.30	50.65		0.38		0.10
0.01	21.85	0.98	31.15	7.18		0.45		0.08
0.04	32.05	2.24	38.50	1.22		1.67	0.03	0.04
0.14	26.32	0.59	53.04	1.02		1.58	0.01	0.02
0.02	32.92	0.65	40.95	0.90	0.01	6.77	0.03	0.08
0.01	7.56	1.98	20.59	3.85		0.29		0.06
0.01	26.61	0.30	25.77	2.65		0.56	0.04	0.04
	14.09	0.13	14.09	2.21		0.09		0.01
0.01	5.00	0.14	4.27	0.53		0.02		
	1.36	0.69	2.13	0.02				
	0.77	0.02	4.29	1.40		0.06		
0.01	0.95	0.52	3.98	0.35		0.01		
0.15	**32.43**	**0.04**	**41.06**	**1.99**		**0.09**		
0.15	25.92	0.03	37.57	1.78		0.08		
	3.04	0.01	1.91	0.19		0.01		
	3.47		1.58	0.02				

4-2 续表 2

行 业	Item	石油沥青 (万吨) Bitumen Asphalt (10^4 tons)
工业	**Industry**	**66.87**
(一)采掘业	**Mining and Quarrying**	**0.31**
煤炭开采和洗选业	Mining and Washing of Coal	
石油和天然气开采业	Extraction of Petroleum and Natural Gas	
黑色金属矿采选业	Mining and Processing of Ferrous Metal Ores	
有色金属矿采选业	Mining and Processing of Non-Ferrous Metal Ores	0.31
非金属矿采选业	Mining and Processing of Nonmetal Ores	
开采辅助活动	Support Activities for Mining	
其他采矿业	Mining of Other Ores	
(二)制造业	**Manufacturing**	**64.87**
农副食品加工业	Processing of Food from Agricultural Products	
食品制造业	Manufacture of Foods	
酒、饮料和精制茶制造业	Manufacture of Liquor, Beverages and Refined Tea	
烟草制品业	Manufacture of Tobacco	
纺织业	Manufacture of Textile	
纺织服装、服饰业	Manufacture of Textile, Wearing Apparel and Accessories	
皮革、毛皮、羽毛及其制品和制鞋业	Manufacture of Leather, Fur, Feather and Related Products and Footwear	
木材加工和木、竹、藤、棕、草制品业	Processing of Timber,Manufacture of Wood,Bamboo,Rattan,Palm, and Straw Products	
家具制造业	Manufacture of Furniture	
造纸和纸制品业	Manufacture of Paper and Paper Products	
印刷和记录媒介复制业	Printing and Reproduction of Recording Media	
文教、工美、体育和娱乐用品制造业	Manufacture of Articles for Culture, Education, Arts and Crafts, Sport and Entertainment Activities	
石油加工、炼焦和核燃料加工业	Processing of Petroleum, Coking and Processing of Nuclear Fuel	0.74
化学原料和化学制品制造业	Manufacture of Raw Chemical Materials and Chemical Products	1.08
医药制造业	Manufacture of Medicines	
化学纤维制造业	Manufacture of Chemical Fibers	
橡胶和塑料制品业	Manufacture of Rubber and Plastics Products	
非金属矿物制品业	Manufacture of Non-metallic Mineral Products	51.58
黑色金属冶炼和压延加工业	Smelting and Pressing of Ferrous Metals	0.17
有色金属冶炼和压延加工业	Smelting and Pressing of Non-ferrous Metals	9.96
金属制品业	Manufacture of Metal Products	
通用设备制造业	Manufacture of General Purpose Machinery	
专用设备制造业	Manufacture of Special Purpose Machinery	
汽车制造业	Manufacture of Automobiles	
铁路、船舶、航空航天和其他运输设备制造	Manufacture of Railway, Ship, Aerospace and Other Transport Equipments	
电气机械和器材制造业	Manufacture of Electrical Machinery and Apparatus	
计算机、通信和其他电子设备制造业	Manufacture of Computers, Communication and Other Electronic Equipment	
仪器仪表制造业	Manufacture of Measuring Instruments and Machinery	
其他制造业	Other Manufacture	1.34
废弃资源综合利用业	Utilization of Waste Resources	
金属制品、机械和设备修理业	Repair Service of Metal Products, Machinery and Equipment	
(三)电力、煤气及水生产和供应业	**Electric Power, Gas and Water Production and Supply**	**1.69**
电力、热力生产和供应业	Production and Supply of Electric Power and Heat Power	1.69
燃气生产和供应业	Production and Supply of Gas	
水的生产和供应业	Production and Supply of Water	

Continued 2

石油焦 (万吨) Petroleum Coke (10^4 tons)	液化石油气 (万吨) LPG (10^4 tons)	炼厂干气 (万吨) Refinery Gas (10^4 tons)	其他石油制品 (万吨) Other Petroleum Products (10^4 tons)	天然气 (亿立方米) Natural Gas (10^8 cu.m)	液化天然气 (万吨) LNG (10^4 tons)	热力 (万百万千焦) Heat (10^{10} kJ)	电力 (亿千瓦小时) Electricity (10^8 kW•h)	其他能源 (万吨标煤) Other Energy (10^4 tce)
1894.68	**555.33**	**1430.55**	**3635.06**	**619.86**	**2010.00**	**267494.70**	**37702.83**	**1676.12**
	2.24	**28.32**	**36.70**	**133.07**	**5.40**	**6908.33**	**2594.81**	**18.68**
	0.06		0.74	5.95	0.12	654.34	939.66	11.70
	0.20	28.32	30.97	124.13	4.80	2083.44	431.98	0.05
			0.02	0.02		161.69	468.79	0.56
			0.01	0.64		0.98	351.79	2.86
			0.02	0.03	0.24	2879.24	241.50	3.46
	1.98		4.96	2.30	0.24	1128.64	27.96	
							133.13	0.05
1883.30	**552.85**	**1401.60**	**3597.10**	**483.74**	**1976.28**	**253738.96**	**30390.98**	**1625.71**
	2.22		0.21	1.31	12.12	4466.07	611.92	442.78
	1.01		0.02	6.11	16.20	5411.60	230.47	25.87
0.76	0.65		0.01	4.62	5.88	4003.18	159.89	23.75
	0.06			0.87	6.84	318.85	52.44	1.28
	2.18		0.69	3.49	7.32	23695.83	1541.18	57.01
	0.55		0.07	0.59	8.88	621.13	213.03	7.28
	0.30		0.09	0.08	0.96	288.12	151.43	4.30
	0.13			0.47	0.24	357.92	264.40	211.25
	0.58		0.01	0.72	2.64	84.72	88.90	8.12
0.07	1.04		0.09	1.42	28.20	19615.66	632.26	101.27
	0.80		0.08	1.89	1.80	269.03	111.34	4.76
	1.11		0.35	1.34	11.40	77.31	72.89	13.62
196.17	231.28	1300.36	2563.56	36.65	636.24	36567.45	718.82	21.70
52.81	172.99	99.73	987.35	229.85	616.20	91894.56	4627.78	254.34
	0.61	0.01	0.12	5.69	6.84	7192.52	302.33	46.86
	0.27		0.11	0.70	17.40	7040.80	351.62	3.32
	1.95	0.02	1.41	4.15	14.28	2279.31	1170.61	13.46
1412.17	76.62	0.38	19.64	70.77	150.60	1045.37	3324.42	109.60
46.75	17.26	1.06	2.10	37.42	43.20	26717.68	5795.60	180.25
173.19	4.44		7.33	18.32	176.04	12025.85	4399.37	43.26
0.04	6.23	0.01	0.98	6.69	55.32	460.23	1302.60	9.04
	3.05	0.00	2.15	7.60	13.32	509.30	791.90	5.65
	3.52		2.00	7.70	17.64	835.26	442.83	6.18
	5.47	0.01	2.15	17.70	33.12	4543.26	731.32	4.16
	3.43	0.02	0.43	5.61	48.60	329.47	180.54	3.23
0.11	8.44		2.12	3.66	19.16	1432.80	684.60	10.63
	2.45		1.32	6.85	8.20	1363.48	870.71	5.38
	0.13		1.44	0.58	0.72	186.00	84.71	2.71
1.23	3.72		1.06	0.06	13.92	53.13	440.69	1.17
	0.33		0.09	0.63	0.12	8.88	29.76	3.48
	0.03		0.10	0.20	2.88	44.17	10.61	
11.38	**0.24**	**0.63**	**1.26**	**3.05**	**28.32**	**6847.41**	**4717.05**	**31.73**
11.38	0.04	0.63	0.86	1.04	0.12	6693.11	4190.79	30.46
	0.13		0.40	1.77	27.96	65.22	138.79	0.18
	0.07			0.24	0.24	89.08	387.47	1.09

4-3 工业分行业终端能源消费量(标准量)-2014

单位:万吨标准煤

行　业	Sector	终端消费合计 Final Consumption Total (发电煤耗计算法) (coal equivalent calculation)	(电热当量计算法) (calorific value calculation)
工业	**Industry**	**283419.58**	**213207.85**
(一)采掘业	**Mining and Quarrying**	**16598.32**	**11766.17**
煤炭开采和洗选业	Mining and Washing of Coal	6980.66	5230.78
石油和天然气开采业	Extraction of Petroleum and Natural Gas	3996.70	3192.25
黑色金属矿采选业	Mining and Processing of Ferrous Metal Ores	2165.92	1292.91
有色金属矿采选业	Mining and Processing of Non-Ferrous Metal Ores	1282.10	626.99
非金属矿采选业	Mining and Processing of Nonmetal Ores	1392.80	943.07
开采辅助活动	Support Activities for Mining	365.86	313.80
其他采矿业	Mining of Other Ores	414.28	166.37
(二)制造业	**Manufacturing**	**250917.64**	**194322.34**
农副食品加工业	Processing of Food from Agricultural Products	4178.16	3038.62
食品制造业	Manufacture of Foods	1763.13	1333.94
酒、饮料和精制茶制造业	Manufacture of Liquor, Beverages and Refined Tea	1518.27	1220.51
烟草制品业	Manufacture of Tobacco	237.86	140.21
纺织业	Manufacture of Textile	6884.65	4014.60
纺织服装、服饰业	Manufacture of Textile, Wearing Apparel and Accessories	934.28	537.56
皮革、毛皮、羽毛及其制品和制鞋业	Manufacture of Leather, Fur, Feather and Related Products and Footwear	618.68	336.68
木材加工和木、竹、藤、棕、草制品业	Processing of Timber,Manufacture of Wood,Bamboo,Rattan, Palm,and Straw Products	1510.24	1017.85
家具制造业	Manufacture of Furniture	357.71	192.16
造纸和纸制品业	Manufacture of Paper and Paper Products	4019.95	2842.53
印刷和记录媒介复制业	Printing and Reproduction of Recording Media	466.17	258.83
文教、工美、体育和娱乐用品制造业	Manufacture of Articles for Culture, Education, Arts and Crafts, Sport and Entertainment Activities	398.91	263.17
石油加工、炼焦和核燃料加工业	Processing of Petroleum, Coking and Processing of Nuclear Fuel	16281.00	14942.38
化学原料和化学制品制造业	Manufacture of Raw Chemical Materials and Chemical Products	46660.19	38042.15
医药制造业	Manufacture of Medicines	2154.68	1591.67
化学纤维制造业	Manufacture of Chemical Fibers	1793.91	1139.11
橡胶和塑料制品业	Manufacture of Rubber and Plastics Products	4432.85	2252.89
非金属矿物制品业	Manufacture of Non-metallic Mineral Products	37105.42	30914.55
黑色金属冶炼和压延加工业	Smelting and Pressing of Ferrous Metals	80336.07	69543.27
有色金属冶炼和压延加工业	Smelting and Pressing of Non-ferrous Metals	17222.19	9029.50
金属制品业	Manufacture of Metal Products	4811.45	2385.69
通用设备制造业	Manufacture of General Purpose Machinery	3634.21	2159.51
专用设备制造业	Manufacture of Special Purpose Machinery	1986.52	1161.87
汽车制造业	Manufacture of Automobiles	3169.27	1807.38
铁路、船舶、航空航天和其他运输设备制造业	Manufacture of Railway, Ship, Aerospace and Other Transport Equipments	896.22	560.01
电气机械和器材制造业	Manufacture of Electrical Machinery and Apparatus	2561.34	1286.44
计算机、通信和其他电子设备制造业	Manufacture of Computers, Communication and Other Electronic Equipment	2967.64	1346.17
仪器仪表制造业	Manufacture of Measuring Instruments and Machinery	318.04	160.29
其他制造业	Other Manufacture	1448.71	628.04
废弃资源综合利用业	Utilization of Waste Resources	195.41	139.99
金属制品、机械和设备修理业	Repair Service of Metal Products, Machinery and Equipment	54.51	34.75
(三)电力、煤气及水生产和供应业	**Electric Power, Gas and Water Production and Supply**	**15903.62**	**7119.34**
电力、热力生产和供应业	Production and Supply of Electric Power and Heat Power	14143.13	6338.87
燃气生产和供应业	Production and Supply of Gas	539.13	280.67
水的生产和供应业	Production and Supply of Water	1221.36	499.80

 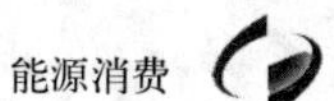

Final Energy Consumption by Industrial Sector (Standard Quantity) -2014

(10 000 tce)

煤合计 Coal Total	原煤 Raw Coal	洗精煤 Cleaned Coal	其他洗煤 Other Washed Coal	焦炭 Coke	焦炉煤气 Coke Oven Gas	高炉煤气 Blast Furnace Gas	转炉煤气 Converter Gas	其他煤气 Other Gas
64420.63	**52838.75**	**5485.24**	**5288.84**	**45125.20**	**3368.75**	**7350.20**	**932.80**	**114.66**
4434.79	**3707.73**	**186.91**	**524.15**	**283.83**	**60.66**	**57.41**	**3.42**	**3.32**
3475.49	2989.50	92.65	387.79	85.41	38.61	14.29		3.31
96.96	96.93							
303.36	230.23	62.58	2.67	181.66	16.41	43.10	3.42	
110.15	90.92	17.51	0.48	9.56	2.94	0.03		
427.61	278.95	14.17	133.19	7.18	2.71			0.01
19.44	19.44			0.03				
1.77	1.77							
59237.58	**48449.21**	**5289.74**	**4708.11**	**44795.23**	**3266.20**	**7292.79**	**929.38**	**110.19**
1514.35	1458.72	20.96	31.80	9.59	2.27	0.02		
678.48	659.36	6.98	7.03	2.69	1.37			0.01
759.84	746.22	5.69	4.65	1.35	1.33	0.14		
35.41	30.91	3.17	0.73					
1125.06	1105.10	3.77	5.40	2.01	10.14			
181.27	178.61	0.34	0.71	1.10			0.02	0.08
110.20	107.55	1.07	0.27	0.72				
430.84	428.98	0.54	0.99	1.27	0.15			
36.98	36.63	0.02	0.28	1.62				
1179.73	1137.59	14.99	17.84	0.81	0.05			
57.17	56.14		0.41	0.45	0.07			
86.95	83.43	2.01	1.11	3.83				
2701.57	1234.70	639.18	825.68	45.06	574.05	108.38		8.63
12577.38	11238.45	972.20	80.39	3285.29	304.01	15.65	8.40	11.64
804.83	792.57	8.43	2.90	0.75	0.52			0.02
413.60	376.69	9.33	0.05	0.35				
547.32	512.09	19.31	7.02	4.58	2.41			
21615.13	17579.87	574.86	3397.17	1010.20	230.85	67.62	11.30	12.88
11389.51	8074.91	2721.56	241.62	38783.05	2040.55	7088.71	904.83	3.34
1543.51	1285.88	191.84	61.17	571.19	60.55	0.34		69.44
356.63	342.52	10.79	1.79	97.32	12.28	4.89	1.70	0.04
240.53	232.25	6.64	1.08	678.53	2.12	0.14	0.10	0.36
229.17	169.38	58.73	0.67	72.37	13.26	3.70	0.72	2.91
169.54	165.45	1.79	1.52	157.74	0.75			0.82
100.87	88.77	1.13	10.64	7.07	0.83			0.01
189.46	174.23	13.16	1.27	13.72	0.78		0.65	0.01
57.71	55.45	0.80	0.27	12.05	0.12	0.02		
16.99	16.69	0.01	0.27	4.23	0.24			
41.03	38.87	0.28	0.72	0.24	0.01			
42.76	37.52	0.12	2.68	25.95	7.49	3.18	1.66	
3.76	3.68	0.01		0.09				
748.26	**681.80**	**8.59**	**56.58**	**46.14**	**41.88**			**1.14**
731.67	665.74	8.56	56.17	45.86	24.30			
8.24	7.83		0.41	0.26	17.58			1.14
8.34	8.24	0.03		0.02				

4-3 续表 1

单位:万吨标准煤

行业	Sector	其他焦化产品 Other Coking Products
工业	**Industry**	**1264.44**
(一)采掘业	**Mining and Quarrying**	**39.05**
煤炭开采和洗选业	Mining and Washing of Coal	37.23
石油和天然气开采业	Extraction of Petroleum and Natural Gas	
黑色金属矿采选业	Mining and Processing of Ferrous Metal Ores	1.03
有色金属矿采选业	Mining and Processing of Non-Ferrous Metal Ores	0.79
非金属矿采选业	Mining and Processing of Nonmetal Ores	
开采辅助活动	Support Activities for Mining	
其他采矿业	Mining of Other Ores	
(二)制造业	**Manufacturing**	**1223.41**
农副食品加工业	Processing of Food from Agricultural Products	0.06
食品制造业	Manufacture of Foods	
酒、饮料和精制茶制造业	Manufacture of Liquor, Beverages and Refined Tea	0.02
烟草制品业	Manufacture of Tobacco	
纺织业	Manufacture of Textile	0.01
纺织服装、服饰业	Manufacture of Textile, Wearing Apparel and Accessories	0.05
皮革、毛皮、羽毛及其制品和制鞋业	Manufacture of Leather, Fur, Feather and Related Products and Footwear	
木材加工和木、竹、藤、棕、草制品业	Processing of Timber,Manufacture of Wood,Bamboo,Rattan,Palm, and Straw Products	0.04
家具制造业	Manufacture of Furniture	
造纸和纸制品业	Manufacture of Paper and Paper Products	
印刷和记录媒介复制业	Printing and Reproduction of Recording Media	0.49
文教、工美、体育和娱乐用品制造业	Manufacture of Articles for Culture, Education, Arts and Crafts, Sport and Entertainment Activities	0.10
石油加工、炼焦和核燃料加工业	Processing of Petroleum, Coking and Processing of Nuclear Fuel	87.22
化学原料和化学制品制造业	Manufacture of Raw Chemical Materials and Chemical Products	691.53
医药制造业	Manufacture of Medicines	0.67
化学纤维制造业	Manufacture of Chemical Fibers	
橡胶和塑料制品业	Manufacture of Rubber and Plastics Products	0.59
非金属矿物制品业	Manufacture of Non-metallic Mineral Products	93.77
黑色金属冶炼和压延加工业	Smelting and Pressing of Ferrous Metals	335.97
有色金属冶炼和压延加工业	Smelting and Pressing of Non-ferrous Metals	10.66
金属制品业	Manufacture of Metal Products	0.98
通用设备制造业	Manufacture of General Purpose Machinery	0.33
专用设备制造业	Manufacture of Special Purpose Machinery	0.22
汽车制造业	Manufacture of Automobiles	
铁路、船舶、航空航天和其他运输设备制造业	Manufacture of Railway, Ship, Aerospace and Other Transport Equipments	
电气机械和器材制造业	Manufacture of Electrical Machinery and Apparatus	0.43
计算机、通信和其他电子设备制造业	Manufacture of Computers, Communication and Other Electronic Equipment	0.07
仪器仪表制造业	Manufacture of Measuring Instruments and Machinery	0.17
其他制造业	Other Manufacture	
废弃资源综合利用业	Utilization of Waste Resources	
金属制品、机械和设备修理业	Repair Service of Metal Products, Machinery and Equipment	0.04
(三)电力、煤气及水生产和供应业	**Electric Power, Gas and Water Production and Supply**	**1.98**
电力、热力生产和供应业	Production and Supply of Electric Power and Heat Power	1.98
燃气生产和供应业	Production and Supply of Gas	
水的生产和供应业	Production and Supply of Water	

Continued 1

(10 000 tce)

油品合计 Petroleum Products Total	原油 Crude Oil	汽油 Gasoline	煤油 Kerosene	柴油 Diesel Oil	燃料油 Fuel Oil	石脑油 Naphtha	润滑油 Lubricants	石蜡 Paraffin Waxes
21906.52	**1222.68**	**718.41**	**25.50**	**2268.72**	**768.93**	**6349.95**	**179.62**	**137.84**
1700.94	**671.65**	**67.61**	**3.71**	**836.24**	**22.34**		**1.85**	
310.03		18.38	2.78	285.95	0.65		1.19	
871.15	669.82	18.64	0.01	78.55	18.12			
161.43		7.04	0.03	154.00	0.08		0.26	
59.95		10.15	0.58	46.23	2.57		0.01	
106.28		6.16	0.30	99.47	0.28		0.03	
191.17	1.83	6.91		171.43	0.64		0.37	
0.94		0.33		0.61				
20077.55	**550.82**	**603.09**	**21.74**	**1372.66**	**743.75**	**6349.95**	**177.64**	**137.84**
126.83	0.03	44.51	0.31	71.84	3.95		0.02	0.01
49.89		15.13	0.03	24.51	7.91		0.01	0.50
30.65		10.18	0.03	16.40	2.10		0.02	
4.92		0.84		3.30	0.68			
59.94		20.94	0.11	22.57	11.33		0.04	
41.50	0.02	18.02	0.05	21.18	1.18		0.01	
22.80	0.02	10.41	0.12	8.40	2.41		0.12	0.06
30.61	0.48	10.08	0.14	17.76	0.20		0.01	1.72
19.29	0.01	7.23	0.01	10.66	0.37			
46.71	0.07	9.60	0.03	27.38	7.35		0.08	
22.20		9.80	0.04	10.11	0.71		0.01	0.03
28.95	0.01	12.10	0.05	12.52	1.21		0.02	0.62
7670.94	103.13	6.37	0.30	25.71	196.43	1093.91	157.65	0.12
8001.92	446.29	55.66	4.53	91.12	103.72	5255.79	0.75	133.53
35.25		15.88	0.24	15.12	2.32			0.04
9.95		1.44	0.03	2.45	5.06	0.24	0.09	
89.09	0.02	32.42	0.40	37.50	12.01		0.41	0.48
2457.22	0.25	43.35	1.60	428.29	274.17		0.52	0.53
220.88	0.03	19.26	0.25	109.05	7.81		1.08	0.03
366.09	0.09	10.47	1.31	68.92	72.36		0.54	
102.03	0.01	32.14	1.44	45.38	10.26		0.63	
118.93	0.06	47.17	3.30	56.10	1.74		2.37	0.05
129.51	0.21	38.73	0.86	77.28	1.46		2.24	0.01
132.35	0.03	48.44	0.95	59.66	1.29	0.01	9.58	0.03
56.56	0.01	11.13	2.92	30.00	5.50		0.41	
99.28	0.02	39.15	0.45	37.55	3.79		0.79	0.06
50.72	0.01	20.73	0.19	20.53	3.16		0.13	
16.71	0.01	7.35	0.21	6.22	0.75		0.03	
16.99		2.01	1.01	3.10	0.02			
10.18		1.14	0.03	6.25	1.99		0.08	
8.66	0.01	1.39	0.77	5.80	0.49		0.01	
128.03	**0.21**	**47.72**	**0.05**	**59.83**	**2.84**		**0.13**	
112.15	0.21	38.14	0.05	54.74	2.54		0.11	
8.32		4.47	0.01	2.79	0.27		0.02	
7.56		5.10		2.30	0.03			

4-3 续表 2

单位：万吨标准煤

行业	Sector	溶剂油 White Spirit
工业	**Industry**	**123.25**
(一)采掘业	**Mining and Quarrying**	
煤炭开采和洗选业	Mining and Washing of Coal	
石油和天然气开采业	Extraction of Petroleum and Natural Gas	
黑色金属矿采选业	Mining and Processing of Ferrous Metal Ores	
有色金属矿采选业	Mining and Processing of Non-Ferrous Metal Ores	
非金属矿采选业	Mining and Processing of Nonmetal Ores	
开采辅助活动	Support Activities for Mining	
其他采矿业	Mining of Other Ores	
(二)制造业	**Manufacturing**	**123.25**
农副食品加工业	Processing of Food from Agricultural Products	2.08
食品制造业	Manufacture of Foods	0.03
酒、饮料和精制茶制造业	Manufacture of Liquor, Beverages and Refined Tea	
烟草制品业	Manufacture of Tobacco	
纺织业	Manufacture of Textile	0.28
纺织服装、服饰业	Manufacture of Textile, Wearing Apparel and Accessories	
皮革、毛皮、羽毛及其制品和制鞋业	Manufacture of Leather, Fur, Feather and Related Products and Footwear	0.62
木材加工和木、竹、藤、棕、草制品业	Processing of Timber,Manufacture of Wood,Bamboo,Rattan,Palm, and Straw Products	
家具制造业	Manufacture of Furniture	
造纸和纸制品业	Manufacture of Paper and Paper Products	0.22
印刷和记录媒介复制业	Printing and Reproduction of Recording Media	0.02
文教、工美、体育和娱乐用品制造业	Manufacture of Articles for Culture, Education, Arts and Crafts, Sport and Entertainment Activities	0.05
石油加工、炼焦和核燃料加工业	Processing of Petroleum, Coking and Processing of Nuclear Fuel	30.96
化学原料和化学制品制造业	Manufacture of Raw Chemical Materials and Chemical Products	87.23
医药制造业	Manufacture of Medicines	0.42
化学纤维制造业	Manufacture of Chemical Fibers	0.02
橡胶和塑料制品业	Manufacture of Rubber and Plastics Products	0.59
非金属矿物制品业	Manufacture of Non-metallic Mineral Products	0.10
黑色金属冶炼和压延加工业	Smelting and Pressing of Ferrous Metals	0.00
有色金属冶炼和压延加工业	Smelting and Pressing of Non-ferrous Metals	0.14
金属制品业	Manufacture of Metal Products	0.11
通用设备制造业	Manufacture of General Purpose Machinery	0.06
专用设备制造业	Manufacture of Special Purpose Machinery	0.03
汽车制造业	Manufacture of Automobiles	0.11
铁路、船舶、航空航天和其他运输设备制造业	Manufacture of Railway, Ship, Aerospace and Other Transport Equipments	0.09
电气机械和器材制造业	Manufacture of Electrical Machinery and Apparatus	0.06
计算机、通信和其他电子设备制造业	Manufacture of Computers, Communication and Other Electronic Equipment	0.02
仪器仪表制造业	Manufacture of Measuring Instruments and Machinery	
其他制造业	Other Manufacture	
废弃资源综合利用业	Utilization of Waste Resources	
金属制品、机械和设备修理业	Repair Service of Metal Products, Machinery and Equipment	
(三)电力、煤气及水生产和供应业	**Electric Power, Gas and Water Production and Supply**	
电力、热力生产和供应业	Production and Supply of Electric Power and Heat Power	
燃气生产和供应业	Production and Supply of Gas	
水的生产和供应业	Production and Supply of Water	

Continued 2

(10 000 tce)

石油沥青 Bitumen Asphalt	石油焦 Petroleum Coke	液化石油气 LPG	炼厂干气 Refinery Gas	其他石油制品 Other Petroleum Products	天然气 Natural Gas	液化天然气 LNG	热力 Heat	电力 Electricity	其他能源 Other Energy
87.60	**1989.42**	**952.00**	**2247.97**	**4834.63**	**8058.21**	**3531.97**	**9121.57**	**46336.78**	**1676.12**
0.41		**3.84**	**44.50**	**48.81**	**1729.97**	**9.49**	**235.57**	**3189.02**	**18.68**
		0.11		0.98	77.35	0.21	22.31	1154.85	11.70
		0.33	44.50	41.18	1613.71	8.43	71.05	530.90	0.05
				0.02	0.28		5.51	576.15	0.56
0.41				0.01	8.32		0.03	432.35	2.86
				0.02	0.42	0.42	98.18	296.80	3.46
		3.39		6.59	29.90	0.42	38.49	34.36	
								163.61	0.05
84.98	**1977.47**	**947.75**	**2202.48**	**4784.14**	**6288.59**	**3472.72**	**8652.50**	**37350.51**	**1625.71**
		3.80		0.28	17.08	21.30	152.29	752.05	442.78
		1.72		0.03	79.40	28.47	184.54	283.24	25.87
	0.80	1.12		0.01	60.09	10.33	136.51	196.51	23.75
		0.10			11.27	12.02	10.87	64.45	1.28
		3.74		0.92	45.42	12.86	808.03	1894.11	57.01
		0.94		0.09	7.67	15.60	21.18	261.81	7.28
		0.51		0.12	1.04	1.69	9.82	186.11	4.30
		0.23		0.00	6.11	0.42	12.21	324.95	211.25
		0.99		0.02	9.36	4.64	2.89	109.26	8.12
	0.08	1.78		0.12	18.47	49.55	668.89	777.05	101.27
		1.37		0.11	24.52	3.16	9.17	136.84	4.76
		1.91		0.46	17.47	20.03	2.64	89.58	13.62
0.97	205.98	396.49	2043.39	3409.53	476.45	1118.00	1246.95	883.43	21.70
1.41	55.45	296.56	156.71	1313.18	2988.05	1082.79	3133.60	5687.54	254.34
		1.05	0.01	0.15	73.94	12.02	245.26	371.56	46.86
		0.47		0.14	9.10	30.58	240.09	432.14	3.32
0.01		3.35	0.03	1.87	53.94	25.09	77.72	1438.68	13.46
67.57	1482.78	131.34	0.60	26.13	920.00	264.63	35.65	4085.71	109.60
0.23	49.09	29.60	1.67	2.79	486.41	75.91	911.07	7122.79	180.25
13.04	181.85	7.61		9.75	238.21	309.34	410.08	5406.83	43.26
	0.04	10.69	0.02	1.30	86.97	97.21	15.69	1600.90	9.04
		5.23	0.01	2.86	98.80	23.41	17.37	973.24	5.65
		6.03		2.67	100.10	31.00	28.48	544.24	6.18
		9.37	0.02	2.86	230.10	58.20	154.93	898.79	4.16
		5.89	0.03	0.58	72.93	85.40	11.24	221.88	3.23
	0.12	14.47		2.83	47.57	33.67	48.86	841.38	10.63
		4.19		1.75	89.11	14.41	46.49	1070.10	5.38
		0.23		1.91	7.53	1.27	6.34	104.11	2.71
1.75	1.29	6.38		1.42	0.72	24.46	1.81	541.61	1.17
		0.56		0.12	8.19	0.21	0.30	36.58	3.48
		0.05		0.14	2.60	5.06	1.51	13.04	
2.21	**11.95**	**0.41**	**0.99**	**1.68**	**39.65**	**49.76**	**233.50**	**5797.25**	**31.73**
2.21	11.95	0.06	0.99	1.14	13.52	0.21	228.24	5150.48	30.46
		0.22		0.53	23.01	49.13	2.22	170.57	0.18
		0.13			3.12	0.42	3.04	476.20	1.09

4-4 分行业能源消费总量

单位：万吨标准煤

行业	Sector	1995
消费总量	**Total Consumption**	**131176**
农、林、牧、渔业	**Agriculture, Forestry, Animal Husbandry and Fishery**	**5505**
工业	**Industry**	**96191**
采掘业	**Mining and Quarrying**	**9941**
煤炭开采和洗选业	Mining and Washing of Coal	5500
石油和天然气开采业	Extraction of Petroleum and Natural Gas	2813
黑色金属矿采选业	Mining and Processing of Ferrous Metal Ores	268
有色金属矿采选业	Mining and Processing of Non-Ferrous Metal Ores	557
非金属矿采选业	Mining and Processing of Nonmetal Ores	553
开采辅助活动	Support Activities for Mining	
其他采矿业	Mining of Other Ores	250
制造业	**Manufacturing**	**78368**
农副食品加工业	Processing of Food from Agricultural Products	1973
食品制造业	Manufacture of Foods	1208
酒、饮料和精制茶制造业	Manufacture of Liquor, Beverages and Refined Tea	1000
烟草制品业	Manufacture of Tobacco	224
纺织业	Manufacture of Textile	3531
纺织服装、服饰业	Manufacture of Textile, Wearing Apparel and Accessories	329
皮革、毛皮、羽毛及其制品和制鞋业	Manufacture of Leather, Fur, Feather and Related Products and Footwear	290
木材加工和木、竹、藤、棕、草制品业	Processing of Timber,Manufacture of Wood,Bamboo,Rattan,Palm, and Straw Products	380
家具制造业	Manufacture of Furniture	106
造纸和纸制品业	Manufacture of Paper and Paper Products	2138
印刷和记录媒介复制业	Printing and Reproduction of Recording Media	203
文教、工美、体育和娱乐用品制造业	Manufacture of Articles for Culture, Education, Arts and Crafts, Sport and Entertainment Activities	62
石油加工、炼焦和核燃料加工业	Processing of Petroleum, Coking and Processing of Nuclear Fuel	5567
化学原料和化学制品制造业	Manufacture of Raw Chemical Materials and Chemical Products	15822
医药制造业	Manufacture of Medicines	1201
化学纤维制造业	Manufacture of Chemical Fibers	1278
橡胶和塑料制品业	Manufacture of Rubber and Plastics Products	1186
非金属矿物制品业	Manufacture of Non-metallic Mineral Products	13058
黑色金属冶炼和压延加工业	Smelting and Pressing of Ferrous Metals	18533
有色金属冶炼和压延加工业	Smelting and Pressing of Non-ferrous Metals	2842
金属制品业	Manufacture of Metal Products	994
通用设备制造业	Manufacture of General Purpose Machinery	1651
专用设备制造业	Manufacture of Special Purpose Machinery	1089
汽车制造业	Manufacture of Automobiles	1376
铁路、船舶、航空航天和其他运输设备制造业	Manufacture of Railway, Ship, Aerospace and Other Transport Equipments	
电气机械和器材制造业	Manufacture of Electrical Machinery and Apparatus	629
计算机、通信和其他电子设备制造业	Manufacture of Computers, Communication and Other Electronic Equipment	321
仪器仪表制造业	Manufacture of Measuring Instruments and Machinery	143
其他制造业	Other Manufacture	1234
废弃资源综合利用业	Utilization of Waste Resources	
金属制品、机械和设备修理业	Repair Service of Metal Products, Machinery and Equipment	
电力、煤气及水生产和供应业	**Electric Power, Gas and Water Production and Supply**	**7883**
电力、热力生产和供应业	Production and Supply of Electric Power and Heat Power	7053
燃气生产和供应业	Production and Supply of Gas	341
水的生产和供应业	Production and Supply of Water	489
建筑业	**Construction**	**1335**
交通运输、仓储和邮政业	**Transport, Storage and Post**	**5863**
批发、零售业和住宿、餐饮业	**Wholesale, Retail Trade and Hotel ,Restaurants**	**2018**
其他行业	**Others**	**4519**
生活消费	**Residential Consumption**	**15745**

Consumption of Total Energy and Its Main Varieties by Sector

(10 000 tce)

2000	2005	2009	2010	2011	2012	2013	2014
146964	**261369**	**336126**	**360648**	**387043**	**402138**	**416913**	**425806**
4233	**6860**	**6978**	**7266**	**7675**	**7804**	**8055**	**8094**
103014	**187914**	**243567**	**261377**	**278048**	**284712**	**291130**	**295686**
10286	**12429**	**16636**	**20950**	**23417**	**24532**	**23924**	**23026**
4576	5634	8771	12436	14497	15083	14180	13080
3966	3741	3935	3987	3923	3897	4088	4264
376	1135	1468	2089	2137	2065	2224	2170
427	814	911	999	1202	1231	1280	1280
708	995	1297	1224	1374	1469	1380	1421
					481	407	397
234	111	254	214	283	305	365	414
80914	**158235**	**206556**	**217329**	**229091**	**234539**	**239053**	**245051**
1669	3096	4111	3746	3681	3784	3905	4119
1092	1615	1967	1857	1935	1841	1890	1827
844	1523	1767	1369	1454	1498	1610	1516
313	278	229	234	286	257	256	238
3020	6145	6884	6988	7379	7290	7366	6960
357	669	813	848	867	978	971	938
208	375	481	475	461	679	652	619
376	929	1362	1382	1507	1575	1522	1513
104	141	226	252	249	241	247	359
2281	4078	4687	4475	4596	4275	4153	4041
207	298	385	420	417	428	448	466
123	213	240	237	257	344	368	400
7956	12481	17580	17874	18183	18831	19255	20217
14070	28626	33700	36741	40743	42551	44081	47528
977	1521	1723	1816	1999	2105	2179	2185
1911	1789	1641	1644	1819	1840	1909	1833
1405	2894	3541	3853	3891	4195	4350	4459
11515	26215	30460	32512	38272	37799	36561	36592
20563	44724	65353	66873	64726	67376	68839	69342
4129	7966	12043	13628	14831	15621	16617	17510
1218	2375	3227	3804	3736	4164	4704	4811
1266	2495	3467	3774	4571	3619	3571	3634
883	1299	1643	1902	1949	1853	1914	1987
1530	2060	3035	3782	4014	2770	3069	3189
					1151	1045	897
658	1410	2038	2347	2499	2511	2606	2589
692	1518	2229	2547	2650	2689	2802	2971
158	223	301	359	332	326	329	319
1389	1237	1330	1459	1648	1714	1597	1741
	41	91	129	139	152	169	194
					83	66	55
11814	**17250**	**20376**	**23099**	**25540**	**25640**	**28153**	**27609**
10584	15847	18937	21487	23861	23837	26295	25674
618	692	565	627	633	689	697	709
611	711	873	985	1045	1114	1161	1226
2207	**3486**	**4712**	**5533**	**6052**	**6337**	**7017**	**7520**
11447	**19136**	**24460**	**27102**	**29694**	**32561**	**34819**	**36336**
3251	**5917**	**7303**	**7847**	**9147**	**10012**	**10598**	**10873**
6118	**10484**	**13933**	**15052**	**16843**	**18407**	**19763**	**20084**
16695	**27573**	**35173**	**36470**	**39584**	**42306**	**45531**	**47212**

4-5 分行业煤炭消费总量

单位：万吨

行　业	Sector	1995
消 费 总 量	**Total Consumption**	**137677**
农、林、牧、渔业	**Agriculture, Forestry, Animal Husbandry and Fishery**	**1857**
工业	**Industry**	**117571**
采掘业	**Mining and Quarrying**	**9861**
煤炭开采和洗选业	Mining and Washing of Coal	8291
石油和天然气开采业	Extraction of Petroleum and Natural Gas	637
黑色金属矿采选业	Mining and Processing of Ferrous Metal Ores	95
有色金属矿采选业	Mining and Processing of Non-Ferrous Metal Ores	175
非金属矿采选业	Mining and Processing of Nonmetal Ores	434
开采辅助活动	Support Activities for Mining	
其他采矿业	Mining of Other Ores	229
制造业	**Manufacturing**	**63109**
农副食品加工业	Processing of Food from Agricultural Products	1754
食品制造业	Manufacture of Foods	1215
酒、饮料和精制茶制造业	Manufacture of Liquor, Beverages and Refined Tea	983
烟草制品业	Manufacture of Tobacco	191
纺织业	Manufacture of Textile	2537
纺织服装、服饰业	Manufacture of Textile, Wearing Apparel and Accessories	117
皮革、毛皮、羽毛及其制品和制鞋业	Manufacture of Leather, Fur, Feather and Related Products and Footwear	239
木材加工和木、竹、藤、棕、草制品业	Processing of Timber,Manufacture of Wood,Bamboo,Rattan,Palm, and Straw Products	363
家具制造业	Manufacture of Furniture	63
造纸和纸制品业	Manufacture of Paper and Paper Products	2132
印刷和记录媒介复制业	Printing and Reproduction of Recording Media	87
文教、工美、体育和娱乐用品制造业	Manufacture of Articles for Culture, Education, Arts and Crafts, Sport and Entertainment Activities	33
石油加工、炼焦和核燃料加工业	Processing of Petroleum, Coking and Processing of Nuclear Fuel	8025
化学原料和化学制品制造业	Manufacture of Raw Chemical Materials and Chemical Products	10804
医药制造业	Manufacture of Medicines	915
化学纤维制造业	Manufacture of Chemical Fibers	823
橡胶和塑料制品业	Manufacture of Rubber and Plastics Products	878
非金属矿物制品业	Manufacture of Non-metallic Mineral Products	13424
黑色金属冶炼和压延加工业	Smelting and Pressing of Ferrous Metals	12921
有色金属冶炼和压延加工业	Smelting and Pressing of Non-ferrous Metals	1349
金属制品业	Manufacture of Metal Products	462
通用设备制造业	Manufacture of General Purpose Machinery	821
专用设备制造业	Manufacture of Special Purpose Machinery	653
汽车制造业	Manufacture of Automobiles	860
铁路、船舶、航空航天和其他运输设备制造业	Manufacture of Railway, Ship, Aerospace and Other Transport Equipments	
电气机械和器材制造业	Manufacture of Electrical Machinery and Apparatus	344
计算机、通信和其他电子设备制造业	Manufacture of Computers, Communication and Other Electronic Equipment	142
仪器仪表制造业	Manufacture of Measuring Instruments and Machinery	71
其他制造业	Other Manufacture	906
废弃资源综合利用业	Utilization of Waste Resources	
金属制品、机械和设备修理业	Repair Service of Metal Products, Machinery and Equipment	
电力、煤气及水生产和供应业	**Electric Power, Gas and Water Production and Supply**	**44600**
电力、热力生产和供应业	Production and Supply of Electric Power and Heat Power	43800
燃气生产和供应业	Production and Supply of Gas	763
水的生产和供应业	Production and Supply of Water	38
建筑业	**Construction**	**440**
交通运输、仓储和邮政业	**Transport, Storage and Post**	**1315**
批发、零售业和住宿、餐饮业	**Wholesale, Retail Trade and Hotel ,Restaurants**	**977**
其他行业	**Others**	**1987**
生活消费	**Residential Consumption**	**13530**

Consumption of Coal and Its Main Varieties by Sector

(10 000 tons)

2000	2005	2009	2010	2011	2012	2013	2014
135690	**243375**	**325003**	**349008**	**388961**	**411727**	**424426**	**411614**
1051	**1802**	**2081**	**2147**	**2207**	**2266**	**2451**	**2579**
121807	**224766**	**305900**	**329728**	**368916**	**391191**	**403157**	**390497**
10603	**13307**	**20527**	**27146**	**32914**	**43100**	**39165**	**37659**
8913	11748	18372	24893	30664	40786	36772	35613
847	367	541	541	564	495	481	195
79	275	406	482	447	438	481	440
100	220	192	212	223	220	206	223
512	686	1014	1016	1016	973	1037	1027
					186	185	159
153	11	2	3		2	3	2
53356	**105047**	**140382**	**151519**	**163946**	**165862**	**173152**	**175976**
1511	2320	3297	3365	3381	3302	3211	2779
761	1260	1589	1845	1834	1866	1961	1814
733	1360	1601	1587	1602	1479	1587	1326
151	143	85	86	115	67	62	52
1564	3282	3279	3710	3471	3053	2896	2460
142	293	360	374	334	347	315	297
81	149	220	196	177	202	185	162
265	568	702	699	693	662	621	660
50	35	78	83	81	76	71	61
1982	3827	4826	5242	5482	5271	5303	4829
58	56	76	84	63	64	69	82
20	31	45	45	37	98	110	130
9718	20390	32197	35103	39418	41838	47649	47774
8162	17337	21222	22379	24507	25843	25789	27085
615	980	1187	1274	1357	1374	1382	1392
993	1203	1039	921	1010	1049	1123	1070
485	919	1223	1334	1237	1145	1143	1027
9841	23834	29377	30844	33370	32205	31633	33015
12109	20835	29083	30749	33886	34104	34531	34527
1528	2931	4353	6928	7275	7368	9378	11483
274	377	589	555	498	698	646	521
413	721	1109	1095	999	452	412	348
376	471	601	657	577	460	390	339
827	773	853	932	878	583	563	470
					307	285	193
220	333	617	569	783	701	708	660
84	153	192	192	168	249	161	148
37	38	40	41	35	45	41	30
353	406	501	563	618	876	850	1171
	21	43	67	60	68	63	65
					11	13	5
57848	**106411**	**144991**	**151064**	**172056**	**182229**	**190840**	**176863**
56675	105016	143904	149726	170949	181090	189848	176098
1122	1363	1068	1255	1052	1075	935	720
51	33	19	83	55	64	57	45
537	**604**	**659**	**731**	**797**	**767**	**811**	**914**
882	**811**	**641**	**639**	**646**	**614**	**615**	**558**
1461	**2627**	**3201**	**3192**	**3572**	**3752**	**3966**	**3767**
1495	**2727**	**3400**	**3412**	**3612**	**3883**	**4136**	**4046**
8457	**10039**	**9122**	**9159**	**9212**	**9253**	**9290**	**9253**

4-6 分行业焦炭消费总量

单位：万吨

行 业	Sector	1995
消 费 总 量	**Total Consumption**	**10725**
农、林、牧、渔业	**Agriculture, Forestry, Animal Husbandry and Fishery**	**129**
工业	**Industry**	**10412**
采掘业	**Mining and Quarrying**	**151**
煤炭开采和洗选业	Mining and Washing of Coal	42
石油和天然气开采业	Extraction of Petroleum and Natural Gas	1
黑色金属矿采选业	Mining and Processing of Ferrous Metal Ores	57
有色金属矿采选业	Mining and Processing of Non-Ferrous Metal Ores	25
非金属矿采选业	Mining and Processing of Nonmetal Ores	26
开采辅助活动	Support Activities for Mining	
其他采矿业	Mining of Other Ores	1
制造业	**Manufacturing**	**10244**
农副食品加工业	Processing of Food from Agricultural Products	15
食品制造业	Manufacture of Foods	10
酒、饮料和精制茶制造业	Manufacture of Liquor, Beverages and Refined Tea	5
烟草制品业	Manufacture of Tobacco	2
纺织业	Manufacture of Textile	6
纺织服装、服饰业	Manufacture of Textile, Wearing Apparel and Accessories	1
皮革、毛皮、羽毛及其制品和制鞋业	Manufacture of Leather, Fur, Feather and Related Products and Footwear	1
木材加工和木、竹、藤、棕、草制品业	Processing of Timber,Manufacture of Wood,Bamboo,Rattan,Palm, and Straw Products	1
家具制造业	Manufacture of Furniture	1
造纸和纸制品业	Manufacture of Paper and Paper Products	4
印刷和记录媒介复制业	Printing and Reproduction of Recording Media	1
文教、工美、体育和娱乐用品制造业	Manufacture of Articles for Culture, Education, Arts and Crafts, Sport and Entertainment Activities	2
石油加工、炼焦和核燃料加工业	Processing of Petroleum, Coking and Processing of Nuclear Fuel	32
化学原料和化学制品制造业	Manufacture of Raw Chemical Materials and Chemical Products	1299
医药制造业	Manufacture of Medicines	3
化学纤维制造业	Manufacture of Chemical Fibers	24
橡胶和塑料制品业	Manufacture of Rubber and Plastics Products	3
非金属矿物制品业	Manufacture of Non-metallic Mineral Products	277
黑色金属冶炼和压延加工业	Smelting and Pressing of Ferrous Metals	7811
有色金属冶炼和压延加工业	Smelting and Pressing of Non-ferrous Metals	195
金属制品业	Manufacture of Metal Products	123
通用设备制造业	Manufacture of General Purpose Machinery	237
专用设备制造业	Manufacture of Special Purpose Machinery	101
汽车制造业	Manufacture of Automobiles	41
铁路、船舶、航空航天和其他运输设备制造业	Manufacture of Railway, Ship, Aerospace and Other Transport Equipments	
电气机械和器材制造业	Manufacture of Electrical Machinery and Apparatus	16
计算机、通信和其他电子设备制造业	Manufacture of Computers, Communication and Other Electronic Equipment	1
仪器仪表制造业	Manufacture of Measuring Instruments and Machinery	3
其他制造业	Other Manufacture	30
废弃资源综合利用业	Utilization of Waste Resources	
金属制品、机械和设备修理业	Repair Service of Metal Products, Machinery and Equipment	
电力、煤气及水生产和供应业	**Electric Power, Gas and Water Production and Supply**	**17**
电力、热力生产和供应业	Production and Supply of Electric Power and Heat Power	4
燃气生产和供应业	Production and Supply of Gas	13
水的生产和供应业	Production and Supply of Water	0
建筑业	**Construction**	**11**
交通运输、仓储和邮政业	**Transport, Storage and Post**	**10**
批发、零售业和住宿、餐饮业	**Wholesale, Retail Trade and Hotel ,Restaurants**	**26**
其他行业	**Others**	**6**
生活消费	**Residential Consumption**	**132**

Consumption of Coke and Its Main Varieties by Sector

(10 000 tons)

2000	2005	2009	2010	2011	2012	2013	2014
10841	**25106**	**36350**	**38703**	**42063**	**44805**	**45852**	**46885**
71	**63**	**45**	**47**	**54**	**57**	**69**	**35**
10555	**24861**	**36243**	**38599**	**41952**	**44695**	**45694**	**46750**
161	**150**	**156**	**421**	**258**	**251**	**282**	**292**
53	37	49	43	51	65	80	88
6	0		0				
52	84	84	353	185	126	180	187
22	16	15	16	14	14	10	10
27	13	8	9	8	46	11	7
						0	0
0							
10357	**24646**	**36055**	**38155**	**41670**	**44436**	**45401**	**46406**
16	9	17	15	14	12	10	10
15	5	22	3	3	2	2	3
3	1	2	1	1	1	1	1
1	0						
4	3	4	5	4	3	3	2
2	1	1	4	5	3	2	1
2	0	3	1	1	1	1	1
1	2	16	2	1	0	0	1
1	1	3	5	5	4	2	2
2	4	4	2	2	1	1	1
0	0	1	0	0	0	0	0
2	4	5	4	4	5	4	4
65	77	112	93	84	74	68	46
1105	1724	2485	2475	2932	3105	3200	3419
1	1	6	3	3	2	1	1
27	51	3	2	2	1	0	0
9	4	19	15	11	4	3	5
312	208	368	386	904	987	1048	1040
8085	21429	31253	33448	35449	38367	39313	40146
218	397	646	592	683	617	586	622
126	78	98	76	65	104	141	100
208	456	664	657	1182	839	695	699
74	69	77	126	78	45	54	75
32	94	194	169	176	185	199	162
					12	8	7
11	17	23	27	25	18	17	14
0	1	8	12	8	9	11	12
4	3	8	6	4	4	5	4
30	4	2	2	3	1	0	0
	2	10	25	25	20	26	27
					12	0	0
37	**65**	**32**	**23**	**24**	**8**	**11**	**51**
	6	8	4	8	0	7	49
37	59	24	19	16	7	4	2
	0	0	0	0	0	0	0
19	**18**	**6**	**6**	**5**	**6**	**8**	**10**
11	**1**	**0**	**0**	**0**	**0**	**2**	**3**
36	**64**	**4**	**5**	**9**	**7**	**36**	**47**
12	**8**	**3**	**3**	**2**	**2**	**5**	**5**
137	**90**	**49**	**43**	**41**	**38**	**38**	**36**

4-7 分行业原油消费总量

单位：万吨

行　　业	Sector	1995
消 费 总 量	**Total Consumption**	**14886.39**
农、林、牧、渔业	**Agriculture, Forestry, Animal Husbandry and Fishery**	**10.11**
工业	**Industry**	**14716.30**
采掘业	**Mining and Quarrying**	**1686.21**
煤炭开采和洗选业	Mining and Washing of Coal	
石油和天然气开采业	Extraction of Petroleum and Natural Gas	1686.16
黑色金属矿采选业	Mining and Processing of Ferrous Metal Ores	
有色金属矿采选业	Mining and Processing of Non-Ferrous Metal Ores	0.05
非金属矿采选业	Mining and Processing of Nonmetal Ores	
开采辅助活动	Support Activities for Mining	
其他采矿业	Mining of Other Ores	
制造业	**Manufacturing**	**12963.62**
农副食品加工业	Processing of Food from Agricultural Products	0.53
食品制造业	Manufacture of Foods	0.72
酒、饮料和精制茶制造业	Manufacture of Liquor, Beverages and Refined Tea	0.72
烟草制品业	Manufacture of Tobacco	
纺织业	Manufacture of Textile	1.29
纺织服装、服饰业	Manufacture of Textile, Wearing Apparel and Accessories	0.04
皮革、毛皮、羽毛及其制品和制鞋业	Manufacture of Leather, Fur, Feather and Related Products and Footwear	0.04
木材加工和木、竹、藤、棕、草制品业	Processing of Timber,Manufacture of Wood,Bamboo,Rattan,Palm, and Straw Products	
家具制造业	Manufacture of Furniture	
造纸和纸制品业	Manufacture of Paper and Paper Products	0.26
印刷和记录媒介复制业	Printing and Reproduction of Recording Media	0.10
文教、工美、体育和娱乐用品制造业	Manufacture of Articles for Culture, Education, Arts and Crafts, Sport and Entertainment Activities	
石油加工、炼焦和核燃料加工业	Processing of Petroleum, Coking and Processing of Nuclear Fuel	11338.36
化学原料和化学制品制造业	Manufacture of Raw Chemical Materials and Chemical Products	1078.84
医药制造业	Manufacture of Medicines	0.12
化学纤维制造业	Manufacture of Chemical Fibers	478.22
橡胶和塑料制品业	Manufacture of Rubber and Plastics Products	1.24
非金属矿物制品业	Manufacture of Non-metallic Mineral Products	56.32
黑色金属冶炼和压延加工业	Smelting and Pressing of Ferrous Metals	3.17
有色金属冶炼和压延加工业	Smelting and Pressing of Non-ferrous Metals	0.35
金属制品业	Manufacture of Metal Products	0.17
通用设备制造业	Manufacture of General Purpose Machinery	0.28
专用设备制造业	Manufacture of Special Purpose Machinery	0.20
汽车制造业	Manufacture of Automobiles	0.57
铁路、船舶、航空航天和其他运输设备制造业	Manufacture of Railway, Ship, Aerospace and Other Transport Equipments	
电气机械和器材制造业	Manufacture of Electrical Machinery and Apparatus	0.85
计算机、通信和其他电子设备制造业	Manufacture of Computers, Communication and Other Electronic Equipment	
仪器仪表制造业	Manufacture of Measuring Instruments and Machinery	
其他制造业	Other Manufacture	1.23
废弃资源综合利用业	Utilization of Waste Resources	
金属制品、机械和设备修理业	Repair Service of Metal Products, Machinery and Equipment	
电力、煤气及水生产和供应业	**Electric Power, Gas and Water Production and Supply**	**66.47**
电力、热力生产和供应业	Production and Supply of Electric Power and Heat Power	66.47
燃气生产和供应业	Production and Supply of Gas	
水的生产和供应业	Production and Supply of Water	
建筑业	**Construction**	**2.71**
交通运输、仓储和邮政业	**Transport, Storage and Post**	**156.77**
批发、零售业和住宿、餐饮业	**Wholesale, Retail Trade and Hotel ,Restaurants**	**0.50**
其他行业	**Others**	
生活消费	**Residential Consumption**	

Consumption of Crude Oil and Its Main Varieties by Sector

(10 000 tons)

2000	2005	2009	2010	2011	2012	2013	2014
21232.01	**30088.94**	**38128.59**	**42874.55**	**43965.84**	**46678.92**	**48652.15**	**51546.95**
21052.08	**29962.07**	**37975.17**	**42716.55**	**43860.44**	**46559.52**	**48503.42**	**51502.10**
3196.35	**1373.95**	**1078.98**	**1020.29**	**1000.63**	**1074.08**	**1059.21**	**1068.23**
2.32						0.04	0.09
3194.03	1373.95	1078.98	1020.29	1000.57	1050.41	1034.66	1034.61
				0.06	0.01		
					23.66	24.51	33.52
17779.14	**28559.26**	**36891.89**	**41692.62**	**42857.70**	**45482.98**	**47441.96**	**50433.54**
0.42	0.07	0.10	0.11	0.14	0.07	0.24	0.02
0.48	0.10		0.01				
0.52	0.50	0.20			0.01		
0.05	0.20	0.20	0.02			0.01	
0.16	0.24	0.33	0.03	0.05	0.05	0.02	0.02
	0.04	0.03	0.05	0.09	0.10	0.05	0.01
	0.12	0.28	0.22	0.13	0.17	0.16	0.33
	0.03		0.01			0.01	
0.48	0.68	0.36	0.12	0.04	0.10	0.09	0.05
		0.00	0.01	0.03	0.01		
0.10	0.09	0.04	0.06	0.03	0.01	0.01	0.01
15295.82	26019.28	34047.74	38624.99	39157.70	42413.38	44315.76	46775.64
1809.79	2510.59	2821.81	3062.50	3696.04	3060.77	3123.70	3656.93
		0.03	0.02		0.02		
604.71	10.62	10.01					
0.45	0.90	0.42	0.12	0.12	0.04	0.02	0.01
53.54	14.17	8.89	2.45	2.03	7.78	1.08	0.17
10.25	0.13	0.04	0.33	0.18	0.01	0.02	0.02
0.80	0.31	0.61	0.71	0.62	0.23	0.24	0.06
0.03	0.06	0.18	0.12	0.14	0.01	0.02	0.01
0.11	0.15	0.06	0.09	0.05	0.03	0.07	0.04
0.27	0.11	0.05	0.06	0.02	0.04	0.15	0.14
0.06	0.15	0.10	0.17	0.16	0.07	0.16	0.02
					0.01	0.06	0.01
0.50	0.26	0.12	0.15	0.10	0.07	0.07	0.01
	0.40	0.25	0.27	0.02			
	0.05	0.01		0.01		0.01	0.01
0.60	0.01	0.02					
						0.01	0.01
76.59	**28.86**	**4.30**	**3.64**	**2.11**	**2.46**	**2.25**	**0.33**
76.59	28.60	4.09	3.64	2.11	2.46	2.25	0.33
	0.26	0.21					
3.30							
175.05	**126.87**	**153.42**	**158.00**	**105.40**	**119.40**	**148.73**	**44.85**
0.18							
1.40							

4-8 分行业汽油消费总量

单位：万吨

行业	Sector	1995
消费总量	**Total Consumption**	**2909.59**
农、林、牧、渔业	**Agriculture, Forestry, Animal Husbandry and Fishery**	**179.66**
工业	**Industry**	**812.43**
采掘业	**Mining and Quarrying**	**135.90**
煤炭开采和洗选业	Mining and Washing of Coal	37.87
石油和天然气开采业	Extraction of Petroleum and Natural Gas	58.99
黑色金属矿采选业	Mining and Processing of Ferrous Metal Ores	4.74
有色金属矿采选业	Mining and Processing of Non-Ferrous Metal Ores	8.18
非金属矿采选业	Mining and Processing of Nonmetal Ores	8.74
开采辅助活动	Support Activities for Mining	
其他采矿业	Mining of Other Ores	17.38
制造业	**Manufacturing**	**637.21**
农副食品加工业	Processing of Food from Agricultural Products	37.56
食品制造业	Manufacture of Foods	16.33
酒、饮料和精制茶制造业	Manufacture of Liquor, Beverages and Refined Tea	14.91
烟草制品业	Manufacture of Tobacco	3.17
纺织业	Manufacture of Textile	42.72
纺织服装、服饰业	Manufacture of Textile, Wearing Apparel and Accessories	11.39
皮革、毛皮、羽毛及其制品和制鞋业	Manufacture of Leather, Fur, Feather and Related Products and Footwear	5.38
木材加工和木、竹、藤、棕、草制品业	Processing of Timber,Manufacture of Wood,Bamboo,Rattan,Palm, and Straw Products	4.68
家具制造业	Manufacture of Furniture	3.71
造纸和纸制品业	Manufacture of Paper and Paper Products	14.59
印刷和记录媒介复制业	Printing and Reproduction of Recording Media	6.17
文教、工美、体育和娱乐用品制造业	Manufacture of Articles for Culture, Education, Arts and Crafts, Sport and Entertainment Activities	2.66
石油加工、炼焦和核燃料加工业	Processing of Petroleum, Coking and Processing of Nuclear Fuel	29.23
化学原料和化学制品制造业	Manufacture of Raw Chemical Materials and Chemical Products	62.64
医药制造业	Manufacture of Medicines	8.98
化学纤维制造业	Manufacture of Chemical Fibers	4.56
橡胶和塑料制品业	Manufacture of Rubber and Plastics Products	31.88
非金属矿物制品业	Manufacture of Non-metallic Mineral Products	82.14
黑色金属冶炼和压延加工业	Smelting and Pressing of Ferrous Metals	42.55
有色金属冶炼和压延加工业	Smelting and Pressing of Non-ferrous Metals	12.71
金属制品业	Manufacture of Metal Products	18.19
通用设备制造业	Manufacture of General Purpose Machinery	58.65
专用设备制造业	Manufacture of Special Purpose Machinery	26.69
汽车制造业	Manufacture of Automobiles	37.48
铁路、船舶、航空航天和其他运输设备制造业	Manufacture of Railway, Ship, Aerospace and Other Transport Equipments	
电气机械和器材制造业	Manufacture of Electrical Machinery and Apparatus	24.07
计算机、通信和其他电子设备制造业	Manufacture of Computers, Communication and Other Electronic Equipment	9.15
仪器仪表制造业	Manufacture of Measuring Instruments and Machinery	4.69
其他制造业	Other Manufacture	20.33
废弃资源综合利用业	Utilization of Waste Resources	
金属制品、机械和设备修理业	Repair Service of Metal Products, Machinery and Equipment	
电力、煤气及水生产和供应业	**Electric Power, Gas and Water Production and Supply**	**39.32**
电力、热力生产和供应业	Production and Supply of Electric Power and Heat Power	33.85
燃气生产和供应业	Production and Supply of Gas	3.21
水的生产和供应业	Production and Supply of Water	2.26
建筑业	**Construction**	**103.62**
交通运输、仓储和邮政业	**Transport, Storage and Post**	**982.30**
批发、零售业和住宿、餐饮业	**Wholesale, Retail Trade and Hotel ,Restaurants**	**197.23**
其他行业	**Others**	**570.65**
生活消费	**Residential Consumption**	**63.70**

Consumption of Gasoline and Its Main Varieties by Sector

(10 000 tons)

2000	2005	2009	2010	2011	2012	2013	2014
3504.56	**4854.91**	**6172.69**	**6956.20**	**7595.95**	**8165.90**	**9366.35**	**9776.37**
89.16	**159.59**	**168.06**	**169.07**	**185.98**	**192.86**	**198.72**	**216.60**
681.98	**441.71**	**671.07**	**689.46**	**604.81**	**581.06**	**523.38**	**489.04**
120.78	**51.89**	**65.46**	**66.32**	**68.41**	**58.02**	**52.04**	**45.95**
36.32	14.61	21.21	20.11	22.52	16.33	14.41	12.49
45.38	25.71	25.04	24.20	22.46	14.24	13.92	12.67
6.81	4.60	6.46	7.70	8.13	6.32	5.54	4.78
5.87	3.30	7.64	7.59	9.22	8.04	7.15	6.90
9.07	3.65	5.08	6.40	6.06	5.32	5.43	4.19
					7.69	5.51	4.69
17.34	0.02	0.03	0.32	0.02	0.08	0.08	0.22
528.75	**364.19**	**571.16**	**590.92**	**504.66**	**489.14**	**437.57**	**410.57**
34.04	13.24	32.98	38.93	32.70	31.08	32.98	30.25
13.62	7.36	14.16	15.74	11.83	10.48	12.59	10.29
11.35	6.93	10.39	9.55	8.77	8.58	7.53	6.92
34.04	0.75	0.75	0.72	0.85	0.86	0.74	0.57
39.68	16.74	26.25	26.96	21.20	16.89	15.45	14.23
7.94	9.28	17.18	17.83	13.59	17.03	13.94	12.25
5.68	4.30	9.22	8.40	6.85	7.94	7.55	7.07
3.68	4.72	7.94	9.29	7.99	7.47	7.66	6.85
3.97	2.74	7.84	8.23	5.70	5.28	5.27	4.92
13.62	8.05	12.83	11.32	8.81	9.05	8.29	6.52
6.81	6.64	8.77	8.33	6.02	6.18	6.29	6.66
2.55	3.70	4.43	4.08	3.14	7.71	7.77	8.22
16.63	20.85	39.81	36.18	41.44	40.82	4.34	5.03
51.05	42.14	49.80	48.20	45.15	42.72	39.47	37.83
10.22	7.34	12.07	12.16	10.39	11.38	11.46	10.79
4.31	1.10	1.61	1.55	1.33	1.10	1.03	0.98
23.42	21.05	29.30	34.02	23.84	24.71	24.06	22.03
51.74	24.03	36.95	37.47	33.72	33.16	33.15	29.46
34.04	21.17	15.52	13.40	11.13	13.89	13.96	13.09
12.49	6.14	10.14	10.35	9.05	7.71	7.83	7.12
20.42	17.14	31.13	32.95	22.94	22.88	22.86	21.85
23.82	26.21	50.48	54.03	48.15	39.23	34.73	32.05
34.12	15.84	28.30	29.51	25.24	24.88	26.77	26.32
22.70	34.92	42.74	49.21	48.09	37.63	32.08	32.92
					9.24	8.97	7.56
18.15	20.62	35.60	36.48	29.24	27.96	27.97	26.61
9.07	10.55	19.25	20.31	15.28	13.92	13.83	14.09
3.40	3.45	6.85	7.26	5.59	4.97	5.48	5.00
16.20	6.87	8.18	7.73	6.02	1.84	1.78	1.36
	0.31	0.69	0.73	0.61	0.64	0.63	0.77
					1.91	1.11	0.95
32.44	**25.62**	**34.45**	**32.22**	**31.74**	**33.90**	**33.77**	**32.52**
28.17	20.31	26.53	24.64	25.23	27.76	27.28	26.01
1.95	2.36	2.88	3.20	2.98	2.64	2.92	3.04
2.32	2.95	5.04	4.38	3.53	3.50	3.57	3.47
115.55	**172.14**	**235.43**	**274.70**	**282.77**	**286.87**	**326.46**	**331.03**
1527.78	**2430.05**	**2881.59**	**3274.92**	**3573.52**	**3778.03**	**4381.80**	**4665.01**
69.84	**129.39**	**147.52**	**168.18**	**177.14**	**200.06**	**220.86**	**217.79**
792.67	**998.20**	**1069.93**	**1166.22**	**1313.17**	**1460.51**	**1818.68**	**1738.07**
227.58	**523.83**	**999.08**	**1213.65**	**1458.56**	**1666.52**	**1896.45**	**2118.83**

4-9 分行业煤油消费总量

单位：万吨

行　　业	Sector	1995
消 费 总 量	**Total Consumption**	**512.11**
农、林、牧、渔业	**Agriculture, Forestry, Animal Husbandry and Fishery**	**3.57**
工业	**Industry**	**44.94**
采掘业	**Mining and Quarrying**	**2.92**
煤炭开采和洗选业	Mining and Washing of Coal	1.59
石油和天然气开采业	Extraction of Petroleum and Natural Gas	0.59
黑色金属矿采选业	Mining and Processing of Ferrous Metal Ores	0.08
有色金属矿采选业	Mining and Processing of Non-Ferrous Metal Ores	0.40
非金属矿采选业	Mining and Processing of Nonmetal Ores	0.20
开采辅助活动	Support Activities for Mining	
其他采矿业	Mining of Other Ores	0.06
制造业	**Manufacturing**	**40.41**
农副食品加工业	Processing of Food from Agricultural Products	0.26
食品制造业	Manufacture of Foods	0.33
酒、饮料和精制茶制造业	Manufacture of Liquor, Beverages and Refined Tea	0.23
烟草制品业	Manufacture of Tobacco	2.07
纺织业	Manufacture of Textile	2.91
纺织服装、服饰业	Manufacture of Textile, Wearing Apparel and Accessories	0.11
皮革、毛皮、羽毛及其制品和制鞋业	Manufacture of Leather, Fur, Feather and Related Products and Footwear	0.42
木材加工和木、竹、藤、棕、草制品业	Processing of Timber,Manufacture of Wood,Bamboo,Rattan,Palm, and Straw Products	1.17
家具制造业	Manufacture of Furniture	0.01
造纸和纸制品业	Manufacture of Paper and Paper Products	1.78
印刷和记录媒介复制业	Printing and Reproduction of Recording Media	3.41
文教、工美、体育和娱乐用品制造业	Manufacture of Articles for Culture, Education, Arts and Crafts, Sport and Entertainment Activities	0.10
石油加工、炼焦和核燃料加工业	Processing of Petroleum, Coking and Processing of Nuclear Fuel	1.02
化学原料和化学制品制造业	Manufacture of Raw Chemical Materials and Chemical Products	8.10
医药制造业	Manufacture of Medicines	0.15
化学纤维制造业	Manufacture of Chemical Fibers	0.18
橡胶和塑料制品业	Manufacture of Rubber and Plastics Products	0.55
非金属矿物制品业	Manufacture of Non-metallic Mineral Products	2.59
黑色金属冶炼和压延加工业	Smelting and Pressing of Ferrous Metals	0.41
有色金属冶炼和压延加工业	Smelting and Pressing of Non-ferrous Metals	0.57
金属制品业	Manufacture of Metal Products	3.37
通用设备制造业	Manufacture of General Purpose Machinery	3.05
专用设备制造业	Manufacture of Special Purpose Machinery	0.91
汽车制造业	Manufacture of Automobiles	4.87
铁路、船舶、航空航天和其他运输设备制造业	Manufacture of Railway, Ship, Aerospace and Other Transport Equipments	
电气机械和器材制造业	Manufacture of Electrical Machinery and Apparatus	0.50
计算机、通信和其他电子设备制造业	Manufacture of Computers, Communication and Other Electronic Equipment	0.23
仪器仪表制造业	Manufacture of Measuring Instruments and Machinery	0.12
其他制造业	Other Manufacture	0.99
废弃资源综合利用业	Utilization of Waste Resources	
金属制品、机械和设备修理业	Repair Service of Metal Products, Machinery and Equipment	
电力、煤气及水生产和供应业	**Electric Power, Gas and Water Production and Supply**	**1.61**
电力、热力生产和供应业	Production and Supply of Electric Power and Heat Power	1.30
燃气生产和供应业	Production and Supply of Gas	0.11
水的生产和供应业	Production and Supply of Water	0.20
建筑业	**Construction**	**3.51**
交通运输、仓储和邮政业	**Transport, Storage and Post**	**250.01**
批发、零售业和住宿、餐饮业	**Wholesale, Retail Trade and Hotel ,Restaurants**	**8.51**
其他行业	**Others**	**137.32**
生活消费	**Residential Consumption**	**64.25**

Consumption of Kerosene and Its Main Varieties by Sector

(10 000 tons)

2000	2005	2009	2010	2011	2012	2013	2014
871.61	**1076.84**	**1450.49**	**1765.17**	**1816.72**	**1956.60**	**2164.07**	**2335.42**
1.50	**1.60**	**0.76**	**0.90**	**1.47**	**1.19**	**1.19**	**0.75**
83.95	**57.50**	**32.04**	**40.20**	**34.21**	**32.04**	**27.41**	**17.36**
7.44	**6.40**	**4.64**	**4.41**	**3.22**	**2.64**	**2.94**	**2.52**
5.37	3.26	2.90	2.53	2.30	2.16	2.43	1.89
0.42	0.17	0.05					0.01
0.04	1.42	0.45	0.35	0.16	0.03	0.04	0.02
1.26	0.74	0.87	0.67	0.64	0.41	0.40	0.39
0.34	0.80	0.37	0.24	0.12	0.04	0.07	0.21
0.01	0.01		0.62				
76.05	**50.74**	**27.28**	**35.75**	**30.96**	**29.37**	**24.41**	**14.78**
0.25	0.40	0.22	0.51	0.29	0.12	0.18	0.21
0.08	0.33	0.11	0.20	0.09	0.03	0.04	0.02
0.08	0.54	0.29	0.13	0.04	0.01	0.01	0.02
0.08	0.03						
3.78	2.05	0.43	0.50	0.31	0.12	0.16	0.07
0.42	0.70	0.28	0.25	0.52	0.41	0.06	0.04
0.17	0.37	0.29	0.24	0.23	0.21	0.11	0.08
0.08	1.09	0.20	0.17	0.05	0.08	0.12	0.09
0.04	0.24	0.13	0.08	0.02	0.05	0.05	0.01
3.61	0.91	0.41	0.22	0.13	0.09	0.13	0.02
5.71	0.74	0.23	0.10	0.10	0.08	0.13	0.03
1.26	0.35	0.12	0.11	0.04	0.23	0.06	0.04
18.06	2.06	1.24	5.64	2.46	0.21	0.17	0.21
8.73	6.09	3.69	5.02	2.94	3.56	3.22	3.09
0.15	0.52	0.07	0.34	0.25	0.27	0.30	0.16
0.42	0.50	0.11	0.01	0.02			0.02
0.49	1.01	0.31	0.37	0.22	0.14	0.10	0.27
2.43	3.06	1.23	1.16	3.48	4.69	1.27	1.09
5.37	1.92	1.39	0.47	0.31	0.22	0.22	0.17
0.59	2.32	1.65	1.78	1.80	2.35	1.35	0.89
1.68	2.64	1.64	1.40	1.07	1.33	1.12	0.98
3.27	5.80	3.88	4.47	3.75	2.71	2.52	2.24
1.34	1.69	0.53	0.64	0.56	0.35	0.63	0.59
6.30	11.08	7.16	10.18	11.44	0.96	0.92	0.65
					8.34	8.74	1.98
0.25	1.60	0.50	0.66	0.34	0.46	0.41	0.30
0.18	0.82	0.22	0.36	0.16	0.31	0.35	0.13
0.15	1.13	0.69	0.61	0.16	0.20	0.16	0.14
11.08	0.70	0.23	0.10	0.18	0.02	0.06	0.69
	0.04	0.03	0.03		0.01	0.01	0.02
					1.81	1.81	0.52
0.46	**0.36**	**0.12**	**0.04**	**0.03**	**0.03**	**0.06**	**0.06**
0.42	0.32	0.12	0.03	0.02	0.03	0.06	0.05
0.01	0.02		0.01	0.01			
0.03	0.03						
4.00		**10.39**	**8.77**	**10.79**	**7.89**	**11.42**	**10.42**
535.90	**952.42**	**1314.25**	**1601.08**	**1646.35**	**1787.09**	**1998.18**	**2216.03**
14.00	**3.67**	**29.15**	**34.98**	**32.18**	**28.64**	**13.39**	**11.28**
160.09	**36.19**	**43.67**	**58.73**	**68.24**	**74.17**	**84.56**	**50.73**
72.17	**25.46**	**20.23**	**20.52**	**23.48**	**25.58**	**27.92**	**28.85**

4-10 分行业柴油消费总量

单位：万吨

行　业	Sector	1995
消 费 总 量	**Total Consumption**	**4321.44**
农、林、牧、渔业	**Agriculture, Forestry, Animal Husbandry and Fishery**	**1001.39**
工业	**Industry**	**1189.87**
采掘业	**Mining and Quarrying**	**229.63**
煤炭开采和洗选业	Mining and Washing of Coal	31.68
石油和天然气开采业	Extraction of Petroleum and Natural Gas	147.95
黑色金属矿采选业	Mining and Processing of Ferrous Metal Ores	5.41
有色金属矿采选业	Mining and Processing of Non-Ferrous Metal Ores	12.62
非金属矿采选业	Mining and Processing of Nonmetal Ores	20.96
开采辅助活动	Support Activities for Mining	
其他采矿业	Mining of Other Ores	11.01
制造业	**Manufacturing**	**722.25**
农副食品加工业	Processing of Food from Agricultural Products	33.65
食品制造业	Manufacture of Foods	18.15
酒、饮料和精制茶制造业	Manufacture of Liquor, Beverages and Refined Tea	8.04
烟草制品业	Manufacture of Tobacco	1.16
纺织业	Manufacture of Textile	36.39
纺织服装、服饰业	Manufacture of Textile, Wearing Apparel and Accessories	8.64
皮革、毛皮、羽毛及其制品和制鞋业	Manufacture of Leather, Fur, Feather and Related Products and Footwear	5.76
木材加工和木、竹、藤、棕、草制品业	Processing of Timber,Manufacture of Wood,Bamboo,Rattan,Palm, and Straw Products	6.10
家具制造业	Manufacture of Furniture	1.42
造纸和纸制品业	Manufacture of Paper and Paper Products	27.59
印刷和记录媒介复制业	Printing and Reproduction of Recording Media	2.66
文教、工美、体育和娱乐用品制造业	Manufacture of Articles for Culture, Education, Arts and Crafts, Sport and Entertainment Activities	2.73
石油加工、炼焦和核燃料加工业	Processing of Petroleum, Coking and Processing of Nuclear Fuel	48.89
化学原料和化学制品制造业	Manufacture of Raw Chemical Materials and Chemical Products	94.41
医药制造业	Manufacture of Medicines	3.86
化学纤维制造业	Manufacture of Chemical Fibers	5.45
橡胶和塑料制品业	Manufacture of Rubber and Plastics Products	25.06
非金属矿物制品业	Manufacture of Non-metallic Mineral Products	149.29
黑色金属冶炼和压延加工业	Smelting and Pressing of Ferrous Metals	73.20
有色金属冶炼和压延加工业	Smelting and Pressing of Non-ferrous Metals	21.66
金属制品业	Manufacture of Metal Products	23.40
通用设备制造业	Manufacture of General Purpose Machinery	31.18
专用设备制造业	Manufacture of Special Purpose Machinery	14.53
汽车制造业	Manufacture of Automobiles	31.60
铁路、船舶、航空航天和其他运输设备制造业	Manufacture of Railway, Ship, Aerospace and Other Transport Equipments	
电气机械和器材制造业	Manufacture of Electrical Machinery and Apparatus	17.14
计算机、通信和其他电子设备制造业	Manufacture of Computers, Communication and Other Electronic Equipment	10.73
仪器仪表制造业	Manufacture of Measuring Instruments and Machinery	3.94
其他制造业	Other Manufacture	15.62
废弃资源综合利用业	Utilization of Waste Resources	
金属制品、机械和设备修理业	Repair Service of Metal Products, Machinery and Equipment	
电力、煤气及水生产和供应业	**Electric Power, Gas and Water Production and Supply**	**237.99**
电力、热力生产和供应业	Production and Supply of Electric Power and Heat Power	234.44
燃气生产和供应业	Production and Supply of Gas	2.12
水的生产和供应业	Production and Supply of Water	1.43
建筑业	**Construction**	**118.19**
交通运输、仓储和邮政业	**Transport, Storage and Post**	**1246.56**
批发、零售业和住宿、餐饮业	**Wholesale, Retail Trade and Hotel ,Restaurants**	**103.59**
其他行业	**Others**	**645.70**
生活消费	**Residential Consumption**	**16.14**

Consumption of Diesel Oil and Its Main Varieties by Sector

(10 000 tons)

2000	2005	2009	2010	2011	2012	2013	2014
6806.23	**10974.94**	**13551.43**	**14699.00**	**15635.10**	**16966.04**	**17150.65**	**17165.30**
697.10	**1286.35**	**1134.15**	**1206.73**	**1271.90**	**1335.49**	**1441.53**	**1491.99**
1696.46	**1710.04**	**2043.58**	**2089.99**	**1824.25**	**1747.70**	**1675.88**	**1595.28**
289.49	**358.27**	**455.47**	**500.35**	**614.87**	**631.77**	**597.21**	**574.02**
54.46	62.13	108.70	141.23	212.42	215.21	211.58	196.37
166.62	187.31	188.01	185.98	192.24	63.41	61.01	53.91
12.54	33.32	51.92	62.36	113.38	112.98	109.96	105.69
13.71	13.46	18.85	20.82	36.06	35.36	35.09	31.73
29.39	61.05	87.64	89.42	60.55	65.78	71.67	68.27
					139.01	107.61	117.65
12.77	0.99	0.35	0.54	0.22	0.02	0.29	0.42
1139.17	**1217.86**	**1460.02**	**1499.34**	**1120.39**	**1037.70**	**1001.40**	**952.61**
39.71	54.79	51.88	56.78	49.52	50.83	51.17	49.36
17.88	20.89	26.23	30.47	26.00	22.62	20.65	16.82
10.75	14.27	15.73	15.91	15.26	13.90	12.10	11.25
4.29	5.61	4.73	4.50	4.13	3.36	3.18	2.26
46.31	42.93	41.11	44.63	34.66	20.20	17.67	15.75
14.69	27.87	33.62	34.34	26.02	20.85	17.51	14.53
15.55	14.70	13.05	13.70	8.53	8.69	7.25	5.77
6.97	11.11	15.23	18.06	14.43	14.32	13.84	12.19
2.58	8.30	12.62	14.53	9.20	7.68	7.61	7.31
24.18	25.22	29.00	28.43	22.37	20.71	19.90	19.23
7.70	6.91	13.74	13.57	7.41	6.18	6.45	6.94
12.20	11.59	15.90	16.39	6.59	9.38	9.29	8.59
74.18	50.65	81.95	24.53	25.44	20.87	20.32	19.14
123.40	138.00	161.24	162.69	79.89	97.63	73.11	69.91
7.18	8.65	17.15	17.15	13.82	13.63	11.39	10.38
10.41	7.44	4.59	7.95	7.92	2.41	1.74	1.68
50.55	47.12	54.39	66.87	38.06	29.28	28.08	25.74
319.33	253.14	272.25	289.95	248.73	260.67	282.38	294.03
73.95	92.05	102.32	99.88	84.14	89.92	80.93	75.21
44.09	53.04	60.10	63.98	60.76	55.94	50.63	47.66
39.86	52.24	68.24	66.29	44.98	38.83	36.92	31.15
33.28	56.61	63.25	74.65	63.44	44.09	42.27	38.50
13.62	27.06	42.81	47.63	38.07	34.53	56.96	53.04
51.30	68.40	95.68	110.55	99.63	45.01	39.05	41.00
					37.66	28.92	20.59
25.83	47.58	68.66	71.92	40.44	32.41	28.88	25.82
38.02	50.22	64.75	71.22	29.98	19.71	16.70	14.09
10.40	8.80	10.56	14.22	6.65	5.09	4.91	4.27
20.98	11.52	15.15	14.35	10.07	3.77	3.35	2.14
	1.15	4.08	4.20	4.25	3.58	5.14	4.29
					3.95	3.10	3.98
267.80	**133.91**	**128.09**	**90.30**	**88.99**	**78.23**	**77.27**	**68.65**
257.82	121.78	121.66	83.08	84.89	74.17	73.54	65.16
7.18	9.73	2.23	2.61	2.11	2.33	1.97	1.91
2.80	2.39	4.20	4.61	1.99	1.73	1.76	1.58
205.86	**386.64**	**415.29**	**490.20**	**518.63**	**518.01**	**556.97**	**551.95**
3293.81	**6169.41**	**7991.96**	**8657.56**	**9485.20**	**10727.03**	**10920.53**	**11042.80**
95.94	**116.03**	**181.74**	**196.60**	**212.31**	**229.00**	**233.51**	**230.13**
638.70	**900.06**	**1131.80**	**1287.19**	**1428.07**	**1444.72**	**1339.76**	**1268.75**
178.36	**406.40**	**652.91**	**770.73**	**894.74**	**964.09**	**982.47**	**984.40**

4-11 分行业燃料油消费总量

单位：万吨

行　　业	Sector	1995
消 费 总 量	**Total Consumption**	**3693.67**
农、林、牧、渔业	**Agriculture, Forestry, Animal Husbandry and Fishery**	**8.37**
工业	**Industry**	**3406.16**
采掘业	**Mining and Quarrying**	**246.45**
煤炭开采和洗选业	Mining and Washing of Coal	1.16
石油和天然气开采业	Extraction of Petroleum and Natural Gas	226.71
黑色金属矿采选业	Mining and Processing of Ferrous Metal Ores	2.33
有色金属矿采选业	Mining and Processing of Non-Ferrous Metal Ores	9.46
非金属矿采选业	Mining and Processing of Nonmetal Ores	6.79
开采辅助活动	Support Activities for Mining	
其他采矿业	Mining of Other Ores	
制造业	**Manufacturing**	**2186.73**
农副食品加工业	Processing of Food from Agricultural Products	20.68
食品制造业	Manufacture of Foods	5.40
酒、饮料和精制茶制造业	Manufacture of Liquor, Beverages and Refined Tea	7.13
烟草制品业	Manufacture of Tobacco	1.34
纺织业	Manufacture of Textile	34.95
纺织服装、服饰业	Manufacture of Textile, Wearing Apparel and Accessories	2.07
皮革、毛皮、羽毛及其制品和制鞋业	Manufacture of Leather, Fur, Feather and Related Products and Footwear	1.49
木材加工和木、竹、藤、棕、草制品业	Processing of Timber,Manufacture of Wood,Bamboo,Rattan,Palm, and Straw Products	1.59
家具制造业	Manufacture of Furniture	0.83
造纸和纸制品业	Manufacture of Paper and Paper Products	16.62
印刷和记录媒介复制业	Printing and Reproduction of Recording Media	0.23
文教、工美、体育和娱乐用品制造业	Manufacture of Articles for Culture, Education, Arts and Crafts, Sport and Entertainment Activities	0.06
石油加工、炼焦和核燃料加工业	Processing of Petroleum, Coking and Processing of Nuclear Fuel	611.91
化学原料和化学制品制造业	Manufacture of Raw Chemical Materials and Chemical Products	388.63
医药制造业	Manufacture of Medicines	38.86
化学纤维制造业	Manufacture of Chemical Fibers	90.23
橡胶和塑料制品业	Manufacture of Rubber and Plastics Products	336.06
非金属矿物制品业	Manufacture of Non-metallic Mineral Products	324.83
黑色金属冶炼和压延加工业	Smelting and Pressing of Ferrous Metals	464.93
有色金属冶炼和压延加工业	Smelting and Pressing of Non-ferrous Metals	62.13
金属制品业	Manufacture of Metal Products	13.24
通用设备制造业	Manufacture of General Purpose Machinery	9.99
专用设备制造业	Manufacture of Special Purpose Machinery	22.57
汽车制造业	Manufacture of Automobiles	15.93
铁路、船舶、航空航天和其他运输设备制造业	Manufacture of Railway, Ship, Aerospace and Other Transport Equipments	
电气机械和器材制造业	Manufacture of Electrical Machinery and Apparatus	10.20
计算机、通信和其他电子设备制造业	Manufacture of Computers, Communication and Other Electronic Equipment	7.96
仪器仪表制造业	Manufacture of Measuring Instruments and Machinery	1.24
其他制造业	Other Manufacture	17.27
废弃资源综合利用业	Utilization of Waste Resources	
金属制品、机械和设备修理业	Repair Service of Metal Products, Machinery and Equipment	
电力、煤气及水生产和供应业	**Electric Power, Gas and Water Production and Supply**	**972.98**
电力、热力生产和供应业	Production and Supply of Electric Power and Heat Power	927.73
燃气生产和供应业	Production and Supply of Gas	45.25
水的生产和供应业	Production and Supply of Water	
建筑业	**Construction**	**14.24**
交通运输、仓储和邮政业	**Transport, Storage and Post**	**227.45**
批发、零售业和住宿、餐饮业	**Wholesale, Retail Trade and Hotel ,Restaurants**	**6.62**
其他行业	**Others**	**30.83**
生活消费	**Residential Consumption**	

Consumption of Fuel Oil and Its Main Varieties by Sector

(10 000 tons)

2000	2005	2009	2010	2011	2012	2013	2014
3872.75	**4244.16**	**2828.80**	**3758.02**	**3662.80**	**3683.28**	**3953.97**	**4400.47**
0.40	**0.66**	**1.05**	**1.14**	**1.31**	**1.97**	**2.05**	**1.27**
2975.05	**2986.86**	**1521.53**	**2377.32**	**2260.15**	**2241.69**	**2421.05**	**2835.74**
209.96	**35.11**	**35.06**	**37.33**	**30.09**	**16.44**	**23.79**	**24.54**
5.77	5.26	4.83	2.32	1.12	0.92	0.71	0.47
202.77	28.84	29.61	34.75	28.71	13.27	19.20	20.89
	0.48	0.32	0.07	0.08	0.04	0.03	0.06
0.22	0.25	0.04	0.01	0.02	0.05	1.78	1.80
1.20	0.29	0.26	0.18	0.16	0.16	0.17	0.20
					2.00	1.90	1.12
1928.86	**1741.84**	**1268.49**	**2220.15**	**2186.41**	**2202.55**	**2371.00**	**2799.41**
13.32	12.42	12.68	9.79	6.40	4.67	4.10	2.77
9.04	23.19	13.76	13.76	6.38	5.59	5.09	5.54
8.08	18.12	11.06	8.26	5.75	3.18	2.04	1.47
3.00	1.46	0.90	1.06	1.02	0.97	0.74	0.47
66.61	53.14	23.98	22.45	14.76	8.80	7.41	7.93
12.44	14.44	6.63	5.31	7.41	2.81	1.34	0.82
3.50	11.91	8.43	5.87	3.85	3.35	2.05	1.69
2.82	2.63	0.50	0.25	0.17	0.17	0.17	0.14
0.67	1.30	0.26	0.58	0.64	0.32	0.25	0.26
19.72	28.39	19.58	19.58	13.38	7.18	13.21	12.63
2.30	1.79	1.44	2.05	1.51	0.70	0.79	0.50
1.04	2.57	2.14	1.73	1.39	1.46	0.71	0.85
510.63	354.73	263.66	1033.02	1191.77	1308.09	1398.75	1786.61
372.50	301.44	219.98	514.56	452.00	501.52	614.58	694.45
5.53	7.99	5.40	6.69	4.91	3.35	2.08	1.65
89.86	33.55	18.80	15.24	9.52	6.46	5.18	3.56
23.21	36.23	26.41	22.83	17.04	10.95	10.24	8.41
314.36	527.61	411.12	353.57	312.08	231.15	213.88	191.91
332.01	124.72	59.20	23.91	9.13	7.88	7.99	5.48
55.43	88.06	77.89	97.12	79.03	63.77	53.38	50.80
12.93	18.64	14.67	12.47	12.42	7.34	8.39	7.18
7.05	8.34	11.50	7.75	4.61	1.51	1.33	1.22
11.56	5.06	5.75	3.75	2.55	1.06	0.98	1.02
14.22	11.80	12.75	12.50	17.95	1.58	1.26	0.90
					9.26	7.38	3.85
12.67	14.75	9.63	7.81	4.11	4.05	4.25	2.65
12.97	28.37	27.34	13.67	3.29	3.19	1.97	2.33
0.15	6.32	0.18	0.40	0.43	0.36	0.51	0.53
11.24	2.57	2.28	2.38	1.75	0.29	0.13	0.02
	0.30	0.57	1.80	1.16	1.28	0.39	1.44
					0.26	0.43	0.35
836.23	**1209.91**	**217.98**	**119.84**	**43.65**	**22.70**	**26.26**	**11.79**
811.91	1195.01	216.65	119.43	43.40	22.51	26.04	11.58
24.31	14.89	0.83	0.23	0.22	0.19	0.21	0.19
0.01	0.01	0.50	0.18	0.03		0.01	0.02
16.71	**14.18**	**34.18**	**30.76**	**30.60**	**27.05**	**59.46**	**44.59**
850.00	**1201.02**	**1251.64**	**1326.65**	**1345.16**	**1383.94**	**1428.99**	**1486.37**
11.59	**27.52**	**8.11**	**8.62**	**9.34**	**8.69**	**19.07**	**17.39**
19.00	**13.91**	**12.30**	**13.53**	**16.23**	**19.94**	**23.36**	**15.11**

4-12 分行业天然气消费总量

单位：亿立方米

行　　业	Sector	1995
消 费 总 量	**Total Consumption**	**177.41**
农、林、牧、渔业	**Agriculture, Forestry, Animal Husbandry and Fishery**	**0.02**
工业	**Industry**	**154.39**
采掘业	**Mining and Quarrying**	**51.87**
煤炭开采和洗选业	Mining and Washing of Coal	
石油和天然气开采业	Extraction of Petroleum and Natural Gas	50.58
黑色金属矿采选业	Mining and Processing of Ferrous Metal Ores	
有色金属矿采选业	Mining and Processing of Non-Ferrous Metal Ores	0.59
非金属矿采选业	Mining and Processing of Nonmetal Ores	0.70
开采辅助活动	Support Activities for Mining	
其他采矿业	Mining of Other Ores	
制造业	**Manufacturing**	**100.80**
农副食品加工业	Processing of Food from Agricultural Products	1.00
食品制造业	Manufacture of Foods	0.03
酒、饮料和精制茶制造业	Manufacture of Liquor, Beverages and Refined Tea	0.02
烟草制品业	Manufacture of Tobacco	
纺织业	Manufacture of Textile	3.97
纺织服装、服饰业	Manufacture of Textile, Wearing Apparel and Accessories	
皮革、毛皮、羽毛及其制品和制鞋业	Manufacture of Leather, Fur, Feather and Related Products and Footwear	
木材加工和木、竹、藤、棕、草制品业	Processing of Timber,Manufacture of Wood,Bamboo,Rattan,Palm, and Straw Products	
家具制造业	Manufacture of Furniture	
造纸和纸制品业	Manufacture of Paper and Paper Products	0.06
印刷和记录媒介复制业	Printing and Reproduction of Recording Media	
文教、工美、体育和娱乐用品制造业	Manufacture of Articles for Culture, Education, Arts and Crafts, Sport and Entertainment Activities	
石油加工、炼焦和核燃料加工业	Processing of Petroleum, Coking and Processing of Nuclear Fuel	15.14
化学原料和化学制品制造业	Manufacture of Raw Chemical Materials and Chemical Products	63.36
医药制造业	Manufacture of Medicines	0.30
化学纤维制造业	Manufacture of Chemical Fibers	4.32
橡胶和塑料制品业	Manufacture of Rubber and Plastics Products	
非金属矿物制品业	Manufacture of Non-metallic Mineral Products	2.27
黑色金属冶炼和压延加工业	Smelting and Pressing of Ferrous Metals	3.69
有色金属冶炼和压延加工业	Smelting and Pressing of Non-ferrous Metals	0.50
金属制品业	Manufacture of Metal Products	0.45
通用设备制造业	Manufacture of General Purpose Machinery	0.14
专用设备制造业	Manufacture of Special Purpose Machinery	2.25
汽车制造业	Manufacture of Automobiles	0.66
铁路、船舶、航空航天和其他运输设备制造	Manufacture of Railway, Ship, Aerospace and Other Transport Equipments	
电气机械和器材制造业	Manufacture of Electrical Machinery and Apparatus	0.74
计算机、通信和其他电子设备制造业	Manufacture of Computers, Communication and Other Electronic Equipment	1.01
仪器仪表制造业	Manufacture of Measuring Instruments and Machinery	0.01
其他制造业	Other Manufacture	0.88
废弃资源综合利用业	Utilization of Waste Resources	
金属制品、机械和设备修理业	Repair Service of Metal Products, Machinery and Equipment	
电力、煤气及水生产和供应业	**Electric Power, Gas and Water Production and Supply**	**1.72**
电力、热力生产和供应业	Production and Supply of Electric Power and Heat Power	1.14
燃气生产和供应业	Production and Supply of Gas	0.58
水的生产和供应业	Production and Supply of Water	
建筑业	**Construction**	**0.28**
交通运输、仓储和邮政业	**Transport, Storage and Post**	**1.57**
批发、零售业和住宿、餐饮业	**Wholesale, Retail Trade and Hotel ,Restaurants**	**0.55**
其他行业	**Others**	**1.19**
生活消费	**Residential Consumption**	**19.41**

注：2010年起包括液化天然气数据。

Consumption of Natural Gas and Its Main Varieties by Sector

(100 million cu.m)

2000	2005	2009	2010	2011	2012	2013	2014
245.03	**466.08**	**895.20**	**1080.24**	**1341.07**	**1497.00**	**1705.37**	**1868.94**
			0.50	**0.56**	**0.64**	**0.69**	**0.79**
199.00	**327.24**	**577.90**	**691.75**	**875.72**	**980.75**	**1129.06**	**1221.33**
72.12	**82.28**	**122.93**	**128.87**	**136.67**	**148.50**	**156.09**	**166.78**
0.10	4.33	4.70	4.53	5.93	11.48	9.50	12.68
71.98	77.88	117.40	123.55	130.04	127.94	138.23	147.26
	0.02	0.03	0.03	0.05	0.03	0.02	0.02
	0.02	0.04	0.09	0.10		0.01	0.64
0.04	0.03	0.76	0.66	0.55	0.54	0.08	0.07
					8.51	8.25	6.12
		0.01	0.01				
118.75	**220.24**	**321.14**	**373.39**	**509.64**	**597.72**	**715.74**	**781.92**
0.15	0.27	0.65	0.88	1.13	1.62	2.19	2.99
0.07	1.28	2.31	2.76	4.21	6.10	7.32	8.36
0.03	0.50	1.43	1.70	2.41	3.43	4.25	5.43
0.08	0.26	0.52	0.62	0.81	1.74	1.76	1.81
1.09	0.56	1.35	1.66	1.96	2.15	2.87	4.55
	0.09	0.24	0.32	0.47	0.87	1.44	1.82
	0.03	0.07	0.04	0.09	0.17	0.22	0.21
	0.11	0.34	0.30	0.44	0.35	0.39	0.50
	0.04	0.44	0.36	0.55	0.68	0.77	1.08
0.29	0.55	1.06	1.49	2.27	4.14	5.66	5.96
0.08	0.19	0.52	0.77	0.84	0.98	1.59	2.13
		0.11	0.43	0.25	1.65	2.20	2.92
13.24	17.76	26.72	44.00	68.33	98.89	137.14	142.08
88.73	142.30	176.84	191.90	257.41	275.34	305.42	320.28
0.59	0.97	2.35	2.92	3.70	5.01	6.04	6.75
0.07	0.29	0.29	0.44	0.51	2.20	2.62	3.10
0.10	0.89	2.05	2.60	3.28	3.82	5.08	6.12
2.46	23.81	44.62	45.49	63.76	68.72	80.30	92.90
1.68	9.76	18.81	21.43	28.56	33.12	38.20	43.56
0.49	3.87	6.73	9.06	13.94	26.05	34.32	42.65
0.59	0.69	2.47	3.63	4.87	7.32	11.86	14.32
0.20	1.81	6.06	8.89	10.97	7.26	9.22	9.44
1.29	3.09	4.67	6.95	7.24	6.55	8.49	10.13
1.68	4.98	12.18	12.97	18.55	14.01	18.46	22.28
					10.73	10.91	12.35
0.79	1.23	3.03	4.63	5.42	5.97	7.56	6.30
3.35	4.77	4.88	6.27	6.44	6.88	6.96	7.99
0.02	0.08	0.36	0.54	0.51	0.54	0.65	0.68
1.69	0.04	0.06	0.34	0.63	0.67	0.91	1.98
			0.01	0.10	0.20	0.38	0.65
					0.57	0.56	0.60
8.14	**24.73**	**133.82**	**189.48**	**229.41**	**234.52**	**257.24**	**272.63**
6.44	17.49	127.91	180.81	215.58	225.02	244.47	262.60
1.68	7.18	5.79	8.49	13.64	9.32	12.57	9.76
0.02	0.06	0.12	0.19	0.18	0.18	0.20	0.27
0.82	**1.49**	**0.97**	**1.16**	**1.28**	**1.26**	**1.98**	**1.88**
8.81	**38.01**	**91.07**	**106.70**	**138.35**	**154.51**	**175.78**	**214.42**
3.44	**10.79**	**23.96**	**27.24**	**33.64**	**38.69**	**39.31**	**46.63**
0.64	**9.12**	**23.64**	**26.00**	**27.14**	**32.88**	**35.61**	**41.31**
32.32	**79.43**	**177.67**	**226.90**	**264.38**	**288.27**	**322.93**	**342.58**

a) Include the data of LNG since 2010.

4-13 分行业电力消费总量

单位：亿千瓦小时

行　业	Sector	1995
消费总量	**Total Consumption**	**10023.40**
农、林、牧、渔业	**Agriculture, Forestry, Animal Husbandry and Fishery**	**582.42**
工业	**Industry**	**7659.81**
采掘业	**Mining and Quarrying**	**837.66**
煤炭开采和洗选业	Mining and Washing of Coal	392.38
石油和天然气开采业	Extraction of Petroleum and Natural Gas	258.85
黑色金属矿采选业	Mining and Processing of Ferrous Metal Ores	34.28
有色金属矿采选业	Mining and Processing of Non-Ferrous Metal Ores	83.00
非金属矿采选业	Mining and Processing of Nonmetal Ores	52.76
开采辅助活动	Support Activities for Mining	
其他采矿业	Mining of Other Ores	16.39
制造业	**Manufacturing**	**5156.10**
农副食品加工业	Processing of Food from Agricultural Products	181.00
食品制造业	Manufacture of Foods	72.15
酒、饮料和精制茶制造业	Manufacture of Liquor, Beverages and Refined Tea	52.62
烟草制品业	Manufacture of Tobacco	17.16
纺织业	Manufacture of Textile	335.22
纺织服装、服饰业	Manufacture of Textile, Wearing Apparel and Accessories	41.22
皮革、毛皮、羽毛及其制品和制鞋业	Manufacture of Leather, Fur, Feather and Related Products and Footwear	42.88
木材加工和木、竹、藤、棕、草制品业	Processing of Timber,Manufacture of Wood,Bamboo,Rattan,Palm, and Straw Products	25.88
家具制造业	Manufacture of Furniture	13.16
造纸和纸制品业	Manufacture of Paper and Paper Products	169.06
印刷和记录媒介复制业	Printing and Reproduction of Recording Media	31.19
文教、工美、体育和娱乐用品制造业	Manufacture of Articles for Culture, Education, Arts and Crafts, Sport and Entertainment Activities	7.09
石油加工、炼焦和核燃料加工业	Processing of Petroleum, Coking and Processing of Nuclear Fuel	156.06
化学原料和化学制品制造业	Manufacture of Raw Chemical Materials and Chemical Products	1028.05
医药制造业	Manufacture of Medicines	107.46
化学纤维制造业	Manufacture of Chemical Fibers	92.78
橡胶和塑料制品业	Manufacture of Rubber and Plastics Products	125.16
非金属矿物制品业	Manufacture of Non-metallic Mineral Products	599.61
黑色金属冶炼和压延加工业	Smelting and Pressing of Ferrous Metals	905.36
有色金属冶炼和压延加工业	Smelting and Pressing of Non-ferrous Metals	425.61
金属制品业	Manufacture of Metal Products	113.51
通用设备制造业	Manufacture of General Purpose Machinery	136.30
专用设备制造业	Manufacture of Special Purpose Machinery	97.67
汽车制造业	Manufacture of Automobiles	154.63
铁路、船舶、航空航天和其他运输设备制造业	Manufacture of Railway, Ship, Aerospace and Other Transport Equipments	
电气机械和器材制造业	Manufacture of Electrical Machinery and Apparatus	64.96
计算机、通信和其他电子设备制造业	Manufacture of Computers, Communication and Other Electronic Equipment	38.64
仪器仪表制造业	Manufacture of Measuring Instruments and Machinery	17.12
其他制造业	Other Manufacture	104.55
废弃资源综合利用业	Utilization of Waste Resources	
金属制品、机械和设备修理业	Repair Service of Metal Products, Machinery and Equipment	
电力、煤气及水生产和供应业	**Electric Power, Gas and Water Production and Supply**	**1666.05**
电力、热力生产和供应业	Production and Supply of Electric Power and Heat Power	1539.76
燃气生产和供应业	Production and Supply of Gas	10.83
水的生产和供应业	Production and Supply of Water	115.46
建筑业	**Construction**	**159.62**
交通运输、仓储和邮政业	**Transport, Storage and Post**	**182.30**
批发、零售业和住宿、餐饮业	**Wholesale, Retail Trade and Hotel ,Restaurants**	**199.47**
其他行业	**Others**	**234.20**
生活消费	**Residential Consumption**	**1005.58**

Consumption of Electricity and Its Main Varieties by Sector

(100 million kW • h)

2000	2005	2009	2010	2011	2012	2013	2014
13472.38	**24940.32**	**37032.14**	**41934.49**	**47000.88**	**49762.64**	**54203.41**	**56383.69**
532.96	**776.33**	**939.90**	**976.49**	**1012.90**	**1012.57**	**1026.87**	**1013.39**
10004.62	**18521.69**	**26854.49**	**30871.77**	**34691.55**	**36232.21**	**39236.88**	**40802.71**
993.71	**1480.34**	**1761.77**	**1940.39**	**2245.23**	**2391.90**	**2573.16**	**2594.81**
417.16	589.53	691.13	751.67	818.57	879.14	955.77	939.66
321.64	385.35	333.34	347.90	374.81	396.81	414.36	431.98
63.46	205.63	289.73	361.33	436.58	438.42	469.69	468.79
80.79	157.66	215.72	258.71	311.97	327.82	351.56	351.79
84.83	114.14	155.26	155.26	214.27	224.23	240.79	241.50
					28.56	24.60	27.96
25.84	28.04	76.59	65.52	89.03	96.92	116.39	133.13
6731.44	**13126.01**	**19685.98**	**22870.00**	**25526.84**	**26822.46**	**28987.01**	**30390.97**
161.24	253.35	389.32	424.36	471.04	526.15	574.03	611.92
98.83	114.81	166.54	184.69	198.18	220.97	230.47	230.47
58.98	76.55	117.03	132.34	145.57	155.76	167.60	159.89
32.85	35.86	41.70	45.88	51.84	51.22	53.73	52.44
370.42	823.57	1147.50	1276.74	1378.82	1448.70	1532.86	1541.18
49.07	87.60	132.54	151.58	163.70	198.42	214.23	213.03
27.12	54.85	78.45	89.72	88.37	151.03	151.81	151.43
32.24	105.57	191.53	212.21	236.15	264.08	268.93	264.40
12.48	24.28	35.59	44.49	45.83	45.83	49.55	88.90
237.41	407.73	482.73	535.44	580.38	579.00	599.23	632.26
31.21	60.71	83.01	95.45	102.50	107.12	110.38	111.34
20.81	42.54	48.09	48.09	61.79	64.11	69.12	72.89
245.60	313.49	475.07	565.34	607.06	594.92	677.49	718.82
1153.74	2129.77	2907.12	3144.93	3528.32	3936.15	4341.38	4627.78
88.36	153.21	188.99	222.58	240.88	257.25	283.06	302.33
194.79	233.20	269.93	298.86	322.36	329.53	349.66	351.62
219.56	531.71	740.57	862.99	891.32	1024.57	1098.91	1170.61
763.74	1419.51	2126.16	2448.48	2917.93	2951.26	3148.49	3324.42
1121.08	2550.47	4020.52	4611.61	5248.27	5220.52	5704.23	5795.60
697.58	1473.10	2576.15	3129.09	3501.80	3819.08	4113.91	4399.37
196.30	507.25	744.40	960.72	959.48	1037.58	1213.22	1302.60
160.77	344.77	502.04	621.03	714.18	699.90	746.09	791.90
94.49	182.90	256.94	317.83	361.84	388.42	409.24	442.83
203.42	300.72	565.40	790.29	861.41	586.63	673.68	731.32
					232.15	211.15	180.54
90.68	245.80	423.49	508.19	584.42	613.64	650.46	684.60
125.88	327.89	558.96	670.76	737.83	765.87	808.76	870.71
25.37	42.52	68.54	85.83	83.70	81.14	83.41	84.71
217.42	275.62	335.49	376.40	424.25	437.98	416.24	440.69
	6.66	12.15	14.10	17.62	20.27	23.51	29.76
					13.23	12.20	10.61
2279.47	**3915.34**	**5406.74**	**6061.38**	**6919.48**	**7017.84**	**7676.71**	**7816.93**
2094.11	3698.28	5079.98	5687.51	6512.12	6566.61	7183.50	7290.67
34.41	29.86	70.23	82.87	90.21	108.90	131.24	138.79
150.94	187.20	256.53	291.00	317.15	342.33	361.97	387.47
159.77	**233.93**	**421.90**	**483.24**	**571.82**	**608.40**	**675.07**	**721.67**
281.20	**430.34**	**617.01**	**734.53**	**848.42**	**915.37**	**1000.92**	**1059.24**
418.68	**752.31**	**1136.77**	**1292.00**	**1503.08**	**1691.49**	**1876.89**	**1995.60**
623.20	**1340.91**	**2189.92**	**2451.83**	**2753.05**	**3083.64**	**3397.62**	**3614.98**
1451.95	**2884.81**	**4872.16**	**5124.63**	**5620.06**	**6218.96**	**6989.16**	**7176.10**

4-14 分地区分品种能源消费量-2014

地 区	Region	能源合计 (万吨标煤) Total Energy Consumption (10^4 tce)	煤炭 (万吨) Coal (10^4 tons)	焦炭 (万吨) Coke (10^4 tons)	石油 (万吨) Petroleum (10^4 tons)
北 京	Beijing	6831	1736.54	0.64	1538.24
天 津	Tianjin	8145	5027.28	954.39	1615.26
河 北	Hebei	29320	29635.54	8127.20	1423.12
山 西	Shanxi	19863	37587.43	2177.69	746.91
内蒙古	Inner Mongolia	18309	36465.97	1493.66	967.44
辽 宁	Liaoning	21803	18002.27	3296.94	4083.52
吉 林	Jilin	8560	10379.34	664.72	1013.50
黑龙江	Heilongjiang	11955	13595.53	194.07	2000.31
上 海	Shanghai	11085	4895.78	654.84	3292.00
江 苏	Jiangsu	29863	26912.61	3408.60	3047.68
浙 江	Zhejiang	18826	13824.37	465.07	2781.41
安 徽	Anhui	12011	15786.98	1064.73	1310.58
福 建	Fujian	12110	8198.30	674.69	2261.59
江 西	Jiangxi	8055	7477.31	871.13	940.66
山 东	Shandong	36511	39561.73	3761.51	3648.13
河 南	Henan	22890	24249.88	2700.94	1978.04
湖 北	Hubei	16320	11887.83	1124.40	2505.15
湖 南	Hunan	15317	10899.51	1040.29	1559.52
广 东	Guangdong	29593	17013.71	558.05	5319.57
广 西	Guangxi	9515	6796.51	1018.65	1109.34
海 南	Hainan	1820	1018.30	0.04	418.82
重 庆	Chongqing	8593	6095.78	320.43	704.33
四 川	Sichuan	19879	11045.39	1863.88	2724.13
贵 州	Guizhou	9709	13117.60	375.31	683.03
云 南	Yunnan	10455	8674.67	1133.78	1061.46
陕 西	Shaanxi	11222	18375.34	975.07	1212.80
甘 肃	Gansu	7521	6715.87	692.97	880.66
青 海	Qinghai	3992	1816.51	253.22	240.43
宁 夏	Ningxia	4946	8857.00	386.87	232.95
新 疆	Xinjiang	14926	16088.03	1073.73	1269.79

Energy Consumption by Region-2014

原油 (万吨) Crude Oil (10⁴ tons)	汽油 (万吨) Gasoline (10⁴ tons)	煤油 (万吨) Kerosene (10⁴ tons)	柴油 (万吨) Diesel Oil (10⁴ tons)	燃料油 (万吨) Fuel Oil (10⁴ tons)	液化石油气 (万吨) LPG (10⁴ tons)	天然气 (亿立方米) Natural Gas (10⁸ cu.m)	电力 (亿千瓦小时) Electricity (10⁸ kW•h)
1034.62	440.62	507.58	196.46	5.63	50.37	113.70	933.41
1603.17	226.82	59.85	334.43	78.20	50.80	45.49	823.94
1356.61	314.64	17.59	788.80	31.97	59.33	56.08	3314.11
	202.32	20.93	497.55	2.24	14.78	50.35	1826.86
411.36	271.66	28.36	577.25	4.92	18.01	44.53	2416.74
6364.79	704.73	29.75	1060.16	362.91	217.44	84.00	2038.73
999.37	193.36	1.71	378.42	31.91	48.02	22.58	667.81
2141.97	314.28	73.98	466.11	115.42	147.18	35.48	832.87
2242.07	577.03	450.72	548.41	556.15	126.89	72.43	1369.02
3511.40	974.61	82.77	814.06	151.78	116.11	127.70	5012.54
2731.81	710.38	103.76	932.06	339.38	323.09	78.16	3506.39
749.22	352.68	10.56	663.02	10.25	93.36	34.46	1585.18
2044.45	440.45	97.33	515.59	189.36	80.00	50.26	1859.21
472.24	251.80	2.13	526.52	15.80	56.88	15.19	1018.52
7815.90	705.32	4.57	1264.62	2472.46	206.76	74.96	4223.49
845.17	529.82	50.50	800.47	49.30	177.07	76.87	3160.95
1290.87	660.05	66.04	863.69	135.51	137.74	40.24	1853.67
801.03	456.80	41.38	599.17	67.73	85.88	24.40	1513.65
4765.76	1118.90	268.83	1575.28	418.80	585.67	133.83	5235.23
1390.47	244.30	90.32	506.17	31.22	103.02	8.25	1307.51
942.52	80.16	84.59	112.15	41.48	30.44	46.00	251.88
	181.64	61.99	425.53	14.75	19.75	82.15	867.21
865.40	829.84	250.54	748.57	125.72	63.23	165.17	2055.16
	217.38	30.10	380.34	0.12	11.36	10.62	1173.73
0.04	297.74	77.30	569.13	3.82	43.82	4.63	1529.48
2249.60	229.92	36.26	539.43	17.53	22.15	74.26	1226.01
1467.85	128.98	5.62	374.80	7.05	7.07	25.20	1095.48
143.34	37.17		113.73	0.04	9.86	40.59	723.21
426.15	21.77	0.03	123.38	30.19	2.18	17.88	848.75
2693.05	215.84	22.57	561.52	6.22	45.89	169.87	1915.73

五、全国能源平衡表

Chapter 5　Energy Balance Table of China

5-1 中国能源平衡表(实物量) -2014

项　　目	Item	煤合计(万吨) Coal Total (10^4 tons)	原煤(万吨) Raw Coal (10^4 tons)
一.可供本地区消费的能源量	**Total Primary Energy Supply**	**411833.50**	**412623.95**
1.一次能源生产量	Indigenous Production	387391.90	387391.90
水电	Hydro Power		
核电	Nuclear Power		
风电	Wind Power		
2.进口量	Import	29121.99	29118.24
3.境内轮船和飞机在境外的加油量	Domestic Airplanes&Ships Refueling in Abroad		
4.出口量(-)	Export (-)	574.15	560.41
5.境外轮船和飞机在境内的加油量(-)	Oversea Airplanes&Ships Refueling in China		
6.库存增(-)、减(+)量	Stock Change	-4106.24	-3325.78
二.加工转换投入(-)产出(+)量	**Input(-) & Output(+) of Transformation**	**-295569.68**	**-315574.50**
1.火力发电	Thermal Power	-184525.30	-181945.91
2.供热	Heating Supply	-22444.93	-21719.56
3.洗选煤	Coal Washing	-23375.19	-102667.32
4.炼焦	Coking	-62893.87	-7722.46
5.炼油及煤制油	Petroleum Refineries	-650.30	-458.87
#油品再投入量(-)	Petroleum Products Input (-)		
6.制气	Gas Works	-948.44	-788.14
#焦炭再投入量(-)	Coke Input (-)		
7.天然气液化	Natural Gas Liquefaction		
8.煤制品加工	Briquettes	-731.66	-272.24
9.回收能	Recovery of Energy		
三.损失量	**Loss**		
四.终端消费量	**Total Final Consumption**	**116043.81**	**96833.75**
1.农、林、牧、渔业	Agriculture, Forestry, Animal Husbandry and Fishery	2578.77	2534.08
2.工业	Industry	94927.74	77523.72
#用作原料、材料	Non-Energy Use	8745.52	7720.40
3.建筑业	Construction	913.60	886.76
4.交通运输、仓储和邮政业	Transport, Storage and Post	557.97	516.19
5.批发、零售业和住宿、餐饮业	Wholesale, Retail Trade and Hotel, Restaurants	3767.01	3663.47
6.其他	Others	4045.50	3922.70
7.生活消费	Residential Consumption	9253.22	7786.83
城镇	Urban	1441.87	1016.55
乡村	Rural	7811.35	6770.28
五.平衡差额	**Statistical Difference**	**220.01**	**215.70**
六.消费量合计	**Total Energy Consumption**	**411613.49**	**412408.25**

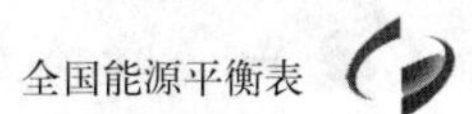

Energy Balance of China (Physical Quantity) -2014

洗精煤 (万吨) Cleaned Coal (10^4 tons)	其他洗煤 (万吨) Other Washed Coal (10^4 tons)	型煤 (万吨) Briquettes (10^4 tons)	煤矸石 (万吨) Gangue (10^4 tons)	焦炭 (万吨) Coke (10^4 tons)	焦炉煤气 (亿立方米) Coke Oven Gas (10^8 cu.m)	高炉煤气 (亿立方米) Blast Furnace Gas (10^8 cu.m)	转炉煤气 (亿立方米) Converter Gas (10^8 cu.m)	其他煤气 (亿立方米) Other Gas (10^8 cu.m)
-363.10	**-416.86**	**-10.49**		**-1086.56**				
		3.75		0.18				
		13.74		850.74				
-363.10	-416.86	-0.50		-236.00				
6481.08	**11599.15**	**1924.58**	**-17.02**	**47685.04**	**629.69**	**5731.55**	**346.52**	**134.95**
-32.17	-2547.22		-3182.96	-49.94	-166.21	-1432.82	-106.46	-1.16
-39.07	-686.30		-824.12	-213.04	-61.68	-684.82	-57.97	-0.28
61976.40	17315.73		3990.06					
-55090.19	-81.22			47844.31	849.58			
-179.90	-11.53							
-153.99	-6.31			136.55	8.00			136.39
				-32.84				
	-2384.00	1924.58						
						7849.19	510.95	
6111.08	**11191.90**	**1907.08**		**46589.12**	**629.33**	**5715.56**	**343.70**	**132.55**
	44.69			34.85				
6094.71	9978.95	1330.36		46453.78	589.56	5715.56	343.70	64.20
661.89	363.23			1858.54	10.54			
6.81	20.03			9.69				
9.56	32.22			2.70				
	68.98	34.56		46.58	0.83			7.59
	109.95	12.85		5.10	2.76			
	937.09	529.31		36.43	36.18			60.76
	254.30	171.02		15.28	36.18			60.64
	682.79	358.28		21.14				0.12
6.90	**-9.61**	**7.01**	**-17.02**	**9.36**	**0.36**	**15.99**	**2.82**	**2.40**
61606.40	**16908.48**	**1907.08**	**4007.08**	**46884.94**	**857.22**	**7833.20**	**508.13**	**133.99**

5-1 续表 1

项　目	Item	其他焦化产品(万吨) Other Coking Products (10^4 tons)	油品合计(万吨) Petroleum Products Total (10^4 tons)
一.可供本地区消费的能源量	**Total Primary Energy Supply**		**51861.79**
1.一次能源生产量	Indigenous Production		21142.92
水电	Hydro Power		
核电	Nuclear Power		
风电	Wind Power		
2.进口量	Import		35503.37
3.境内轮船和飞机在境外的加油量	Domestic Airplanes&Ships Refueling in Abroad		676.27
4.出口量(-)	Export (-)		3479.04
5.境外轮船和飞机在境内的加油量(-)	Oversea Airplanes&Ships Refueling in China		734.88
6.库存增(-)、减(+)量	Stock Change		-1246.85
二.加工转换投入(-)产出(+)量	**Input(-) & Output(+) of Transformation**	**1098.70**	**-2570.00**
1.火力发电	Thermal Power		-254.09
2.供热	Heating Supply		-521.30
3.洗选煤	Coal Washing		
4.炼焦	Coking	1143.77	
5.炼油及煤制油	Petroleum Refineries	-59.13	5852.75
#油品再投入量(-)	Petroleum Products Input (-)		-7647.36
6.制气	Gas Works	28.48	
#焦炭再投入量(-)	Coke Input (-)	-14.42	
7.天然气液化	Natural Gas Liquefaction		
8.煤制品加工	Briquettes		
9.回收能	Recovery of Energy		
三.损失量	**Loss**		**110.33**
四.终端消费量	**Total Final Consumption**	**1095.71**	**49134.03**
1.农、林、牧、渔业	Agriculture, Forestry, Animal Husbandry and Fishery		1717.67
2.工业	Industry	1095.71	15584.48
#用作原料、材料	Non-Energy Use	484.33	7824.84
3.建筑业	Construction		3311.88
4.交通运输、仓储和邮政业	Transport, Storage and Post		19499.54
5.批发、零售业和住宿、餐饮业	Wholesale, Retail Trade and Hotel, Restaurants		563.22
6.其他	Others		3152.03
7.生活消费	Residential Consumption		5305.22
城镇	Urban		3685.08
乡村	Rural		1620.14
五.平衡差额	**Statistical Difference**	**2.99**	**47.43**
六.消费量合计	**Total Energy Consumption**	**1169.26**	**51814.36**

 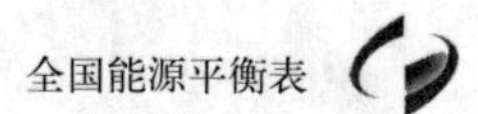

Continued 1

原油 (万吨) Crude Oil (10^4 tons)	汽油 (万吨) Gasoline (10^4 tons)	煤油 (万吨) Kerosene (10^4 tons)	柴油 (万吨) Diesel Oil (10^4 tons)	燃料油 (万吨) Fuel Oil (10^4 tons)	石脑油 (万吨) Naphtha (10^4 tons)	润滑油 (万吨) Lubricants (10^4 tons)	石蜡 (万吨) Paraffin Waxes (10^4 tons)	溶剂油 (万吨) White Spirit (10^4 tons)
51544.64	**-1259.16**	**-744.58**	**-462.48**	**860.23**	**274.51**	**19.20**	**-41.29**	**1.68**
21142.92								
30837.39	3.38	414.12	47.37	1784.56	369.72	31.77	7.64	2.39
		306.85	7.67	361.75				
60.02	507.53	1066.50	410.47	947.69	13.21	12.57	48.93	0.61
		389.34	13.38	332.16				
-375.65	-755.01	-9.71	-93.67	-6.23	-82.00			-0.10
-50583.25	**11029.06**	**3080.98**	**17597.07**	**1244.18**	**3961.05**	**109.05**	**143.22**	**82.41**
-8.87	-0.04	-0.01	-25.83	-35.55				
-6.95	-0.05	-0.02	-4.73	-164.91				
-50567.43	11029.85	3081.01	17635.34	3541.68	4389.18	112.36	143.22	82.41
	-0.70		-7.71	-2097.04	-428.13	-3.31		
107.84								
855.86	**9775.58**	**2335.39**	**17127.02**	**2102.97**	**4233.30**	**127.00**	**101.00**	**84.00**
	216.60	0.75	1491.98	1.27				
855.86	488.25	17.33	1557.01	538.24	4233.30	127.00	101.00	84.00
363.03	10.35	1.98	27.48	43.76	3682.78	110.99	98.25	78.68
	331.03	10.42	551.95	44.59				
	4665.01	2216.03	11042.80	1486.37				
	217.79	11.28	230.12	17.39				
	1738.07	50.73	1268.75	15.11				
	2118.82	28.85	984.40					
	1466.73	3.76	551.52					
	652.09	25.09	432.88					
-2.31	**-5.68**	**1.01**	**7.57**	**1.44**	**2.26**	**1.25**	**0.93**	**0.09**
51546.95	**9776.37**	**2335.42**	**17165.29**	**4400.47**	**4661.43**	**130.31**	**101.00**	**84.00**

5-1 续表 2

项　目	Item	石油沥青(万吨) Bitumen Asphalt (10^4 tons)	石油焦(万吨) Petroleum Coke (10^4 tons)
一.可供本地区消费的能源量	**Total Primary Energy Supply**	**390.70**	**328.76**
1.一次能源生产量	Indigenous Production		
水电	Hydro Power		
核电	Nuclear Power		
风电	Wind Power		
2.进口量	Import	411.02	535.01
3.境内轮船和飞机在境外的加油量	Domestic Airplanes&Ships Refueling in Abroad		
4.出口量(-)	Export (-)	20.32	244.25
5.境外轮船和飞机在境内的加油量(-)	Oversea Airplanes&Ships Refueling in China		
6.库存增(-)、减(+)量	Stock Change		38.00
二.加工转换投入(-)产出(+)量	**Input(-) & Output(+) of Transformation**	**1953.17**	**1567.16**
1.火力发电	Thermal Power		-114.34
2.供热	Heating Supply		-150.09
3.洗选煤	Coal Washing		
4.炼焦	Coking		
5.炼油及煤制油	Petroleum Refineries	1962.92	1831.79
#油品再投入量(-)	Petroleum Products Input (-)	-9.75	-0.20
6.制气	Gas Works		
#焦炭再投入量(-)	Coke Input (-)		
7.天然气液化	Natural Gas Liquefaction		
8.煤制品加工	Briquettes		
9.回收能	Recovery of Energy		
三.损失量	**Loss**		
四.终端消费量	**Total Final Consumption**	**2342.97**	**1894.68**
1.农、林、牧、渔业	Agriculture, Forestry, Animal Husbandry and Fishery		
2.工业	Industry	66.87	1894.68
#用作原料、材料	Non-Energy Use	39.58	1331.22
3.建筑业	Construction	2276.10	
4.交通运输、仓储和邮政业	Transport, Storage and Post		
5.批发、零售业和住宿、餐饮业	Wholesale, Retail Trade and Hotel, Restaurants		
6.其他	Others		
7.生活消费	Residential Consumption		
城镇	Urban		
乡村	Rural		
五.平衡差额	**Statistical Difference**	**0.90**	**1.24**
六.消费量合计	**Total Energy Consumption**	**2352.72**	**2159.31**

Continued 2

液化石油气 (万吨) LPG (10^4 tons)	炼厂干气 (万吨) Refinery Gas (10^4 tons)	其他石油制品 (万吨) Other Petroleum Products (10^4 tons)	天然气 (亿立方米) Natural Gas (10^8 cu.m)	液化天然气 (万吨) LNG (10^4 tons)	热力 (万百万千焦) Heat (10^{10} kJ)	电力 (亿千瓦小时) Electricity (10^8 kW•h)	其他能源 (万吨标煤) Other Energy (10^4 tce)
586.97		**362.61**	**1593.20**	**1982.50**		**13695.26**	**5736.80**
			1301.57			13809.34	5736.80
						10643.37	
						1325.38	
						1560.78	
739.39		319.61	317.72	1982.50		67.50	
144.42		2.52	26.09			181.58	
-8.00		45.52					
2426.12	**1428.98**	**3390.80**	**-351.21**	**265.58**	**378316.36**	**42686.49**	
-0.02	-64.95	-4.48	-228.19	-175.60	-55094.85	42686.49	-784.42
-2.73	-162.96	-28.86	-52.03	-6.73	374249.96		-295.01
2705.76	1757.98	8146.68	-4.67				
-276.89	-101.09	-4722.54					
			-1.78				
			-64.54	447.91			
					59161.25		1079.43
2.49			**20.32**	**14.01**	**5026.07**	**3099.88**	
3007.65	**1430.55**	**3716.06**	**1223.11**	**2239.20**	**373319.42**	**53283.81**	**5736.94**
7.06			0.79		88.92	1013.39	478.38
555.33	1430.55	3635.06	619.86	2010.00	267494.70	37702.83	1676.12
293.84	24.76	1718.14	121.62	185.93			
16.78		81.00	1.88		814.12	721.67	34.95
89.34			170.06	229.20	2408.10	1059.24	1105.52
86.64			46.62		5730.54	1995.60	88.11
79.37			41.31		10300.66	3614.98	278.85
2173.14			342.58		86482.38	7176.10	2075.01
1663.06			341.31		86482.38	3933.14	231.05
510.08			1.26			3242.96	1843.96
2.95	**-1.57**	**37.35**	**-1.44**	**-5.13**	**-29.13**	**-1.94**	**-0.14**
3289.78	**1759.55**	**8471.94**	**1532.83**	**2435.54**	**433440.34**	**56383.69**	**6816.37**

5-2 中国能源平衡表(标准量) -2014

单位：万吨标准煤

项　目	Item	能源合计 (发电煤耗计算法) (coal equivalent calculation)	Energy Total (电热当量计算法) (calorific value calculation)
一.可供本地区消费的能源量	**Total Primary Energy Supply**	**426094.60**	**400590.74**
1.一次能源生产量	Indigenous Production	361865.69	336149.38
水电	Hydro Power	32901.21	13080.70
核电	Nuclear Power	4097.07	1628.89
风电	Wind Power	4824.75	1918.20
2.进口量	Import	76345.56	76219.86
3.境内轮船和飞机在境外的加油量	Domestic Airplanes&Ships Refueling in Abroad	979.47	979.47
4.出口量(-)	Export (-)	7203.89	6865.74
5.境外轮船和飞机在境内的加油量(-)	Oversea Airplanes&Ships Refueling in China	1066.89	1066.89
6.库存增(-)、减(+)量	Stock Change	-4825.33	-4825.33
二.加工转换投入(-)产出(+)量	**Input(-) & Output(+) of Transformation**	**-2442.76**	**-81935.26**
1.火力发电	Thermal Power		-79492.50
2.供热	Heating Supply	-5036.10	-5036.10
3.洗选煤	Coal Washing	-6527.41	-6527.41
4.炼焦	Coking	-2730.85	-2730.85
5.炼油及煤制油	Petroleum Refineries	8467.89	8467.89
#油品再投入量(-)	Petroleum Products Input (-)	-10582.46	-10582.46
6.制气	Gas Works	-230.56	-230.56
#焦炭再投入量(-)	Coke Input (-)	-48.54	-48.54
7.天然气液化	Natural Gas Liquefaction	-51.95	-51.95
8.煤制品加工	Briquettes	-280.37	-280.37
9.回收能	Recovery of Energy	14577.61	14577.61
三.损失量	**Loss**	**10200.97**	**4428.25**
四.终端消费量	**Total Final Consumption**	**413162.29**	**313935.03**
1.农、林、牧、渔业	Agriculture, Forestry, Animal Husbandry and Fishery	8094.27	6207.09
2.工业	Industry	283419.55	213207.82
#用作原料、材料	Non-Energy Use	21425.29	21425.29
3.建筑业	Construction	7519.59	6175.67
4.交通运输、仓储和邮政业	Transport, Storage and Post	35959.53	33986.97
5.批发、零售业和住宿、餐饮业	Wholesale, Retail Trade and Hotel, Restaurants	10873.01	7156.72
6.其他	Others	20084.01	13352.05
7.生活消费	Residential Consumption	47212.33	33848.70
城镇	Urban	26946.49	19622.03
乡村	Rural	20265.84	14226.67
五.平衡差额	**Statistical Difference**	**288.58**	**292.19**
六.消费量合计	**Total Energy Consumption**	**425806.02**	**400298.55**

Energy Balance of China (Standard Quantity) -2014

(10 000 tce)

煤合计 Coal Total	原煤 Raw Coal	洗精煤 Cleaned Coal	其他洗煤 Other Washed Coal	型煤 Briquettes	煤矸石 Gangue	焦炭 Coke	焦炉煤气 Coke Oven Gas	高炉煤气 Blast Furnace Gas	转炉煤气 Converter Gas
280908.72	**281462.82**	**-326.79**	**-220.94**	**-6.37**		**-1055.48**			
266315.72	266315.72								
17829.40	17827.13			2.28		0.17			
483.98	475.64			8.34		826.41			
-2752.41	-2204.39	-326.79	-220.94	-0.30		-229.25			
-200461.46	**-213610.60**	**5832.98**	**6147.55**	**1168.61**	**76.40**	**46321.25**	**3598.05**	**7370.77**	**940.46**
-121918.29	-120539.31	-28.95	-1350.03		-636.59	-48.51	-949.72	-1842.61	-288.93
-14342.83	-13943.93	-35.16	-363.74		-164.82	-206.95	-352.44	-880.68	-157.33
-7405.23	-72361.32	55778.76	9177.34		877.81				
-55381.23	-5757.02	-49581.17	-43.05			46475.96	4854.50		
-471.28	-303.26	-161.91	-6.11						
-662.24	-520.30	-138.59	-3.3443			132.65	45.71		
						-31.90			
-280.37	-185.46		-1263.52	1168.61					
								10094.06	1386.72
80311.59	**67721.93**	**5499.97**	**5931.71**	**1157.98**		**45256.68**	**3595.98**	**7350.21**	**932.80**
1928.39	1904.71		23.68			33.85			
64420.63	52838.75	5485.24	5288.84	807.79		45125.20	3368.75	7350.21	932.80
6245.64	5457.43	595.70	192.51			1805.38	60.23		
703.60	686.86	6.13	10.62			9.41			
389.53	363.84	8.60	17.08			2.62			
2905.24	2847.70		36.56	20.99		45.25	4.73		
3082.99	3016.92		58.27	7.80		4.95	15.77		
6881.21	6063.16		496.66	321.39		35.38	206.73		
1022.88	784.26		134.78	103.85		14.84	206.73		
5858.33	5278.90		361.88	217.55		20.54			
135.67	**130.30**	**6.21**	**-5.09**	**4.26**	**76.40**	**9.09**	**2.07**	**20.56**	**7.65**

5-2 续表 1

单位：万吨标准煤

项 目	Item	其他煤气 Gasoline	其他焦化产品 Other Coking Products
一.可供本地区消费的能源量	**Total Primary Energy Supply**		
1.一次能源生产量	Indigenous Production		
水电	Hydro Power		
核电	Nuclear Power		
风电	Wind Power		
2.进口量	Import		
3.境内轮船和飞机在境外的加油量	Domestic Airplanes&Ships Refueling in Abroad		
4.出口量(-)	Export (-)		
5.境外轮船和飞机在境内的加油量(-)	Oversea Airplanes&Ships Refueling in China		
6.库存增(-)、减(+)量	Stock Change		
二.加工转换投入(-)产出(+)量	**Input(-) & Output(+) of Transformation**	**241.02**	**1267.90**
1.火力发电	Thermal Power	-2.07	
2.供热	Heating Supply	-0.50	
3.洗选煤	Coal Washing		
4.炼焦	Coking		1319.91
5.炼油及煤制油	Petroleum Refineries		-68.24
#油品再投入量(-)	Petroleum Products Input (-)		
6.制气	Gas Works	243.59	32.87
#焦炭再投入量(-)	Coke Input (-)		-16.64
7.天然气液化	Natural Gas Liquefaction		
8.煤制品加工	Briquettes		
9.回收能	Recovery of Energy		
三.损失量	**Loss**		
四.终端消费量	**Total Final Consumption**	**236.73**	**1264.45**
1.农、林、牧、渔业	Agriculture, Forestry, Animal Husbandry and Fishery		
2.工业	Industry	114.66	1264.45
#用作原料、材料	Non-Energy Use		558.92
3.建筑业	Construction		
4.交通运输、仓储和邮政业	Transport, Storage and Post		
5.批发、零售业和住宿、餐饮业	Wholesale, Retail Trade and Hotel, Restaurants	13.56	
6.其他	Others		
7.生活消费	Residential Consumption	108.51	
城镇	Urban	108.30	
乡村	Rural	0.21	
五.平衡差额	**Statistical Difference**	**4.29**	**3.45**
六.消费量合计	**Total Energy Consumption**		

Continued 1

(10 000 tce)

油品合计 Petroleum Products Total	原油 Crude Oil	汽油 Gasoline	煤油 Kerosene	柴油 Diesel Oil	燃料油 Fuel Oil	石脑油 Naphtha	润滑油 Lubricants	石蜡 Paraffin Waxes
73973.98	**73636.67**	**-1852.73**	**-1095.58**	**-673.88**	**1228.92**	**411.77**	**27.15**	**-56.35**
30204.78	30204.78							
50693.31	44054.30	4.97	609.34	69.02	2549.42	554.58	44.93	10.43
979.47			451.50	11.18	516.80			
4993.02	85.74	746.78	1569.25	598.10	1353.87	19.82	17.78	66.78
1066.89			572.87	19.50	474.52			
-1843.67	-536.65	-1110.92	-14.29	-136.49	-8.90	-123.00		
-2552.88	**-72263.23**	**16228.16**	**4533.35**	**25640.69**	**1777.44**	**5941.58**	**154.23**	**195.47**
-329.28	-12.67	-0.06	-0.01	-37.64	-50.79			
-709.25	-9.93	-0.07	-0.03	-6.89	-235.59			
9068.11	-72240.63	16229.32	4533.40	25696.45	5059.64	6583.77	158.91	195.47
-10582.46		-1.03		-11.23	-2995.83	-642.195	-4.681333	
158.33	**154.06**							
71198.55	**1222.68**	**14383.79**	**3436.29**	**24955.78**	**3004.30**	**6349.95**	**179.62**	**137.84**
2507.70		318.71	1.10	2173.97	1.81			
21906.51	1222.68	718.41	25.50	2268.72	768.93	6349.95	179.62	137.84
10847.39	518.62	15.23	2.91	40.04	62.52	5524.17	156.97	134.09
4488.55		487.08	15.32	804.25	63.71			
28491.80		6864.09	3260.67	16090.46	2123.43			
845.73		320.46	16.60	335.31	24.84			
4638.38		2557.39	74.65	1848.69	21.59			
8319.88		3117.64	42.45	1434.37				
5818.29		2158.15	5.53	803.62				
2501.59		959.49	36.92	630.75				
64.22	**-3.30**	**-8.35**	**1.49**	**11.03**	**2.06**	**3.39**	**1.77**	**1.27**

5-2 续表 2

单位：万吨标准煤

项　　目	Item	溶剂油 White spirit	石油沥青 Bitumen Asphalt
一.可供本地区消费的能源量	**Total Primary Energy Supply**	**2.46**	**511.82**
1.一次能源生产量	Indigenous Production		
水电	Hydro Power		
核电	Nuclear Power		
风电	Wind Power		
2.进口量	Import	3.51	538.44
3.境内轮船和飞机在境外的加油量	Domestic Airplanes&Ships Refueling in Abroad		
4.出口量(-)	Export (-)	0.90	26.62
5.境外轮船和飞机在境内的加油量(-)	Oversea Airplanes&Ships Refueling in China		
6.库存增(-)、减(+)量	Stock Change	-0.15	
二.加工转换投入(-)产出(+)量	**Input(-) & Output(+) of Transformation**	**120.91**	**2558.65**
1.火力发电	Thermal Power		
2.供热	Heating Supply		
3.洗选煤	Coal Washing		
4.炼焦	Coking		
5.炼油及煤制油	Petroleum Refineries	120.91	2571.43
#油品再投入量(-)	Petroleum Products Input (-)		-12.7725
6.制气	Gas Works		
#焦炭再投入量(-)	Coke Input (-)		
7.天然气液化	Natural Gas Liquefaction		
8.煤制品加工	Briquettes		
9.回收能	Recovery of Energy		
三.损失量	**Loss**		
四.终端消费量	**Total Final Consumption**	**123.24**	**3069.29**
1.农、林、牧、渔业	Agriculture, Forestry, Animal Husbandry and Fishery		
2.工业	Industry	123.24	87.60
#用作原料、材料	Non-Energy Use	115.44	51.85
3.建筑业	Construction		2981.69
4.交通运输、仓储和邮政业	Transport, Storage and Post		
5.批发、零售业和住宿、餐饮业	Wholesale, Retail Trade and Hotel, Restaurants		
6.其他	Others		
7.生活消费	Residential Consumption		
城镇	Urban		
乡村	Rural		
五.平衡差额	**Statistical Difference**	**0.13**	**1.18**
六.消费量合计	**Total Energy Consumption**		

Continued 2

(10 000 tce)

石油焦 Petroleum Coke	液化石油气 LPG	炼厂干气 Refinery Gas	其他石油制品 Other Petroleum Products	天然气 Natural Gas	液化天然气 LNG	热力 Heat	电力 Electricity	其他能源 Other Energy
345.20	**1006.24**		**482.27**	**20711.60**	**3483.65**		**16831.47**	**5736.80**
				16920.41			16971.68	5736.80
							13080.70	
							1628.89	
							1918.20	
561.76	1267.54		425.08	4130.36	3483.65		82.96	
256.46	247.58		3.35	339.17			223.16	
39.90	-13.71		60.54					
1645.52	**4159.10**	**2245.50**	**4509.76**	**-4565.73**	**466.68**	**12900.59**	**52461.70**	
-120.06	-0.03	-102.06	-5.96	-2966.47	-308.56	-1878.73	52461.70	-784.42
-157.59	-4.68	-256.08	-38.38	-676.39	-11.83	12761.92		-295.01
1923.38	4638.48	2762.49	10835.08	-60.71				
-0.21	-474.67	-158.85	-6280.98					
				-23.14				
				-839.02	787.07			
						2017.40		1079.43
	4.27			**264.16**	**24.62**	**171.39**	**3809.75**	
1989.41	**5156.02**	**2247.97**	**4942.36**	**15900.39**	**3934.72**	**12730.19**	**65485.80**	**5736.94**
	12.11			10.28		3.03	1245.46	478.38
1989.41	952.00	2247.97	4834.63	8058.18	3531.97	9121.57	46336.78	1676.12
1397.78	503.73	38.91	2285.13	1581.01	326.71			
	28.77		107.73	24.45		27.76	886.93	34.95
	153.15			2210.84	402.75	82.12	1301.81	1105.52
	148.52			606.10		195.41	2452.59	88.11
	136.06			537.03		351.25	4442.81	278.85
	3725.42			4453.50		2949.05	8819.43	2075.01
	2850.98			4437.06		2949.05	4833.83	231.05
	874.43			16.44			3985.60	1843.96
1.30	**5.05**	**-2.47**	**49.68**	**-18.68**	**-9.01**	**-0.99**	**-2.38**	**-0.14**

5-3 综合能源平衡表

单位：万吨标准煤

项　　目	Item	1980	1985	1990
可供消费的能源总量	**Total Energy Available for Consumption**	**61557**	**77603**	**96138**
一次能源生产量	Primary Energy Output	63735	85546	103922
回收能	Recovery of Energy			
进口量	Imports	261	340	1310
出口量(-)	Exports (-)	3058	5774	5875
年初年末库存差额	Stock Changes in the Year	619	-2509	-3219
能源消费总量	**Total Energy Consumption**	**60275**	**76682**	**98703**
在总量中:	Consumption by Sector			
1.农、林、牧、渔业	Agriculture, Forestry, Animal Husbandry and Fishery	4692	4045	4852
2.工业	Industry	38986	51068	67578
3.建筑业	Construction	957	1302	1213
4.交通运输、仓储和邮政业	Transport, Storage and Post	2902	3713	4541
5.批发、零售业和住宿、餐饮业	Wholesale, Retail Trade and Hotel, Restaurants	518	766	1247
6.其他	Others	1205	2470	3473
7.生活消费	Residential Consumption	11015	13318	15799
在总量中:	Consumption by Usage			
(一) 终端消费	(I)Final Consumption	57508	73586	94289
#工业	Industry	38293	48021	63239
(二) 加工转换损失量	(II)Losses in Processing and	1358	1491	2264
#炼焦	Coking	644	572	905
炼油	Petroleum Refining	113	110	326
(三) 回收能(-)	(III)Recovery of Energy(-)			
(四) 损失量	(IV)Other Losses	1409	1605	2150
平衡差额	**Balance**	**1282**	**921**	**-2565**

注：1.村办工业包括在工业中(下同)。
2.电力按等价热值折算，因此加工转换损失量中不包括发电损失量。
3.进口量包括境内轮船和飞机在境外的加油量；出口量包括境外轮船和飞机在境内的加油量。

Overall Energy Balance Sheet

(10 000 tce)

1995	2000	2005	2009	2010	2011	2012	2013	2014
129535	**144234**	**254619**	**333456**	**365588**	**390394**	**407594**	**417415**	**426095**
129034	138570	229037	286092	312125	340178	351041	358784	361866
2312	3087	7452	11266	8958				
5456	14327	26823	47518	57671	65437	68701	73420	77325
6776	9327	11257	8436	8803	8449	7374	8005	8271
-491	-2424	2564	-2984	-4363	-6772	-4773	-6784	-4825
131176	**146964**	**261369**	**336126**	**360648**	**387043**	**402138**	**416913**	**425806**
5505	4233	6860	6978	7266	7675	7804	8055	8094
96191	103014	187914	243567	261377	278048	284712	291131	295686
1335	2207	3486	4712	5533	6052	6337	7017	7520
5863	11447	19136	24460	27102	29694	32561	34819	36336
2018	3251	5917	7303	7847	9147	10012	10598	10873
4519	6118	10484	13933	15052	16843	18407	19763	20084
15745	16695	27573	35173	36470	39584	42306	45531	47212
124252	140476	250877	322120	337469	373296	386888	403814	413162
89473	96871	177775	230042	238652	264698	269900	278514	283420
3634	2472	3882	5879	14294	15412	16763	15994	17020
	526	855	800	1595	1833	2179	2433	2731
	781	1273	1726	1960	1792	2153	1899	2115
					10864	11239	13333	14578
3289	4016	6610	8126	8885	9199	9726	10439	10201
-1641	**-2730**	**-6751**	**-2670**	**4940**	**3350**	**5456**	**502**	**289**

a) Data on industry include the data of village-run industry.(The same as in the following tables).

b) Electric power is converted on the basic of equal caloric value. Therefore, losses in processing and transformation exclude losses in power generation.

c) Data on imports include the petroleum consumed by the domestic airplanes and ships in refueling abroad. Data on exports include the petroleum consumed by the oversea airplanes and ships in refueling in China.

5-4 煤炭平衡表

单位：万吨

项　　目	Item	1980	1985	1990
可供量	**Total Energy Available for Consumption**	**62601**	**82777**	**102221**
生产量	Output	62015	87228	107988
进口量	Imports	199	231	200
出口量(–)	Exports (-)	632	777	1729
年初年末库存差额	Stock Changes in the Year	1019	-3906	-4239
消费量	**Total Energy Consumption**	**61010**	**81603**	**105523**
在消费量中:	Consumption by Sector			
1.农、林、牧、渔业	Agriculture, Forestry, Animal Husbandry and Fishery	1550	2209	2095
2.工业	Industry	43848	58613	81091
3.建筑业	Construction	556	532	438
4.交通运输、仓储和邮政业	Transport, Storage and Post	1934	2307	2161
5.批发、零售业和住宿、餐饮业	Wholesale, Retail Trade and Hotel, Restaurants	455	738	1058
6.其他	Others	1091	1580	1980
7.生活消费	Residential Consumption	11574	15624	16700
在消费量中:	Consumption by Usage			
(一) 终端消费	(I)Final Consumption	38804	52704	60206
#工业	Industry	21643	29715	35774
(二) 中间消费	(2)Intermediate Consumption			
(用于加工转换)	(Consumed in Transformation)	22205	28899	45317
#发电	Power Generation	12648	16441	27204
供热	Heating		1462	2996
炼焦	Coking	6682	7304	10698
炼油及煤制油	Petroleum Refineries			
制气	Gas Production	131	191	360
(三)洗选损耗	Losses in Coal Washing and Dressing	2744	3501	4059
平衡差额	**Balance**	**1592**	**1174**	**-3302**

注：生产量为原煤产量。

Coal Balance Sheet

(10 000 tons)

1995	2000	2005	2009	2010	2011	2012	2013	2014
133462	**131895**	**235508**	**321540**	**355578**	**393058**	**418654**	**425015**	**411834**
136073	138418	236515	311535	342845	376444	394513	397432	387392
164	218	2622	13188	18307	22236	28841	32702	29122
2862	5506	7173	2240	1911	1467	927	751	574
87	-1235	3545	-944	-3663	-4155	-3772	-4368	-4106
137677	**135690**	**243375**	**325003**	**349008**	**388961**	**411727**	**424426**	**411613**
1857	1051	1802	2081	2147	2207	2266	2451	2579
117571	121807	224766	305900	329728	368916	391191	403157	390497
440	537	604	659	731	797	767	811	914
1315	882	811	641	639	646	614	615	558
977	1461	2627	3201	3192	3572	3752	3966	3767
1987	1495	2727	3400	3412	3612	3883	4136	4046
13530	8457	10039	9122	9159	9212	9253	9290	9253
66156	50511	86386	111470	114826	120647	118957	119491	116044
46050	36628	67776	92367	95546	100602	98421	98222	94928
71520	81987	152208	206267	222948	252691	266016	282355	272194
44440	55811	103663	143967	153742	175579	183531	195177	184525
5887	8794	13542	15360	17553	19334	23780	22710	22445
18396	16496	33446	45392	49950	56060	56768	62536	62894
				213	346	378	459	650
764	960	1277	1151	1040	870	849	846	948
2033	3191	4782	7266	11235	15623	26754	22579	23375
-4215	**-3795**	**-7868**	**-3463**	**6569**	**4097**	**6928**	**589**	**220**

a) Data on output refer to the output of raw coal.

5-5 焦炭平衡表

单位：万吨

项　　目	Item	1980	1985	1990
可供量	**Total Energy Available for Consumption**	**4315.3**	**4689.7**	**7085.8**
生产量	Output	4343.0	4802.1	7328.3
进口量	Imports		2.1	
出口量(-)	Exports (-)	27.1	36.9	129.0
年初年末库存差额	Stock Changes in the Year	-0.6	-77.6	-113.5
消费量	**Total Energy Consumption**	**4303.0**	**4689.7**	**6914.7**
在消费量中:	Consumption by Sector			
1.农、林、牧、渔业	Agriculture, Forestry, Animal Husbandry and Fishery	10.6	20.8	60.1
2.工业	Industry	4266.7	4627.7	6808.8
3.建筑业	Construction	11.9	7.8	5.2
4.交通运输、仓储和邮政业	Transport, Storage and Post	8.2	5.7	4.1
5.批发、零售业和住宿、餐饮业	Wholesale, Retail Trade and Hotel, Restaurants	0.9	2.7	7.7
6.其他	Others	4.7	2.0	1.9
7.生活消费	Residential Consumption		23.0	26.9
在消费量中:	Consumption by Usage			
(一) 终端消费	(1)Final Consumption	4294.7	4677.9	6846.3
#工业	Industry	4258.4	4615.9	6740.4
(二) 中间消费	(2)Intermediate Consumption			
(用于加工转换)	(Consumed in Transformation)	8.3	11.8	68.4
制气	Gas Production	8.3	11.8	68.4
(三) 损失量	(3) Losses in Coal Washing and Dressing			
平衡差额	**Balance**	**12.3**		**171.1**

Coke Balance Sheet

(10 000 tons)

1995	2000	2005	2009	2010	2011	2012	2013	2014
12207.1	**10892.3**	**25084.4**	**36127.6**	**38707.1**	**42085.8**	**44813.7**	**45850.1**	**46894.3**
13424.5	12184.0	26511.7	35744.1	38657.8	43433.0	43831.4	48347.8	47980.9
0.1		0.5	15.9	11.0	11.6	7.6	3.5	0.2
886.1	1519.7	1276.4	54.5	335.0	329.7	102.0	467.3	850.7
-331.4	228.0	-151.4	422.2	373.3	-1029.0	1076.7	-2034.0	-236.0
10725.3	**10840.8**	**25105.8**	**36350.0**	**38702.8**	**42063.3**	**44805.2**	**45851.9**	**46884.9**
128.6	70.9	63.5	44.6	46.8	54.1	57.5	69.2	34.9
10412.0	10554.6	24860.9	36243.3	38598.7	41952.1	44694.8	45694.0	46749.6
10.8	19.0	18.4	5.7	5.8	4.8	6.3	7.7	9.7
10.1	11.2	1.1	0.1	0.1	0.1	0.1	2.2	2.7
25.7	35.7	64.1	3.9	5.1	9.2	6.7	35.8	46.6
6.4	12.2	7.6	3.5	2.8	1.9	1.9	5.0	5.1
131.6	137.2	90.3	48.8	43.5	41.1	37.9	38.0	36.4
10648.0	10697.9	24877.9	36189.7	38574.6	41954.3	44738.5	45817.5	46589.1
10334.7	10411.7	24633.0	36083.0	38470.5	41843.1	44628.1	45659.6	46453.8
77.3	142.9	227.9	160.3	128.2	109.0	66.7	34.4	295.8
77.3	142.9	227.9	160.3	128.2	109.0	66.7	34.4	32.8
1481.8	**51.6**	**-21.4**	**-222.3**	**4.3**	**22.6**	**8.5**	**-1.8**	**9.4**

5-6 石油平衡表

单位: 万吨

项　目	Item	1980	1985	1990
可供量	**Total Energy Available for Consumption**	**8794.5**	**9193.7**	**11435.0**
生产量	Output	10594.6	12489.5	13830.6
进口量	Imports	82.7	90.0	755.6
出口量(-)	Exports (-)	1806.2	3630.4	3110.4
年初年末库存差额	Stock Changes in the Year	-76.6	244.6	-40.8
消费量	**Total Energy Consumption**	**8757.4**	**9168.8**	**11485.6**
在消费量中:	Consumption by Sector			
1.农、林、牧、渔业	Agriculture, Forestry, Animal Husbandry and Fishery	814..9	758.7	1033.6
2.工业	Industry	6203.2	6171.4	7321.6
3.建筑业	Construction	175.2	292.2	327.3
4.交通运输、仓储和邮政业	Transport, Storage and Post	911.5	1176.4	1683.2
5.批发、零售业和住宿、餐饮业	Wholesale, Retail Trade and Hotel, Restaurants	29.0	38.1	77.6
6.其他	Others	481.7	506.1	757.8
7.生活消费	Residential Consumption	141.9	225.9	284.5
在消费量中:	Consumption by Usage			
(一) 终端消费	(I)Final Consumption	6311.0	7063.3	9304.7
#工业	Industry	3780.3	4462.0	5180.4
(二) 中间消费	(II)Intermediate Consumption			
(用于加工转换)	(Consumed in Transformation)	2183.6	1858.5	1630.4
发电	Power Generation	2065.4	1425.5	1234.4
供热	Heating		285.6	356.3
制气	Gas Production	36.7	34.5	39.7
炼油损失量	Losses in Petroleum Refining	81.5	112.9	295.8
(三) 损失量	(III) Other Losses	262.8	247.0	254.7
平衡差额	**Balance**	**37.1**	**24.9**	**-50.6**

注: 1.生产量为原油产量。
2.进口量包括境内轮船和飞机在境外的加油量; 出口量包括境外轮船和飞机在境内的加油量。

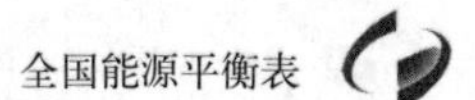

Petroleum Balance Sheet

(10 000 tons)

1995	2000	2005	2009	2010	2011	2012	2013	2014
16072.7	**22631.4**	**32539.1**	**38692.8**	**44178.4**	**45659.2**	**47864.7**	**49993.9**	**51861.8**
15005.0	16300.0	18135.3	18949.0	20301.4	20287.6	20747.8	20991.9	21142.9
3673.2	9748.5	17163.2	25642.4	29437.2	31593.7	33088.8	34264.8	36179.6
2454.5	2172.1	2888.1	3916.6	4079.0	4117.0	3884.3	4176.7	4213.9
-151.0	-1245.0	128.8	-1981.9	-1481.2	-2105.0	-2087.6	-1086.1	-1246.8
16064.9	**22495.9**	**32547.0**	**38671.4**	**44101.0**	**45619.5**	**47797.3**	**49970.6**	**51814.4**
1203.2	788.5	1451.7	1308.1	1382.5	1466.3	1537.9	1650.3	1717.7
9349.3	11248.5	14030.4	15767.7	18555.0	17986.0	17753.2	17594.6	18217.5
242.8	840.6	1502.2	2042.3	2483.1	2581.8	2740.7	3090.6	3311.9
2863.6	6399.0	10928.5	13649.5	15079.3	16221.1	17863.6	18967.6	19546.9
333.9	247.0	375.6	429.7	481.0	500.0	542.4	565.4	563.2
1390.3	1635.9	1974.2	2306.3	2578.2	2880.5	3067.8	3349.7	3152.0
682.0	1336.5	2284.4	3167.9	3541.9	3983.9	4291.6	4752.4	5305.2
13676.3	19950.1	29495.6	36127.0	41243.4	43103.3	45080.7	47458.8	49134.0
7095.5	8860.0	11107.5	13378.7	15857.8	15579.9	15160.4	15235.4	15584.5
2230.0	2352.9	2896.0	2355.7	2663.3	2334.5	2534.6	2295.7	2570.0
1358.5	1178.2	1306.4	393.2	385.3	319.8	292.4	265.1	254.1
399.9	427.0	429.1	396.2	593.1	525.7	493.5	448.2	521.3
51.6	25.9	14.4	0.3					
420.1	721.9	1146.1	1566.1	1684.8	1489.1	1748.7	1582.4	1794.6
158.6	192.9	155.4	188.7	194.4	181.7	182.0	216.1	110.3
7.8	**135.4**	**-7.9**	**21.4**	**77.4**	**39.7**	**67.4**	**23.3**	**47.4**

a) Data on output refer to the output of crude oil.

b) Data on imports include the petroleum consumed by the domestic airplanes and ships in refueling abroad. Data on exports include the petroleum consumed by the oversea airplanes and ships in refueling in China.

5-7 原油平衡表

单位：万吨

项　目	Item	1980	1985	1990
可供量	**Total Energy Available for Consumption**	**9222.9**	**9516.5**	**11770.6**
生产量	Output	10594.6	12489.5	13830.6
进口量	Imports	36.6		292.3
出口量(-)	Exports (-)	1330.9	3003.0	2399.0
年初年末库存差额	Stock Changes in the Year	-77.4	30.0	46.7
消费量	**Total Energy Consumption**	**9205.0**	**9509.5**	**11762.2**
在消费量中:	Consumption by Sector			
1.农、林、牧、渔业	Agriculture, Forestry, Animal Husbandry and Fishery	8.0	0.8	0.2
2.工业	Industry	9112.0	9389.9	11653.8
3.建筑业	Construction	28.8	74.0	55.2
4.交通运输、仓储和邮政业	Transport, Storage and Post	50.1	44.3	52.1
5.批发、零售业和住宿、餐饮业	Wholesale, Retail Trade and Hotel, Restaurants		0.1	0.3
6.其他	Others	6.1	0.4	0.6
7.生活消费	Residential Consumption			
在消费量中:	Consumption by Usage			
(一) 终端消费	(I)Final Consumption	499.6	350.4	402.1
#工　业	Industry	429.7	254.9	333.4
(二) 中间消费	(II)Intermediate Consumption			
(用于加工转换)	(Consumed in Transformation)	8443.0	8929.7	11106.9
发　电	Power Generation	574.0	279.5	124.6
供　热	Heating		61.3	21.1
炼油	Petroleum Refineries	7869.0	8588.9	10961.2
(三) 油田原油损失量	(III)Losses in Oil Field for Crude Oil	262.4	229.4	253.2
平衡差额	**Balance**	**17.9**	**7.0**	**8.4**

Crude Oil Balanc Sheet

(10 000 tons)

1995	2000	2005	2009	2010	2011	2012	2013	2014
14794.9	**21383.0**	**30089.2**	**38130.5**	**42876.6**	**43961.0**	**46684.7**	**48670.9**	**51544.6**
15004.4	16300.0	18135.3	18949.0	20301.4	20287.6	20747.8	20991.9	21142.9
1709.0	7026.5	12681.7	20365.3	23768.2	25377.9	27102.7	28174.2	30837.4
1822.7	1030.6	806.7	507.3	303.0	251.4	243.2	161.7	60.0
-95.8	-912.9	78.8	-676.5	-890.0	-1453.0	-922.6	-333.4	-375.7
14886.4	**21232.0**	**30088.9**	**38128.6**	**42874.6**	**43965.8**	**46678.9**	**48652.2**	**51547.0**
10.1								
14716.3	21052.1	29962.1	37975.2	42716.6	43860.4	46559.5	48503.4	51502.1
2.7	3.3							
156.8	175.1	126.9	153.4	158.0	105.4	119.4	148.7	44.9
0.5	0.2							
1390.3	1.4							
309.9	636.8	850.4	826.2	806.1	522.7	555.5	629.4	855.9
274.7	612.3	850.4	826.2	806.1	522.7	555.5	629.4	855.9
14419.4	20404.3	29084.8	37115.8	41876.4	43266.1	45945.7	47810.5	50583.3
61.6	85.0	41.3	4.4	3.7	11.3	10.9	10.4	8.9
4.4	14.0	3.0	2.0	3.3	4.6	1.4	3.4	7.0
14353.4	20305.3	29040.5	37109.4	41869.4	43250.2	45933.5	47796.7	50567.4
157.1	190.9	153.8	186.7	192.0	177.0	177.7	212.2	107.8
-91.5	**151.0**	**0.2**	**1.9**	**2.1**	**-4.8**	**5.8**	**18.7**	**-2.3**

5-8 燃料油平衡表

单位：万吨

项　目	Item	1980	1985	1990
可供量	**Total Energy Available for Consumption**	**3096.1**	**2848.0**	**3320.7**
生产量	Output	3142.0	2835.8	3267.9
进口量	Imports	39.0	70.0	167.3
出口量(-)	Exports (-)	45.4	64.9	97.2
年初年末库存差额	Stock Changes in the Year	-39.5	7.1	-17.3
消费量	**Total Energy Consumption**	**3073.7**	**2837.4**	**3367.8**
在消费量中:	Consumption by Sector			
1.农、林、牧、渔业	Agriculture, Forestry, Animal Husbandry and Fishery	2.3	3.1	2.9
2.工业	Industry	2937.4	2662.2	3091.7
3.建筑业	Construction	15.0	18.9	47.3
4.交通运输、仓储和邮政业	Transport, Storage and Post	109.0	144.1	208.2
5.批发、零售业和住宿、餐饮业	Wholesale, Retail Trade and Hotel, Restaurants	2.9	3.1	1.6
6.其他	Others	7.1	6.0	16.1
7.生活消费	Residential Consumption			
在消费量中:	Consumption by Usage			
(一) 终端消费	(I)Final Consumption	1617.9	1538.8	2042.6
#工　业	Industry	1481.6	1363.5	1766.5
(二) 中间消费	(II)Intermediate Consumption			
(用于加工转换)	(Consumed in Transformation)	1455.8	1296.1	1325.2
发　电	Power Generation	1419.1	1042.3	977.3
供　热	Heating		219.3	308.3
炼油再投入量	Petroleum Production			
制　气	Gas Production	36.7	34.5	39.6
(三)损失量	(III)Other Losses		2.5	
平衡差额	**Balance**	**22.4**	**10.6**	**-47.1**

Fuel Oil Balance Sheet

(10 000 ton)

1995	2000	2005	2009	2010	2011	2012	2013	2014
3717.3	**3836.7**	**4237.3**	**2829.3**	**3765.4**	**3667.6**	**3691.0**	**3926.1**	**4401.9**
2960.8	2053.7	1767.4	1353.4	2487.0	2281.8	2253.2	2775.9	3541.7
859.1	1704.3	2883.9	2723.9	2695.2	3097.4	3102.4	2734.3	2146.3
68.6	57.9	427.6	1222.4	1419.7	1685.6	1601.5	1493.7	1279.9
-34.0	136.6	13.5	-25.5	3.0	-26.0	-63.1	-90.4	-6.2
3693.7	**3872.8**	**4244.2**	**2828.8**	**3758.0**	**3662.8**	**3683.3**	**3954.0**	**4400.5**
8.4	0.4	0.7	1.1	1.1	1.3	2.0	2.0	1.3
3406.2	2975.1	2986.9	1521.5	2377.3	2260.2	2241.7	2421.1	2835.7
14.2	16.7	14.2	34.2	30.8	30.6	27.1	59.5	44.6
227.5	850.0	1201.0	1251.6	1326.7	1345.2	1383.9	1429.0	1486.4
6.6	11.6	27.5	8.1	8.6	9.3	8.7	19.1	17.4
30.8	19.0	13.9	12.3	13.5	16.2	19.9	23.4	15.1
2262.8	2741.4	2989.9	2534.7	2403.2	2230.2	2072.8	2101.8	2103.0
1975.3	1843.7	1732.6	1227.5	1022.5	827.6	631.2	568.9	538.2
1430.9	1131.3	1254.3	294.1	1354.8	1432.6	1610.5	1852.1	2297.5
1071.5	814.2	1068.7	193.0	123.9	60.9	43.1	47.3	35.6
307.8	291.2	171.1	100.7	201.3	183.8	187.3	167.2	164.9
				1029.6	1188.0	1380.0	1637.7	2097.0
51.6	25.9	14.4	0.3					
23.6	**-36.1**	**-6.9**	**0.5**	**7.4**	**4.8**	**7.7**	**-27.8**	**1.4**

5-9 汽油平衡表

单位：万吨

项 目	Item	1980	1985	1990
可供量	**Total Energy Available for Consumption**	**999.4**	**1399.6**	**1884.1**
生产量	Output	1079.0	1471.9	2173.4
进口量	Imports		0.3	16.9
出口量(-)	Exports (-)	117.8	129.9	233.8
年初年末库存差额	Stock Changes in the Year	38.2	57.3	-72.4
消费量	**Total Energy Consumption**	**998.6**	**1396.3**	**1899.5**
在消费量中:	Consumption by Sector			
1.农、林、牧、渔业	Agriculture, Forestry, Animal Husbandry and Fishery	53.3	122.3	145.9
2.工业	Industry	273.2	451.3	589.3
3.建筑业	Construction	54.1	73.0	89.5
4.交通运输、仓储和邮政业	Transport, Storage and Post	404.9	477.4	620.1
5.批发、零售业和住宿、餐饮业	Wholesale, Retail Trade and Hotel, Restaurants	19.4	23.4	46.0
6.其他	Others	193.7	238.3	390.7
7.生活消费	Residential Consumption		10.6	18.0
平衡差额	**Balance**	**0.8**	**3.3**	**-15.4**

5-10 煤油平衡表

单位：万吨

项 目	Item	1980	1985	1990
可供量	**Total Energy Available for Consumption**	**359.0**	**383.2**	**350.9**
生产量	Output	398.5	405.3	392.5
进口量	Imports		15.2	26.1
出口量(-)	Exports (-)	46.8	46.0	55.5
年初年末库存差额	Stock Changes in the Year	2.3	8.7	-12.2
消费量	**Total Energy Consumption**	**365.9**	**385.5**	**350.9**
在消费量中:	Consumption by Sector			
1.农、林、牧、渔业	Agriculture, Forestry, Animal Husbandry and Fishery	2.3	3.3	3.1
2.工业	Industry	15.7	20.1	20.6
3.建筑业	Construction	0.8	1.3	1.3
4.交通运输、仓储和邮政业	Transport, Storage and Post	31.4	56.2	93.4
5.批发、零售业和住宿、餐饮业	Wholesale, Retail Trade and Hotel, Restaurants	0.2	0.1	0.6
6.其他	Others	216.7	182.9	127.3
7.生活消费	Residential Consumption	98.8	121.6	104.6
平衡差额	**Balance**	**-6.9**	**-2.3**	

Gasoline Balance Sheet

(10 000 tons)

1995	2000	2005	2009	2010	2011	2012	2013	2014
2902.0	**3504.5**	**4855.3**	**6181.8**	**6964.3**	**7597.9**	**8164.5**	**9369.5**	**9770.7**
3051.6	4134.7	5433.6	7320.7	7410.5	8117.9	8976.1	9834.0	11029.9
15.9			4.4		2.9	0.5		3.4
193.1	467.7	559.7	491.9	517.0	406.0	291.7	468.7	507.5
27.6	-162.5	-18.6	-651.4	70.8	-117.0	-520.3	4.2	-755.0
2909.6	**3504.6**	**4854.9**	**6172.7**	**6956.2**	**7595.9**	**8165.9**	**9366.4**	**9776.4**
179.7	89.2	159.6	168.1	169.1	186.0	192.9	198.7	216.6
812.4	682.0	441.7	671.1	689.5	604.8	581.1	523.4	489.0
103.6	115.6	172.1	235.4	274.7	282.8	286.9	326.5	331.0
982.3	1527.8	2430.1	2881.6	3274.9	3573.5	3778.0	4381.8	4665.0
197.2	69.8	129.4	147.5	168.2	177.1	200.1	220.9	217.8
570.7	792.7	998.2	1069.9	1166.2	1313.2	1460.5	1818.7	1738.1
63.7	227.6	523.8	999.1	1213.7	1458.6	1666.5	1896.4	2118.8
-7.6	**-0.1**	**0.4**	**9.1**	**8.1**	**1.9**	**-1.4**	**3.2**	**-5.7**

Kerosene Balance Sheet

(10 000 ton)

1995	2000	2005	2009	2010	2011	2012	2013	2014
486.4	**880.9**	**1070.0**	**1448.2**	**1767.6**	**1821.7**	**1959.1**	**2189.1**	**2336.4**
445.8	872.3	1006.5	1480.3	1924.4	1922.4	2164.0	2523.9	3081.0
115.7	322.5	476.1	795.1	726.1	875.1	877.3	945.2	721.0
62.4	256.3	447.6	826.1	870.5	966.8	1085.9	1280.6	1455.8
-12.7	-57.6	35.0	-1.1	-12.3	-9.0	3.7	0.6	-9.7
512.1	**871.6**	**1076.8**	**1450.5**	**1765.2**	**1816.7**	**1956.6**	**2164.1**	**2335.4**
3.6	1.5	1.6	0.8	0.9	1.5	1.2	1.2	0.8
44.9	84.0	57.5	32.0	40.2	34.2	32.0	27.4	17.4
3.5	4.0		10.4	8.8	10.8	7.9	11.4	10.4
250.0	535.9	952.4	1314.3	1601.1	1646.4	1787.1	1998.2	2216.0
8.5	14.0	3.7	29.1	35.0	32.2	28.6	13.4	11.3
137.3	160.1	36.2	43.7	58.7	68.2	74.2	84.6	50.7
64.3	72.2	25.5	20.2	20.5	23.5	25.6	27.9	28.9
-25.7	**9.3**	**-6.8**	**-2.3**	**2.4**	**5.0**	**2.4**	**25.0**	**1.0**

5-11 柴油平衡表

单位：万吨

项 目	Item	1980	1985	1990
可供量	**Total Energy Available for Consumption**	**1663.2**	**1944.1**	**2689.4**
生产量	Output	1827.8	2023.2	2609.0
进口量	Imports	2.1	4.5	233.8
出口量(-)	Exports (-)	166.5	225.6	169.8
年初年末库存差额	Stock Changes in the Year	-0.2	142.0	16.4
消费量	**Total Energy Consumption**	**1663.2**	**1939.4**	**2691.7**
在消费量中:	Consumption by Sector			
1.农、林、牧、渔业	Agriculture, Forestry, Animal Husbandry and Fishery	749.0	629.2	881.5
2.工业	Industry	457.4	644.1	728.1
3.建筑业	Construction	76.5	125.0	133.0
4.交通运输、仓储和邮政业	Transport, Storage and Post	316.1	454.4	709.4
5.批发、零售业和住宿、餐饮业	Wholesale, Retail Trade and Hotel, Restaurants	6.5	10.9	22.5
6.其他	Others	57.7	74.0	217.0
7.生活消费	Residential Consumption			
在消费量中:	Consumption by Usage			
(一) 终端消费	(I)Final Consumption	1590.9	1827.4	2564.8
#工 业	Industry	385.1	532.1	601.2
(二) 中间消费	(II)Intermediate Consumption			
(用于加工转换)	(Consumed in Transformation)	72.3	108.6	126.9
发 电	Power Generation	72.3	103.6	124.5
供 热	Heating		5.0	2.4
(三) 损失量	(III)Other Losses		3.4	
平衡差额	**Balance**		**4.7**	**-2.3**

5-12 液化石油气平衡表

单位：万吨

项 目	Item	1980	1985	1990
可供量	**Total Energy Available for Consumption**	**122.5**	**157.3**	**258.5**
生产量	Output	122.5	159.7	261.6
进口量	Imports			
出口量(-)	Exports (-)		1.9	1.1
年初年末库存差额	Stock Changes in the Year		-0.5	-2.0
消费量	**Total Energy Consumption**	**119.6**	**155.7**	**254.2**
在消费量中:	Consumption by Sector			
1.农、林、牧、渔业	Agriculture, Forestry, Animal Husbandry and Fishery			
2.工业	Industry	76.1	59.9	82.0
3.建筑业	Construction			1.0
4.交通运输、仓储和邮政业	Transport, Storage and Post			
5.批发、零售业和住宿、餐饮业	Wholesale, Retail Trade and Hotel, Restaurants		0.5	6.6
6.其他	Others	0.4	4.5	6.1
7.生活消费	Residential Consumption	43.1	90.8	158.5
平衡差额	**Balance**	**2.9**	**1.6**	**4.3**

Diesel Oil Balance Sheet

(10 000 ton)

1995	2000	2005	2009	2010	2011	2012	2013	2014
4404.2	**6806.5**	**10972.6**	**13558.1**	**14701.9**	**15626.2**	**16966.9**	**17105.9**	**17172.9**
3972.6	7079.6	11090.2	14078.6	14924.4	15689.7	17063.8	17275.7	17635.3
645.3	51.9	61.0	192.5	190.2	243.3	99.9	35.3	55.0
169.5	77.5	170.9	478.7	490.2	228.8	205.7	294.4	423.9
-44.2	-247.6	-7.7	-234.3	77.5	-78.0	8.9	89.4	-93.7
4321.4	**6806.2**	**10974.9**	**13551.4**	**14699.0**	**15635.1**	**16966.0**	**17150.6**	**17165.3**
1001.4	697.1	1286.3	1134.1	1206.7	1271.9	1335.5	1441.5	1492.0
1189.9	1696.5	1710.0	2043.6	2090.0	1824.3	1747.7	1675.9	1595.3
118.2	205.9	386.6	415.3	490.2	518.6	518.0	557.0	552.0
1246.6	3293.8	6169.4	7992.0	8657.6	9485.2	10727.0	10920.5	11042.8
103.6	95.9	116.0	181.7	196.6	212.3	229.0	233.5	230.1
645.7	638.7	900.1	1131.8	1287.2	1428.1	1444.7	1339.8	1268.7
16.1	178.4	406.4	652.9	770.7	894.7	964.1	982.5	984.4
4070.0	6578.6	10889.4	13494.8	14655.2	15593.5	16900.7	17106.8	17127.0
938.5	1468.8	1624.5	1987.0	2046.2	1782.7	1682.3	1632.0	1557.0
251.4	227.7	85.5	56.6	43.8	41.6	65.4	43.9	38.3
204.9	227.7	81.9	43.7	40.1	39.2	35.6	35.6	25.8
46.6		3.6	12.9	3.8	2.4	2.4	2.6	4.7
82.7	**0.3**	**-2.4**	**6.6**	**2.9**	**-8.9**	**0.9**	**-44.7**	**7.6**

LPG Balance Sheet

(10 000 tons)

1995	2000	2005	2009	2010	2011	2012	2013	2014
774.3	**1396.2**	**2052.2**	**2157.7**	**2323.8**	**2474.2**	**2496.0**	**2836.1**	**3292.7**
540.8	916.6	1432.7	1831.7	2092.3	2240.8	2268.7	2513.3	2705.8
232.6	481.7	617.0	408.0	327.0	349.6	358.5	451.7	739.4
7.1	1.6	2.7	84.9	93.0	119.1	128.2	126.9	144.4
8.0	-0.6	5.2	2.9	-2.5	3.0	-3.0	-2.0	-8.0
750.6	**1389.7**	**2046.5**	**2153.1**	**2321.9**	**2470.2**	**2482.2**	**2823.4**	**3289.8**
0.1	0.4	3.5	4.1	4.7	5.6	6.4	6.8	7.1
192.5	426.1	534.4	478.5	586.8	661.1	621.0	705.1	835.0
0.5	8.9	6.3	6.5	7.2	7.2	6.8	14.7	16.8
0.5	16.5	48.7	56.6	61.0	65.5	68.1	89.4	91.8
17.4	55.5	99.0	63.2	72.6	69.0	76.0	78.5	86.6
5.7	24.0	25.8	48.6	52.6	54.8	68.5	83.4	79.4
534.0	858.3	1328.7	1495.7	1537.0	1607.2	1635.4	1845.6	2173.1
23.7	**6.5**	**5.7**	**4.6**	**1.9**	**4.0**	**13.8**	**12.7**	**2.9**

5-13 天然气平衡表

单位：亿立方米

项　　目	Item	1980	1985	1990
可供量	**Total Energy Available for Consumption**	**142.7**	**129.3**	**153.0**
生产量	Output	142.7	129.3	153.0
进口量	Imports			
出口量(-)	Exports (-)			
年初年末库存差额	Stock Changes in the Year			
消费量	**Total Energy Consumption**	**140.6**	**129.3**	**152.5**
在消费量中:	Consumption by Sector			
1.农、林、牧、渔业	Agriculture, Forestry, Animal Husbandry and Fishery			
2.工业	Industry	131.4	109.6	120.2
3.建筑业	Construction	6.0	14.1	10.6
4.交通运输、仓储和邮政业	Transport, Storage and Post	0.7	0.8	1.9
5.批发、零售业和住宿、餐饮业	Wholesale, Retail Trade and Hotel, Restaurants			
6.其他	Others	0.5	0.5	1.2
7.生活消费	Residential Consumption	2.0	4.3	18.6
平衡差额	**Balance**	**2.1**		**0.5**

注：从2010年起包括液化天然气数据。

5-14 电力平衡表

单位：亿千瓦小时

项　　目	Item	1980	1985	1990
可供量	**Total Energy Available for Consumption**	**3006.3**	**4117.6**	**6230.4**
生产量	Output	3006.3	4106.9	6212.0
水电	Hydropower	582.1	923.7	1267.2
火电	Thermal Power	2424.2	3183.2	4944.8
核电	Nuclear Power			
风电	Wind Power			
进口量	Imports		11.1	19.3
出口量(-)	Exports (-)		0.4	0.9
消费量	**Total Energy Consumption**	**3006.3**	**4117.6**	**6230.4**
在消费量中:	Consumption by Sector			
1.农、林、牧、渔业	Agriculture, Forestry, Animal Husbandry and Fishery	270	317.4	426.8
2.工业	Industry	2471.9	3283.4	4873.3
3.建筑业	Construction	47.1	71.2	65.0
4.交通运输、仓储和邮政业	Transport, Storage and Post	26.5	63.4	105.9
5.批发、零售业和住宿、餐饮业	Wholesale, Retail Trade and Hotel, Restaurants	16.8	38.0	76.2
6.其他	Others	68.8	121.7	202.4
7.生活消费	Residential Consumption	105.2	222.5	480.8
在消费量中:	Consumption by Usage			
(一) 终端消费	(I)Final Consumption	2763.4	3813.3	5795.8
#工业	Industry	2229.0	2979.1	4438.7
(二) 输配电损失量	(II)Losses in Transmission	242.9	304.3	434.6

Natural Gas Balance Sheet

(100 million cu.m)

1995	2000	2005	2009	2010	2011	2012	2013	2014
179.5	**240.6**	**463.5**	**896.9**	**1082.3**	**1333.0**	**1497.8**	**1706.6**	**1866.8**
179.5	272.0	493.2	852.7	957.9	1053.4	1106.1	1208.6	1301.6
			76.3	164.7	311.5	420.6	525.4	591.3
	31.4	29.7	32.1	40.3	31.9	28.9	27.5	26.1
177.4	**245.0**	**466.1**	**895.2**	**1080.2**	**1341.1**	**1497.0**	**1705.4**	**1868.9**
				0.5	0.6	0.6	0.7	0.8
154.4	199.0	327.2	577.9	691.8	875.7	980.7	1129.1	1221.3
0.3	0.8	1.5	1.0	1.2	1.3	1.3	2.0	1.9
1.6	8.8	38.0	91.1	106.7	138.3	154.5	175.8	214.4
0.6	3.4	10.8	24.0	27.2	33.6	38.7	39.3	46.6
1.2	0.6	9.1	23.6	26.0	27.1	32.9	35.6	41.3
19.4	32.3	79.4	177.7	226.9	264.4	288.3	322.9	342.6
2.1	**-4.4**	**-2.6**	**1.7**	**2.1**	**0.7**	**0.8**	**1.2**	**-2.1**

a) Include the data of LNG since 2010.

Electricity Balance Sheet

(100 million kW•h)

1995	2000	2005	2009	2010	2011	2012	2013	2014
10023.4	**13472.7**	**24940.8**	**37032.7**	**41936.5**	**47002.7**	**49767.7**	**54204.1**	**56381.8**
10077.3	13556.0	25002.6	37146.5	42071.6	47130.2	49875.5	54316.4	56495.8
1905.8	2224.1	3970.2	6156.4	7221.7	6989.5	8721.1	9202.9	10643.4
8043.2	11141.9	20473.4	29827.8	33319.3	38337.0	38928.1	42470.1	42686.5
128.3	167.4	530.9	701.3	738.8	863.5	973.9	1116.1	1325.4
				446.2	703.3	959.8	1412.0	1560.8
6.4	15.5	50.1	60.1	55.5	65.6	68.7	74.4	67.5
60.3	98.8	111.9	173.9	190.6	193.1	176.5	186.7	181.6
10023.4	**13472.4**	**24940.3**	**37032.2**	**41934.5**	**47000.9**	**49762.6**	**54203.4**	**56383.7**
582.4	533.0	776.3	939.9	976.5	1012.9	1012.6	1026.9	1013.4
7659.8	10004.6	18521.7	26854.5	30871.8	34691.6	36232.2	39236.9	40802.7
159.6	159.8	233.9	421.9	483.2	571.8	608.4	675.1	721.7
182.3	281.2	430.3	617.0	734.5	848.4	915.4	1000.9	1059.2
199.5	418.7	752.3	1136.8	1292.0	1503.1	1691.5	1876.9	1995.6
234.2	623.2	1340.9	2189.9	2451.8	2753.1	3083.6	3397.6	3615.0
1005.6	1452.0	2884.8	4872.2	5124.6	5620.1	6219.0	6989.2	7176.1
9278.9	12535.7	23233.8	34773.9	39366.3	44300.2	46866.5	51062.7	53283.8
6915.3	9067.9	16815.2	24596.3	28303.5	31990.9	33336.1	36096.2	37702.8
744.5	936.7	1706.5	2258.2	2568.2	2700.7	2896.2	3140.7	3099.9

六、地区能源平衡表

Chapter 6　Energy Balance Table by Region

6-1 北京能源平衡表(实物量)-2014

项　　目	Item	煤合计(万吨) Coal Total (10^4 tons)	原煤(万吨) Raw Coal (10^4 tons)
一.可供本地区消费的能源量	**Total Primary Energy Supply**	**1736.56**	**1728.26**
1.一次能源生产量	Indigenous Production	457.49	457.49
2.外省(区、市)调入量	Moving In from Other Provinces	1725.80	1717.25
3.进口量	Import		
4.境内轮船和飞机在境外的加油量	Domestic Airplanes&Ships Refueling in Abroad		
5.本省(区、市)调出量(-)	Sending Out to Other Provinces(-)	262.72	262.72
6.出口量(-)	Export(-)	169.57	169.57
7.境外轮船和飞机在境内的加油量(-)	Oversea Airplanes&Ships Refueling in China(-)		
8.库存增(-)、减(+)量	Stock Change	-14.45	-14.20
二.加工转换投入(-)产出(+)量	**Input(-) & Output(+) of Transformation**	**-960.36**	**-955.58**
1.火力发电	Thermal Power	-503.75	-503.15
2.供热	Heating Supply	-458.28	-444.56
3.洗选煤	Coal Washing	-3.00	-7.87
4.炼焦	Coking		
5.炼油及煤制油	Petroleum Refineries		
#油品再投入量(-)	Petroleum Products Input (-)		
6.制气	Gas Works		
#焦炭再投入量(-)	Coke Input (-)		
7.天然气液化	Natural Gas Liquefaction		
8.煤制品加工	Briquettes	4.67	
9.回收能	Recovery of Energy		
三.损失量	**Loss**		
四.终端消费量	**Total Final Consumption**	**776.18**	**772.67**
1.农、林、牧、渔业	Agriculture, Forestry, Animal Husbandry and Fishery	34.88	34.88
2.工业	Industry	220.54	220.28
#用作原料、材料	Non-Energy Use	0.02	
3.建筑业	Construction	6.17	5.83
4.交通运输、仓储和邮政业	Transport, Storage and Post	16.09	16.03
5.批发、零售业和住宿、餐饮业	Wholesale, Retail Trade and Hotel, Restaurants	26.37	26.27
6.其他	Others	178.68	175.93
7.生活消费	Residential Consumption	293.45	293.45
城镇	Urban	114.12	114.12
乡村	Rural	179.34	179.34
五.平衡差额	**Statistical Difference**	**0.01**	
六.消费量合计	**Total Energy Consumption**	**1736.54**	**1728.25**

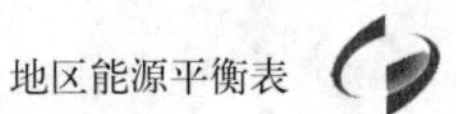

Energy Balance of Beijing (Physical Quantity) -2014

洗精煤 (万吨) Cleaned Coal (10^4 tons)	其他洗煤 (万吨) Other Washed Coal (10^4 tons)	型煤 (万吨) Briquettes (10^4 tons)	煤矸石 (万吨) Gangue (10^4 tons)	焦炭 (万吨) Coke (10^4 tons)	焦炉煤气 (亿立方米) Coke Oven Gas (10^8 cu.m)	高炉煤气 (亿立方米) Blast Furnace Gas (10^8 cu.m)	转炉煤气 (亿立方米) Converter Gas (10^8 cu.m)	其他煤气 (亿立方米) Other Gas (10^8 cu.m)
5.20	**0.02**	**3.08**		**0.64**				
5.67	0.02	2.86						
-0.48		0.22		0.64				
-5.13		**0.35**						
		-0.59						
		-13.73						
4.87								
-10.00		14.67						
0.05	**0.02**	**3.43**		**0.64**				
0.02		0.24		0.63				
		0.02						
		0.34						
		0.06						
		0.10		0.01				
0.04	0.02	2.69						
0.01								
10.05	**0.02**	**17.75**		**0.64**				

6-1 续表 1

项　　目	Item	其他焦化产品(万吨) Other Coking Products (10^4 tons)	油品合计(万吨) Petroleum Products Total (10^4 tons)
一.可供本地区消费的能源量	**Total Primary Energy Supply**		**1533.65**
1.一次能源生产量	Indigenous Production		
2.外省(区、市)调入量	Moving In from Other Provinces		1170.60
3.进口量	Import		789.20
4.境内轮船和飞机在境外的加油量	Domestic Airplanes&Ships Refueling in Abroad		92.48
5.本省(区、市)调出量(-)	Sending Out to Other Provinces(-)		445.23
6.出口量(-)	Export(-)		
7.境外轮船和飞机在境内的加油量(-)	Oversea Airplanes&Ships Refueling in China(-)		109.59
8.库存增(-)、减(+)量	Stock Change		36.19
二.加工转换投入(-)产出(+)量	**Input(-) & Output(+) of Transformation**		**-37.92**
1.火力发电	Thermal Power		-7.18
2.供热	Heating Supply		-31.37
3.洗选煤	Coal Washing		
4.炼焦	Coking		
5.炼油及煤制油	Petroleum Refineries		234.89
#油品再投入量(-)	Petroleum Products Input (-)		-234.27
6.制气	Gas Works		
#焦炭再投入量(-)	Coke Input (-)		
7.天然气液化	Natural Gas Liquefaction		
8.煤制品加工	Briquettes		
9.回收能	Recovery of Energy		
三.损失量	**Loss**		**3.31**
四.终端消费量	**Total Final Consumption**		**1497.01**
1.农、林、牧、渔业	Agriculture, Forestry, Animal Husbandry and Fishery		9.10
2.工业	Industry		340.43
#用作原料、材料	Non-Energy Use		219.94
3.建筑业	Construction		33.22
4.交通运输、仓储和邮政业	Transport, Storage and Post		682.27
5.批发、零售业和住宿、餐饮业	Wholesale, Retail Trade and Hotel, Restaurants		49.23
6.其他	Others		74.89
7.生活消费	Residential Consumption		307.86
城镇	Urban		297.39
乡村	Rural		10.46
五.平衡差额	**Statistical Difference**		**-4.60**
六.消费量合计	**Total Energy Consumption**		**1538.24**

Continued 1

原油 (万吨) Crude Oil (10^4 tons)	汽油 (万吨) Gasoline (10^4 tons)	煤油 (万吨) Kerosene (10^4 tons)	柴油 (万吨) Diesel Oil (10^4 tons)	燃料油 (万吨) Fuel Oil (10^4 tons)	石脑油 (万吨) Naphtha (10^4 tons)	润滑油 (万吨) Lubricants (10^4 tons)	石蜡 (万吨) Paraffin Waxes (10^4 tons)	溶剂油 (万吨) White Spirit (10^4 tons)
1034.61	**153.19**	**355.27**	**-23.33**	**0.94**	**5.04**	**1.24**	**-10.41**	**0.08**
427.69	302.49	295.02	97.56		7.49	1.23		0.08
581.54		207.66						
		92.48						
	142.94	140.35	117.93				10.47	
		109.59						
25.39	-6.36	10.05	-2.96	0.94	-2.45	0.01	0.07	
-1033.31	**287.42**	**152.31**	**219.05**	**4.45**	**34.99**		**10.64**	
			-0.18					
			-0.56	-0.24				
-1033.31	287.42	152.31	219.80	4.69	124.97		10.64	
					-89.98			
1.31								
	440.62	**507.58**	**195.71**	**5.39**	**40.03**	**1.24**	**0.38**	**0.08**
	5.61		3.43					
	16.88	0.06	18.57	3.45	40.03	1.24	0.38	0.08
			0.26	0.57	40.03	1.24	0.39	0.08
	7.78		25.03					
	46.45	507.07	126.56	1.88				
	24.88		4.48	0.03				
	54.75	0.45	17.54	0.03				
	284.27		0.11					
	284.27							
			0.11					
							-0.15	
1034.62	**440.62**	**507.58**	**196.46**	**5.63**	**130.01**	**1.24**	**0.38**	**0.08**

6-1 续表 2

项目	Item	石油沥青(万吨) Bitumen Asphalt (10^4 tons)	石油焦(万吨) Petroleum Coke (10^4 tons)
一.可供本地区消费的能源量	**Total Primary Energy Supply**	**6.83**	**-10.65**
1.一次能源生产量	Indigenous Production		
2.外省(区、市)调入量	Moving In from Other Provinces	15.98	
3.进口量	Import		
4.境内轮船和飞机在境外的加油量	Domestic Airplanes&Ships Refueling in Abroad		
5.本省(区、市)调出量(-)	Sending Out to Other Provinces(-)	16.63	10.44
6.出口量(-)	Export(-)		
7.境外轮船和飞机在境内的加油量(-)	Oversea Airplanes&Ships Refueling in China(-)		
8.库存增(-)、减(+)量	Stock Change	7.48	-0.21
二.加工转换投入(-)产出(+)量	**Input(-) & Output(+) of Transformation**	**12.73**	**10.67**
1.火力发电	Thermal Power		-6.33
2.供热	Heating Supply		-19.44
3.洗选煤	Coal Washing		
4.炼焦	Coking		
5.炼油及煤制油	Petroleum Refineries	12.73	36.45
#油品再投入量(-)	Petroleum Products Input (-)		
6.制气	Gas Works		
#焦炭再投入量(-)	Coke Input (-)		
7.天然气液化	Natural Gas Liquefaction		
8.煤制品加工	Briquettes		
9.回收能	Recovery of Energy		
三.损失量	**Loss**		
四.终端消费量	**Total Final Consumption**	**19.15**	
1.农、林、牧、渔业	Agriculture, Forestry, Animal Husbandry and Fishery		
2.工业	Industry	19.15	
#用作原料、材料	Non-Energy Use	19.15	
3.建筑业	Construction		
4.交通运输、仓储和邮政业	Transport, Storage and Post		
5.批发、零售业和住宿、餐饮业	Wholesale, Retail Trade and Hotel, Restaurants		
6.其他	Others		
7.生活消费	Residential Consumption		
城镇	Urban		
乡村	Rural		
五.平衡差额	**Statistical Difference**	**0.40**	**0.03**
六.消费量合计	**Total Energy Consumption**	**19.15**	**25.77**

Continued 2

液化石油气 (万吨) LPG (10^4 tons)	炼厂干气 (万吨) Refinery Gas (10^4 tons)	其他石油制品 (万吨) Other Petroleum Products (10^4 tons)	天然气 (亿立方米) Natural Gas (10^8 cu.m)	液化天然气 (万吨) LNG (10^4 tons)	热力 (万百万千焦) Heat (10^{10} kJ)	电力 (亿千瓦小时) Electricity (10^8 kW•h)	其他能源 (万吨标煤) Other Energy (10^4 tce)
16.29		**4.54**	**113.70**	**0.06**	**1522.35**	**577.77**	**54.67**
						9.76	54.67
23.06			113.70	0.06	1522.35	573.35	
6.47						5.33	
-0.30		4.54					
31.76	**62.72**	**168.65**	**-56.49**	**-0.01**	**15055.44**	**351.57**	**2.17**
-0.02	-0.09	-0.56	-37.89			351.57	-16.66
-0.31	-0.76	-10.04	-18.60	-0.01	15055.44		
32.08	63.57	323.54					
		-144.29					
							18.83
2.00			**4.79**			**59.94**	
48.04	**57.27**	**181.51**	**52.42**	**0.04**	**16577.79**	**873.47**	**54.67**
0.06			0.01			18.56	
1.81	57.27	181.51	10.13	0.04	3849.39	238.38	7.33
0.05	3.51	154.66					
0.41			0.22		132.36	22.38	0.38
0.32			3.17		615.33	45.02	2.96
19.84			6.76		1383.99	90.40	3.82
2.12			19.42		6574.72	289.46	23.24
23.48			12.71		4022.00	169.26	16.92
13.12			12.26		4022.00	145.74	
10.36			0.45			23.52	16.92
-2.00	**5.45**	**-8.32**				**-4.07**	**2.17**
50.37	**58.12**	**336.40**	**113.70**	**0.06**	**16577.79**	**933.41**	**71.33**

6-2 天津能源平衡表(实物量)-2014

项　　目	Item	煤合计(万吨) Coal Total (10^4 tons)	原煤(万吨) Raw Coal (10^4 tons)
一.可供本地区消费的能源量	**Total Primary Energy Supply**	**5027.28**	**4597.19**
1.一次能源生产量	Indigenous Production		
2.外省(区、市)调入量	Moving In from Other Provinces	4563.95	4146.46
3.进口量	Import	1812.04	1812.04
4.境内轮船和飞机在境外的加油量	Domestic Airplanes&Ships Refueling in Abroad		
5.本省(区、市)调出量(-)	Sending Out to Other Provinces(-)	1196.00	1196.00
6.出口量(-)	Export(-)	112.32	112.32
7.境外轮船和飞机在境内的加油量(-)	Oversea Airplanes&Ships Refueling in China(-)		
8.库存增(-)、减(+)量	Stock Change	-40.39	-52.99
二.加工转换投入(-)产出(+)量	**Input(-) & Output(+) of Transformation**	**-3847.80**	**-3536.01**
1.火力发电	Thermal Power	-2556.58	-2556.58
2.供热	Heating Supply	-979.43	-979.43
3.洗选煤	Coal Washing		
4.炼焦	Coking	-311.79	
5.炼油及煤制油	Petroleum Refineries		
#油品再投入量(-)	Petroleum Products Input (-)		
6.制气	Gas Works		
#焦炭再投入量(-)	Coke Input (-)		
7.天然气液化	Natural Gas Liquefaction		
8.煤制品加工	Briquettes		
9.回收能	Recovery of Energy		
三.损失量	**Loss**	**4.81**	**4.81**
四.终端消费量	**Total Final Consumption**	**1174.67**	**1056.37**
1.农、林、牧、渔业	Agriculture, Forestry, Animal Husbandry and Fishery	19.48	19.48
2.工业	Industry	954.75	836.45
#用作原料、材料	Non-Energy Use	127.91	127.91
3.建筑业	Construction	15.88	15.88
4.交通运输、仓储和邮政业	Transport, Storage and Post	29.02	29.02
5.批发、零售业和住宿、餐饮业	Wholesale, Retail Trade and Hotel, Restaurants	11.89	11.89
6.其他	Others	75.16	75.16
7.生活消费	Residential Consumption	68.49	68.49
城镇	Urban	5.39	5.39
乡村	Rural	63.10	63.10
五.平衡差额	**Statistical Difference**		
六.消费量合计	**Total Energy Consumption**	**5027.28**	**4597.19**

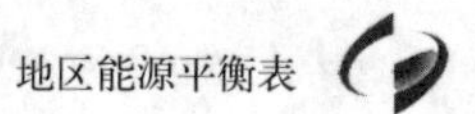

Energy Balance of Tianjin (Physical Quantity) -2014

洗精煤 (万吨) Cleaned Coal (10^4 tons)	其他洗煤 (万吨) Other Washed Coal (10^4 tons)	型煤 (万吨) Briquettes (10^4 tons)	煤矸石 (万吨) Gangue (10^4 tons)	焦炭 (万吨) Coke (10^4 tons)	焦炉煤气 (亿立方米) Coke Oven Gas (10^8 cu.m)	高炉煤气 (亿立方米) Blast Furnace Gas (10^8 cu.m)	转炉煤气 (亿立方米) Converter Gas (10^8 cu.m)	其他煤气 (亿立方米) Other Gas (10^8 cu.m)
403.14	**25.44**	**1.51**	**14.71**	**725.24**	**2.36**	**-0.04**	**0.10**	
395.95	20.03	1.51	14.69	733.74	4.21	8.01	0.79	
				11.86	1.85	8.05	0.69	
7.19	5.41		0.02	3.36				
-311.79				**229.15**	**2.95**	**182.99**	**9.23**	
					-1.41	-14.88	-2.15	
-311.79				229.15	4.36			
						197.87	11.38	
91.35	**25.44**	**1.51**	**14.71**	**954.39**	**5.31**	**182.95**	**9.33**	
91.35	25.44	1.51	14.71	954.39	5.31	182.95	9.33	
			5.52	1.06				
403.14	**25.44**	**1.51**	**14.71**	**954.39**	**6.72**	**197.83**	**11.48**	

6-2 续表 1

项目	Item	其他焦化产品(万吨) Other Coking Products (10^4 tons)	油品合计(万吨) Petroleum Products Total (10^4 tons)
一.可供本地区消费的能源量	**Total Primary Energy Supply**	**59.89**	**1615.26**
1.一次能源生产量	Indigenous Production		3074.84
2.外省(区、市)调入量	Moving In from Other Provinces	75.60	4056.50
3.进口量	Import		1241.66
4.境内轮船和飞机在境外的加油量	Domestic Airplanes&Ships Refueling in Abroad		16.89
5.本省(区、市)调出量(-)	Sending Out to Other Provinces(-)	15.89	6702.86
6.出口量(-)	Export(-)		
7.境外轮船和飞机在境内的加油量(-)	Oversea Airplanes&Ships Refueling in China(-)		61.82
8.库存增(-)、减(+)量	Stock Change	0.18	-9.95
二.加工转换投入(-)产出(+)量	**Input(-) & Output(+) of Transformation**	**15.51**	**-117.46**
1.火力发电	Thermal Power		-27.51
2.供热	Heating Supply		-41.32
3.洗选煤	Coal Washing		
4.炼焦	Coking	15.51	
5.炼油及煤制油	Petroleum Refineries		258.43
#油品再投入量(-)	Petroleum Products Input (-)		-307.06
6.制气	Gas Works		
#焦炭再投入量(-)	Coke Input (-)		
7.天然气液化	Natural Gas Liquefaction		
8.煤制品加工	Briquettes		
9.回收能	Recovery of Energy		
三.损失量	**Loss**		**0.54**
四.终端消费量	**Total Final Consumption**	**75.40**	**1497.26**
1.农、林、牧、渔业	Agriculture, Forestry, Animal Husbandry and Fishery		27.67
2.工业	Industry	75.40	873.56
#用作原料、材料	Non-Energy Use	32.18	181.55
3.建筑业	Construction		108.95
4.交通运输、仓储和邮政业	Transport, Storage and Post		248.82
5.批发、零售业和住宿、餐饮业	Wholesale, Retail Trade and Hotel, Restaurants		21.16
6.其他	Others		59.60
7.生活消费	Residential Consumption		157.50
城镇	Urban		141.10
乡村	Rural		16.40
五.平衡差额	**Statistical Difference**		
六.消费量合计	**Total Energy Consumption**	**75.40**	**1615.26**

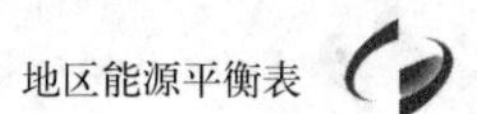

Continued 1

原油(万吨) Crude Oil (10^4 tons)	汽油(万吨) Gasoline (10^4 tons)	煤油(万吨) Kerosene (10^4 tons)	柴油(万吨) Diesel Oil (10^4 tons)	燃料油(万吨) Fuel Oil (10^4 tons)	石脑油(万吨) Naphtha (10^4 tons)	润滑油(万吨) Lubricants (10^4 tons)	石蜡(万吨) Paraffin Waxes (10^4 tons)	溶剂油(万吨) White Spirit (10^4 tons)
1603.17	**27.22**	**-74.29**	**-248.00**	**69.21**	**111.04**	**33.73**	**0.13**	**0.36**
3074.84								
	1516.46	13.27	2169.76	77.86	106.24	36.29	0.12	
1181.26		7.79	1.67	50.94				
		0.72		16.17				
2650.34	1484.09	82.81	2423.77	18.38				
		3.11	1.70	57.01				
-2.59	-5.15	-10.15	6.04	-0.37	4.80	-2.56	0.01	0.36
-1592.01	**199.59**	**134.14**	**579.08**	**-13.94**	**134.61**			**3.77**
-7.41			-0.36					
	-0.01		-2.99					
-1584.60	199.60	134.14	582.43	8.99	253.53			3.77
				-22.93	-118.92			
0.34								
10.82	**226.81**	**59.85**	**331.08**	**55.27**	**245.65**	**33.73**	**0.13**	**4.13**
	5.88		21.24			0.55		
10.82	10.95	0.38	45.94	3.22	245.65	33.18	0.13	4.13
0.13			1.22	0.01	149.23			
	14.70	0.07	90.23	3.50				
	31.30	58.28	111.52	47.61				
	7.27	0.80	12.12	0.22				
	17.69	0.32	40.36	0.72				
	139.02		9.67					
	131.23		8.69					
	7.79		0.98					
1603.17	**226.82**	**59.85**	**334.43**	**78.20**	**364.57**	**33.73**	**0.13**	**4.13**

6-2 续表 2

项目	Item	石油沥青(万吨) Bitumen Asphalt (10^4 tons)	石油焦(万吨) Petroleum Coke (10^4 tons)
一.可供本地区消费的能源量	**Total Primary Energy Supply**	**0.26**	**3.42**
1.一次能源生产量	Indigenous Production		
2.外省(区、市)调入量	Moving In from Other Provinces	0.29	6.15
3.进口量	Import		
4.境内轮船和飞机在境外的加油量	Domestic Airplanes&Ships Refueling in Abroad		
5.本省(区、市)调出量(-)	Sending Out to Other Provinces(-)		
6.出口量(-)	Export(-)		
7.境外轮船和飞机在境内的加油量(-)	Oversea Airplanes&Ships Refueling in China(-)		
8.库存增(-)、减(+)量	Stock Change	-0.03	-2.73
二.加工转换投入(-)产出(+)量	**Input(-) & Output(+) of Transformation**		**83.54**
1.火力发电	Thermal Power		-19.69
2.供热	Heating Supply		-37.95
3.洗选煤	Coal Washing		
4.炼焦	Coking		
5.炼油及煤制油	Petroleum Refineries		141.18
#油品再投入量(-)	Petroleum Products Input (-)		
6.制气	Gas Works		
#焦炭再投入量(-)	Coke Input (-)		
7.天然气液化	Natural Gas Liquefaction		
8.煤制品加工	Briquettes		
9.回收能	Recovery of Energy		
三.损失量	**Loss**		
四.终端消费量	**Total Final Consumption**	**0.26**	**86.96**
1.农、林、牧、渔业	Agriculture, Forestry, Animal Husbandry and Fishery		
2.工业	Industry	0.26	86.96
#用作原料、材料	Non-Energy Use		
3.建筑业	Construction		
4.交通运输、仓储和邮政业	Transport, Storage and Post		
5.批发、零售业和住宿、餐饮业	Wholesale, Retail Trade and Hotel, Restaurants		
6.其他	Others		
7.生活消费	Residential Consumption		
城镇	Urban		
乡村	Rural		
五.平衡差额	**Statistical Difference**		
六.消费量合计	**Total Energy Consumption**	**0.26**	**144.60**

Continued 2

液化石油气 (万吨) LPG (10⁴ tons)	炼厂干气 (万吨) Refinery Gas (10⁴ tons)	其他石油制品 (万吨) Other Petroleum Products (10⁴ tons)	天然气 (亿立方米) Natural Gas (10⁸ cu.m)	液化天然气 (万吨) LNG (10⁴ tons)	热力 (万百万千焦) Heat (10¹⁰ kJ)	电力 (亿千瓦小时) Electricity (10⁸ kW•h)	其他能源 (万吨标煤) Other Energy (10⁴ tce)
-25.35		**114.36**	**45.22**	**1.95**		**204.09**	**115.35**
			21.15			6.31	32.95
0.77		129.29	37.94	1.95		198.58	81.86
26.52		16.95	13.87			0.80	
0.40		2.02					0.54
75.86	**49.36**	**228.54**	**-8.48**	**0.94**	**19810.73**	**619.85**	**-36.78**
		-0.05	-2.78		-199.76	619.85	-26.19
	-0.01	-0.36	-3.08		19459.80		-10.59
76.15	49.37	393.87	-2.47				
-0.29		-164.92					
			-0.15	0.94			
					550.69		
0.20			**0.99**		**109.00**	**48.76**	
50.31	**49.36**	**342.90**	**35.75**	**2.89**	**19701.73**	**775.18**	**78.57**
						14.89	
39.68	49.36	342.90	21.03	1.95	9053.27	539.89	78.57
30.43		0.53	1.27	0.03			
0.45			0.05		78.22	13.52	
0.11			1.38	0.94	151.49	24.91	
0.75			6.81		390.31	32.39	
0.51			1.32		1301.81	71.48	
8.81			5.16		8726.63	78.10	
1.18			5.04		8726.63	58.44	
7.63			0.12			19.66	
50.80	**49.37**	**508.23**	**45.09**	**2.89**	**20010.49**	**823.94**	**115.35**

6-3 河北能源平衡表(实物量)-2014

项　　目	Item	煤合计 (万吨) Coal Total (10^4 tons)	原煤 (万吨) Raw Coal (10^4 tons)
一.可供本地区消费的能源量	**Total Primary Energy Supply**	**29635.54**	**29776.33**
1.一次能源生产量	Indigenous Production	7345.44	7345.44
2.外省(区、市)调入量	Moving In from Other Provinces	22467.90	21455.01
3.进口量	Import	1134.55	1134.55
4.境内轮船和飞机在境外的加油量	Domestic Airplanes&Ships Refueling in Abroad		
5.本省(区、市)调出量(-)	Sending Out to Other Provinces(-)	1309.82	
6.出口量(-)	Export(-)	95.24	95.24
7.境外轮船和飞机在境内的加油量(-)	Oversea Airplanes&Ships Refueling in China(-)		
8.库存增(-)、减(+)量	Stock Change	92.71	-63.43
二.加工转换投入(-)产出(+)量	**Input(-) & Output(+) of Transformation**	**-20259.50**	**-21722.48**
1.火力发电	Thermal Power	-9067.18	-8988.72
2.供热	Heating Supply	-1550.51	-1508.95
3.洗选煤	Coal Washing	-2045.75	-10962.51
4.炼焦	Coking	-7592.59	-53.93
5.炼油及煤制油	Petroleum Refineries	-0.37	-0.37
#油品再投入量(-)	Petroleum Products Input (-)		
6.制气	Gas Works		
#焦炭再投入量(-)	Coke Input (-)		
7.天然气液化	Natural Gas Liquefaction		
8.煤制品加工	Briquettes	-3.10	-208.00
9.回收能	Recovery of Energy		
三.损失量	**Loss**		
四.终端消费量	**Total Final Consumption**	**9376.04**	**8053.85**
1.农、林、牧、渔业	Agriculture, Forestry, Animal Husbandry and Fishery	134.60	134.60
2.工业	Industry	7256.48	5986.54
#用作原料、材料	Non-Energy Use	268.25	243.23
3.建筑业	Construction	15.83	15.83
4.交通运输、仓储和邮政业	Transport, Storage and Post	30.69	30.69
5.批发、零售业和住宿、餐饮业	Wholesale, Retail Trade and Hotel, Restaurants	118.28	117.28
6.其他	Others	229.91	229.91
7.生活消费	Residential Consumption	1590.25	1539.00
城镇	Urban	342.00	324.00
乡村	Rural	1248.25	1215.00
五.平衡差额	**Statistical Difference**		
六.消费量合计	**Total Energy Consumption**	**29635.54**	**29776.33**

Energy Balance of Hebei (Physical Quantity) -2014

洗精煤 (万吨) Cleaned Coal (10⁴ tons)	其他洗煤 (万吨) Other Washed Coal (10⁴ tons)	型煤 (万吨) Briquettes (10⁴ tons)	煤矸石 (万吨) Gangue (10⁴ tons)	焦炭 (万吨) Coke (10⁴ tons)	焦炉煤气 (亿立方米) Coke Oven Gas (10⁸ cu.m)	高炉煤气 (亿立方米) Blast Furnace Gas (10⁸ cu.m)	转炉煤气 (亿立方米) Converter Gas (10⁸ cu.m)	其他煤气 (亿立方米) Other Gas (10⁸ cu.m)
1324.76	**-1465.03**	**-0.52**		**2513.36**				
1012.89				2461.58				
	1309.82							
				0.09				
311.87	-155.21	-0.52		51.87				
-740.90	**1998.98**	**204.90**		**5610.25**	**106.06**	**1404.54**	**89.85**	**1.24**
	-78.46		-137.45		-19.86	-339.39	-32.48	
	-41.56		-55.44		-4.15	-228.87	-14.63	
6797.76	2119.01		192.89					
-7538.66				5613.84	130.07			
								1.24
				-3.59				
		204.90						
						1972.80	136.96	
583.86	**533.95**	**204.38**		**8123.61**	**106.06**	**1404.54**	**89.85**	**1.24**
583.86	533.95	152.13		8123.61	98.58	1404.54	89.85	1.24
24.58	0.21	0.23		32.20	1.20			
		1.00			0.64			
					1.81			
		51.25			5.03			
		18.00			5.03			
		33.25						
8122.52	**653.97**	**204.38**	**192.89**	**8127.20**	**130.07**	**1972.80**	**136.96**	**1.24**

6-3 续表 1

项　　目	Item	其他焦化产品(万吨) Other Coking Products (10^4 tons)	油品合计(万吨) Petroleum Products Total (10^4 tons)
一.可供本地区消费的能源量	**Total Primary Energy Supply**	**-213.09**	**1423.11**
1.一次能源生产量	Indigenous Production		592.33
2.外省(区、市)调入量	Moving In from Other Provinces		1364.01
3.进口量	Import	0.34	6.68
4.境内轮船和飞机在境外的加油量	Domestic Airplanes&Ships Refueling in Abroad		
5.本省(区、市)调出量(-)	Sending Out to Other Provinces(-)	209.99	458.95
6.出口量(-)	Export(-)		18.67
7.境外轮船和飞机在境内的加油量(-)	Oversea Airplanes&Ships Refueling in China(-)		
8.库存增(-)、减(+)量	Stock Change	-3.44	-62.29
二.加工转换投入(-)产出(+)量	**Input(-) & Output(+) of Transformation**	**374.26**	**-65.52**
1.火力发电	Thermal Power		-4.22
2.供热	Heating Supply		-3.02
3.洗选煤	Coal Washing		
4.炼焦	Coking	374.26	
5.炼油及煤制油	Petroleum Refineries		-58.28
#油品再投入量(-)	Petroleum Products Input (-)		
6.制气	Gas Works		
#焦炭再投入量(-)	Coke Input (-)		
7.天然气液化	Natural Gas Liquefaction		
8.煤制品加工	Briquettes		
9.回收能	Recovery of Energy		
三.损失量	**Loss**		**13.50**
四.终端消费量	**Total Final Consumption**	**161.17**	**1344.10**
1.农、林、牧、渔业	Agriculture, Forestry, Animal Husbandry and Fishery		155.46
2.工业	Industry	161.17	217.95
#用作原料、材料	Non-Energy Use	87.10	17.44
3.建筑业	Construction		91.67
4.交通运输、仓储和邮政业	Transport, Storage and Post		494.03
5.批发、零售业和住宿、餐饮业	Wholesale, Retail Trade and Hotel, Restaurants		28.31
6.其他	Others		107.22
7.生活消费	Residential Consumption		249.46
城镇	Urban		125.06
乡村	Rural		124.40
五.平衡差额	**Statistical Difference**		**-0.01**
六.消费量合计	**Total Energy Consumption**	**161.17**	**1423.12**

 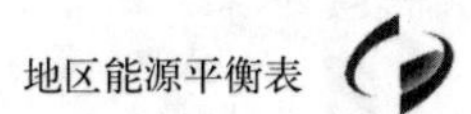

Continued 1

原油 (万吨) Crude Oil (10^4 tons)	汽油 (万吨) Gasoline (10^4 tons)	煤油 (万吨) Kerosene (10^4 tons)	柴油 (万吨) Diesel Oil (10^4 tons)	燃料油 (万吨) Fuel Oil (10^4 tons)	石脑油 (万吨) Naphtha (10^4 tons)	润滑油 (万吨) Lubricants (10^4 tons)	石蜡 (万吨) Paraffin Waxes (10^4 tons)	溶剂油 (万吨) White Spirit (10^4 tons)
1356.61	**-7.57**	**4.09**	**394.44**	**-100.30**	**-58.49**	**0.17**	**0.03**	**0.35**
592.33								
797.74	85.71	5.51	471.84			2.84	0.03	0.34
				0.11		0.16		0.01
	82.50		69.80	98.62	58.49	3.07		
				0.07				
-33.46	-10.78	-1.42	-7.60	-1.72		0.24		
-1327.89	**322.21**	**13.50**	**393.15**	**131.70**	**58.49**			
			-1.09	-0.02				
			-0.12	-0.55				
-1327.89	322.21	13.50	394.36	132.27	58.49			
13.50								
15.22	**314.64**	**17.59**	**787.59**	**31.40**		**0.17**	**0.03**	**0.35**
	47.55	0.52	105.23	0.87				
15.22	35.29	0.61	90.22	17.52		0.17	0.03	0.35
	3.99	0.01	0.26	0.06			0.02	0.23
	7.50	0.94	20.71	1.98				
	66.85	13.57	401.57	9.96				
	8.47	0.34	13.50	0.53				
	44.58	0.57	60.91	0.54				
	104.40	1.04	95.45					
	63.00		37.15					
	41.40	1.04	58.30					
1356.61	**314.64**	**17.59**	**788.80**	**31.97**		**0.17**	**0.03**	**0.35**

6-3 续表 2

项　　目	Item	石油沥青（万吨） Bitumen Asphalt (10^4 tons)	石油焦（万吨） Petroleum Coke (10^4 tons)
一.可供本地区消费的能源量	**Total Primary Energy Supply**	**-21.95**	**-30.16**
1.一次能源生产量	Indigenous Production		
2.外省(区、市)调入量	Moving In from Other Provinces		
3.进口量	Import	3.91	2.39
4.境内轮船和飞机在境外的加油量	Domestic Airplanes&Ships Refueling in Abroad		
5.本省(区、市)调出量(-)	Sending Out to Other Provinces(-)	2.32	28.00
6.出口量(-)	Export(-)	16.06	2.54
7.境外轮船和飞机在境内的加油量(-)	Oversea Airplanes&Ships Refueling in China(-)		
8.库存增(-)、减(+)量	Stock Change	-7.48	-2.01
二.加工转换投入(-)产出(+)量	**Input(-) & Output(+) of Transformation**	**62.98**	**36.71**
1.火力发电	Thermal Power		
2.供热	Heating Supply		
3.洗选煤	Coal Washing		
4.炼焦	Coking		
5.炼油及煤制油	Petroleum Refineries	62.98	36.71
#油品再投入量(-)	Petroleum Products Input (-)		
6.制气	Gas Works		
#焦炭再投入量(-)	Coke Input (-)		
7.天然气液化	Natural Gas Liquefaction		
8.煤制品加工	Briquettes		
9.回收能	Recovery of Energy		
三.损失量	**Loss**		
四.终端消费量	**Total Final Consumption**	**41.03**	**6.55**
1.农、林、牧、渔业	Agriculture, Forestry, Animal Husbandry and Fishery		
2.工业	Industry	0.92	6.55
#用作原料、材料	Non-Energy Use	0.42	
3.建筑业	Construction	40.11	
4.交通运输、仓储和邮政业	Transport, Storage and Post		
5.批发、零售业和住宿、餐饮业	Wholesale, Retail Trade and Hotel, Restaurants		
6.其他	Others		
7.生活消费	Residential Consumption		
城镇	Urban		
乡村	Rural		
五.平衡差额	**Statistical Difference**		
六.消费量合计	**Total Energy Consumption**	**41.03**	**6.55**

Continued 2

液化石油气 （万吨） LPG (10^4 tons)	炼厂干气 （万吨） Refinery Gas (10^4 tons)	其他石油制品 （万吨） Other Petroleum Products (10^4 tons)	天然气 （亿立方米） Natural Gas (10^8 cu.m)	液化天然气 （万吨） LNG (10^4 tons)	热力 （万百万千焦） Heat (10^{10} kJ)	电力 （亿千瓦小时） Electricity (10^8 kW•h)	其他能源 （万吨标煤） Other Energy (10^4 tce)
-29.29		**-84.82**	**55.31**	**5.55**		**1021.19**	
			17.50			186.16	
			37.79			835.03	
		0.10		5.57			
29.38		86.77		0.01			
0.09		1.85	0.02	-0.01			
88.62	**25.81**	**129.21**	**-3.57**	**7.31**	**33918.25**	**2292.92**	**22.75**
	-0.64	-2.47	-0.49		-5509.50	2292.92	-228.43
	-2.35		-2.10		30464.96		-12.15
88.62	28.80	131.68					
			-0.98	7.31			
					8962.79		263.33
						204.14	
59.33	**25.81**	**44.39**	**51.74**	**12.86**	**33918.25**	**3109.97**	**22.75**
1.29						95.87	
1.10	25.81	24.16	26.94	0.76	21962.79	2285.16	22.75
0.02		12.43	2.48	0.13			
0.20		20.23			79.40	35.20	
2.08			3.50	12.10	102.08	86.91	
5.47			6.50		1863.38	113.95	
0.62			2.80		2885.30	141.79	
48.57			12.00		7025.30	351.10	
24.91			11.80		7025.30	133.36	
23.66			0.20			217.74	
59.33	**28.80**	**46.86**	**54.30**	**12.86**	**39427.75**	**3314.11**	**263.33**

6-4 山西能源平衡表(实物量)-2014

项 目	Item	煤合计 (万吨) Coal Total (10^4 tons)	原煤 (万吨) Raw Coal (10^4 tons)
一.可供本地区消费的能源量	**Total Primary Energy Supply**	**37587.43**	**84055.80**
1.一次能源生产量	Indigenous Production	92793.60	92793.60
2.外省(区、市)调入量	Moving In from Other Provinces	9049.88	9049.88
3.进口量	Import		
4.境内轮船和飞机在境外的加油量	Domestic Airplanes&Ships Refueling in Abroad		
5.本省(区、市)调出量(-)	Sending Out to Other Provinces(-)	63187.08	17167.05
6.出口量(-)	Export(-)		
7.境外轮船和飞机在境内的加油量(-)	Oversea Airplanes&Ships Refueling in China(-)		
8.库存增(-)、减(+)量	Stock Change	-1068.97	-620.63
二.加工转换投入(-)产出(+)量	**Input(-) & Output(+) of Transformation**	**-30568.19**	**-78335.05**
1.火力发电	Thermal Power	-11597.30	-10924.36
2.供热	Heating Supply	-1169.86	-1105.46
3.洗选煤	Coal Washing	-5697.25	-66236.01
4.炼焦	Coking	-11970.64	-26.23
5.炼油及煤制油	Petroleum Refineries		
#油品再投入量(-)	Petroleum Products Input (-)		
6.制气	Gas Works	-43.30	-42.99
#焦炭再投入量(-)	Coke Input (-)		
7.天然气液化	Natural Gas Liquefaction		
8.煤制品加工	Briquettes	-89.84	
9.回收能	Recovery of Energy		
三.损失量	**Loss**		
四.终端消费量	**Total Final Consumption**	**7019.24**	**5720.75**
1.农、林、牧、渔业	Agriculture, Forestry, Animal Husbandry and Fishery	186.35	186.35
2.工业	Industry	5333.10	4584.75
#用作原料、材料	Non-Energy Use	688.35	591.48
3.建筑业	Construction	66.66	66.66
4.交通运输、仓储和邮政业	Transport, Storage and Post	56.45	56.45
5.批发、零售业和住宿、餐饮业	Wholesale, Retail Trade and Hotel, Restaurants	183.50	183.50
6.其他	Others	215.57	215.57
7.生活消费	Residential Consumption	977.61	427.47
城镇	Urban	338.90	129.37
乡村	Rural	638.71	298.10
五.平衡差额	**Statistical Difference**		
六.消费量合计	**Total Energy Consumption**	**37587.43**	**84055.80**

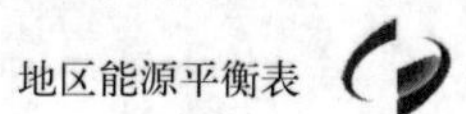

Energy Balance of Shanxi (Physical Quantity) -2014

洗精煤 (万吨) Cleaned Coal (10^4 tons)	其他洗煤 (万吨) Other Washed Coal (10^4 tons)	型煤 (万吨) Briquettes (10^4 tons)	煤矸石 (万吨) Gangue (10^4 tons)	焦炭 (万吨) Coke (10^4 tons)	焦炉煤气 (亿立方米) Coke Oven Gas (10^8 cu.m)	高炉煤气 (亿立方米) Blast Furnace Gas (10^8 cu.m)	转炉煤气 (亿立方米) Converter Gas (10^8 cu.m)	其他煤气 (亿立方米) Other Gas (10^8 cu.m)
-23634.91	**-22835.06**	**1.60**		**-6588.15**				
23399.83	22620.20			7281.18				
-235.08	-214.86	1.60		693.03				
24014.11	**23587.52**	**165.23**	**56.49**	**8765.84**	**151.78**	**296.64**	**14.20**	**8.46**
-11.09	-661.85		-1156.42		-17.86	-45.09	-0.91	
	-64.40		-115.79		-1.35	-20.07		
35974.94	24563.82		1328.70					
-11943.36	-1.05			8765.84	170.99			
-0.21		-0.10						8.46
-6.17	-249.00	165.33						
						361.80	15.11	
379.20	**752.46**	**166.83**	**56.49**	**2177.69**	**151.78**	**296.64**	**14.20**	**8.46**
379.20	263.62	105.53	56.49	2177.20	140.49	296.64	14.20	8.46
50.12	2.36	44.39		39.02	7.41			
				0.03				
				0.46	1.89			
	488.84	61.30			9.40			
	189.43	20.10			8.81			
	299.41	41.20			0.59			
12340.03	**1728.76**	**166.93**	**1328.70**	**2177.69**	**170.99**	**361.80**	**15.11**	**8.46**

6-4 续表 1

项目	Item	其他焦化产品(万吨) Other Coking Products (10^4 tons)	油品合计(万吨) Petroleum Products Total (10^4 tons)
一.可供本地区消费的能源量	**Total Primary Energy Supply**	**-208.68**	**746.91**
1.一次能源生产量	Indigenous Production		
2.外省(区、市)调入量	Moving In from Other Provinces		746.43
3.进口量	Import		
4.境内轮船和飞机在境外的加油量	Domestic Airplanes&Ships Refueling in Abroad		
5.本省(区、市)调出量(-)	Sending Out to Other Provinces(-)	208.77	
6.出口量(-)	Export(-)		
7.境外轮船和飞机在境内的加油量(-)	Oversea Airplanes&Ships Refueling in China(-)		
8.库存增(-)、减(+)量	Stock Change	0.09	0.48
二.加工转换投入(-)产出(+)量	**Input(-) & Output(+) of Transformation**	**366.67**	
1.火力发电	Thermal Power		
2.供热	Heating Supply		
3.洗选煤	Coal Washing		
4.炼焦	Coking	366.67	
5.炼油及煤制油	Petroleum Refineries		
#油品再投入量(-)	Petroleum Products Input (-)		
6.制气	Gas Works		
#焦炭再投入量(-)	Coke Input (-)		
7.天然气液化	Natural Gas Liquefaction		
8.煤制品加工	Briquettes		
9.回收能	Recovery of Energy		
三.损失量	**Loss**		**1.19**
四.终端消费量	**Total Final Consumption**	**157.99**	**745.72**
1.农、林、牧、渔业	Agriculture, Forestry, Animal Husbandry and Fishery		39.86
2.工业	Industry	157.99	106.95
#用作原料、材料	Non-Energy Use		
3.建筑业	Construction		30.95
4.交通运输、仓储和邮政业	Transport, Storage and Post		487.51
5.批发、零售业和住宿、餐饮业	Wholesale, Retail Trade and Hotel, Restaurants		10.74
6.其他	Others		17.94
7.生活消费	Residential Consumption		51.77
城镇	Urban		24.53
乡村	Rural		27.24
五.平衡差额	**Statistical Difference**		
六.消费量合计	**Total Energy Consumption**	**157.99**	**746.91**

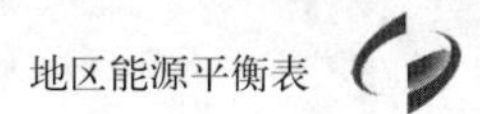

Continued 1

原油（万吨） Crude Oil (10^4 tons)	汽油（万吨） Gasoline (10^4 tons)	煤油（万吨） Kerosene (10^4 tons)	柴油（万吨） Diesel Oil (10^4 tons)	燃料油（万吨） Fuel Oil (10^4 tons)	石脑油（万吨） Naphtha (10^4 tons)	润滑油（万吨） Lubricants (10^4 tons)	石蜡（万吨） Paraffin Waxes (10^4 tons)	溶剂油（万吨） White Spirit (10^4 tons)
	202.32	**20.93**	**497.55**	**2.24**				
	203.48	22.34	494.41	2.30				
	-1.16	-1.41	3.14	-0.06				
	0.54		**0.65**					
	201.78	**20.93**	**496.90**	**2.24**				
	18.47		21.39					
	13.30	0.75	81.35	2.24				
	11.87	0.54	18.54					
	109.23	19.54	358.59					
	4.24	0.10	5.01					
	12.15		5.79					
	32.52		6.23					
	13.90		1.84					
	18.62		4.39					
	202.32	**20.93**	**497.55**	**2.24**				

6-4 续表 2

项　　目	Item	石油沥青(万吨) Bitumen Asphalt (10^4 tons)	石油焦(万吨) Petroleum Coke (10^4 tons)
一.可供本地区消费的能源量	**Total Primary Energy Supply**		
1.一次能源生产量	Indigenous Production		
2.外省(区、市)调入量	Moving In from Other Provinces		
3.进口量	Import		
4.境内轮船和飞机在境外的加油量	Domestic Airplanes&Ships Refueling in Abroad		
5.本省(区、市)调出量(−)	Sending Out to Other Provinces(-)		
6.出口量(−)	Export(-)		
7.境外轮船和飞机在境内的加油量(−)	Oversea Airplanes&Ships Refueling in China(-)		
8.库存增(−)、减(+)量	Stock Change		
二.加工转换投入(−)产出(+)量	**Input(-) & Output(+) of Transformation**		
1.火力发电	Thermal Power		
2.供热	Heating Supply		
3.洗选煤	Coal Washing		
4.炼焦	Coking		
5.炼油及煤制油	Petroleum Refineries		
#油品再投入量(−)	Petroleum Products Input (-)		
6.制气	Gas Works		
#焦炭再投入量(−)	Coke Input (-)		
7.天然气液化	Natural Gas Liquefaction		
8.煤制品加工	Briquettes		
9.回收能	Recovery of Energy		
三.损失量	**Loss**		
四.终端消费量	**Total Final Consumption**		
1.农、林、牧、渔业	Agriculture, Forestry, Animal Husbandry and Fishery		
2.工业	Industry		
#用作原料、材料	Non-Energy Use		
3.建筑业	Construction		
4.交通运输、仓储和邮政业	Transport, Storage and Post		
5.批发、零售业和住宿、餐饮业	Wholesale, Retail Trade and Hotel, Restaurants		
6.其他	Others		
7.生活消费	Residential Consumption		
城镇	Urban		
乡村	Rural		
五.平衡差额	**Statistical Difference**		
六.消费量合计	**Total Energy Consumption**		

Continued 2

液化石油气 (万吨) LPG (10⁴ tons)	炼厂干气 (万吨) Refinery Gas (10^4 tons)	其他石油制品 (万吨) Other Petroleum Products (10^4 tons)	天然气 (亿立方米) Natural Gas (10^8 cu.m)	液化天然气 (万吨) LNG (10^4 tons)	热力 (万百万千焦) Heat (10^{10} kJ)	电力 (亿千瓦小时) Electricity (10^8 kW•h)	其他能源 (万吨标煤) Other Energy (10^4 tce)
14.78		**9.09**	**50.28**	**0.48**		**-719.15**	**136.39**
			31.60			101.03	
14.68		9.22	23.00	0.48		30.77	136.39
			4.32			850.95	
0.10		-0.13					
			-7.21		**23610.24**	**2546.01**	**-130.88**
			-7.06		-3079.92	2546.01	-124.04
			-0.15		19810.62		-6.84
					6879.54		
						100.72	
14.78		**9.09**	**43.07**	**0.48**	**23610.24**	**1726.14**	**5.51**
			0.01			37.85	
0.22		9.09	20.55	0.09	13383.09	1355.65	5.51
			0.15				
			0.29		55.36	19.33	
0.15			6.47			58.79	
1.39			3.48	0.39	1920.27	31.86	
			1.26		1216.07	69.40	
13.02			11.01		7035.45	153.26	
8.79			10.49		7035.45	96.25	
4.23			0.52			57.01	
14.78		**9.09**	**50.28**	**0.48**	**26690.16**	**1826.86**	**136.39**

6-5 内蒙古能源平衡表(实物量)-2014

项目	Item	煤合计(万吨) Coal Total (10^4 tons)	原煤(万吨) Raw Coal (10^4 tons)
一.可供本地区消费的能源量	**Total Primary Energy Supply**	**36465.97**	**42741.24**
1.一次能源生产量	Indigenous Production	99391.27	99391.27
2.外省(区、市)调入量	Moving In from Other Provinces	1083.79	1048.34
3.进口量	Import	1670.72	1670.72
4.境内轮船和飞机在境外的加油量	Domestic Airplanes&Ships Refueling in Abroad		
5.本省(区、市)调出量(-)	Sending Out to Other Provinces(-)	63892.30	58241.21
6.出口量(-)	Export(-)	160.64	160.64
7.境外轮船和飞机在境内的加油量(-)	Oversea Airplanes&Ships Refueling in China(-)		
8.库存增(-)、减(+)量	Stock Change	-1626.87	-967.24
二.加工转换投入(-)产出(+)量	**Input(-) & Output(+) of Transformation**	**-29449.20**	**-36106.69**
1.火力发电	Thermal Power	-19366.50	-19344.71
2.供热	Heating Supply	-2320.41	-2303.54
3.洗选煤	Coal Washing	-2652.55	-13818.71
4.炼焦	Coking	-4732.18	-453.60
5.炼油及煤制油	Petroleum Refineries	-377.56	-186.13
#油品再投入量(-)	Petroleum Products Input (-)		
6.制气	Gas Works		
#焦炭再投入量(-)	Coke Input (-)		
7.天然气液化	Natural Gas Liquefaction		
8.煤制品加工	Briquettes		
9.回收能	Recovery of Energy		
三.损失量	**Loss**		
四.终端消费量	**Total Final Consumption**	**7016.77**	**6634.55**
1.农、林、牧、渔业	Agriculture, Forestry, Animal Husbandry and Fishery	504.14	440.93
2.工业	Industry	3578.52	3496.56
#用作原料、材料	Non-Energy Use	984.04	952.98
3.建筑业	Construction	194.05	175.23
4.交通运输、仓储和邮政业	Transport, Storage and Post	636.20	556.82
5.批发、零售业和住宿、餐饮业	Wholesale, Retail Trade and Hotel, Restaurants	988.54	910.45
6.其他	Others	797.14	768.85
7.生活消费	Residential Consumption	318.18	285.71
城镇	Urban	59.74	50.02
乡村	Rural	258.44	235.69
五.平衡差额	**Statistical Difference**		
六.消费量合计	**Total Energy Consumption**	**36465.97**	**42741.24**

Energy Balance of Inner Mongolia (Physical Quantity) -2014

洗精煤 (万吨) Cleaned Coal (10^4 tons)	其他洗煤 (万吨) Other Washed Coal (10^4 tons)	型煤 (万吨) Briquettes (10^4 tons)	煤矸石 (万吨) Gangue (10^4 tons)	焦炭 (万吨) Coke (10^4 tons)	焦炉煤气 (亿立方米) Coke Oven Gas (10^8 cu.m)	高炉煤气 (亿立方米) Blast Furnace Gas (10^8 cu.m)	转炉煤气 (亿立方米) Converter Gas (10^8 cu.m)	其他煤气 (亿立方米) Other Gas (10^8 cu.m)
-1755.59	**-4555.32**	**35.64**		**-1952.28**				**0.24**
		35.45						0.24
1298.85	4352.24			1816.94				
				0.50				
-456.74	-203.08	0.19		-134.84				
1781.85	**4878.06**	**-2.42**		**3445.94**	**42.52**	**104.50**	**4.33**	
	-19.37	-2.42	-900.46		-5.53	-47.85		
	-16.87		-84.00		-1.43	-12.74	-5.45	
6228.95	4937.21		984.46					
-4267.20	-11.38			3445.94	49.70			
-179.90	-11.53							
					-0.22			
						165.09	9.78	
26.26	**322.74**	**33.22**		**1493.66**	**42.52**	**104.50**	**4.33**	**0.24**
	63.21							
26.00	22.74	33.22		1493.66	42.17	104.50	4.33	0.24
3.90	4.93	22.23		364.57	0.22			
	18.82							
0.26	79.12							
	78.09							
	28.29							
	32.47				0.35			
	9.72				0.35			
	22.75							
4473.36	**381.89**	**35.64**	**984.46**	**1493.66**	**49.48**	**165.09**	**9.78**	**0.24**

6-5 续表 1

项　　目	Item	其他焦化产品(万吨) Other Coking Products (10^4 tons)	油品合计(万吨) Petroleum Products Total (10^4 tons)
一.可供本地区消费的能源量	**Total Primary Energy Supply**	**91.85**	**967.44**
1.一次能源生产量	Indigenous Production		193.21
2.外省(区、市)调入量	Moving In from Other Provinces	91.02	879.22
3.进口量	Import		41.46
4.境内轮船和飞机在境外的加油量	Domestic Airplanes&Ships Refueling in Abroad		
5.本省(区、市)调出量(-)	Sending Out to Other Provinces(-)		144.87
6.出口量(-)	Export(-)		
7.境外轮船和飞机在境内的加油量(-)	Oversea Airplanes&Ships Refueling in China(-)		
8.库存增(-)、减(+)量	Stock Change	0.83	-1.58
二.加工转换投入(-)产出(+)量	**Input(-) & Output(+) of Transformation**	**150.24**	**101.37**
1.火力发电	Thermal Power		-1.42
2.供热	Heating Supply		-0.05
3.洗选煤	Coal Washing		
4.炼焦	Coking	154.74	
5.炼油及煤制油	Petroleum Refineries	-4.50	137.62
#油品再投入量(-)	Petroleum Products Input (-)		-34.78
6.制气	Gas Works		
#焦炭再投入量(-)	Coke Input (-)		
7.天然气液化	Natural Gas Liquefaction		
8.煤制品加工	Briquettes		
9.回收能	Recovery of Energy		
三.损失量	**Loss**		
四.终端消费量	**Total Final Consumption**	**242.09**	**1068.81**
1.农、林、牧、渔业	Agriculture, Forestry, Animal Husbandry and Fishery		67.12
2.工业	Industry	242.09	202.31
#用作原料、材料	Non-Energy Use	5.09	5.89
3.建筑业	Construction		139.88
4.交通运输、仓储和邮政业	Transport, Storage and Post		411.62
5.批发、零售业和住宿、餐饮业	Wholesale, Retail Trade and Hotel, Restaurants		17.42
6.其他	Others		109.30
7.生活消费	Residential Consumption		121.16
城镇	Urban		83.39
乡村	Rural		37.77
五.平衡差额	**Statistical Difference**		
六.消费量合计	**Total Energy Consumption**	**246.59**	**967.44**

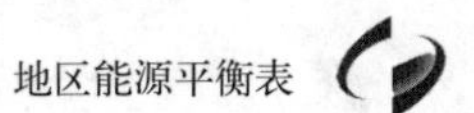

Continued 1

原油 (万吨) Crude Oil (10⁴ tons)	汽油 (万吨) Gasoline (10⁴ tons)	煤油 (万吨) Kerosene (10⁴ tons)	柴油 (万吨) Diesel Oil (10⁴ tons)	燃料油 (万吨) Fuel Oil (10⁴ tons)	石脑油 (万吨) Naphtha (10⁴ tons)	润滑油 (万吨) Lubricants (10⁴ tons)	石蜡 (万吨) Paraffin Waxes (10⁴ tons)	溶剂油 (万吨) White Spirit (10⁴ tons)
411.36	**119.79**	**20.61**	**367.84**	**-3.05**	**-33.29**	**0.07**	**-10.96**	**-1.32**
193.21								
209.23	153.11	20.97	370.80					
5.22				30.98		5.26		
	27.09			35.56	32.74	5.34	10.96	1.37
3.70	-6.23	-0.36	-2.96	1.53	-0.55	0.15		0.05
-405.22	**151.87**	**7.75**	**208.72**	**7.87**	**33.29**		**10.99**	**1.35**
-0.01			-0.64	-0.10				
			-0.05					
-405.21	151.87	7.75	209.41	7.97	33.29		10.99	1.35
6.14	**271.66**	**28.36**	**576.56**	**4.82**		**0.07**	**0.03**	**0.03**
	6.40		60.72					
6.14	14.62	0.23	125.77	4.76		0.07	0.03	0.03
	0.03	0.02	5.56					
	8.56		18.50					
	127.24	28.13	255.49	0.06				
	6.77		9.71					
	48.36		60.13					
	59.71		46.24					
	41.71		32.56					
	18.00		13.68					
411.36	**271.66**	**28.36**	**577.25**	**4.92**		**0.07**	**0.03**	**0.03**

6–5 续表 2

项　　目	Item	石油沥青(万吨) Bitumen Asphalt (10^4 tons)	石油焦(万吨) Petroleum Coke (10^4 tons)
一.可供本地区消费的能源量	**Total Primary Energy Supply**	**83.02**	**45.37**
1.一次能源生产量	Indigenous Production		
2.外省(区、市)调入量	Moving In from Other Provinces	80.84	44.27
3.进口量	Import		
4.境内轮船和飞机在境外的加油量	Domestic Airplanes&Ships Refueling in Abroad		
5.本省(区、市)调出量(−)	Sending Out to Other Provinces(-)		
6.出口量(−)	Export(-)		
7.境外轮船和飞机在境内的加油量(−)	Oversea Airplanes&Ships Refueling in China(-)		
8.库存增(−)、减(+)量	Stock Change	2.18	1.10
二.加工转换投入(−)产出(+)量	**Input(-) & Output(+) of Transformation**	**16.11**	
1.火力发电	Thermal Power		
2.供热	Heating Supply		
3.洗选煤	Coal Washing		
4.炼焦	Coking		
5.炼油及煤制油	Petroleum Refineries	16.11	
#油品再投入量(−)	Petroleum Products Input (-)		
6.制气	Gas Works		
#焦炭再投入量(−)	Coke Input (-)		
7.天然气液化	Natural Gas Liquefaction		
8.煤制品加工	Briquettes		
9.回收能	Recovery of Energy		
三.损失量	**Loss**		
四.终端消费量	**Total Final Consumption**	**99.13**	**45.37**
1.农、林、牧、渔业	Agriculture, Forestry, Animal Husbandry and Fishery		
2.工业	Industry	4.66	45.37
#用作原料、材料	Non-Energy Use	0.18	0.10
3.建筑业	Construction	94.47	
4.交通运输、仓储和邮政业	Transport, Storage and Post		
5.批发、零售业和住宿、餐饮业	Wholesale, Retail Trade and Hotel, Restaurants		
6.其他	Others		
7.生活消费	Residential Consumption		
城镇	Urban		
乡村	Rural		
五.平衡差额	**Statistical Difference**		
六.消费量合计	**Total Energy Consumption**	**99.13**	**45.37**

Continued 2

液化石油气 (万吨) LPG (10^4 tons)	炼厂干气 (万吨) Refinery Gas (10^4 tons)	其他石油制品 (万吨) Other Petroleum Products (10^4 tons)	天然气 (亿立方米) Natural Gas (10^8 cu.m)	液化天然气 (万吨) LNG (10^4 tons)	热力 (万百万千焦) Heat (10^{10} kJ)	电力 (亿千瓦小时) Electricity (10^8 kW•h)	其他能源 (万吨标煤) Other Energy (10^4 tce)
-17.17		**-14.83**	**56.74**	**-88.49**		**-1000.34**	**57.73**
			281.29			443.51	
						16.48	57.73
16.96		14.85	224.55	88.29		1450.31	
						10.02	
-0.21		0.02		-0.20			
35.18		**33.46**	**-13.96**	**88.81**	**29234.17**	**3417.08**	**-30.72**
		-0.67	-0.34		-1191.38	3417.08	-24.77
			-0.26		29157.56		-5.95
35.18		68.91					
		-34.78					
			-13.36	88.81			
					1267.99		
18.01		**18.63**	**42.78**	**0.32**	**29234.17**	**2416.74**	**27.01**
					28.55	38.85	
0.35		0.28	28.64	0.32	5498.17	2140.34	27.01
			12.31				0.09
		18.35			173.12	11.18	
0.70			4.54		570.25	23.24	
0.94			3.90		1197.96	41.34	
0.81			3.02		2230.90	41.25	
15.21			2.68		19535.22	120.54	
9.12			2.68		19535.22	86.88	
6.09						33.66	
18.01		**54.08**	**44.48**	**0.32**	**30425.55**	**2416.74**	**57.73**

6-6 辽宁能源平衡表(实物量)-2014

项　　目	Item	煤合计(万吨) Coal Total (10^4 tons)	原煤(万吨) Raw Coal (10^4 tons)
一.可供本地区消费的能源量	**Total Primary Energy Supply**	**18002.27**	**16383.25**
1.一次能源生产量	Indigenous Production	5001.07	5001.07
2.外省(区、市)调入量	Moving In from Other Provinces	11973.59	10039.21
3.进口量	Import	1393.68	754.41
4.境内轮船和飞机在境外的加油量	Domestic Airplanes&Ships Refueling in Abroad		
5.本省(区、市)调出量(-)	Sending Out to Other Provinces(-)	1302.26	
6.出口量(-)	Export(-)	2.40	1.37
7.境外轮船和飞机在境内的加油量(-)	Oversea Airplanes&Ships Refueling in China(-)		
8.库存增(-)、减(+)量	Stock Change	938.59	589.93
二.加工转换投入(-)产出(+)量	**Input(-) & Output(+) of Transformation**	**-13551.82**	**-12839.86**
1.火力发电	Thermal Power	-6904.35	-6855.54
2.供热	Heating Supply	-2844.32	-2786.19
3.洗选煤	Coal Washing	-808.97	-3149.82
4.炼焦	Coking	-2947.56	
5.炼油及煤制油	Petroleum Refineries		
#油品再投入量(-)	Petroleum Products Input (-)		
6.制气	Gas Works	-46.98	-46.98
#焦炭再投入量(-)	Coke Input (-)		
7.天然气液化	Natural Gas Liquefaction		
8.煤制品加工	Briquettes	0.36	-1.33
9.回收能	Recovery of Energy		
三.损失量	**Loss**	**12.00**	
四.终端消费量	**Total Final Consumption**	**4438.45**	**3543.39**
1.农、林、牧、渔业	Agriculture, Forestry, Animal Husbandry and Fishery	21.01	21.01
2.工业	Industry	3815.20	3120.75
#用作原料、材料	Non-Energy Use	89.66	84.20
3.建筑业	Construction	11.59	11.59
4.交通运输、仓储和邮政业	Transport, Storage and Post	76.00	76.00
5.批发、零售业和住宿、餐饮业	Wholesale, Retail Trade and Hotel, Restaurants	56.51	56.51
6.其他	Others	66.78	66.78
7.生活消费	Residential Consumption	391.36	190.75
城镇	Urban	194.61	91.50
乡村	Rural	196.75	99.25
五.平衡差额	**Statistical Difference**		
六.消费量合计	**Total Energy Consumption**	**18002.27**	**16383.25**

Energy Balance of Liaoning (Physical Quantity) -2014

洗精煤 (万吨) Cleaned Coal (10^4 tons)	其他洗煤 (万吨) Other Washed Coal (10^4 tons)	型煤 (万吨) Briquettes (10^4 tons)	煤矸石 (万吨) Gangue (10^4 tons)	焦炭 (万吨) Coke (10^4 tons)	焦炉煤气 (亿立方米) Coke Oven Gas (10^8 cu.m)	高炉煤气 (亿立方米) Blast Furnace Gas (10^8 cu.m)	转炉煤气 (亿立方米) Converter Gas (10^8 cu.m)	其他煤气 (亿立方米) Other Gas (10^8 cu.m)
2873.33	**-1277.84**	**23.53**	**403.13**	**1155.48**				
1910.95		23.43	403.13	1175.78				
638.21		1.06		0.30				
	1302.26							
		1.03		7.55				
324.17	24.42	0.07		-13.05				
-2391.83	**1678.18**	**1.69**	**-393.02**	**2133.43**	**62.18**	**529.36**	**32.13**	**11.60**
	-48.81		-288.92	-5.03	-11.03	-149.04	-10.25	
-11.99	-46.14		-165.86	-1.28	-8.17	-86.32	-9.54	
567.72	1773.13		61.76					
-2947.56				2141.46	81.38			
								11.60
				-1.72				
		1.69						
						764.72	51.92	
	12.00							
481.50	**388.34**	**25.22**	**10.11**	**3288.91**	**62.18**	**529.36**	**32.13**	**11.60**
481.50	203.34	9.61	10.11	3288.91	52.00	529.36	32.13	8.20
1.74		3.72	0.11	13.89				
								0.88
	185.00	15.61			10.18			2.52
	100.00	3.11			10.18			2.51
	85.00	12.50						0.01
3441.05	**495.29**	**25.22**	**464.89**	**3296.94**	**81.38**	**764.72**	**51.92**	**11.60**

6-6 续表 1

项　　目	Item	其他焦化产品 (万吨) Other Coking Products (10^4 tons)	油品合计 (万吨) Petroleum Products Total (10^4 tons)
一.可供本地区消费的能源量	**Total Primary Energy Supply**	**-32.62**	**4083.52**
1.一次能源生产量	Indigenous Production		1021.89
2.外省(区、市)调入量	Moving In from Other Provinces		5644.45
3.进口量	Import		2054.26
4.境内轮船和飞机在境外的加油量	Domestic Airplanes&Ships Refueling in Abroad		39.41
5.本省(区、市)调出量(-)	Sending Out to Other Provinces(-)	8.92	4025.78
6.出口量(-)	Export(-)	14.32	622.17
7.境外轮船和飞机在境内的加油量(-)	Oversea Airplanes&Ships Refueling in China(-)		31.46
8.库存增(-)、减(+)量	Stock Change	-9.38	2.92
二.加工转换投入(-)产出(+)量	**Input(-) & Output(+) of Transformation**	**92.43**	**-333.45**
1.火力发电	Thermal Power		-7.39
2.供热	Heating Supply	-0.39	-35.62
3.洗选煤	Coal Washing		
4.炼焦	Coking	92.82	
5.炼油及煤制油	Petroleum Refineries		234.58
#油品再投入量(-)	Petroleum Products Input (-)		-518.50
6.制气	Gas Works		-6.52
#焦炭再投入量(-)	Coke Input (-)		
7.天然气液化	Natural Gas Liquefaction		
8.煤制品加工	Briquettes		
9.回收能	Recovery of Energy		
三.损失量	**Loss**		**35.19**
四.终端消费量	**Total Final Consumption**	**59.81**	**3714.88**
1.农、林、牧、渔业	Agriculture, Forestry, Animal Husbandry and Fishery		160.06
2.工业	Industry	59.81	1580.58
#用作原料、材料	Non-Energy Use	31.68	457.42
3.建筑业	Construction		179.76
4.交通运输、仓储和邮政业	Transport, Storage and Post		1087.18
5.批发、零售业和住宿、餐饮业	Wholesale, Retail Trade and Hotel, Restaurants		53.88
6.其他	Others		417.62
7.生活消费	Residential Consumption		235.80
城镇	Urban		185.27
乡村	Rural		50.53
五.平衡差额	**Statistical Difference**		
六.消费量合计	**Total Energy Consumption**	**60.20**	**4083.52**

Continued 1

原油(万吨) Crude Oil (10^4 tons)	汽油(万吨) Gasoline (10^4 tons)	煤油(万吨) Kerosene (10^4 tons)	柴油(万吨) Diesel Oil (10^4 tons)	燃料油(万吨) Fuel Oil (10^4 tons)	石脑油(万吨) Naphtha (10^4 tons)	润滑油(万吨) Lubricants (10^4 tons)	石蜡(万吨) Paraffin Waxes (10^4 tons)	溶剂油(万吨) White Spirit (10^4 tons)
6364.79	**-352.93**	**-350.75**	**-1270.87**	**65.66**	**-1.27**	**-113.94**	**-31.11**	**0.15**
1021.89								
3483.89	744.85	45.38	770.88	80.75		0.82		
1857.60		0.08	1.26	15.80	149.31	8.13	1.33	
		4.51		34.90				
13.00	804.30	252.58	1944.78	9.82	143.06	126.09		
23.97	265.23	145.36	84.80	26.20	12.24	1.13	32.46	
		1.84	2.51	27.11				
38.38	-28.25	-0.94	-10.92	-2.66	4.72	4.33	0.02	0.15
-6328.50	**1057.66**	**380.50**	**2330.47**	**244.49**	**494.71**	**131.91**	**56.58**	**0.42**
-1.20			-0.44	-5.09				
-0.70			-0.12	-29.17				
-6326.60	1057.66	380.50	2331.03	297.25	494.71	131.91	56.58	0.42
				-18.50				
30.00	**5.19**							
6.29	**699.54**	**29.75**	**1059.60**	**310.15**	**493.44**	**17.97**	**25.47**	**0.57**
	64.32		95.73					
6.29	80.92	5.56	167.14	128.64	493.44	17.97	25.47	0.57
	0.10	0.22	0.36	0.30	383.00	0.31		0.01
	10.28	0.66	26.31					
	301.54	22.76	580.70	180.93				
	19.87	0.12	8.56	0.21				
	110.05	0.65	126.00	0.37				
	112.56		55.16					
	88.56		40.53					
	24.00		14.63					
6364.79	**704.73**	**29.75**	**1060.16**	**362.91**	**493.44**	**17.97**	**25.47**	**0.57**

6-6 续表 2

项　　目	Item	石油沥青(万吨) Bitumen Asphalt (10^4 tons)	石油焦(万吨) Petroleum Coke (10^4 tons)
一.可供本地区消费的能源量	**Total Primary Energy Supply**	**-229.76**	**-12.38**
1.一次能源生产量	Indigenous Production		
2.外省(区、市)调入量	Moving In from Other Provinces		
3.进口量	Import	1.07	19.09
4.境内轮船和飞机在境外的加油量	Domestic Airplanes&Ships Refueling in Abroad		
5.本省(区、市)调出量(-)	Sending Out to Other Provinces(-)	232.55	
6.出口量(-)	Export(-)	0.19	30.49
7.境外轮船和飞机在境内的加油量(-)	Oversea Airplanes&Ships Refueling in China(-)		
8.库存增(-)、减(+)量	Stock Change	1.91	-0.98
二.加工转换投入(-)产出(+)量	**Input(-) & Output(+) of Transformation**	**541.74**	**214.68**
1.火力发电	Thermal Power		
2.供热	Heating Supply		
3.洗选煤	Coal Washing		
4.炼焦	Coking		
5.炼油及煤制油	Petroleum Refineries	541.74	214.68
#油品再投入量(-)	Petroleum Products Input (-)		
6.制气	Gas Works		
#焦炭再投入量(-)	Coke Input (-)		
7.天然气液化	Natural Gas Liquefaction		
8.煤制品加工	Briquettes		
9.回收能	Recovery of Energy		
三.损失量	**Loss**		
四.终端消费量	**Total Final Consumption**	**311.98**	**202.30**
1.农、林、牧、渔业	Agriculture, Forestry, Animal Husbandry and Fishery		
2.工业	Industry	5.67	202.30
#用作原料、材料	Non-Energy Use	0.34	12.33
3.建筑业	Construction	140.53	
4.交通运输、仓储和邮政业	Transport, Storage and Post		
5.批发、零售业和住宿、餐饮业	Wholesale, Retail Trade and Hotel, Restaurants		
6.其他	Others	165.78	
7.生活消费	Residential Consumption		
城镇	Urban		
乡村	Rural		
五.平衡差额	**Statistical Difference**		
六.消费量合计	**Total Energy Consumption**	**311.98**	**202.30**

Continued 2

液化石油气 (万吨) LPG (10^4 tons)	炼厂干气 (万吨) Refinery Gas (10^4 tons)	其他石油制品 (万吨) Other Petroleum Products (10^4 tons)	天然气 (亿立方米) Natural Gas (10^8 cu.m)	液化天然气 (万吨) LNG (10^4 tons)	热力 (万百万千焦) Heat (10^{10} kJ)	电力 (亿千瓦小时) Electricity (10^8 kW•h)	其他能源 (万吨标煤) Other Energy (10^4 tce)
-0.97		**16.90**	**54.82**	**211.46**		**687.72**	**63.49**
			8.10			266.30	58.64
0.07		517.81	46.72			636.13	0.08
		0.59		212.51			1.40
		499.60				214.71	0.75
		0.10					
-1.04		-1.80		-1.05			4.12
180.73	**181.67**	**179.49**	**-1.30**	**3.31**	**46701.22**	**1351.01**	**-8.60**
	-0.66				-3079.11	1351.01	-8.60
	-5.63		-0.17		44113.22		
218.41	213.70	622.59					
-31.93	-24.97	-443.10					
-5.75	-0.77		-0.64				
			-0.49	3.31			
					5667.11		
					42.62	**108.42**	
179.76	**181.67**	**196.39**	**53.52**	**214.77**	**46658.60**	**1930.31**	**54.89**
0.01					11.25	29.95	
68.55	181.67	196.39	42.34	106.51	23752.16	1405.20	23.80
		60.45	5.00	0.15			
1.98					40.30	29.38	
1.25			2.61	108.26	161.37	43.00	
25.12			1.07		152.32	84.93	
14.77			0.37		900.54	123.67	
68.08			7.13		21640.66	214.18	31.09
56.18			7.10		21500.00	140.68	26.07
11.90			0.03		140.66	73.50	5.02
217.44	**213.70**	**639.49**	**54.36**	**214.77**	**49780.33**	**2038.73**	**63.49**

6-7 吉林能源平衡表(实物量)-2014

项目	Item	煤合计(万吨) Coal Total (10⁴ tons)	原煤(万吨) Raw Coal (10⁴ tons)
一.可供本地区消费的能源量	**Total Primary Energy Supply**	**10379.34**	**10453.85**
1.一次能源生产量	Indigenous Production	3100.20	3100.20
2.外省(区、市)调入量	Moving In from Other Provinces	7564.26	7543.24
3.进口量	Import	117.28	117.28
4.境内轮船和飞机在境外的加油量	Domestic Airplanes&Ships Refueling in Abroad		
5.本省(区、市)调出量(-)	Sending Out to Other Provinces(-)	342.05	211.36
6.出口量(-)	Export(-)	10.00	10.00
7.境外轮船和飞机在境内的加油量(-)	Oversea Airplanes&Ships Refueling in China(-)		
8.库存增(-)、减(+)量	Stock Change	-50.35	-85.51
二.加工转换投入(-)产出(+)量	**Input(-) & Output(+) of Transformation**	**-6237.23**	**-6994.57**
1.火力发电	Thermal Power	-3831.38	-3824.97
2.供热	Heating Supply	-1701.52	-1686.57
3.洗选煤	Coal Washing	-82.57	-1472.87
4.炼焦	Coking	-558.07	
5.炼油及煤制油	Petroleum Refineries		
#油品再投入量(-)	Petroleum Products Input (-)		
6.制气	Gas Works	-65.14	-3.88
#焦炭再投入量(-)	Coke Input (-)		
7.天然气液化	Natural Gas Liquefaction		
8.煤制品加工	Briquettes	1.45	-6.28
9.回收能	Recovery of Energy		
三.损失量	**Loss**		
四.终端消费量	**Total Final Consumption**	**4142.11**	**3459.28**
1.农、林、牧、渔业	Agriculture, Forestry, Animal Husbandry and Fishery	39.72	37.16
2.工业	Industry	2780.52	2732.27
#用作原料、材料	Non-Energy Use	150.22	143.84
3.建筑业	Construction	15.14	14.36
4.交通运输、仓储和邮政业	Transport, Storage and Post	489.13	249.62
5.批发、零售业和住宿、餐饮业	Wholesale, Retail Trade and Hotel, Restaurants	185.17	78.15
6.其他	Others	348.17	143.92
7.生活消费	Residential Consumption	284.26	203.80
城镇	Urban	93.59	46.85
乡村	Rural	190.67	156.95
五.平衡差额	**Statistical Difference**		
六.消费量合计	**Total Energy Consumption**	**10379.34**	**10453.85**

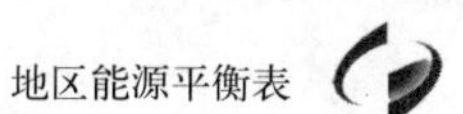

Energy Balance of Jilin (Physical Quantity) -2014

洗精煤 (万吨) Cleaned Coal (10^4 tons)	其他洗煤 (万吨) Other Washed Coal (10^4 tons)	型煤 (万吨) Briquettes (10^4 tons)	煤矸石 (万吨) Gangue (10^4 tons)	焦炭 (万吨) Coke (10^4 tons)	焦炉煤气 (亿立方米) Coke Oven Gas (10^8 cu.m)	高炉煤气 (亿立方米) Blast Furnace Gas (10^8 cu.m)	转炉煤气 (亿立方米) Converter Gas (10^8 cu.m)	其他煤气 (亿立方米) Other Gas (10^8 cu.m)
-19.17	**-55.32**	**-0.02**		**216.40**				
21.02				210.04				
77.83	52.86							
				0.34				
37.64	-2.46	-0.02		6.70				
55.97	**693.64**	**7.73**	**0.13**	**448.32**	**13.02**	**118.49**	**9.16**	
-6.41					-0.69	-10.87	-0.25	
-14.95								
696.66	693.64		0.13					
-558.07				406.07	11.94			
-61.26				42.25	1.77			
		7.73						
						129.36	9.41	
36.80	**638.32**	**7.71**	**0.13**	**664.72**	**13.02**	**118.49**	**9.16**	
	2.56			6.72				
36.21	9.41	2.63	0.13	657.46	11.94	118.49	9.08	
6.28		0.10		3.98				
0.16	0.62			0.07				
0.43	239.08						0.01	
	107.02			0.36			0.07	
	204.25			0.11				
	75.38	5.08			1.08			
	44.68	2.06			1.08			
	30.70	3.02						
677.49	**638.32**	**7.71**	**0.13**	**664.72**	**13.71**	**129.36**	**9.41**	

6-7 续表 1

项　　目	Item	其他焦化产品(万吨) Other Coking Products (10^4 tons)	油品合计(万吨) Petroleum Products Total (10^4 tons)
一.可供本地区消费的能源量	**Total Primary Energy Supply**	**-0.76**	**1013.50**
1.一次能源生产量	Indigenous Production		663.93
2.外省(区、市)调入量	Moving In from Other Provinces		383.32
3.进口量	Import		0.94
4.境内轮船和飞机在境外的加油量	Domestic Airplanes&Ships Refueling in Abroad		
5.本省(区、市)调出量(-)	Sending Out to Other Provinces(-)		45.58
6.出口量(-)	Export(-)		0.10
7.境外轮船和飞机在境内的加油量(-)	Oversea Airplanes&Ships Refueling in China(-)		
8.库存增(-)、减(+)量	Stock Change	-0.76	10.99
二.加工转换投入(-)产出(+)量	**Input(-) & Output(+) of Transformation**	**12.82**	**-53.11**
1.火力发电	Thermal Power		-0.46
2.供热	Heating Supply		-0.48
3.洗选煤	Coal Washing		
4.炼焦	Coking	12.01	
5.炼油及煤制油	Petroleum Refineries		-52.17
#油品再投入量(-)	Petroleum Products Input (-)		
6.制气	Gas Works	0.81	
#焦炭再投入量(-)	Coke Input (-)		
7.天然气液化	Natural Gas Liquefaction		
8.煤制品加工	Briquettes		
9.回收能	Recovery of Energy		
三.损失量	**Loss**		
四.终端消费量	**Total Final Consumption**	**12.06**	**960.39**
1.农、林、牧、渔业	Agriculture, Forestry, Animal Husbandry and Fishery		71.23
2.工业	Industry	12.06	450.57
#用作原料、材料	Non-Energy Use		278.34
3.建筑业	Construction		64.17
4.交通运输、仓储和邮政业	Transport, Storage and Post		261.63
5.批发、零售业和住宿、餐饮业	Wholesale, Retail Trade and Hotel, Restaurants		18.43
6.其他	Others		49.19
7.生活消费	Residential Consumption		45.17
城镇	Urban		27.20
乡村	Rural		17.97
五.平衡差额	**Statistical Difference**		
六.消费量合计	**Total Energy Consumption**	**12.06**	**1013.50**

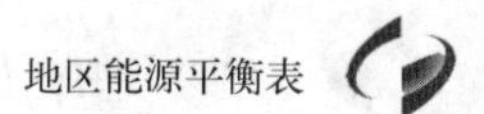

Continued 1

原油 (万吨) Crude Oil (10^4 tons)	汽油 (万吨) Gasoline (10^4 tons)	煤油 (万吨) Kerosene (10^4 tons)	柴油 (万吨) Diesel Oil (10^4 tons)	燃料油 (万吨) Fuel Oil (10^4 tons)	石脑油 (万吨) Naphtha (10^4 tons)	润滑油 (万吨) Lubricants (10^4 tons)	石蜡 (万吨) Paraffin Waxes (10^4 tons)	溶剂油 (万吨) White Spirit (10^4 tons)
999.37	**-14.87**	**-7.09**	**-3.68**	**9.41**	**44.49**			**0.01**
663.93								
323.81				9.10	44.54			
		0.60						
	13.25	7.62	4.27					
	0.02	0.06	0.02					
11.63	-1.60	-0.01	0.61	0.31	-0.05			0.01
-982.44	**208.20**	**8.80**	**381.82**	**21.87**	**76.73**	**0.01**	**0.02**	**0.12**
			-0.21	-0.25				
	-0.03		-0.07	-0.38				
-982.44	208.23	8.80	382.10	22.50	76.73	0.01	0.02	0.12
16.93	**193.33**	**1.71**	**378.14**	**31.28**	**121.22**	**0.01**	**0.02**	**0.13**
	21.78	0.03	49.17	0.05				
16.93	36.75	0.37	54.04	22.91	121.22	0.01	0.02	0.13
0.10	0.18	0.04	0.87	20.01	121.22			0.13
	18.02	0.40	43.52	1.80				
	39.06	0.25	216.33	5.16				
	13.14	0.51	1.34	1.09				
	44.03	0.15	3.63	0.27				
	20.55		10.11					
	13.95		1.73					
	6.60		8.38					
999.37	**193.36**	**1.71**	**378.42**	**31.91**	**121.22**	**0.01**	**0.02**	**0.13**

6-7 续表 2

项　　目	Item	石油沥青(万吨) Bitumen Asphalt (10^4 tons)	石油焦(万吨) Petroleum Coke (10^4 tons)
一.可供本地区消费的能源量	**Total Primary Energy Supply**		**-20.43**
1.一次能源生产量	Indigenous Production		
2.外省(区、市)调入量	Moving In from Other Provinces		
3.进口量	Import		
4.境内轮船和飞机在境外的加油量	Domestic Airplanes&Ships Refueling in Abroad		
5.本省(区、市)调出量(-)	Sending Out to Other Provinces(-)		20.44
6.出口量(-)	Export(-)		
7.境外轮船和飞机在境内的加油量(-)	Oversea Airplanes&Ships Refueling in China(-)		
8.库存增(-)、减(+)量	Stock Change		0.01
二.加工转换投入(-)产出(+)量	**Input(-) & Output(+) of Transformation**	**0.04**	**20.43**
1.火力发电	Thermal Power		
2.供热	Heating Supply		
3.洗选煤	Coal Washing		
4.炼焦	Coking		
5.炼油及煤制油	Petroleum Refineries	0.04	20.43
#油品再投入量(-)	Petroleum Products Input (-)		
6.制气	Gas Works		
#焦炭再投入量(-)	Coke Input (-)		
7.天然气液化	Natural Gas Liquefaction		
8.煤制品加工	Briquettes		
9.回收能	Recovery of Energy		
三.损失量	**Loss**		
四.终端消费量	**Total Final Consumption**	**0.04**	
1.农、林、牧、渔业	Agriculture, Forestry, Animal Husbandry and Fishery		
2.工业	Industry	0.04	
#用作原料、材料	Non-Energy Use		
3.建筑业	Construction		
4.交通运输、仓储和邮政业	Transport, Storage and Post		
5.批发、零售业和住宿、餐饮业	Wholesale, Retail Trade and Hotel, Restaurants		
6.其他	Others		
7.生活消费	Residential Consumption		
城镇	Urban		
乡村	Rural		
五.平衡差额	**Statistical Difference**		
六.消费量合计	**Total Energy Consumption**	**0.04**	

Continued 2

液化石油气 (万吨) LPG (10^4 tons)	炼厂干气 (万吨) Refinery Gas (10^4 tons)	其他石油制品 (万吨) Other Petroleum Products (10^4 tons)	天然气 (亿立方米) Natural Gas (10^8 cu.m)	液化天然气 (万吨) LNG (10^4 tons)	热力 (万百万千焦) Heat (10^{10} kJ)	电力 (亿千瓦小时) Electricity (10^8 kW•h)	其他能源 (万吨标煤) Other Energy (10^4 tce)
0.42	**4.37**	**1.50**	**22.33**	**1.80**		**54.91**	**534.32**
			22.30			145.00	132.91
	4.37	1.50		1.80		164.57	424.01
0.34							
						254.66	22.60
0.08			0.03				
47.60	**27.42**	**136.27**	**-2.92**		**23282.33**	**626.70**	**-23.71**
			-1.31		-174.47	626.70	-82.62
			-1.61		22519.33		-2.17
47.60	27.42	136.27					
					937.47		61.08
					2843.56		
48.02	**31.79**	**137.77**	**19.41**	**1.80**	**20438.77**	**667.81**	**510.61**
0.20			0.03			10.82	16.08
28.59	31.79	137.77	16.89	1.80	13839.85	440.61	462.18
		135.79	0.06				2.64
0.43					118.86	10.67	
0.83			0.04		241.82	17.87	
2.35			0.13		356.18	32.47	5.30
1.11			0.06		851.01	53.97	
14.51			2.26		5031.05	101.40	27.05
11.52			2.26		5031.05	65.51	16.61
2.99						35.89	10.44
						13.80	
48.02	**31.79**	**137.77**	**22.33**	**1.80**	**23456.80**	**667.81**	**595.40**

6-8 黑龙江能源平衡表(实物量)-2014

项　　目	Item	煤合计(万吨) Coal Total (10^4 tons)	原煤(万吨) Raw Coal (10^4 tons)
一.可供本地区消费的能源量	**Total Primary Energy Supply**	**13595.53**	**14632.22**
1.一次能源生产量	Indigenous Production	7059.27	7059.27
2.外省(区、市)调入量	Moving In from Other Provinces	9307.06	9283.02
3.进口量	Import	198.56	198.56
4.境内轮船和飞机在境外的加油量	Domestic Airplanes&Ships Refueling in Abroad		
5.本省(区、市)调出量(-)	Sending Out to Other Provinces(-)	2940.42	1866.19
6.出口量(-)	Export(-)	0.50	0.50
7.境外轮船和飞机在境内的加油量(-)	Oversea Airplanes&Ships Refueling in China(-)		
8.库存增(-)、减(+)量	Stock Change	-28.44	-41.94
二.加工转换投入(-)产出(+)量	**Input(-) & Output(+) of Transformation**	**-8929.20**	**-11038.91**
1.火力发电	Thermal Power	-4062.23	-3941.98
2.供热	Heating Supply	-2277.33	-2148.46
3.洗选煤	Coal Washing	-1359.43	-4857.27
4.炼焦	Coking	-1151.97	-33.06
5.炼油及煤制油	Petroleum Refineries		
#油品再投入量(-)	Petroleum Products Input (-)		
6.制气	Gas Works	-78.24	-58.14
#焦炭再投入量(-)	Coke Input (-)		
7.天然气液化	Natural Gas Liquefaction		
8.煤制品加工	Briquettes		
9.回收能	Recovery of Energy		
三.损失量	**Loss**		
四.终端消费量	**Total Final Consumption**	**4666.33**	**3593.31**
1.农、林、牧、渔业	Agriculture, Forestry, Animal Husbandry and Fishery	271.50	271.50
2.工业	Industry	2473.36	1400.34
#用作原料、材料	Non-Energy Use		
3.建筑业	Construction		
4.交通运输、仓储和邮政业	Transport, Storage and Post	403.00	403.00
5.批发、零售业和住宿、餐饮业	Wholesale, Retail Trade and Hotel, Restaurants	607.00	607.00
6.其他	Others	486.00	486.00
7.生活消费	Residential Consumption	425.47	425.47
城镇	Urban	307.47	307.47
乡村	Rural	118.00	118.00
五.平衡差额	**Statistical Difference**		
六.消费量合计	**Total Energy Consumption**	**13595.53**	**14632.22**

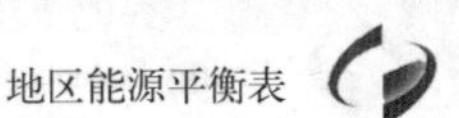

Energy Balance of Heilongjiang (Physical Quantity) -2014

洗精煤 (万吨) Cleaned Coal (10^4 tons)	其他洗煤 (万吨) Other Washed Coal (10^4 tons)	型煤 (万吨) Briquettes (10^4 tons)	煤矸石 (万吨) Gangue (10^4 tons)	焦炭 (万吨) Coke (10^4 tons)	焦炉煤气 (亿立方米) Coke Oven Gas (10^8 cu.m)	高炉煤气 (亿立方米) Blast Furnace Gas (10^8 cu.m)	转炉煤气 (亿立方米) Converter Gas (10^8 cu.m)	其他煤气 (亿立方米) Other Gas (10^8 cu.m)
-628.54	**-432.19**	**24.04**		**-608.73**				
		24.04						
625.34	448.89			616.89				
-3.20	16.70			8.16				
1041.52	**1079.19**	**-11.00**	**434.62**	**802.80**	**16.69**	**41.96**	**2.66**	**11.01**
	-119.06	-1.19	-436.97		-1.39	-0.12		
	-119.06	-9.81	-162.84		-0.20			
2174.22	1323.62		1034.43					
-1118.91				802.80	18.28			
-13.79	-6.31							11.01
						42.08	2.66	
412.98	**647.00**	**13.04**	**434.62**	**194.07**	**16.69**	**41.96**	**2.66**	**11.01**
412.98	647.00	13.04	434.62	194.07	16.69	41.96	2.66	11.01
1545.68	**891.43**	**24.04**	**1034.43**	**194.07**	**18.28**	**42.08**	**2.66**	**11.01**

6-8 续表 1

项　　目	Item	其他焦化产品(万吨) Other Coking Products (10^4 tons)	油品合计(万吨) Petroleum Products Total (10^4 tons)
一.可供本地区消费的能源量	**Total Primary Energy Supply**		**2000.31**
1.一次能源生产量	Indigenous Production		4000.00
2.外省(区、市)调入量	Moving In from Other Provinces		
3.进口量	Import		2041.30
4.境内轮船和飞机在境外的加油量	Domestic Airplanes&Ships Refueling in Abroad		
5.本省(区、市)调出量(-)	Sending Out to Other Provinces(-)		4016.49
6.出口量(-)	Export(-)		23.93
7.境外轮船和飞机在境内的加油量(-)	Oversea Airplanes&Ships Refueling in China(-)		
8.库存增(-)、减(+)量	Stock Change		-0.57
二.加工转换投入(-)产出(+)量	**Input(-) & Output(+) of Transformation**	**55.60**	**-242.97**
1.火力发电	Thermal Power		-17.41
2.供热	Heating Supply		-61.46
3.洗选煤	Coal Washing		
4.炼焦	Coking	55.60	
5.炼油及煤制油	Petroleum Refineries		-41.75
#油品再投入量(-)	Petroleum Products Input (-)		-122.35
6.制气	Gas Works		
#焦炭再投入量(-)	Coke Input (-)		
7.天然气液化	Natural Gas Liquefaction		
8.煤制品加工	Briquettes		
9.回收能	Recovery of Energy		
三.损失量	**Loss**		**48.00**
四.终端消费量	**Total Final Consumption**	**55.60**	**1709.34**
1.农、林、牧、渔业	Agriculture, Forestry, Animal Husbandry and Fishery		156.49
2.工业	Industry	55.60	826.45
#用作原料、材料	Non-Energy Use		
3.建筑业	Construction		8.50
4.交通运输、仓储和邮政业	Transport, Storage and Post		501.33
5.批发、零售业和住宿、餐饮业	Wholesale, Retail Trade and Hotel, Restaurants		136.27
6.其他	Others		
7.生活消费	Residential Consumption		80.30
城镇	Urban		80.30
乡村	Rural		
五.平衡差额	**Statistical Difference**		
六.消费量合计	**Total Energy Consumption**	**55.60**	**2000.31**

Continued 1

原油 (万吨) Crude Oil (10^4 tons)	汽油 (万吨) Gasoline (10^4 tons)	煤油 (万吨) Kerosene (10^4 tons)	柴油 (万吨) Diesel Oil (10^4 tons)	燃料油 (万吨) Fuel Oil (10^4 tons)	石脑油 (万吨) Naphtha (10^4 tons)	润滑油 (万吨) Lubricants (10^4 tons)	石蜡 (万吨) Paraffin Waxes (10^4 tons)	溶剂油 (万吨) White Spirit (10^4 tons)
2141.97	**-115.24**		**-64.35**	**61.72**			**-3.30**	
4000.00								
1971.60			8.40	61.18				
3829.16	115.24		72.09					
			0.02				3.30	
-0.47			-0.64	0.54				
-1579.60	**429.52**	**73.98**	**530.08**	**-7.43**	**0.89**	**16.37**	**31.98**	
			-0.30	-3.82				
			-0.08	-4.60				
-1579.60	429.52	73.98	530.46	53.70	0.89	16.37	31.98	
				-52.71				
48.00								
514.37	**314.28**	**73.98**	**465.73**	**54.29**	**0.89**	**16.37**	**28.68**	
	7.60		148.89					
514.37	11.16	0.08	37.27	54.29	0.89	16.37	28.68	
			8.50					
	228.52	73.90	190.80					
	67.00		69.27					
			11.00					
			11.00					
2141.97	**314.28**	**73.98**	**466.11**	**115.42**	**0.89**	**16.37**	**28.68**	

6-8 续表 2

项　　目	Item	石油沥青（万吨）Bitumen Asphalt (10^4 tons)	石油焦（万吨）Petroleum Coke (10^4 tons)
一.可供本地区消费的能源量	**Total Primary Energy Supply**		**-20.61**
1.一次能源生产量	Indigenous Production		
2.外省(区、市)调入量	Moving In from Other Provinces		
3.进口量	Import		
4.境内轮船和飞机在境外的加油量	Domestic Airplanes&Ships Refueling in Abroad		
5.本省(区、市)调出量(-)	Sending Out to Other Provinces(-)		
6.出口量(-)	Export(-)		20.61
7.境外轮船和飞机在境内的加油量(-)	Oversea Airplanes&Ships Refueling in China(-)		
8.库存增(-)、减(+)量	Stock Change		
二.加工转换投入(-)产出(+)量	**Input(-) & Output(+) of Transformation**	**8.21**	**20.61**
1.火力发电	Thermal Power		
2.供热	Heating Supply		
3.洗选煤	Coal Washing		
4.炼焦	Coking		
5.炼油及煤制油	Petroleum Refineries	8.21	20.61
#油品再投入量(-)	Petroleum Products Input (-)		
6.制气	Gas Works		
#焦炭再投入量(-)	Coke Input (-)		
7.天然气液化	Natural Gas Liquefaction		
8.煤制品加工	Briquettes		
9.回收能	Recovery of Energy		
三.损失量	**Loss**		
四.终端消费量	**Total Final Consumption**	**8.21**	
1.农、林、牧、渔业	Agriculture, Forestry, Animal Husbandry and Fishery		
2.工业	Industry	0.15	
#用作原料、材料	Non-Energy Use		
3.建筑业	Construction		
4.交通运输、仓储和邮政业	Transport, Storage and Post	8.06	
5.批发、零售业和住宿、餐饮业	Wholesale, Retail Trade and Hotel, Restaurants		
6.其他	Others		
7.生活消费	Residential Consumption		
城镇	Urban		
乡村	Rural		
五.平衡差额	**Statistical Difference**		
六.消费量合计	**Total Energy Consumption**	**8.21**	

Continued 2

液化石油气 (万吨) LPG (10^4 tons)	炼厂干气 (万吨) Refinery Gas (10^4 tons)	其他石油制品 (万吨) Other Petroleum Products (10^4 tons)	天然气 (亿立方米) Natural Gas (10^8 cu.m)	液化天然气 (万吨) LNG (10^4 tons)	热力 (万百万千焦) Heat (10^{10} kJ)	电力 (亿千瓦小时) Electricity (10^8 kW•h)	其他能源 (万吨标煤) Other Energy (10^4 tce)
0.12			**35.48**			**50.47**	**45.52**
			35.48			85.00	
						0.14	45.52
0.12						130.26	
						160.14	
						4.79	
147.06	**34.97**	**50.39**	**-5.33**		**34799.40**	**782.40**	**-22.76**
	-13.29		-1.66			782.40	-14.07
	-56.78		-3.67		34799.40		-8.69
147.06	105.04	120.03					
		-69.64					
			1.13			**50.18**	
147.18	**34.97**	**50.39**	**29.02**		**34799.40**	**782.69**	**22.76**
						38.38	
77.83	34.97	50.39	20.66		7625.91	462.37	22.76
					80.00	12.08	
0.05					899.65	13.80	
					2196.00	30.65	
					2011.84	61.56	
69.30			8.36		21986.00	163.85	
69.30			8.36		21986.00	102.92	
						60.93	
147.18	**105.04**	**120.03**	**35.48**		**34799.40**	**832.87**	**45.52**

6-9 上海能源平衡表(实物量)-2014

项目	Item	煤合计(万吨) Coal Total (10^4 tons)	原煤(万吨) Raw Coal (10^4 tons)
一.可供本地区消费的能源量	**Total Primary Energy Supply**	**4896.52**	**4129.22**
1.一次能源生产量	Indigenous Production		
2.外省(区、市)调入量	Moving In from Other Provinces	6142.05	5385.15
3.进口量	Import	1171.23	1171.23
4.境内轮船和飞机在境外的加油量	Domestic Airplanes&Ships Refueling in Abroad		
5.本省(区、市)调出量(-)	Sending Out to Other Provinces(-)	2407.47	2407.47
6.出口量(-)	Export(-)	30.02	30.02
7.境外轮船和飞机在境内的加油量(-)	Oversea Airplanes&Ships Refueling in China(-)		
8.库存增(-)、减(+)量	Stock Change	20.73	10.33
二.加工转换投入(-)产出(+)量	**Input(-) & Output(+) of Transformation**	**-3874.27**	**-3141.23**
1.火力发电	Thermal Power	-2814.23	-2814.23
2.供热	Heating Supply	-299.52	-299.52
3.洗选煤	Coal Washing		
4.炼焦	Coking	-759.08	-27.20
5.炼油及煤制油	Petroleum Refineries		
#油品再投入量(-)	Petroleum Products Input (-)		
6.制气	Gas Works	-1.44	-0.28
#焦炭再投入量(-)	Coke Input (-)		
7.天然气液化	Natural Gas Liquefaction		
8.煤制品加工	Briquettes		
9.回收能	Recovery of Energy		
三.损失量	**Loss**	**8.77**	**8.77**
四.终端消费量	**Total Final Consumption**	**1012.74**	**978.50**
1.农、林、牧、渔业	Agriculture, Forestry, Animal Husbandry and Fishery	1.90	1.90
2.工业	Industry	897.16	862.92
#用作原料、材料	Non-Energy Use	206.89	206.89
3.建筑业	Construction	10.30	10.30
4.交通运输、仓储和邮政业	Transport, Storage and Post	1.11	1.11
5.批发、零售业和住宿、餐饮业	Wholesale, Retail Trade and Hotel, Restaurants	31.27	31.27
6.其他	Others	37.43	37.43
7.生活消费	Residential Consumption	33.57	33.57
城镇	Urban	27.57	27.57
乡村	Rural	6.00	6.00
五.平衡差额	**Statistical Difference**	**0.74**	**0.71**
六.消费量合计	**Total Energy Consumption**	**4895.78**	**4128.50**

Energy Balance of Shanghai (Physical Quantity) -2014

洗精煤 (万吨) Cleaned Coal (10^4 tons)	其他洗煤 (万吨) Other Washed Coal (10^4 tons)	型煤 (万吨) Briquettes (10^4 tons)	煤矸石 (万吨) Gangue (10^4 tons)	焦炭 (万吨) Coke (10^4 tons)	焦炉煤气 (亿立方米) Coke Oven Gas (10^8 cu.m)	高炉煤气 (亿立方米) Blast Furnace Gas (10^8 cu.m)	转炉煤气 (亿立方米) Converter Gas (10^8 cu.m)	其他煤气 (亿立方米) Other Gas (10^8 cu.m)
742.15	**2.49**	**22.66**		**166.69**				
732.00	2.40	22.50		172.33				
				11.11				
10.15	0.09	0.16		5.47				
-733.04				**488.56**	**20.77**	**141.79**	**11.44**	**2.77**
					-0.37	-94.30	-1.25	
-731.88				488.56	21.14			
-1.16								2.77
						236.09	12.69	
9.05	**2.50**	**22.69**		**654.84**	**20.81**	**141.79**	**11.44**	**3.03**
9.05	2.50	22.69		654.84	20.81	141.79	11.44	0.28
				0.03				
								0.01
								0.09
								0.96
								0.52
								1.17
								1.11
								0.06
0.06	**-0.01**	**-0.03**		**0.41**	**-0.04**			**-0.26**
742.09	**2.50**	**22.69**		**654.84**	**21.18**	**236.09**	**12.69**	**3.03**

6-9 续表 1

项　目	Item	其他焦化产品(万吨) Other Coking Products (10^4 tons)	油品合计(万吨) Petroleum Products Total (10^4 tons)
一.可供本地区消费的能源量	**Total Primary Energy Supply**	**58.61**	**3292.32**
1.一次能源生产量	Indigenous Production		5.74
2.外省(区、市)调入量	Moving In from Other Provinces	81.74	5612.14
3.进口量	Import		1111.92
4.境内轮船和飞机在境外的加油量	Domestic Airplanes&Ships Refueling in Abroad		400.57
5.本省(区、市)调出量(-)	Sending Out to Other Provinces(-)	24.84	3492.28
6.出口量(-)	Export(-)		125.04
7.境外轮船和飞机在境内的加油量(-)	Oversea Airplanes&Ships Refueling in China(-)		171.65
8.库存增(-)、减(+)量	Stock Change	1.71	-49.06
二.加工转换投入(-)产出(+)量	**Input(-) & Output(+) of Transformation**	**26.66**	**-12.01**
1.火力发电	Thermal Power		-20.94
2.供热	Heating Supply		-13.44
3.洗选煤	Coal Washing		
4.炼焦	Coking	26.66	
5.炼油及煤制油	Petroleum Refineries		54.03
#油品再投入量(-)	Petroleum Products Input (-)		-31.66
6.制气	Gas Works		
#焦炭再投入量(-)	Coke Input (-)		
7.天然气液化	Natural Gas Liquefaction		
8.煤制品加工	Briquettes		
9.回收能	Recovery of Energy		
三.损失量	**Loss**		
四.终端消费量	**Total Final Consumption**	**85.30**	**3279.99**
1.农、林、牧、渔业	Agriculture, Forestry, Animal Husbandry and Fishery		32.67
2.工业	Industry	85.30	1082.74
#用作原料、材料	Non-Energy Use	24.91	592.91
3.建筑业	Construction		68.95
4.交通运输、仓储和邮政业	Transport, Storage and Post		1318.03
5.批发、零售业和住宿、餐饮业	Wholesale, Retail Trade and Hotel, Restaurants		175.51
6.其他	Others		290.41
7.生活消费	Residential Consumption		311.69
城镇	Urban		236.54
乡村	Rural		75.15
五.平衡差额	**Statistical Difference**	**-0.03**	**0.32**
六.消费量合计	**Total Energy Consumption**	**85.30**	**3292.00**

Continued 1

原油 (万吨) Crude Oil (10^4 tons)	汽油 (万吨) Gasoline (10^4 tons)	煤油 (万吨) Kerosene (10^4 tons)	柴油 (万吨) Diesel Oil (10^4 tons)	燃料油 (万吨) Fuel Oil (10^4 tons)	石脑油 (万吨) Naphtha (10^4 tons)	润滑油 (万吨) Lubricants (10^4 tons)	石蜡 (万吨) Paraffin Waxes (10^4 tons)	溶剂油 (万吨) White Spirit (10^4 tons)
2242.07	**105.71**	**206.11**	**-136.96**	**513.81**	**278.77**	**119.85**	**-3.67**	**0.16**
5.74								
1490.32	1178.42	611.54	1649.95	236.56	267.92	142.72		0.52
774.22	0.02	296.32	1.32		15.00	0.01		
		93.24	8.88	296.81		1.64		
1.38	1067.26	504.74	1785.78	18.56	1.31	23.89		0.16
		120.43		0.58		0.33	3.70	
		171.65						
-26.83	-5.47	1.83	-11.33	-0.42	-2.83	-0.30	0.03	-0.19
-2239.37	**471.59**	**244.61**	**684.68**	**37.44**	**140.73**	**2.51**	**6.08**	**1.90**
			-0.38	-5.10				
			-0.06	-0.40				
-2239.37	471.59	244.61	685.12	42.94	140.73	2.51	6.08	1.90
2.70	**577.03**	**450.72**	**547.97**	**550.65**	**419.55**	**122.37**	**2.41**	**2.07**
	20.12		12.51					
2.70	29.56	0.75	61.70	21.22	419.55	12.20	2.41	2.07
	0.05		0.12		419.55	0.22		1.11
	25.59	0.01	23.37	3.98				
	125.48	449.95	188.26	520.39		28.53		
	68.03		75.05	3.26		19.22		
	101.27	0.01	144.35	1.80		35.50		
	206.98		42.73			26.93		
	179.00		23.96			22.57		
	27.98		18.77			4.36		
	0.27		**-0.25**	**0.60**	**-0.05**	**-0.01**		**-0.01**
2242.07	**577.03**	**450.72**	**548.41**	**556.15**	**419.55**	**122.37**	**2.41**	**2.07**

6-9 续表 2

项　　目	Item	石油沥青(万吨) Bitumen Asphalt (10^4 tons)	石油焦(万吨) Petroleum Coke (10^4 tons)
一.可供本地区消费的能源量	**Total Primary Energy Supply**		**-53.38**
1.一次能源生产量	Indigenous Production		
2.外省(区、市)调入量	Moving In from Other Provinces		
3.进口量	Import		
4.境内轮船和飞机在境外的加油量	Domestic Airplanes&Ships Refueling in Abroad		
5.本省(区、市)调出量(-)	Sending Out to Other Provinces(-)		52.19
6.出口量(-)	Export(-)		
7.境外轮船和飞机在境内的加油量(-)	Oversea Airplanes&Ships Refueling in China(-)		
8.库存增(-)、减(+)量	Stock Change		-1.19
二.加工转换投入(-)产出(+)量	**Input(-) & Output(+) of Transformation**	**62.74**	**77.46**
1.火力发电	Thermal Power		-15.20
2.供热	Heating Supply		-12.57
3.洗选煤	Coal Washing		
4.炼焦	Coking		
5.炼油及煤制油	Petroleum Refineries	62.74	105.23
#油品再投入量(-)	Petroleum Products Input (-)		
6.制气	Gas Works		
#焦炭再投入量(-)	Coke Input (-)		
7.天然气液化	Natural Gas Liquefaction		
8.煤制品加工	Briquettes		
9.回收能	Recovery of Energy		
三.损失量	**Loss**		
四.终端消费量	**Total Final Consumption**	**62.74**	**24.07**
1.农、林、牧、渔业	Agriculture, Forestry, Animal Husbandry and Fishery		
2.工业	Industry	48.94	24.07
#用作原料、材料	Non-Energy Use	19.53	
3.建筑业	Construction	13.80	
4.交通运输、仓储和邮政业	Transport, Storage and Post		
5.批发、零售业和住宿、餐饮业	Wholesale, Retail Trade and Hotel, Restaurants		
6.其他	Others		
7.生活消费	Residential Consumption		
城镇	Urban		
乡村	Rural		
五.平衡差额	**Statistical Difference**		
六.消费量合计	**Total Energy Consumption**	**62.74**	**51.84**

Continued 2

液化石油气 (万吨) LPG (10^4 tons)	炼厂干气 (万吨) Refinery Gas (10^4 tons)	其他石油制品 (万吨) Other Petroleum Products (10^4 tons)	天然气 (亿立方米) Natural Gas (10^8 cu.m)	液化天然气 (万吨) LNG (10^4 tons)	热力 (万百万千焦) Heat (10^{10} kJ)	电力 (亿千瓦小时) Electricity (10^8 kW•h)	其他能源 (万吨标煤) Other Energy (10^4 tce)
16.61	**0.31**	**2.93**	**72.31**	**0.86**		**568.77**	
			2.12			7.88	
14.75	0.31	19.14	33.88	0.86		652.02	
18.16		6.86	36.31				
14.32		22.68				91.13	
-1.97		-0.39					
109.97	**135.88**	**251.77**	**-18.94**		**10199.54**	**800.26**	**2.91**
	-0.26		-15.75		-813.31	800.26	-43.09
-0.03	-0.38		-2.05		6674.99		-2.87
110.00	136.52	283.43					
		-31.66					
			-1.14				
					4337.87		48.87
			3.06			**74.94**	
126.87	**136.42**	**254.43**	**50.31**	**0.86**	**10199.54**	**1294.08**	**2.91**
0.04			0.01			7.26	
66.72	136.42	254.43	29.88	0.86	10045.08	710.70	2.91
48.42	11.64	92.27	6.06				
2.20			0.06		15.64	33.80	
5.42			0.70		60.14	41.26	
9.95			2.28		33.19	76.45	
7.48			5.65		45.32	250.73	
35.06			11.73		0.18	173.89	
11.01			9.77			171.34	
24.05			1.96		0.18	2.55	
-0.28	**-0.23**	**0.27**					
126.89	**137.06**	**286.09**	**72.31**	**0.86**	**11012.86**	**1369.02**	**48.87**

6-10 江苏能源平衡表(实物量)-2014

项目	Item	煤合计(万吨) Coal Total (10^4 tons)	原煤(万吨) Raw Coal (10^4 tons)
一.可供本地区消费的能源量	**Total Primary Energy Supply**	**26912.61**	**23995.62**
1.一次能源生产量	Indigenous Production	2019.20	2019.20
2.外省(区、市)调入量	Moving In from Other Provinces	24541.24	21464.97
3.进口量	Import	813.47	813.47
4.境内轮船和飞机在境外的加油量	Domestic Airplanes&Ships Refueling in Abroad		
5.本省(区、市)调出量(-)	Sending Out to Other Provinces(-)	404.99	214.20
6.出口量(-)	Export(-)		
7.境外轮船和飞机在境内的加油量(-)	Oversea Airplanes&Ships Refueling in China(-)		
8.库存增(-)、减(+)量	Stock Change	-56.31	-87.82
二.加工转换投入(-)产出(+)量	**Input(-) & Output(+) of Transformation**	**-22017.58**	**-19679.70**
1.火力发电	Thermal Power	-15524.95	-15270.36
2.供热	Heating Supply	-3003.63	-2895.10
3.洗选煤	Coal Washing	-202.69	-1412.57
4.炼焦	Coking	-3279.80	-98.51
5.炼油及煤制油	Petroleum Refineries		
#油品再投入量(-)	Petroleum Products Input (-)		
6.制气	Gas Works	-3.16	-3.16
#焦炭再投入量(-)	Coke Input (-)		
7.天然气液化	Natural Gas Liquefaction		
8.煤制品加工	Briquettes	-3.35	
9.回收能	Recovery of Energy		
三.损失量	**Loss**		
四.终端消费量	**Total Final Consumption**	**4895.03**	**4315.92**
1.农、林、牧、渔业	Agriculture, Forestry, Animal Husbandry and Fishery	50.65	50.65
2.工业	Industry	4815.64	4236.53
#用作原料、材料	Non-Energy Use	497.21	495.43
3.建筑业	Construction	3.05	3.05
4.交通运输、仓储和邮政业	Transport, Storage and Post	2.46	2.46
5.批发、零售业和住宿、餐饮业	Wholesale, Retail Trade and Hotel, Restaurants	5.00	5.00
6.其他	Others	7.49	7.49
7.生活消费	Residential Consumption	10.74	10.74
城镇	Urban	1.78	1.78
乡村	Rural	8.96	8.96
五.平衡差额	**Statistical Difference**		
六.消费量合计	**Total Energy Consumption**	**26912.61**	**23995.62**

Energy Balance of Jiangsu (Physical Quantity) -2014

洗精煤 (万吨) Cleaned Coal (10^4 tons)	其他洗煤 (万吨) Other Washed Coal (10^4 tons)	型煤 (万吨) Briquettes (10^4 tons)	煤矸石 (万吨) Gangue (10^4 tons)	焦炭 (万吨) Coke (10^4 tons)	焦炉煤气 (亿立方米) Coke Oven Gas (10^8 cu.m)	高炉煤气 (亿立方米) Blast Furnace Gas (10^8 cu.m)	转炉煤气 (亿立方米) Converter Gas (10^8 cu.m)	其他煤气 (亿立方米) Other Gas (10^8 cu.m)
2786.21	**108.24**	**22.54**		**1012.91**				
2971.57	81.90	22.80		1047.94				
190.79								
				21.00				
5.43	26.34	-0.26		-14.03				
-2251.54	**-96.22**	**9.88**		**2395.69**	**36.43**	**867.46**	**51.09**	**1.02**
	-254.59				-9.88			
	-108.51	-0.02			-1.08	-60.08	-2.29	
929.75	280.13							
-3181.29				2395.69	47.39			
								1.02
	-13.25	9.90						
						927.54	53.38	
534.67	**12.02**	**32.42**		**3408.60**	**36.43**	**867.46**	**51.09**	**1.02**
534.67	12.02	32.42		3408.60	36.43	867.46	51.09	0.97
0.29		1.49		25.10	0.07			
								0.05
								0.05
3715.96	**388.37**	**32.44**		**3408.60**	**47.39**	**927.54**	**53.38**	**1.02**

6-10 续表 1

项　　目	Item	其他焦化产品 (万吨) Other Coking Products (10^4 tons)	油品合计 (万吨) Petroleum Products Total (10^4 tons)
一.可供本地区消费的能源量	**Total Primary Energy Supply**	**-116.96**	**3047.68**
1.一次能源生产量	Indigenous Production		206.01
2.外省(区、市)调入量	Moving In from Other Provinces		3156.92
3.进口量	Import		2173.81
4.境内轮船和飞机在境外的加油量	Domestic Airplanes&Ships Refueling in Abroad		10.00
5.本省(区、市)调出量(-)	Sending Out to Other Provinces(-)	116.89	2278.30
6.出口量(-)	Export(-)		200.26
7.境外轮船和飞机在境内的加油量(-)	Oversea Airplanes&Ships Refueling in China(-)		0.41
8.库存增(-)、减(+)量	Stock Change	-0.07	-20.09
二.加工转换投入(-)产出(+)量	**Input(-) & Output(+) of Transformation**	**154.25**	**-171.21**
1.火力发电	Thermal Power		-1.60
2.供热	Heating Supply		-1.44
3.洗选煤	Coal Washing		
4.炼焦	Coking	154.25	
5.炼油及煤制油	Petroleum Refineries		737.77
#油品再投入量(-)	Petroleum Products Input (-)		-905.94
6.制气	Gas Works		
#焦炭再投入量(-)	Coke Input (-)		
7.天然气液化	Natural Gas Liquefaction		
8.煤制品加工	Briquettes		
9.回收能	Recovery of Energy		
三.损失量	**Loss**		**12.92**
四.终端消费量	**Total Final Consumption**	**37.29**	**2863.55**
1.农、林、牧、渔业	Agriculture, Forestry, Animal Husbandry and Fishery		198.94
2.工业	Industry	37.29	810.33
#用作原料、材料	Non-Energy Use	29.41	363.00
3.建筑业	Construction		184.86
4.交通运输、仓储和邮政业	Transport, Storage and Post		1191.79
5.批发、零售业和住宿、餐饮业	Wholesale, Retail Trade and Hotel, Restaurants		29.50
6.其他	Others		33.41
7.生活消费	Residential Consumption		414.72
城镇	Urban		316.78
乡村	Rural		97.94
五.平衡差额	**Statistical Difference**		
六.消费量合计	**Total Energy Consumption**	**37.29**	**3047.68**

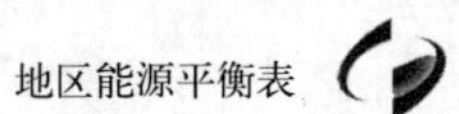

Continued 1

原油 (万吨) Crude Oil (10^4 tons)	汽油 (万吨) Gasoline (10^4 tons)	煤油 (万吨) Kerosene (10^4 tons)	柴油 (万吨) Diesel Oil (10^4 tons)	燃料油 (万吨) Fuel Oil (10^4 tons)	石脑油 (万吨) Naphtha (10^4 tons)	润滑油 (万吨) Lubricants (10^4 tons)	石蜡 (万吨) Paraffin Waxes (10^4 tons)	溶剂油 (万吨) White Spirit (10^4 tons)
3511.40	**410.35**	**-207.62**	**126.75**	**-165.96**	**-146.50**	**-8.44**	**-6.12**	**-6.53**
206.01								
1154.35	853.01	82.96	725.13	47.29	113.20	0.43		
2161.21			1.00					
		1.60	0.26	8.14				
0.35	444.17	184.92	562.07	174.67	262.19	8.61	6.12	5.94
		103.55	33.79	48.00	1.00			
		0.41						
-9.82	1.51	-3.30	-3.78	1.28	3.49	-0.26		-0.59
-3489.08	**564.26**	**290.39**	**685.95**	**315.16**	**366.86**	**9.27**	**6.21**	**7.42**
			-1.25	-0.19				
			-0.11	-0.18				
-3489.08	564.26	290.39	687.31	317.74	366.86	9.27	6.21	7.42
				-2.21				
12.63								
9.69	**974.61**	**82.77**	**812.70**	**149.20**	**220.36**	**0.83**	**0.09**	**0.89**
	26.08		172.86					
9.69	37.47	1.32	92.54	51.67	220.36	0.83	0.09	0.89
	0.21	0.03	0.42	0.16	220.36	0.11		0.14
	12.44	0.70	29.80	4.16				
	540.31	80.75	476.14	93.37				
	10.54		16.86					
	26.51		6.80					
	321.26		17.70					
	263.13		4.73					
	58.13		12.97					
3511.40	**974.61**	**82.77**	**814.06**	**151.78**	**220.36**	**0.83**	**0.09**	**0.89**

6-10 续表 2

项目	Item	石油沥青(万吨) Bitumen Asphalt (10^4 tons)	石油焦(万吨) Petroleum Coke (10^4 tons)
一.可供本地区消费的能源量	**Total Primary Energy Supply**	**-242.84**	**-204.54**
1.一次能源生产量	Indigenous Production		
2.外省(区、市)调入量	Moving In from Other Provinces	40.00	
3.进口量	Import		
4.境内轮船和飞机在境外的加油量	Domestic Airplanes&Ships Refueling in Abroad		
5.本省(区、市)调出量(-)	Sending Out to Other Provinces(-)	270.37	207.41
6.出口量(-)	Export(-)	1.00	
7.境外轮船和飞机在境内的加油量(-)	Oversea Airplanes&Ships Refueling in China(-)		
8.库存增(-)、减(+)量	Stock Change	-11.47	2.87
二.加工转换投入(-)产出(+)量	**Input(-) & Output(+) of Transformation**	**395.20**	**232.13**
1.火力发电	Thermal Power		
2.供热	Heating Supply		
3.洗选煤	Coal Washing		
4.炼焦	Coking		
5.炼油及煤制油	Petroleum Refineries	395.20	232.13
#油品再投入量(-)	Petroleum Products Input (-)		
6.制气	Gas Works		
#焦炭再投入量(-)	Coke Input (-)		
7.天然气液化	Natural Gas Liquefaction		
8.煤制品加工	Briquettes		
9.回收能	Recovery of Energy		
三.损失量	**Loss**		
四.终端消费量	**Total Final Consumption**	**152.36**	**27.59**
1.农、林、牧、渔业	Agriculture, Forestry, Animal Husbandry and Fishery		
2.工业	Industry	17.05	27.59
#用作原料、材料	Non-Energy Use		
3.建筑业	Construction	135.31	
4.交通运输、仓储和邮政业	Transport, Storage and Post		
5.批发、零售业和住宿、餐饮业	Wholesale, Retail Trade and Hotel, Restaurants		
6.其他	Others		
7.生活消费	Residential Consumption		
城镇	Urban		
乡村	Rural		
五.平衡差额	**Statistical Difference**		
六.消费量合计	**Total Energy Consumption**	**152.36**	**27.59**

Continued 2

液化石油气 (万吨) LPG (10^4 tons)	炼厂干气 (万吨) Refinery Gas (10^4 tons)	其他石油制品 (万吨) Other Petroleum Products (10^4 tons)	天然气 (亿立方米) Natural Gas (10^8 cu.m)	液化天然气 (万吨) LNG (10^4 tons)	热力 (万百万千焦) Heat (10^{10} kJ)	电力 (亿千瓦小时) Electricity (10^8 kW•h)	其他能源 (万吨标煤) Other Energy (10^4 tce)
-74.43		**62.16**	**127.01**	**4.99**		**962.70**	**319.75**
			0.52			297.98	320.67
		140.55	126.49	4.99		803.88	
11.60							
81.42		70.06				139.16	
4.00		8.92					
-0.61		0.59					-0.92
190.54	**94.47**	**160.01**	**-38.77**	**1.22**	**59366.03**	**4049.84**	**-292.18**
	-0.16		-36.50		-3338.36	4049.84	-244.39
	-1.15		-2.10		55831.63		-47.79
190.54	95.78	1063.74					
		-903.73					
			-0.17	1.22			
					6872.76		
0.29			**2.22**		**5861.84**	**205.20**	
115.82	**94.47**	**222.17**	**86.02**	**6.21**	**53504.19**	**4807.34**	**27.57**
						46.62	
34.19	94.47	222.17	60.65	6.21	52845.61	3668.15	27.57
		141.57	1.53	0.02			
2.45			0.20		12.66	53.35	
1.22			7.48		35.42	57.23	
2.10			1.79		90.68	155.08	
0.10			0.10		64.40	330.04	
75.76			15.80		455.42	496.87	
48.92			15.80		455.42	239.17	
26.84						257.70	
116.11	**95.78**	**1125.90**	**126.84**	**6.21**	**62704.39**	**5012.54**	**319.75**

6-11 浙江能源平衡表(实物量)-2014

项 目	Item	煤合计 (万吨) Coal Total (10^4 tons)	原煤 (万吨) Raw Coal (10^4 tons)
一.可供本地区消费的能源量	**Total Primary Energy Supply**	**13824.37**	**13425.21**
1.一次能源生产量	Indigenous Production		
2.外省(区、市)调入量	Moving In from Other Provinces	12377.82	11975.45
3.进口量	Import	1460.89	1460.89
4.境内轮船和飞机在境外的加油量	Domestic Airplanes&Ships Refueling in Abroad		
5.本省(区、市)调出量(-)	Sending Out to Other Provinces(-)		
6.出口量(-)	Export(-)		
7.境外轮船和飞机在境内的加油量(-)	Oversea Airplanes&Ships Refueling in China(-)		
8.库存增(-)、减(+)量	Stock Change	-14.34	-11.13
二.加工转换投入(-)产出(+)量	**Input(-) & Output(+) of Transformation**	**-10529.20**	**-10379.62**
1.火力发电	Thermal Power	-8162.11	-8160.54
2.供热	Heating Supply	-2015.00	-2012.16
3.洗选煤	Coal Washing		
4.炼焦	Coking	-393.71	-40.58
5.炼油及煤制油	Petroleum Refineries		
#油品再投入量(-)	Petroleum Products Input (-)		
6.制气	Gas Works	-1.33	-1.33
#焦炭再投入量(-)	Coke Input (-)		
7.天然气液化	Natural Gas Liquefaction		
8.煤制品加工	Briquettes	42.95	-165.02
9.回收能	Recovery of Energy		
三.损失量	**Loss**		
四.终端消费量	**Total Final Consumption**	**3295.17**	**3045.58**
1.农、林、牧、渔业	Agriculture, Forestry, Animal Husbandry and Fishery	5.00	5.00
2.工业	Industry	3138.97	2937.38
#用作原料、材料	Non-Energy Use	129.41	100.93
3.建筑业	Construction	13.00	13.00
4.交通运输、仓储和邮政业	Transport, Storage and Post	0.21	0.21
5.批发、零售业和住宿、餐饮业	Wholesale, Retail Trade and Hotel, Restaurants	73.00	62.00
6.其他	Others	6.00	6.00
7.生活消费	Residential Consumption	59.00	22.00
城镇	Urban	18.00	5.00
乡村	Rural	41.00	17.00
五.平衡差额	**Statistical Difference**		
六.消费量合计	**Total Energy Consumption**	**13824.37**	**13425.21**

 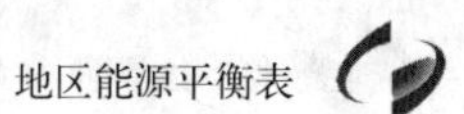

Energy Balance of Zhejiang (Physical Quantity) -2014

洗精煤 (万吨) Cleaned Coal (10^4 tons)	其他洗煤 (万吨) Other Washed Coal (10^4 tons)	型煤 (万吨) Briquettes (10^4 tons)	煤矸石 (万吨) Gangue (10^4 tons)	焦炭 (万吨) Coke (10^4 tons)	焦炉煤气 (亿立方米) Coke Oven Gas (10^8 cu.m)	高炉煤气 (亿立方米) Blast Furnace Gas (10^8 cu.m)	转炉煤气 (亿立方米) Converter Gas (10^8 cu.m)	其他煤气 (亿立方米) Other Gas (10^8 cu.m)
400.27	**0.65**	**-1.75**	**2.15**	**167.86**				
401.72	0.65		2.15	165.66				
-1.45		-1.75		2.20				
-357.54		**207.97**	**-1.36**	**297.21**	**6.13**	**133.09**	**8.88**	**0.22**
-1.57			-0.77		-0.82	-32.89	-1.84	
-2.84			-0.59		-0.06	-1.43	-0.26	
-353.13				297.21	7.01			
								0.22
		207.97						
						167.42	10.99	
42.72	**0.65**	**206.22**	**0.78**	**465.07**	**6.11**	**133.09**	**8.88**	**0.22**
42.72	0.65	158.22	0.78	465.07	6.11	133.09	8.88	0.22
		28.48		0.42				
		11.00						
		37.00						
		13.00						
		24.00						
					0.02			
400.27	**0.65**	**206.22**	**2.15**	**465.07**	**7.00**	**167.41**	**10.99**	**0.22**

6-11 续表 1

项　　目	Item	其他焦化产品(万吨) Other Coking Products (10^4 tons)	油品合计(万吨) Petroleum Products Total (10^4 tons)
一.可供本地区消费的能源量	**Total Primary Energy Supply**	**-5.98**	**2781.41**
1.一次能源生产量	Indigenous Production		
2.外省(区、市)调入量	Moving In from Other Provinces		1981.01
3.进口量	Import		2698.75
4.境内轮船和飞机在境外的加油量	Domestic Airplanes&Ships Refueling in Abroad		
5.本省(区、市)调出量(-)	Sending Out to Other Provinces(-)	6.01	1433.57
6.出口量(-)	Export(-)		499.63
7.境外轮船和飞机在境内的加油量(-)	Oversea Airplanes&Ships Refueling in China(-)		
8.库存增(-)、减(+)量	Stock Change	0.03	34.85
二.加工转换投入(-)产出(+)量	**Input(-) & Output(+) of Transformation**	**7.76**	**-162.09**
1.火力发电	Thermal Power		-32.47
2.供热	Heating Supply		-9.72
3.洗选煤	Coal Washing		
4.炼焦	Coking	7.76	
5.炼油及煤制油	Petroleum Refineries		356.48
#油品再投入量(-)	Petroleum Products Input (-)		-476.38
6.制气	Gas Works		
#焦炭再投入量(-)	Coke Input (-)		
7.天然气液化	Natural Gas Liquefaction		
8.煤制品加工	Briquettes		
9.回收能	Recovery of Energy		
三.损失量	**Loss**		
四.终端消费量	**Total Final Consumption**	**1.78**	**2619.33**
1.农、林、牧、渔业	Agriculture, Forestry, Animal Husbandry and Fishery		231.00
2.工业	Industry	1.78	665.83
#用作原料、材料	Non-Energy Use		142.16
3.建筑业	Construction		175.30
4.交通运输、仓储和邮政业	Transport, Storage and Post		901.34
5.批发、零售业和住宿、餐饮业	Wholesale, Retail Trade and Hotel, Restaurants		105.70
6.其他	Others		115.16
7.生活消费	Residential Consumption		425.00
城镇	Urban		219.00
乡村	Rural		206.00
五.平衡差额	**Statistical Difference**		
六.消费量合计	**Total Energy Consumption**	**1.78**	**2781.41**

Continued 1

原油 (万吨) Crude Oil (10^4 tons)	汽油 (万吨) Gasoline (10^4 tons)	煤油 (万吨) Kerosene (10^4 tons)	柴油 (万吨) Diesel Oil (10^4 tons)	燃料油 (万吨) Fuel Oil (10^4 tons)	石脑油 (万吨) Naphtha (10^4 tons)	润滑油 (万吨) Lubricants (10^4 tons)	石蜡 (万吨) Paraffin Waxes (10^4 tons)	溶剂油 (万吨) White Spirit (10^4 tons)
2731.81	**401.91**	**-115.01**	**218.13**	**240.61**	**-120.87**	**1.29**	**0.40**	**-1.10**
682.84	523.58	26.58	449.00	181.18		2.65	0.40	
2078.27		4.23	22.36	496.20				
	127.08	40.45	224.61	131.14	120.87	2.80		1.09
26.69		110.60	39.70	321.10				
-2.60	5.41	5.23	11.08	15.46		1.44		-0.01
-2731.81	**308.46**	**218.77**	**713.18**	**-69.33**	**120.87**			**1.64**
			-0.71	-0.02				
			-0.04					
-2731.81	308.46	218.77	713.93	98.78	307.17			1.64
				-168.08	-186.31			
	710.38	**103.76**	**931.32**	**171.27**		**1.29**	**0.40**	**0.54**
	28.00		203.00					
	57.14	1.82	144.38	52.90		1.29	0.40	0.54
	1.05	0.32	1.73	0.85		0.21	0.18	0.40
	35.30		140.00					
	339.93	101.94	362.98	96.47				
	25.00		26.70	16.00				
	65.00		24.26	5.90				
	160.00		30.00					
	85.00		14.00					
	75.00		16.00					
2731.81	**710.38**	**103.76**	**932.06**	**339.38**	**186.31**	**1.29**	**0.40**	**0.54**

6-11 续表 2

项目	Item	石油沥青(万吨) Bitumen Asphalt (10^4 tons)	石油焦(万吨) Petroleum Coke (10^4 tons)
一.可供本地区消费的能源量	**Total Primary Energy Supply**	**-361.83**	**-66.53**
1.一次能源生产量	Indigenous Production		
2.外省(区、市)调入量	Moving In from Other Provinces		
3.进口量	Import		
4.境内轮船和飞机在境外的加油量	Domestic Airplanes&Ships Refueling in Abroad		
5.本省(区、市)调出量(-)	Sending Out to Other Provinces(-)	361.83	63.71
6.出口量(-)	Export(-)		
7.境外轮船和飞机在境内的加油量(-)	Oversea Airplanes&Ships Refueling in China(-)		
8.库存增(-)、减(+)量	Stock Change		-2.82
二.加工转换投入(-)产出(+)量	**Input(-) & Output(+) of Transformation**	**361.88**	**115.26**
1.火力发电	Thermal Power		-31.74
2.供热	Heating Supply		-9.48
3.洗选煤	Coal Washing		
4.炼焦	Coking		
5.炼油及煤制油	Petroleum Refineries	361.88	156.48
#油品再投入量(-)	Petroleum Products Input (-)		
6.制气	Gas Works		
#焦炭再投入量(-)	Coke Input (-)		
7.天然气液化	Natural Gas Liquefaction		
8.煤制品加工	Briquettes		
9.回收能	Recovery of Energy		
三.损失量	**Loss**		
四.终端消费量	**Total Final Consumption**	**0.05**	**48.72**
1.农、林、牧、渔业	Agriculture, Forestry, Animal Husbandry and Fishery		
2.工业	Industry	0.05	48.72
#用作原料、材料	Non-Energy Use		4.16
3.建筑业	Construction		
4.交通运输、仓储和邮政业	Transport, Storage and Post		
5.批发、零售业和住宿、餐饮业	Wholesale, Retail Trade and Hotel, Restaurants		
6.其他	Others		
7.生活消费	Residential Consumption		
城镇	Urban		
乡村	Rural		
五.平衡差额	**Statistical Difference**		
六.消费量合计	**Total Energy Consumption**	**0.05**	**89.94**

Continued 2

液化石油气（万吨） LPG (10^4 tons)	炼厂干气（万吨） Refinery Gas (10^4 tons)	其他石油制品（万吨） Other Petroleum Products (10^4 tons)	天然气（亿立方米） Natural Gas (10^8 cu.m)	液化天然气（万吨） LNG (10^4 tons)	热力（万百万千焦） Heat (10^10 kJ)	电力（亿千瓦小时） Electricity (10^8 kW•h)	其他能源（万吨标煤） Other Energy (10^4 tce)
211.01		**-358.40**	**76.50**	**12.01**		**1174.59**	**209.30**
						546.49	210.40
114.78			76.50	12.01		685.85	
97.69							
		359.99				57.75	
1.54							
0.08		1.59					-1.10
92.13	**94.35**	**612.52**	**-36.16**	**-0.01**	**40680.16**	**2331.79**	**-146.80**
			-35.74	-0.01	-3408.94	2331.79	-124.83
	-0.20		-0.42		39043.81		-21.97
112.08	112.18	696.93					
-19.95	-17.63	-84.41					
					5045.29		
					1636.00	**143.18**	
303.14	**94.35**	**254.12**	**40.34**	**12.00**	**39044.16**	**3363.20**	**62.50**
						23.44	
10.12	94.35	254.12	24.52	12.00	34585.60	2454.10	62.50
0.41		132.84	0.18	0.13			
						55.25	
0.02			0.02		8.57	44.88	
38.00			4.00		3300.00	138.84	
20.00					1150.00	225.50	
235.00			11.80			421.20	
120.00			11.80			224.12	
115.00						197.08	
323.09	**112.19**	**338.53**	**76.50**	**12.01**	**44089.11**	**3506.39**	**209.31**

6-12 安徽能源平衡表(实物量)-2014

项目	Item	煤合计(万吨) Coal Total (10^4 tons)	原煤(万吨) Raw Coal (10^4 tons)
一.可供本地区消费的能源量	**Total Primary Energy Supply**	**15838.78**	**18650.91**
1.一次能源生产量	Indigenous Production	13010.63	12803.90
2.外省(区、市)调入量	Moving In from Other Provinces	6478.79	6478.79
3.进口量	Import		
4.境内轮船和飞机在境外的加油量	Domestic Airplanes&Ships Refueling in Abroad		
5.本省(区、市)调出量(-)	Sending Out to Other Provinces(-)	3703.00	709.19
6.出口量(-)	Export(-)	2.20	
7.境外轮船和飞机在境内的加油量(-)	Oversea Airplanes&Ships Refueling in China(-)		
8.库存增(-)、减(+)量	Stock Change	54.57	77.41
二.加工转换投入(-)产出(+)量	**Input(-) & Output(+) of Transformation**	**-11102.59**	**-14141.66**
1.火力发电	Thermal Power	-8331.14	-7953.91
2.供热	Heating Supply	-391.71	-387.38
3.洗选煤	Coal Washing	-1005.40	-5686.17
4.炼焦	Coking	-1277.96	
5.炼油及煤制油	Petroleum Refineries		
#油品再投入量(-)	Petroleum Products Input (-)		
6.制气	Gas Works	-99.05	-99.05
#焦炭再投入量(-)	Coke Input (-)		
7.天然气液化	Natural Gas Liquefaction		
8.煤制品加工	Briquettes	2.67	-15.15
9.回收能	Recovery of Energy		
三.损失量	**Loss**		
四.终端消费量	**Total Final Consumption**	**4684.40**	**4457.80**
1.农、林、牧、渔业	Agriculture, Forestry, Animal Husbandry and Fishery	62.52	62.52
2.工业	Industry	4246.10	4021.24
#用作原料、材料	Non-Energy Use	438.72	420.68
3.建筑业	Construction	25.30	23.56
4.交通运输、仓储和邮政业	Transport, Storage and Post	19.09	19.09
5.批发、零售业和住宿、餐饮业	Wholesale, Retail Trade and Hotel, Restaurants	46.76	46.76
6.其他	Others	50.99	50.99
7.生活消费	Residential Consumption	233.64	233.64
城镇	Urban	49.41	49.41
乡村	Rural	184.23	184.23
五.平衡差额	**Statistical Difference**	**51.80**	**51.45**
六.消费量合计	**Total Energy Consumption**	**15786.98**	**18599.46**

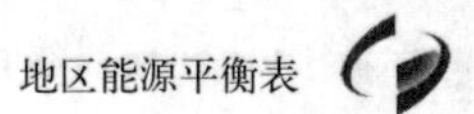

Energy Balance of Anhui (Physical Quantity) -2014

洗精煤 (万吨) Cleaned Coal (10^4 tons)	其他洗煤 (万吨) Other Washed Coal (10^4 tons)	型煤 (万吨) Briquettes (10^4 tons)	煤矸石 (万吨) Gangue (10^4 tons)	焦炭 (万吨) Coke (10^4 tons)	焦炉煤气 (亿立方米) Coke Oven Gas (10^8 cu.m)	高炉煤气 (亿立方米) Blast Furnace Gas (10^8 cu.m)	转炉煤气 (亿立方米) Converter Gas (10^8 cu.m)	其他煤气 (亿立方米) Other Gas (10^8 cu.m)
-797.74	**-2014.73**	**0.35**		**134.74**				
	206.72							
				120.79				
807.38	2186.42							
2.20								
11.84	-35.03	0.35		13.95				
966.27	**2054.98**	**17.82**	**-15.37**	**929.99**	**20.44**	**199.66**	**10.06**	**12.46**
	-377.23		-388.17		-3.84	-103.21	-7.41	
	-4.33		-5.39		-0.35	-7.46	-0.66	
2244.23	2436.54		378.19					
-1277.96				929.99	24.63			
								12.46
		17.82						
						310.33	18.13	
168.53	**40.25**	**17.82**	**9.56**	**1064.73**	**20.44**	**199.66**	**10.06**	**12.46**
166.79	40.25	17.82	9.56	1064.73	20.44	199.66	10.06	12.46
17.57		0.47	1.25	2.17				
1.74								
		0.35	**-24.93**					
1446.49	**421.81**	**17.82**	**403.12**	**1064.73**	**24.63**	**310.33**	**18.13**	**12.46**

6-12 续表 1

项　目	Item	其他焦化产品(万吨) Other Coking Products (10^4 tons)	油品合计(万吨) Petroleum Products Total (10^4 tons)
一.可供本地区消费的能源量	**Total Primary Energy Supply**	**-48.55**	**1294.48**
1.一次能源生产量	Indigenous Production		
2.外省(区、市)调入量	Moving In from Other Provinces		868.57
3.进口量	Import		747.51
4.境内轮船和飞机在境外的加油量	Domestic Airplanes&Ships Refueling in Abroad		
5.本省(区、市)调出量(-)	Sending Out to Other Provinces(-)		315.15
6.出口量(-)	Export(-)	48.29	
7.境外轮船和飞机在境内的加油量(-)	Oversea Airplanes&Ships Refueling in China(-)		
8.库存增(-)、减(+)量	Stock Change	-0.26	-6.45
二.加工转换投入(-)产出(+)量	**Input(-) & Output(+) of Transformation**	**59.67**	**9.07**
1.火力发电	Thermal Power		-0.76
2.供热	Heating Supply		-0.65
3.洗选煤	Coal Washing		
4.炼焦	Coking	59.67	
5.炼油及煤制油	Petroleum Refineries		36.62
#油品再投入量(-)	Petroleum Products Input (-)		-26.14
6.制气	Gas Works		
#焦炭再投入量(-)	Coke Input (-)		
7.天然气液化	Natural Gas Liquefaction		
8.煤制品加工	Briquettes		
9.回收能	Recovery of Energy		
三.损失量	**Loss**		
四.终端消费量	**Total Final Consumption**	**11.12**	**1319.65**
1.农、林、牧、渔业	Agriculture, Forestry, Animal Husbandry and Fishery		94.45
2.工业	Industry	11.12	264.88
#用作原料、材料	Non-Energy Use	9.35	40.99
3.建筑业	Construction		72.54
4.交通运输、仓储和邮政业	Transport, Storage and Post		602.27
5.批发、零售业和住宿、餐饮业	Wholesale, Retail Trade and Hotel, Restaurants		22.73
6.其他	Others		71.71
7.生活消费	Residential Consumption		191.07
城镇	Urban		123.76
乡村	Rural		67.32
五.平衡差额	**Statistical Difference**		**-16.10**
六.消费量合计	**Total Energy Consumption**	**11.12**	**1310.58**

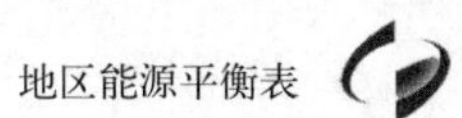

Continued 1

原油 (万吨) Crude Oil (10^4 tons)	汽油 (万吨) Gasoline (10^4 tons)	煤油 (万吨) Kerosene (10^4 tons)	柴油 (万吨) Diesel Oil (10^4 tons)	燃料油 (万吨) Fuel Oil (10^4 tons)	石脑油 (万吨) Naphtha (10^4 tons)	润滑油 (万吨) Lubricants (10^4 tons)	石蜡 (万吨) Paraffin Waxes (10^4 tons)	溶剂油 (万吨) White Spirit (10^4 tons)
749.09	**110.83**	**10.56**	**353.18**	**5.98**	**-0.42**	**1.19**	**0.29**	**0.34**
3.98	186.57	10.57	541.38	7.30		1.25	0.29	0.36
747.51								
	74.51		185.19	1.18	0.42			
-2.40	-1.23		-3.01	-0.14		-0.06		-0.02
-748.00	**230.85**		**302.16**	**4.27**	**0.42**			
			-0.25					
			-0.02					
-748.00	230.85		302.43	4.27	0.42			
1.22	**352.68**	**10.56**	**662.75**	**10.25**		**1.19**	**0.29**	**0.34**
	18.34		76.11					
1.22	9.11	0.30	59.18	5.39		1.19	0.29	0.34
	0.09	0.03	1.69	0.05		0.05	0.26	0.12
	23.67		47.56	1.31				
	129.33	10.26	459.13	3.55				
	14.42		7.45					
	61.30		9.53					
	96.51		3.78					
	79.86		0.62					
	16.65		3.16					
-0.13	**-11.00**		**-7.41**					
749.22	**352.68**	**10.56**	**663.02**	**10.25**		**1.19**	**0.29**	**0.34**

6-12 续表 2

项 目	Item	石油沥青(万吨) Bitumen Asphalt (10^4 tons)	石油焦(万吨) Petroleum Coke (10^4 tons)
一.可供本地区消费的能源量	**Total Primary Energy Supply**	**0.88**	**-18.63**
1.一次能源生产量	Indigenous Production		
2.外省(区、市)调入量	Moving In from Other Provinces	0.88	13.71
3.进口量	Import		
4.境内轮船和飞机在境外的加油量	Domestic Airplanes&Ships Refueling in Abroad		
5.本省(区、市)调出量(-)	Sending Out to Other Provinces(-)		31.84
6.出口量(-)	Export(-)		
7.境外轮船和飞机在境内的加油量(-)	Oversea Airplanes&Ships Refueling in China(-)		
8.库存增(-)、减(+)量	Stock Change		-0.49
二.加工转换投入(-)产出(+)量	**Input(-) & Output(+) of Transformation**		**34.21**
1.火力发电	Thermal Power		
2.供热	Heating Supply		
3.洗选煤	Coal Washing		
4.炼焦	Coking		
5.炼油及煤制油	Petroleum Refineries		34.21
#油品再投入量(-)	Petroleum Products Input (-)		
6.制气	Gas Works		
#焦炭再投入量(-)	Coke Input (-)		
7.天然气液化	Natural Gas Liquefaction		
8.煤制品加工	Briquettes		
9.回收能	Recovery of Energy		
三.损失量	**Loss**		
四.终端消费量	**Total Final Consumption**	**0.88**	**15.58**
1.农、林、牧、渔业	Agriculture, Forestry, Animal Husbandry and Fishery		
2.工业	Industry	0.88	15.58
#用作原料、材料	Non-Energy Use		
3.建筑业	Construction		
4.交通运输、仓储和邮政业	Transport, Storage and Post		
5.批发、零售业和住宿、餐饮业	Wholesale, Retail Trade and Hotel, Restaurants		
6.其他	Others		
7.生活消费	Residential Consumption		
城镇	Urban		
乡村	Rural		
五.平衡差额	**Statistical Difference**		
六.消费量合计	**Total Energy Consumption**	**0.88**	**15.58**

Continued 2

液化石油气（万吨） LPG (10^4 tons)	炼厂干气（万吨） Refinery Gas (10^4 tons)	其他石油制品（万吨） Other Petroleum Products (10^4 tons)	天然气（亿立方米） Natural Gas (10^8 cu.m)	液化天然气（万吨） LNG (10^4 tons)	热力（万百万千焦） Heat (10^{10} kJ)	电力（亿千瓦小时） Electricity (10^8 kW•h)	其他能源（万吨标煤） Other Energy (10^4 tce)
32.55		**48.65**	**34.67**	**-1.48**		**-392.61**	**145.29**
						56.13	145.29
54.57		47.72	34.67			6.18	
22.01				1.48		454.91	
-0.02		0.93					
60.81	**21.22**	**103.13**	**-0.45**	**1.88**	**8089.03**	**1977.78**	**-119.67**
	-0.51		-0.19		-5369.26	1977.78	-103.43
	-0.63				7629.85		-16.24
60.81	29.42	122.21					
	-7.06	-19.08					
			-0.26	1.88			
					5828.44		
						101.00	
93.36	**18.78**	**151.78**	**34.22**	**0.40**	**8089.03**	**1484.18**	**25.62**
						14.91	
0.84	18.78	151.78	11.57	0.40	6809.10	1019.82	25.62
0.01		38.69					
						24.90	
			5.43		5.13	22.47	
0.85			2.88			60.95	
0.88						106.79	
90.78			14.34		1274.80	234.35	
43.28			12.46		1274.80	101.91	
47.50			1.88			132.44	
	2.44						
93.36	**26.98**	**170.86**	**34.41**	**0.40**	**13458.29**	**1585.18**	**145.29**

6-13 福建能源平衡表(实物量)-2014

项　目	Item	煤合计(万吨) Coal Total (10^4 tn)	原煤(万吨) Raw Coal (10^4 tn)
一.可供本地区消费的能源量	**Total Primary Energy Supply**	**8198.30**	**7970.51**
1.一次能源生产量	Indigenous Production	1589.50	1589.50
2.外省(区、市)调入量	Moving In from Other Provinces	4455.35	4173.60
3.进口量	Import	3265.49	3265.49
4.境内轮船和飞机在境外的加油量	Domestic Airplanes&Ships Refueling in Abroad		
5.本省(区、市)调出量(-)	Sending Out to Other Provinces(-)	1072.28	1018.12
6.出口量(-)	Export(-)		
7.境外轮船和飞机在境内的加油量(-)	Oversea Airplanes&Ships Refueling in China(-)		
8.库存增(-)、减(+)量	Stock Change	-39.76	-39.96
二.加工转换投入(-)产出(+)量	**Input(-) & Output(+) of Transformation**	**-5701.36**	**-5511.55**
1.火力发电	Thermal Power	-5013.09	-5013.09
2.供热	Heating Supply	-412.05	-412.05
3.洗选煤	Coal Washing	-6.43	-64.26
4.炼焦	Coking	-270.14	-9.50
5.炼油及煤制油	Petroleum Refineries		
#油品再投入量(-)	Petroleum Products Input (-)		
6.制气	Gas Works	-2.82	-2.82
#焦炭再投入量(-)	Coke Input (-)		
7.天然气液化	Natural Gas Liquefaction		
8.煤制品加工	Briquettes	3.17	-9.83
9.回收能	Recovery of Energy		
三.损失量	**Loss**		
四.终端消费量	**Total Final Consumption**	**2496.94**	**2458.96**
1.农、林、牧、渔业	Agriculture, Forestry, Animal Husbandry and Fishery	35.00	35.00
2.工业	Industry	2409.70	2371.72
#用作原料、材料	Non-Energy Use	252.85	250.60
3.建筑业	Construction	1.62	1.62
4.交通运输、仓储和邮政业	Transport, Storage and Post	3.00	3.00
5.批发、零售业和住宿、餐饮业	Wholesale, Retail Trade and Hotel, Restaurants	5.17	5.17
6.其他	Others	11.15	11.15
7.生活消费	Residential Consumption	31.30	31.30
城镇	Urban	9.00	9.00
乡村	Rural	22.30	22.30
五.平衡差额	**Statistical Difference**		
六.消费量合计	**Total Energy Consumption**	**8198.30**	**7970.51**

Energy Balance of Fujian (Physical Quantity) -2014

洗精煤 (万吨) Cleaned Coal (10^4 tn)	其他洗煤 (万吨) Other Washed Coal (10^4 tn)	型煤 (万吨) Briquettes (10^4 tn)	煤矸石 (万吨) Gangue (10^4 tn)	焦炭 (万吨) Coke (10^4 tn)	焦炉煤气 (亿立方米) Coke Oven Gas (10^8 cu.m)	高炉煤气 (亿立方米) Blast Furnace Gas (10^8 cu.m)	转炉煤气 (亿立方米) Converter Gas (10^8 cu.m)	其他煤气 (亿立方米) Other Gas (10^8 cu.m)
210.79		**17.00**		**479.19**				
264.53		17.22		475.00				
54.16				2.10				
0.42		-0.22		6.29				
-206.48	**3.67**	**13.00**		**195.50**	**6.22**	**34.16**	**7.51**	**0.60**
						-79.00	-0.91	
					-0.21	-13.78	-0.54	
54.16	3.67							
-260.64				195.50	6.43			
								0.55
		13.00						
						126.94	8.96	0.05
4.31	**3.67**	**30.00**		**674.69**	**6.22**	**34.16**	**7.51**	**0.60**
4.31	3.67	30.00		674.69	6.22	34.16	7.51	0.60
1.20	0.05	1.00		3.00				
264.95	**3.67**	**30.00**		**674.69**	**6.43**	**126.94**	**8.96**	**0.60**

6-13 续表 1

项　　目	Item	其他焦化产品(万吨) Other Coking Products (10^4 tn)	油品合计(万吨) Petroleum Products Total (10^4 tn)
一.可供本地区消费的能源量	**Total Primary Energy Supply**	**-0.01**	**2261.59**
1.一次能源生产量	Indigenous Production		
2.外省(区、市)调入量	Moving In from Other Provinces		279.24
3.进口量	Import		2098.40
4.境内轮船和飞机在境外的加油量	Domestic Airplanes&Ships Refueling in Abroad		
5.本省(区、市)调出量(-)	Sending Out to Other Provinces(-)		65.88
6.出口量(-)	Export(-)		
7.境外轮船和飞机在境内的加油量(-)	Oversea Airplanes&Ships Refueling in China(-)		
8.库存增(-)、减(+)量	Stock Change	-0.01	-50.17
二.加工转换投入(-)产出(+)量	**Input(-) & Output(+) of Transformation**	**12.33**	**-179.27**
1.火力发电	Thermal Power		-45.32
2.供热	Heating Supply		-17.17
3.洗选煤	Coal Washing		
4.炼焦	Coking	12.33	
5.炼油及煤制油	Petroleum Refineries		-116.78
#油品再投入量(-)	Petroleum Products Input (-)		
6.制气	Gas Works		
#焦炭再投入量(-)	Coke Input (-)		
7.天然气液化	Natural Gas Liquefaction		
8.煤制品加工	Briquettes		
9.回收能	Recovery of Energy		
三.损失量	**Loss**		
四.终端消费量	**Total Final Consumption**	**12.32**	**2082.32**
1.农、林、牧、渔业	Agriculture, Forestry, Animal Husbandry and Fishery		30.68
2.工业	Industry	12.32	1127.84
#用作原料、材料	Non-Energy Use		309.12
3.建筑业	Construction		109.43
4.交通运输、仓储和邮政业	Transport, Storage and Post		622.19
5.批发、零售业和住宿、餐饮业	Wholesale, Retail Trade and Hotel, Restaurants		12.64
6.其他	Others		28.27
7.生活消费	Residential Consumption		151.27
城镇	Urban		82.90
乡村	Rural		68.37
五.平衡差额	**Statistical Difference**		
六.消费量合计	**Total Energy Consumption**	**12.32**	**2261.59**

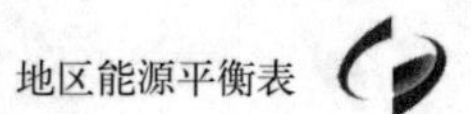

Continued 1

原油 (万吨) Crude Oil (10⁴ tn)	汽油 (万吨) Gasoline (10⁴ tn)	煤油 (万吨) Kerosene (10⁴ tn)	柴油 (万吨) Diesel Oil (10⁴ tn)	燃料油 (万吨) Fuel Oil (10⁴ tn)	石脑油 (万吨) Naphtha (10⁴ tn)	润滑油 (万吨) Lubricants (10⁴ tn)	石蜡 (万吨) Paraffin Waxes (10⁴ tn)	溶剂油 (万吨) White Spirit (10⁴ tn)
2044.45	**116.15**	**-21.07**	**-36.51**	**135.88**		**6.20**	**0.30**	**0.20**
	116.15			132.50		6.20	0.30	0.22
2098.40								
		21.08	36.60					
-53.95		0.01	0.09	3.38				-0.02
-1728.19	**324.30**	**118.40**	**551.35**	**44.12**	**9.03**	**1.65**		
			-0.72	-0.44				
			-0.03	-8.92				
-1728.19	324.30	118.40	552.10	53.48	9.03	1.65		
316.26	**440.45**	**97.33**	**514.84**	**180.00**	**9.03**	**7.85**	**0.30**	**0.20**
	7.00		19.65	3.00		0.03		
316.26	120.28	2.00	143.17	112.00	9.03	1.62	0.30	0.20
309.12								
	28.00		43.00					
	167.40	95.33	285.82	65.00		6.00		
	8.00		4.00					
	20.00		8.00			0.20		
	89.77		11.20					
	55.60		3.00					
	34.17		8.20					
2044.45	**440.45**	**97.33**	**515.59**	**189.36**	**9.03**	**7.85**	**0.30**	**0.20**

6-13 续表 2

项 目	Item	石油沥青(万吨) Bitumen Asphalt (10^4 tn)	石油焦(万吨) Petroleum Coke (10^4 tn)
一.可供本地区消费的能源量	**Total Primary Energy Supply**		**-7.88**
1.一次能源生产量	Indigenous Production		
2.外省(区、市)调入量	Moving In from Other Provinces		
3.进口量	Import		
4.境内轮船和飞机在境外的加油量	Domestic Airplanes&Ships Refueling in Abroad		
5.本省(区、市)调出量(-)	Sending Out to Other Provinces(-)		8.20
6.出口量(-)	Export(-)		
7.境外轮船和飞机在境内的加油量(-)	Oversea Airplanes&Ships Refueling in China(-)		
8.库存增(-)、减(+)量	Stock Change		0.32
二.加工转换投入(-)产出(+)量	**Input(-) & Output(+) of Transformation**	**44.06**	**21.88**
1.火力发电	Thermal Power		-5.73
2.供热	Heating Supply		-5.08
3.洗选煤	Coal Washing		
4.炼焦	Coking		
5.炼油及煤制油	Petroleum Refineries	44.06	32.69
#油品再投入量(-)	Petroleum Products Input (-)		
6.制气	Gas Works		
#焦炭再投入量(-)	Coke Input (-)		
7.天然气液化	Natural Gas Liquefaction		
8.煤制品加工	Briquettes		
9.回收能	Recovery of Energy		
三.损失量	**Loss**		
四.终端消费量	**Total Final Consumption**	**44.06**	**14.00**
1.农、林、牧、渔业	Agriculture, Forestry, Animal Husbandry and Fishery		
2.工业	Industry	6.06	14.00
#用作原料、材料	Non-Energy Use		
3.建筑业	Construction	38.00	
4.交通运输、仓储和邮政业	Transport, Storage and Post		
5.批发、零售业和住宿、餐饮业	Wholesale, Retail Trade and Hotel, Restaurants		
6.其他	Others		
7.生活消费	Residential Consumption		
城镇	Urban		
乡村	Rural		
五.平衡差额	**Statistical Difference**		
六.消费量合计	**Total Energy Consumption**	**44.06**	**24.81**

 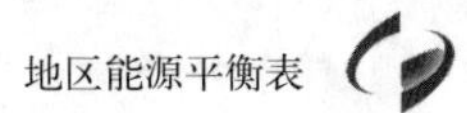

Continued 2

液化石油气 (万吨) LPG (10^4 tn)	炼厂干气 (万吨) Refinery Gas (10^4 tn)	其他石油制品 (万吨) Other Petroleum Products (10^4 tn)	天然气 (亿立方米) Natural Gas (10^8 cu.m)	液化天然气 (万吨) LNG (10^4 tn)	热力 (万百万千焦) Heat (10^{10} kJ)	电力 (亿千瓦小时) Electricity (10^8 kW•h)	其他能源 (万吨标煤) Other Energy (10^4 tce)
23.87			**50.26**			**581.95**	**68.10**
						592.70	
23.87						2.76	68.10
			50.26				
						13.51	
56.13	**99.36**	**278.64**	**-19.99**		**8489.26**	**1277.26**	**-7.58**
	-38.43		-19.99		-1387.82	1277.26	-7.58
	-3.14				8024.19		
56.13	140.93	278.64					
					1852.89		
						105.17	
80.00	**99.36**	**278.64**	**30.27**		**8489.26**	**1754.04**	**60.52**
1.00						23.59	
24.92	99.36	278.64	25.71		8489.26	1137.62	60.52
0.43			0.52			26.43	
2.64			1.52			24.26	
0.64			0.76			77.88	
0.07			0.38			119.23	
50.30			1.38			345.03	
24.30			1.33			172.13	
26.00			0.05			172.90	
80.00	**140.93**	**278.64**	**50.26**		**9877.08**	**1859.21**	**68.10**

6-14 江西能源平衡表(实物量)-2014

项　目	Item	煤合计(万吨) Coal Total (10^4 tons)	原煤(万吨) Raw Coal (10^4 tons)
一.可供本地区消费的能源量	**Total Primary Energy Supply**	**7477.31**	**6768.08**
1.一次能源生产量	Indigenous Production	2813.70	2813.70
2.外省(区、市)调入量	Moving In from Other Provinces	4322.96	3575.69
3.进口量	Import	581.04	581.04
4.境内轮船和飞机在境外的加油量	Domestic Airplanes&Ships Refueling in Abroad		
5.本省(区、市)调出量(-)	Sending Out to Other Provinces(-)	204.24	168.95
6.出口量(-)	Export(-)		
7.境外轮船和飞机在境内的加油量(-)	Oversea Airplanes&Ships Refueling in China(-)		
8.库存增(-)、减(+)量	Stock Change	-36.15	-33.40
二.加工转换投入(-)产出(+)量	**Input(-) & Output(+) of Transformation**	**-4495.87**	**-4030.32**
1.火力发电	Thermal Power	-2878.79	-2878.79
2.供热	Heating Supply	-93.19	-93.19
3.洗选煤	Coal Washing	-302.35	-972.25
4.炼焦	Coking	-1189.80	
5.炼油及煤制油	Petroleum Refineries		
#油品再投入量(-)	Petroleum Products Input (-)		
6.制气	Gas Works		
#焦炭再投入量(-)	Coke Input (-)		
7.天然气液化	Natural Gas Liquefaction		
8.煤制品加工	Briquettes	-31.74	-86.09
9.回收能	Recovery of Energy		
三.损失量	**Loss**		
四.终端消费量	**Total Final Consumption**	**2981.44**	**2737.76**
1.农、林、牧、渔业	Agriculture, Forestry, Animal Husbandry and Fishery	17.00	17.00
2.工业	Industry	2748.94	2686.76
#用作原料、材料	Non-Energy Use	257.80	253.87
3.建筑业	Construction	2.50	2.50
4.交通运输、仓储和邮政业	Transport, Storage and Post	6.50	4.00
5.批发、零售业和住宿、餐饮业	Wholesale, Retail Trade and Hotel, Restaurants	19.00	1.00
6.其他	Others	25.00	1.00
7.生活消费	Residential Consumption	162.50	25.50
城镇	Urban	31.50	5.50
乡村	Rural	131.00	20.00
五.平衡差额	**Statistical Difference**		
六.消费量合计	**Total Energy Consumption**	**7477.31**	**6768.08**

Energy Balance of Jiangxi (Physical Quantity) -2014

洗精煤 (万吨) Cleaned Coal (10^4 tons)	其他洗煤 (万吨) Other Washed Coal (10^4 tons)	型煤 (万吨) Briquettes (10^4 tons)	煤矸石 (万吨) Gangue (10^4 tons)	焦炭 (万吨) Coke (10^4 tons)	焦炉煤气 (亿立方米) Coke Oven Gas (10^8 cu.m)	高炉煤气 (亿立方米) Blast Furnace Gas (10^8 cu.m)	转炉煤气 (亿立方米) Converter Gas (10^8 cu.m)	其他煤气 (亿立方米) Other Gas (10^8 cu.m)
648.80	**60.48**	**-0.05**	**38.90**	**3.63**				
686.83	60.44		38.90	421.16				
35.29				423.91				
-2.74	0.04	-0.05		6.38				
-635.93	**-13.10**	**183.48**	**-36.97**	**867.50**	**22.93**	**273.80**	**19.62**	
			-60.41		-1.05	-69.60	-4.41	
553.87	116.03		23.44					
-1189.80				867.50	23.98			
	-129.13	183.48						
						343.40	24.03	
12.87	**47.38**	**183.43**	**1.93**	**871.13**	**22.93**	**273.80**	**19.62**	
12.87	47.38	1.93	1.93	871.13	17.90	273.80	19.62	
3.71	0.19	0.03		3.54				
		2.50						
		18.00			3.00			
		24.00						
		137.00			2.03			
		26.00			2.03			
		111.00						
1202.67	**176.51**	**183.43**	**62.34**	**871.13**	**23.98**	**343.40**	**24.03**	

6-14 续表 1

项　　目	Item	其他焦化产品(万吨) Other Coking Products (10^4 tons)	油品合计(万吨) Petroleum Products Total (10^4 tons)
一.可供本地区消费的能源量	**Total Primary Energy Supply**	**-28.04**	**940.66**
1.一次能源生产量	Indigenous Production		
2.外省(区、市)调入量	Moving In from Other Provinces	4.39	604.03
3.进口量	Import		474.32
4.境内轮船和飞机在境外的加油量	Domestic Airplanes&Ships Refueling in Abroad		
5.本省(区、市)调出量(-)	Sending Out to Other Provinces(-)	32.43	144.86
6.出口量(-)	Export(-)		
7.境外轮船和飞机在境内的加油量(-)	Oversea Airplanes&Ships Refueling in China(-)		
8.库存增(-)、减(+)量	Stock Change		7.17
二.加工转换投入(-)产出(+)量	**Input(-) & Output(+) of Transformation**	**32.69**	**-12.84**
1.火力发电	Thermal Power		-4.23
2.供热	Heating Supply		-3.07
3.洗选煤	Coal Washing		
4.炼焦	Coking	32.69	
5.炼油及煤制油	Petroleum Refineries		54.46
#油品再投入量(-)	Petroleum Products Input (-)		-60.00
6.制气	Gas Works		
#焦炭再投入量(-)	Coke Input (-)		
7.天然气液化	Natural Gas Liquefaction		
8.煤制品加工	Briquettes		
9.回收能	Recovery of Energy		
三.损失量	**Loss**		**0.47**
四.终端消费量	**Total Final Consumption**	**4.65**	**927.35**
1.农、林、牧、渔业	Agriculture, Forestry, Animal Husbandry and Fishery		58.00
2.工业	Industry	4.65	227.06
#用作原料、材料	Non-Energy Use		15.59
3.建筑业	Construction		30.10
4.交通运输、仓储和邮政业	Transport, Storage and Post		413.90
5.批发、零售业和住宿、餐饮业	Wholesale, Retail Trade and Hotel, Restaurants		35.29
6.其他	Others		37.00
7.生活消费	Residential Consumption		126.00
城镇	Urban		84.00
乡村	Rural		42.00
五.平衡差额	**Statistical Difference**		
六.消费量合计	**Total Energy Consumption**	**4.65**	**940.66**

Continued 1

原油 (万吨) Crude Oil (10^4 tons)	汽油 (万吨) Gasoline (10^4 tons)	煤油 (万吨) Kerosene (10^4 tons)	柴油 (万吨) Diesel Oil (10^4 tons)	燃料油 (万吨) Fuel Oil (10^4 tons)	石脑油 (万吨) Naphtha (10^4 tons)	润滑油 (万吨) Lubricants (10^4 tons)	石蜡 (万吨) Paraffin Waxes (10^4 tons)	溶剂油 (万吨) White Spirit (10^4 tons)
472.24	**78.30**	**-22.27**	**346.92**	**14.40**	**-0.50**	**0.08**	**0.16**	**0.03**
	177.45		324.96	14.28		0.08	0.16	0.03
474.32								
	85.84	22.27		0.56	0.50			
-2.08	-13.31		21.96	0.68				
-471.30	**162.02**	**24.40**	**179.45**	**1.40**	**0.50**			
			-0.15					
-471.30	173.50	24.40	179.60	1.40	0.50			
	-11.48							
0.47								
0.47	**240.32**	**2.13**	**526.37**	**15.80**		**0.08**	**0.16**	**0.03**
	8.00		50.00					
0.47	47.41	0.23	90.00	11.80		0.08	0.16	0.03
	0.11		0.43	1.54				
	1.00		17.00					
	94.91	1.50	313.48	4.00				
	11.00	0.40	18.89					
	18.00		15.00					
	60.00		22.00					
	45.00		4.00					
	15.00		18.00					
472.24	**251.80**	**2.13**	**526.52**	**15.80**		**0.08**	**0.16**	**0.03**

6-14 续表 2

项　　目	Item	石油沥青(万吨) Bitumen Asphalt (10^4 tons)	石油焦(万吨) Petroleum Coke (10^4 tons)
一.可供本地区消费的能源量	**Total Primary Energy Supply**		**-27.21**
1.一次能源生产量	Indigenous Production		
2.外省(区、市)调入量	Moving In from Other Provinces		0.49
3.进口量	Import		
4.境内轮船和飞机在境外的加油量	Domestic Airplanes&Ships Refueling in Abroad		
5.本省(区、市)调出量(-)	Sending Out to Other Provinces(-)		27.64
6.出口量(-)	Export(-)		
7.境外轮船和飞机在境内的加油量(-)	Oversea Airplanes&Ships Refueling in China(-)		
8.库存增(-)、减(+)量	Stock Change		-0.06
二.加工转换投入(-)产出(+)量	**Input(-) & Output(+) of Transformation**	**12.10**	**28.40**
1.火力发电	Thermal Power		-2.50
2.供热	Heating Supply		-0.70
3.洗选煤	Coal Washing		
4.炼焦	Coking		
5.炼油及煤制油	Petroleum Refineries	20.80	33.20
#油品再投入量(-)	Petroleum Products Input (-)	-8.70	-1.60
6.制气	Gas Works		
#焦炭再投入量(-)	Coke Input (-)		
7.天然气液化	Natural Gas Liquefaction		
8.煤制品加工	Briquettes		
9.回收能	Recovery of Energy		
三.损失量	**Loss**		
四.终端消费量	**Total Final Consumption**	**12.10**	**1.19**
1.农、林、牧、渔业	Agriculture, Forestry, Animal Husbandry and Fishery		
2.工业	Industry		1.19
#用作原料、材料	Non-Energy Use		
3.建筑业	Construction	12.10	
4.交通运输、仓储和邮政业	Transport, Storage and Post		
5.批发、零售业和住宿、餐饮业	Wholesale, Retail Trade and Hotel, Restaurants		
6.其他	Others		
7.生活消费	Residential Consumption		
城镇	Urban		
乡村	Rural		
五.平衡差额	**Statistical Difference**		
六.消费量合计	**Total Energy Consumption**	**20.80**	**5.99**

Continued 2

液化石油气（万吨） LPG (10^4 tons)	炼厂干气（万吨） Refinery Gas (10^4 tons)	其他石油制品（万吨） Other Petroleum Products (10^4 tons)	天然气（亿立方米） Natural Gas (10^8 cu.m)	液化天然气（万吨） LNG (10^4 tons)	热力（万百万千焦） Heat (10^{10} kJ)	电力（亿千瓦小时） Electricity (10^8 kW•h)	其他能源（万吨标煤） Other Energy (10^4 tce)
30.38		**48.13**	**13.80**	**10.04**		**285.52**	**128.39**
			0.40			140.30	
30.41		56.17	13.40	10.04		145.22	139.15
		8.05					10.76
-0.03		0.01					
26.50	**13.08**	**10.61**	**-0.15**		**3159.10**	**733.00**	**-64.76**
	-1.55	-0.03	-0.07		-1350.00	733.00	-60.18
	-2.37		-0.08		1430.98		-4.58
26.50	17.00	48.86					
		-38.22					
					3078.12		
						64.36	
56.88	**13.08**	**58.74**	**13.65**	**10.04**	**3159.10**	**954.16**	**63.63**
						10.65	
3.87	13.08	58.74	9.33	5.89	3143.10	632.31	62.93
0.15		13.36	0.05	0.02			0.42
						15.37	
0.01				1.15		21.79	
5.00			0.34		16.00	42.08	
4.00			0.40			62.94	0.70
44.00			3.58	3.00		169.02	
35.00			3.50	3.00		93.27	
9.00			0.08			75.75	
56.88	**17.00**	**96.99**	**13.80**	**10.04**	**4509.10**	**1018.52**	**128.39**

6-15 山东能源平衡表(实物量)-2014

项　　目	Item	煤合计(万吨) Coal Total (10^4 tons)	原煤(万吨) Raw Coal (10^4 tons)
一.可供本地区消费的能源量	**Total Primary Energy Supply**	**39561.73**	**38706.52**
1.一次能源生产量	Indigenous Production	14684.29	14684.29
2.外省(区、市)调入量	Moving In from Other Provinces	28359.53	26089.80
3.进口量	Import	3715.53	3715.53
4.境内轮船和飞机在境外的加油量	Domestic Airplanes&Ships Refueling in Abroad		
5.本省(区、市)调出量(-)	Sending Out to Other Provinces(-)	6957.84	5535.72
6.出口量(-)	Export(-)	148.19	148.19
7.境外轮船和飞机在境内的加油量(-)	Oversea Airplanes&Ships Refueling in China(-)		
8.库存增(-)、减(+)量	Stock Change	-91.60	-99.19
二.加工转换投入(-)产出(+)量	**Input(-) & Output(+) of Transformation**	**-26808.51**	**-28183.22**
1.火力发电	Thermal Power	-14657.44	-13985.05
2.供热	Heating Supply	-4285.88	-4085.54
3.洗选煤	Coal Washing	-1468.99	-10107.65
4.炼焦	Coking	-6391.21	
5.炼油及煤制油	Petroleum Refineries	-4.98	-4.98
#油品再投入量(-)	Petroleum Products Input (-)		
6.制气	Gas Works		
#焦炭再投入量(-)	Coke Input (-)		
7.天然气液化	Natural Gas Liquefaction		
8.煤制品加工	Briquettes		
9.回收能	Recovery of Energy		
三.损失量	**Loss**		
四.终端消费量	**Total Final Consumption**	**12753.22**	**10523.31**
1.农、林、牧、渔业	Agriculture, Forestry, Animal Husbandry and Fishery	89.00	89.00
2.工业	Industry	11121.71	9945.65
#用作原料、材料	Non-Energy Use	1169.74	851.19
3.建筑业	Construction	24.45	24.45
4.交通运输、仓储和邮政业	Transport, Storage and Post	25.81	25.81
5.批发、零售业和住宿、餐饮业	Wholesale, Retail Trade and Hotel, Restaurants	468.99	102.77
6.其他	Others	409.01	71.75
7.生活消费	Residential Consumption	614.26	263.88
城镇	Urban	227.96	97.92
乡村	Rural	386.30	165.96
五.平衡差额	**Statistical Difference**		
六.消费量合计	**Total Energy Consumption**	**39561.73**	**38706.52**

Energy Balance of Shandong (Physical Quantity) -2014

洗精煤 (万吨) Cleaned Coal (10^4 tons)	其他洗煤 (万吨) Other Washed Coal (10^4 tons)	型煤 (万吨) Briquettes (10^4 tons)	煤矸石 (万吨) Gangue (10^4 tons)	焦炭 (万吨) Coke (10^4 tons)	焦炉煤气 (亿立方米) Coke Oven Gas (10^8 cu.m)	高炉煤气 (亿立方米) Blast Furnace Gas (10^8 cu.m)	转炉煤气 (亿立方米) Converter Gas (10^8 cu.m)	其他煤气 (亿立方米) Other Gas (10^8 cu.m)
688.25	**-1247.31**	**1414.27**	**0.31**	**-845.83**				**0.01**
654.78		1614.96						0.01
	1210.19	211.93		804.45				
				6.44				
33.47	-37.12	11.24	0.31	-34.95				
53.49	**1393.52**	**-72.29**	**66.00**	**4600.66**	**49.68**	**149.87**	**20.06**	
-10.41	-624.00	-37.98	-498.00	-6.68	-18.71	-220.24	-10.66	-1.16
-7.75	-158.28	-34.32	-125.79		-9.94	-83.28	-2.09	-0.16
6462.85	2175.80		689.79					
-6391.21				4607.34	78.32			
						453.40	32.81	1.31
741.73	**146.21**	**1341.97**	**66.31**	**3754.83**	**49.68**	**149.87**	**20.06**	**0.01**
741.73	146.21	288.12	66.31	3751.54	45.17	149.87	20.06	0.01
294.16	8.91	15.48	22.85	54.39	0.72			
				0.54	0.00			
				0.00				
		366.22		2.75	1.60			
		337.26			0.81			
		350.38			2.09			
		130.04			2.09			
		220.34						
7151.10	**928.49**	**1414.27**	**690.10**	**3761.51**	**78.32**	**453.40**	**32.81**	**1.32**

6–15 续表 1

项目	Item	其他焦化产品(万吨) Other Coking Products (10^4 tons)	油品合计(万吨) Petroleum Products Total (10^4 tons)
一.可供本地区消费的能源量	**Total Primary Energy Supply**	**-157.10**	**3648.13**
1.一次能源生产量	Indigenous Production		2713.21
2.外省(区、市)调入量	Moving In from Other Provinces		1146.21
3.进口量	Import		7489.81
4.境内轮船和飞机在境外的加油量	Domestic Airplanes&Ships Refueling in Abroad		
5.本省(区、市)调出量(-)	Sending Out to Other Provinces(-)	157.82	7273.13
6.出口量(-)	Export(-)		381.77
7.境外轮船和飞机在境内的加油量(-)	Oversea Airplanes&Ships Refueling in China(-)		
8.库存增(-)、减(+)量	Stock Change	0.72	-46.20
二.加工转换投入(-)产出(+)量	**Input(-) & Output(+) of Transformation**	**283.73**	**-136.50**
1.火力发电	Thermal Power	-2.61	-6.32
2.供热	Heating Supply		-65.38
3.洗选煤	Coal Washing		
4.炼焦	Coking	286.34	
5.炼油及煤制油	Petroleum Refineries		3820.59
#油品再投入量(-)	Petroleum Products Input (-)		-3885.39
6.制气	Gas Works		
#焦炭再投入量(-)	Coke Input (-)		
7.天然气液化	Natural Gas Liquefaction		
8.煤制品加工	Briquettes		
9.回收能	Recovery of Energy		
三.损失量	**Loss**		
四.终端消费量	**Total Final Consumption**	**126.63**	**3511.63**
1.农、林、牧、渔业	Agriculture, Forestry, Animal Husbandry and Fishery		181.52
2.工业	Industry	126.63	1291.05
#用作原料、材料	Non-Energy Use	71.15	429.10
3.建筑业	Construction		221.94
4.交通运输、仓储和邮政业	Transport, Storage and Post		1160.54
5.批发、零售业和住宿、餐饮业	Wholesale, Retail Trade and Hotel, Restaurants		63.90
6.其他	Others		86.44
7.生活消费	Residential Consumption		506.23
城镇	Urban		373.05
乡村	Rural		133.18
五.平衡差额	**Statistical Difference**		
六.消费量合计	**Total Energy Consumption**	**129.24**	**3648.13**

Continued 1

原油 (万吨) Crude Oil (10^4 tons)	汽油 (万吨) Gasoline (10^4 tons)	煤油 (万吨) Kerosene (10^4 tons)	柴油 (万吨) Diesel Oil (10^4 tons)	燃料油 (万吨) Fuel Oil (10^4 tons)	石脑油 (万吨) Naphtha (10^4 tons)	润滑油 (万吨) Lubricants (10^4 tons)	石蜡 (万吨) Paraffin Waxes (10^4 tons)	溶剂油 (万吨) White Spirit (10^4 tons)
7815.90	**-1518.24**	**-194.96**	**-2073.34**	**1710.18**	**-147.71**	**-22.22**	**0.11**	**-53.00**
2713.21								
				1145.94			0.28	
6456.96	0.01			721.31	73.92	16.14	0.03	0.24
1329.91	1462.08	122.02	2040.98		223.26	25.25		43.99
	37.83	72.47	37.12	152.80		12.79	0.20	0.01
-24.36	-18.34	-0.47	4.76	-4.28	1.63	-0.32		-9.23
-7692.70	**2223.55**	**199.53**	**3329.60**	**-1443.53**	**280.48**	**36.07**		**53.35**
	-0.01		-1.44	-0.45				
	0.00		-0.28	-7.00				
-7692.70	2223.56	199.53	3337.95	762.28	300.66	36.07		53.35
			-6.63	-2198.35	-20.18			
123.20	**705.31**	**4.57**	**1256.27**	**266.65**	**132.77**	**13.85**	**0.11**	**0.35**
	3.84		177.08					
123.20	52.48	0.96	102.68	48.46	132.77	6.45	0.11	0.35
0.02	1.29	0.01	0.53		126.78	0.70	0.09	
	16.23	0.27	65.81	3.89				
	113.91	3.34	830.09	210.80		2.36		
	22.80	0.00	35.43	0.40		0.63		
	52.08		28.10	3.10		0.22		
	443.97		17.07			4.20		
	334.86		5.85			2.60		
	109.11		11.22			1.60		
7815.90	**705.32**	**4.57**	**1264.62**	**2472.46**	**152.95**	**13.85**	**0.11**	**0.35**

6-15 续表 2

项　　目	Item	石油沥青(万吨) Bitumen Asphalt (10^4 tons)	石油焦(万吨) Petroleum Coke (10^4 tons)
一.可供本地区消费的能源量	**Total Primary Energy Supply**	**-522.70**	**-530.65**
1.一次能源生产量	Indigenous Production		
2.外省(区、市)调入量	Moving In from Other Provinces		
3.进口量	Import	62.32	135.39
4.境内轮船和飞机在境外的加油量	Domestic Airplanes&Ships Refueling in Abroad		
5.本省(区、市)调出量(-)	Sending Out to Other Provinces(-)	590.07	599.51
6.出口量(-)	Export(-)	0.37	68.17
7.境外轮船和飞机在境内的加油量(-)	Oversea Airplanes&Ships Refueling in China(-)		
8.库存增(-)、减(+)量	Stock Change	5.41	1.63
二.加工转换投入(-)产出(+)量	**Input(-) & Output(+) of Transformation**	**658.20**	**577.24**
1.火力发电	Thermal Power		-0.94
2.供热	Heating Supply		-30.05
3.洗选煤	Coal Washing		
4.炼焦	Coking		
5.炼油及煤制油	Petroleum Refineries	658.20	608.23
#油品再投入量(-)	Petroleum Products Input (-)		
6.制气	Gas Works		
#焦炭再投入量(-)	Coke Input (-)		
7.天然气液化	Natural Gas Liquefaction		
8.煤制品加工	Briquettes		
9.回收能	Recovery of Energy		
三.损失量	**Loss**		
四.终端消费量	**Total Final Consumption**	**135.49**	**46.58**
1.农、林、牧、渔业	Agriculture, Forestry, Animal Husbandry and Fishery		
2.工业	Industry	0.49	46.58
#用作原料、材料	Non-Energy Use	0.17	1.69
3.建筑业	Construction	135.00	
4.交通运输、仓储和邮政业	Transport, Storage and Post		
5.批发、零售业和住宿、餐饮业	Wholesale, Retail Trade and Hotel, Restaurants		
6.其他	Others		
7.生活消费	Residential Consumption		
城镇	Urban		
乡村	Rural		
五.平衡差额	**Statistical Difference**		
六.消费量合计	**Total Energy Consumption**	**135.49**	**77.57**

Continued 2

液化石油气 (万吨) LPG (10^4 tons)	炼厂干气 (万吨) Refinery Gas (10^4 tons)	其他石油制品 (万吨) Other Petroleum Products (10^4 tons)	天然气 (亿立方米) Natural Gas (10^8 cu.m)	液化天然气 (万吨) LNG (10^4 tons)	热力 (万百万千焦) Heat (10^{10} kJ)	电力 (亿千瓦小时) Electricity (10^8 kW•h)	其他能源 (万吨标煤) Other Energy (10^4 tce)
-430.22	**-6.24**	**-378.79**	**73.58**	**9.99**		**594.05**	**450.85**
			4.92			108.32	448.50
			68.66			485.73	
23.48				19.97			
453.87	6.24	375.96		9.89			
0.02							
0.19		-2.83		-0.10			2.35
502.48	**120.83**	**1018.39**	**-1.04**	**1.39**	**82322.94**	**3629.44**	**-410.39**
	-3.23	-0.26	-0.13		-4314.42	3629.44	-322.34
	-10.72	-17.33	-0.71		80254.74		-88.05
636.97	134.78	2561.71					
-134.50		-1525.73					
			-0.20	1.39			
					6382.62		
72.26	**114.60**	**639.60**	**72.54**	**11.37**	**82322.94**	**4223.49**	**40.46**
0.60						88.71	
22.31	114.60	639.60	45.87	8.86	67841.52	3230.47	40.46
5.54		292.27	0.92	1.66			
0.73			0.08		565.99	39.58	
0.04			3.42	2.51	512.06	72.45	
4.64			3.65		1496.12	121.61	
2.95			0.40		3877.02	200.49	
40.99			19.12		8030.24	470.17	
29.74			13.80		7522.78	208.02	
11.25			5.32		507.46	262.16	
206.76	**128.55**	**2182.92**	**73.39**	**11.37**	**86637.36**	**4223.49**	**450.85**

6-16 河南能源平衡表(实物量)-2014

项　　目	Item	煤合计 (万吨) Coal Total (10⁴ tons)	原煤 (万吨) Raw Coal (10⁴ tons)
一.可供本地区消费的能源量	**Total Primary Energy Supply**	**24195.03**	**26879.47**
1.一次能源生产量	Indigenous Production	14415.00	14415.00
2.外省(区、市)调入量	Moving In from Other Provinces	11847.47	11847.47
3.进口量	Import		
4.境内轮船和飞机在境外的加油量	Domestic Airplanes&Ships Refueling in Abroad		
5.本省(区、市)调出量(-)	Sending Out to Other Provinces(-)	2783.89	
6.出口量(-)	Export(-)		
7.境外轮船和飞机在境内的加油量(-)	Oversea Airplanes&Ships Refueling in China(-)		
8.库存增(-)、减(+)量	Stock Change	716.45	617.00
二.加工转换投入(-)产出(+)量	**Input(-) & Output(+) of Transformation**	**-17612.30**	**-23842.79**
1.火力发电	Thermal Power	-11494.27	-11397.74
2.供热	Heating Supply	-1347.18	-1326.72
3.洗选煤	Coal Washing	-1208.78	-10912.50
4.炼焦	Coking	-3400.15	
5.炼油及煤制油	Petroleum Refineries		
#油品再投入量(-)	Petroleum Products Input (-)		
6.制气	Gas Works	-173.13	-173.13
#焦炭再投入量(-)	Coke Input (-)		
7.天然气液化	Natural Gas Liquefaction		
8.煤制品加工	Briquettes	11.21	-32.70
9.回收能	Recovery of Energy		
三.损失量	**Loss**	**58.41**	
四.终端消费量	**Total Final Consumption**	**6579.17**	**3091.53**
1.农、林、牧、渔业	Agriculture, Forestry, Animal Husbandry and Fishery	88.00	88.00
2.工业	Industry	5614.48	2392.79
#用作原料、材料	Non-Energy Use	1442.55	1427.42
3.建筑业	Construction	78.90	23.00
4.交通运输、仓储和邮政业	Transport, Storage and Post	6.74	6.74
5.批发、零售业和住宿、餐饮业	Wholesale, Retail Trade and Hotel, Restaurants	58.20	
6.其他	Others	128.00	
7.生活消费	Residential Consumption	604.85	581.00
城镇	Urban	170.00	170.00
乡村	Rural	434.85	411.00
五.平衡差额	**Statistical Difference**	**-54.85**	**-54.85**
六.消费量合计	**Total Energy Consumption**	**24249.88**	**26934.32**

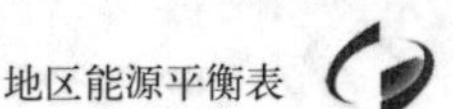

Energy Balance of Henan (Physical Quantity) -2014

洗精煤 (万吨) Cleaned Coal (10^4 tons)	其他洗煤 (万吨) Other Washed Coal (10^4 tons)	型煤 (万吨) Briquettes (10^4 tons)	煤矸石 (万吨) Gangue (10^4 tons)	焦炭 (万吨) Coke (10^4 tons)	焦炉煤气 (亿立方米) Coke Oven Gas (10^8 cu.m)	高炉煤气 (亿立方米) Blast Furnace Gas (10^8 cu.m)	转炉煤气 (亿立方米) Converter Gas (10^8 cu.m)	其他煤气 (亿立方米) Other Gas (10^8 cu.m)
-2041.03	**-643.41**			**-39.55**				
2166.17	617.72			32.00				
125.14	-25.69			-7.55				
3672.42	**2514.16**	**43.91**	**29.36**	**2740.49**	**22.33**	**180.43**	**9.11**	**39.54**
	-96.53		-144.65		-10.11	-90.04	-1.55	-0.37
	-20.46		-50.65			-14.32	-1.24	
7072.57	2631.15		224.66					
-3400.15				2898.34				
				-157.85	32.44			39.91
		43.91						
						284.79	11.90	
1.22	**57.19**							**1.10**
1630.17	**1813.56**	**43.91**	**29.36**	**2700.94**	**22.33**	**180.43**	**9.11**	**38.44**
1389.67	1811.96	20.06	29.36	2645.94	22.33	180.43	9.11	35.84
15.13			12.08	71.09				4.05
55.90								
56.60	1.60			55.00				
128.00								
		23.85						2.60
								2.60
		23.85						
5031.54	**1987.74**	**43.91**	**224.66**	**2700.94**	**32.44**	**284.79**	**11.90**	**39.91**

6-16 续表 1

项　　目	Item	其他焦化产品 (万吨) Other Coking Products (10^4 tons)	油品合计 (万吨) Petroleum Products Total (10^4 tons)
一.可供本地区消费的能源量	**Total Primary Energy Supply**	**-54.08**	**1978.04**
1.一次能源生产量	Indigenous Production		470.50
2.外省(区、市)调入量	Moving In from Other Provinces		1409.30
3.进口量	Import		376.13
4.境内轮船和飞机在境外的加油量	Domestic Airplanes&Ships Refueling in Abroad		
5.本省(区、市)调出量(-)	Sending Out to Other Provinces(-)	54.08	331.10
6.出口量(-)	Export(-)		25.47
7.境外轮船和飞机在境内的加油量(-)	Oversea Airplanes&Ships Refueling in China(-)		
8.库存增(-)、减(+)量	Stock Change		78.68
二.加工转换投入(-)产出(+)量	**Input(-) & Output(+) of Transformation**	**124.00**	**-71.41**
1.火力发电	Thermal Power		-8.74
2.供热	Heating Supply		-29.68
3.洗选煤	Coal Washing		
4.炼焦	Coking	124.00	
5.炼油及煤制油	Petroleum Refineries		75.73
#油品再投入量(-)	Petroleum Products Input (-)		-108.72
6.制气	Gas Works		
#焦炭再投入量(-)	Coke Input (-)		
7.天然气液化	Natural Gas Liquefaction		
8.煤制品加工	Briquettes		
9.回收能	Recovery of Energy		
三.损失量	**Loss**		
四.终端消费量	**Total Final Consumption**	**69.92**	**1906.63**
1.农、林、牧、渔业	Agriculture, Forestry, Animal Husbandry and Fishery		145.77
2.工业	Industry	69.92	497.30
#用作原料、材料	Non-Energy Use	2.67	119.90
3.建筑业	Construction		37.22
4.交通运输、仓储和邮政业	Transport, Storage and Post		804.75
5.批发、零售业和住宿、餐饮业	Wholesale, Retail Trade and Hotel, Restaurants		113.72
6.其他	Others		100.06
7.生活消费	Residential Consumption		207.81
城镇	Urban		104.50
乡村	Rural		103.31
五.平衡差额	**Statistical Difference**		
六.消费量合计	**Total Energy Consumption**	**69.92**	**1978.04**

Continued 1

原油(万吨) Crude Oil (10^4 tons)	汽油(万吨) Gasoline (10^4 tons)	煤油(万吨) Kerosene (10^4 tons)	柴油(万吨) Diesel Oil (10^4 tons)	燃料油(万吨) Fuel Oil (10^4 tons)	石脑油(万吨) Naphtha (10^4 tons)	润滑油(万吨) Lubricants (10^4 tons)	石蜡(万吨) Paraffin Waxes (10^4 tons)	溶剂油(万吨) White Spirit (10^4 tons)
845.17	**320.22**	**-22.13**	**609.25**	**-0.48**		**12.11**		
470.50								
247.00	329.92		576.90			12.11		
376.13								
281.16	27.20	22.74						
32.70	17.50	0.61	32.35	-0.48				
-809.30	**209.60**	**72.63**	**189.95**	**41.19**	**26.52**	**0.01**	**0.01**	**2.28**
-0.10			-1.21	-0.41				
-6.26			-0.06	-8.18				
-802.94	209.60	72.63	191.22	49.78	26.52	0.01	0.01	2.28
35.87	**529.82**	**50.50**	**799.20**	**40.71**	**26.52**	**12.12**	**0.01**	**2.28**
	35.00		99.77					
35.87	95.32	1.70	108.98	23.68	26.52	0.62	0.01	2.28
0.01	0.80		0.16		26.00			0.17
	17.00		8.66			0.06		
	238.00	48.80	458.00	3.43		3.71		
	25.00		38.00	1.20		5.52		
	49.00		36.85			2.21		
	70.50		48.94	12.40				
	40.00		20.00	12.40				
	30.50		28.94					
845.17	**529.82**	**50.50**	**800.47**	**49.30**	**26.52**	**12.12**	**0.01**	**2.28**

6-16 续表 2

项　　目	Item	石油沥青(万吨) Bitumen Asphalt (10^4 tons)	石油焦(万吨) Petroleum Coke (10^4 tons)
一.可供本地区消费的能源量	**Total Primary Energy Supply**		**52.66**
1.一次能源生产量	Indigenous Production		
2.外省(区、市)调入量	Moving In from Other Provinces		52.66
3.进口量	Import		
4.境内轮船和飞机在境外的加油量	Domestic Airplanes&Ships Refueling in Abroad		
5.本省(区、市)调出量(−)	Sending Out to Other Provinces(-)		
6.出口量(−)	Export(-)		
7.境外轮船和飞机在境内的加油量(−)	Oversea Airplanes&Ships Refueling in China(-)		
8.库存增(−)、减(+)量	Stock Change		
二.加工转换投入(−)产出(+)量	**Input(-) & Output(+) of Transformation**	**29.93**	**21.73**
1.火力发电	Thermal Power		-5.46
2.供热	Heating Supply		-11.80
3.洗选煤	Coal Washing		
4.炼焦	Coking		
5.炼油及煤制油	Petroleum Refineries	29.93	38.99
#油品再投入量(−)	Petroleum Products Input (-)		
6.制气	Gas Works		
#焦炭再投入量(−)	Coke Input (-)		
7.天然气液化	Natural Gas Liquefaction		
8.煤制品加工	Briquettes		
9.回收能	Recovery of Energy		
三.损失量	**Loss**		
四.终端消费量	**Total Final Consumption**	**29.93**	**74.39**
1.农、林、牧、渔业	Agriculture, Forestry, Animal Husbandry and Fishery		
2.工业	Industry	3.55	74.39
#用作原料、材料	Non-Energy Use	3.13	44.97
3.建筑业	Construction		
4.交通运输、仓储和邮政业	Transport, Storage and Post	26.38	
5.批发、零售业和住宿、餐饮业	Wholesale, Retail Trade and Hotel, Restaurants		
6.其他	Others		
7.生活消费	Residential Consumption		
城镇	Urban		
乡村	Rural		
五.平衡差额	**Statistical Difference**		
六.消费量合计	**Total Energy Consumption**	**29.93**	**91.65**

Continued 2

液化石油气 (万吨) LPG (10⁴ tons)	炼厂干气 (万吨) Refinery Gas (10⁴ tons)	其他石油制品 (万吨) Other Petroleum Products (10⁴ tons)	天然气 (亿立方米) Natural Gas (10⁸ cu.m)	液化天然气 (万吨) LNG (10⁴ tons)	热力 (万百万千焦) Heat (10¹⁰ kJ)	电力 (亿千瓦小时) Electricity (10⁸ kW•h)	其他能源 (万吨标煤) Other Energy (10⁴ tce)
125.22	**3.02**	**33.00**	**76.32**	**4.00**		**547.85**	**527.88**
			4.90			116.80	99.60
127.50	3.02	60.19	71.42	4.00		486.77	428.28
						55.72	
2.28		23.19					
		-4.00					
51.85	**19.15**	**73.04**	**-8.65**	**9.03**	**21629.03**	**2613.10**	**-197.74**
	-1.56		-6.72		-2253.23	2613.10	-180.66
	-3.38		-0.65		23882.26		-17.08
51.85	24.09	181.76					
		-108.72					
			-1.28	9.03			
			0.90			**198.78**	
177.07	**22.17**	**106.04**	**66.77**	**13.03**	**21629.03**	**2962.17**	**330.14**
11.00			0.60			90.43	16.60
40.70	22.17	61.51	43.64	13.03	15690.41	2162.56	230.54
32.36	1.78	10.52	3.75	0.23			
2.50		9.00	1.00		44.47	23.43	
0.90		25.53	6.57			67.52	
34.00		10.00	0.92		933.03	89.94	
12.00			0.54		130.95	145.58	
75.97			13.50		4830.17	382.71	83.00
32.10			12.30		4830.17	181.85	
43.87			1.20			200.86	83.00
177.07	**27.11**	**214.76**	**75.07**	**13.03**	**23882.26**	**3160.95**	**527.88**

6-17 湖北能源平衡表(实物量)-2014

项目	Item	煤合计(万吨) Coal Total (10^4 tons)	原煤(万吨) Raw Coal (10^4 tons)
一.可供本地区消费的能源量	**Total Primary Energy Supply**	**11887.83**	**10265.06**
1.一次能源生产量	Indigenous Production	1057.17	1057.17
2.外省(区、市)调入量	Moving In from Other Provinces	10967.51	9350.53
3.进口量	Import		
4.境内轮船和飞机在境外的加油量	Domestic Airplanes&Ships Refueling in Abroad		
5.本省(区、市)调出量(-)	Sending Out to Other Provinces(-)		
6.出口量(-)	Export(-)		
7.境外轮船和飞机在境内的加油量(-)	Oversea Airplanes&Ships Refueling in China(-)		
8.库存增(-)、减(+)量	Stock Change	-136.85	-142.64
二.加工转换投入(-)产出(+)量	**Input(-) & Output(+) of Transformation**	**-5422.02**	**-4153.28**
1.火力发电	Thermal Power	-3645.90	-3645.90
2.供热	Heating Supply	-447.05	-447.05
3.洗选煤	Coal Washing	-12.65	-58.60
4.炼焦	Coking	-1316.38	
5.炼油及煤制油	Petroleum Refineries		
#油品再投入量(-)	Petroleum Products Input (-)		
6.制气	Gas Works		
#焦炭再投入量(-)	Coke Input (-)		
7.天然气液化	Natural Gas Liquefaction		
8.煤制品加工	Briquettes	-0.03	-1.72
9.回收能	Recovery of Energy		
三.损失量	**Loss**		
四.终端消费量	**Total Final Consumption**	**6465.81**	**6111.78**
1.农、林、牧、渔业	Agriculture, Forestry, Animal Husbandry and Fishery	231.58	231.58
2.工业	Industry	4958.52	4647.85
#用作原料、材料	Non-Energy Use	943.49	941.51
3.建筑业	Construction	128.72	128.72
4.交通运输、仓储和邮政业	Transport, Storage and Post	67.29	67.29
5.批发、零售业和住宿、餐饮业	Wholesale, Retail Trade and Hotel, Restaurants	262.74	221.38
6.其他	Others	235.28	235.28
7.生活消费	Residential Consumption	581.68	579.67
城镇	Urban	227.86	225.85
乡村	Rural	353.82	353.82
五.平衡差额	**Statistical Difference**		
六.消费量合计	**Total Energy Consumption**	**11887.83**	**10265.06**

Energy Balance of Hubei (Physical Quantity) -2014

洗精煤 (万吨) Cleaned Coal (10^4 tons)	其他洗煤 (万吨) Other Washed Coal (10^4 tons)	型煤 (万吨) Briquettes (10^4 tons)	煤矸石 (万吨) Gangue (10^4 tons)	焦炭 (万吨) Coke (10^4 tons)	焦炉煤气 (亿立方米) Coke Oven Gas (10^8 cu.m)	高炉煤气 (亿立方米) Blast Furnace Gas (10^8 cu.m)	转炉煤气 (亿立方米) Converter Gas (10^8 cu.m)	其他煤气 (亿立方米) Other Gas (10^8 cu.m)
1466.17	**47.93**	**108.68**	**81.29**	**192.67**				
1460.44	48.11	108.43	81.38	194.40				
5.73	-0.18	0.25	-0.10	-1.73				
-1270.43		**1.69**	**-74.79**	**929.81**	**10.23**	**197.61**	**3.04**	
			-74.79	-0.89	-0.04	-133.06		
				-1.03	-27.86		-17.37	
45.95								
-1316.38				931.73	38.13			
		1.69						
						330.67	20.41	
195.74	**47.92**	**110.37**	**6.50**	**1122.48**	**10.23**	**197.61**	**3.04**	
195.74	47.92	67.00	6.50	1122.48	10.23	197.61	3.04	
1.17	0.44	0.37	5.51	50.99				
		41.36						
		2.01						
		2.01						
1512.12	**47.92**	**110.37**	**81.29**	**1124.40**	**38.13**	**330.67**	**20.41**	

6-17 续表 1

项　　目	Item	其他焦化产品(万吨) Other Coking Products (10^4 tons)	油品合计(万吨) Petroleum Products Total (10^4 tons)
一.可供本地区消费的能源量	**Total Primary Energy Supply**	**-0.01**	**2505.15**
1.一次能源生产量	Indigenous Production		79.00
2.外省(区、市)调入量	Moving In from Other Provinces		2456.85
3.进口量	Import		
4.境内轮船和飞机在境外的加油量	Domestic Airplanes&Ships Refueling in Abroad		
5.本省(区、市)调出量(-)	Sending Out to Other Provinces(-)		25.42
6.出口量(-)	Export(-)		
7.境外轮船和飞机在境内的加油量(-)	Oversea Airplanes&Ships Refueling in China(-)		
8.库存增(-)、减(+)量	Stock Change	-0.01	-5.29
二.加工转换投入(-)产出(+)量	**Input(-) & Output(+) of Transformation**	**49.15**	**35.74**
1.火力发电	Thermal Power		-1.52
2.供热	Heating Supply		-2.93
3.洗选煤	Coal Washing		
4.炼焦	Coking	49.15	
5.炼油及煤制油	Petroleum Refineries		229.90
#油品再投入量(-)	Petroleum Products Input (-)		-189.70
6.制气	Gas Works		
#焦炭再投入量(-)	Coke Input (-)		
7.天然气液化	Natural Gas Liquefaction		
8.煤制品加工	Briquettes		
9.回收能	Recovery of Energy		
三.损失量	**Loss**		
四.终端消费量	**Total Final Consumption**	**49.14**	**2540.89**
1.农、林、牧、渔业	Agriculture, Forestry, Animal Husbandry and Fishery		162.29
2.工业	Industry	49.14	775.74
#用作原料、材料	Non-Energy Use	1.17	235.08
3.建筑业	Construction		168.13
4.交通运输、仓储和邮政业	Transport, Storage and Post		882.50
5.批发、零售业和住宿、餐饮业	Wholesale, Retail Trade and Hotel, Restaurants		157.37
6.其他	Others		95.53
7.生活消费	Residential Consumption		299.34
城镇	Urban		158.05
乡村	Rural		141.29
五.平衡差额	**Statistical Difference**		
六.消费量合计	**Total Energy Consumption**	**49.14**	**2505.15**

Continued 1

原油 (万吨) Crude Oil (10^4 tons)	汽油 (万吨) Gasoline (10^4 tons)	煤油 (万吨) Kerosene (10^4 tons)	柴油 (万吨) Diesel Oil (10^4 tons)	燃料油 (万吨) Fuel Oil (10^4 tons)	石脑油 (万吨) Naphtha (10^4 tons)	润滑油 (万吨) Lubricants (10^4 tons)	石蜡 (万吨) Paraffin Waxes (10^4 tons)	溶剂油 (万吨) White Spirit (10^4 tons)
1290.87	**381.18**	**-18.80**	**404.04**	**130.54**	**43.89**	**19.09**	**-6.63**	**7.54**
79.00								
1212.08	381.14		404.21	130.47	48.96	19.09		7.54
		18.79					6.63	
-0.21	0.04	-0.01	-0.17	0.07	-5.07			
-1282.55	**278.88**	**84.84**	**458.87**	**4.81**	**135.30**		**9.92**	**0.13**
			-0.73	-0.13				
			-0.05	-0.04				
-1282.55	278.88	84.84	459.65	4.98	135.30		9.92	0.13
8.32	**660.05**	**66.04**	**862.90**	**135.34**	**179.19**	**19.08**	**3.29**	**7.67**
	41.85		112.34					
8.32	31.88	3.49	70.04	43.21	179.19	11.41	1.31	7.67
	1.33	0.08	1.78		158.90		0.44	0.02
	21.93		104.44	1.39		0.73		
	354.79	33.23	372.48	89.20		6.94	1.98	
	40.81		85.57					
	69.01	9.51		1.54				
	99.79	19.81	118.03					
	70.49		49.32					
	29.30	19.81	68.71					
1290.87	**660.05**	**66.04**	**863.69**	**135.51**	**179.19**	**19.08**	**3.29**	**7.67**

6-17 续表 2

项　　目	Item	石油沥青(万吨) Bitumen Asphalt (10^4 tons)	石油焦(万吨) Petroleum Coke (10^4 tons)
一.可供本地区消费的能源量	**Total Primary Energy Supply**	**33.84**	**7.57**
1.一次能源生产量	Indigenous Production		
2.外省(区、市)调入量	Moving In from Other Provinces	33.84	8.03
3.进口量	Import		
4.境内轮船和飞机在境外的加油量	Domestic Airplanes&Ships Refueling in Abroad		
5.本省(区、市)调出量(-)	Sending Out to Other Provinces(-)		
6.出口量(-)	Export(-)		
7.境外轮船和飞机在境内的加油量(-)	Oversea Airplanes&Ships Refueling in China(-)		
8.库存增(-)、减(+)量	Stock Change		-0.46
二.加工转换投入(-)产出(+)量	**Input(-) & Output(+) of Transformation**	**5.92**	**115.17**
1.火力发电	Thermal Power		
2.供热	Heating Supply		
3.洗选煤	Coal Washing		
4.炼焦	Coking		
5.炼油及煤制油	Petroleum Refineries	5.92	115.17
#油品再投入量(-)	Petroleum Products Input (-)		
6.制气	Gas Works		
#焦炭再投入量(-)	Coke Input (-)		
7.天然气液化	Natural Gas Liquefaction		
8.煤制品加工	Briquettes		
9.回收能	Recovery of Energy		
三.损失量	**Loss**		
四.终端消费量	**Total Final Consumption**	**39.76**	**122.74**
1.农、林、牧、渔业	Agriculture, Forestry, Animal Husbandry and Fishery		
2.工业	Industry	0.30	107.27
#用作原料、材料	Non-Energy Use	0.29	7.30
3.建筑业	Construction	29.33	
4.交通运输、仓储和邮政业	Transport, Storage and Post	6.70	
5.批发、零售业和住宿、餐饮业	Wholesale, Retail Trade and Hotel, Restaurants		
6.其他	Others		15.47
7.生活消费	Residential Consumption	3.43	
城镇	Urban	1.30	
乡村	Rural	2.13	
五.平衡差额	**Statistical Difference**		
六.消费量合计	**Total Energy Consumption**	**39.76**	**122.74**

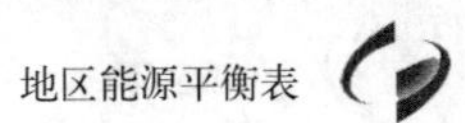

Continued 2

液化石油气 (万吨) LPG (10^4 tons)	炼厂干气 (万吨) Refinery Gas (10^4 tons)	其他石油制品 (万吨) Other Petroleum Products (10^4 tons)	天然气 (亿立方米) Natural Gas (10^8 cu.m)	液化天然气 (万吨) LNG (10^4 tons)	热力 (万百万千焦) Heat (10^{10} kJ)	电力 (亿千瓦小时) Electricity (10^8 kW•h)	其他能源 (万吨标煤) Other Energy (10^4 tce)
81.08		**130.93**	**40.25**	**-0.04**		**891.24**	**297.94**
			1.50			1420.77	291.70
81.71		129.78	38.74			383.10	
						912.64	
-0.63		1.15	0.01	-0.04			6.24
56.66	**34.82**	**132.99**	**-4.10**	**2.77**	**8174.43**	**962.44**	**-218.08**
	-0.65		-1.88		-1175.08	962.44	-210.31
	-2.84		-0.11		8419.45		-7.77
56.66	38.31	322.70	-1.70				
		-189.70					
			-0.40	2.77			
					930.06		
						104.43	
137.74	**34.82**	**263.93**	**36.15**	**2.73**	**8174.44**	**1749.24**	**79.86**
		8.10				29.72	
31.30	34.82	245.52	16.27	0.37	7818.76	1213.45	79.86
30.21		34.73	1.55	0.01			0.41
		10.31				25.12	
17.18			6.76		4.75	37.61	
30.99			3.79	0.79	350.93	80.25	
			3.12			101.00	
58.27			6.21	1.57		262.09	
36.93			6.21	1.38		173.40	
21.34				0.19		88.69	
137.74	**38.32**	**453.64**	**39.86**	**2.73**	**9349.51**	**1853.67**	**297.94**

6-18 湖南能源平衡表(实物量)-2014

项　目	Item	煤合计(万吨) Coal Total (10^4 tons)	原煤(万吨) Raw Coal (10^4 tons)
一.可供本地区消费的能源量	**Total Primary Energy Supply**	**10899.51**	**10461.51**
1.一次能源生产量	Indigenous Production	5553.19	5553.19
2.外省(区、市)调入量	Moving In from Other Provinces	5485.94	4871.59
3.进口量	Import	187.22	187.22
4.境内轮船和飞机在境外的加油量	Domestic Airplanes&Ships Refueling in Abroad		
5.本省(区、市)调出量(-)	Sending Out to Other Provinces(-)	183.53	
6.出口量(-)	Export(-)	1.20	
7.境外轮船和飞机在境内的加油量(-)	Oversea Airplanes&Ships Refueling in China(-)		
8.库存增(-)、减(+)量	Stock Change	-142.11	-150.49
二.加工转换投入(-)产出(+)量	**Input(-) & Output(+) of Transformation**	**-4870.06**	**-5361.08**
1.火力发电	Thermal Power	-2993.55	-2993.55
2.供热	Heating Supply	-352.09	-260.85
3.洗选煤	Coal Washing	-623.14	-2106.68
4.炼焦	Coking	-901.28	
5.炼油及煤制油	Petroleum Refineries		
#油品再投入量(-)	Petroleum Products Input (-)		
6.制气	Gas Works		
#焦炭再投入量(-)	Coke Input (-)		
7.天然气液化	Natural Gas Liquefaction		
8.煤制品加工	Briquettes		
9.回收能	Recovery of Energy		
三.损失量	**Loss**	**38.23**	**33.74**
四.终端消费量	**Total Final Consumption**	**5991.22**	**5066.69**
1.农、林、牧、渔业	Agriculture, Forestry, Animal Husbandry and Fishery	456.22	426.32
2.工业	Industry	3895.37	3433.60
#用作原料、材料	Non-Energy Use		
3.建筑业	Construction	194.00	171.72
4.交通运输、仓储和邮政业	Transport, Storage and Post	163.15	137.06
5.批发、零售业和住宿、餐饮业	Wholesale, Retail Trade and Hotel, Restaurants	397.50	211.06
6.其他	Others	454.99	288.16
7.生活消费	Residential Consumption	429.99	398.77
城镇	Urban	126.30	116.38
乡村	Rural	303.69	282.39
五.平衡差额	**Statistical Difference**		
六.消费量合计	**Total Energy Consumption**	**10899.51**	**10461.51**

 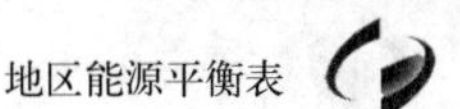

Energy Balance of Hunan (Physical Quantity) -2014

洗精煤 (万吨) Cleaned Coal (10^4 tons)	其他洗煤 (万吨) Other Washed Coal (10^4 tons)	型煤 (万吨) Briquettes (10^4 tons)	煤矸石 (万吨) Gangue (10^4 tons)	焦炭 (万吨) Coke (10^4 tons)	焦炉煤气 (亿立方米) Coke Oven Gas (10^8 cu.m)	高炉煤气 (亿立方米) Blast Furnace Gas (10^8 cu.m)	转炉煤气 (亿立方米) Converter Gas (10^8 cu.m)	其他煤气 (亿立方米) Other Gas (10^8 cu.m)
-178.25	**145.44**	**470.81**		**382.00**				
	142.34	472.01		384.30				
183.53								
		1.20		0.93				
5.28	3.10			-1.37				
524.71	**-34.37**	**0.68**	**88.77**	**447.55**	**13.65**	**40.78**	**12.57**	
			-28.57		-1.47	-76.19		-0.15
	-91.24			-210.74		-59.11		
1426.67	56.87		117.34					
-901.28				658.29	15.12			
-0.68		0.68						
						176.08	12.57	0.15
4.42	**0.07**				**3.55**		**0.52**	
342.04	**111.00**	**471.49**	**88.77**	**829.55**	**10.10**	**40.78**	**12.05**	
		29.90		25.83				
331.98	110.83	18.96	88.77	803.72	10.10	40.78	12.05	
5.62	0.17	16.49						
1.29		24.80						
3.15		183.29						
		166.83						
		31.22						
		9.92						
		21.30						
1248.42	**202.31**	**471.49**	**117.34**	**1040.29**	**15.12**	**176.08**	**12.57**	**0.15**

6-18 续表 1

项　　目	Item	其他焦化产品(万吨) Other Coking Products (10^4 tons)	油品合计(万吨) Petroleum Products Total (10^4 tons)
一.可供本地区消费的能源量	**Total Primary Energy Supply**	**-0.07**	**1559.52**
1.一次能源生产量	Indigenous Production		
2.外省(区、市)调入量	Moving In from Other Provinces		1538.27
3.进口量	Import		55.15
4.境内轮船和飞机在境外的加油量	Domestic Airplanes&Ships Refueling in Abroad		
5.本省(区、市)调出量(-)	Sending Out to Other Provinces(-)		
6.出口量(-)	Export(-)		0.06
7.境外轮船和飞机在境内的加油量(-)	Oversea Airplanes&Ships Refueling in China(-)		
8.库存增(-)、减(+)量	Stock Change	-0.07	-33.84
二.加工转换投入(-)产出(+)量	**Input(-) & Output(+) of Transformation**	**24.16**	**-16.69**
1.火力发电	Thermal Power		-7.48
2.供热	Heating Supply		-7.52
3.洗选煤	Coal Washing		
4.炼焦	Coking	24.16	
5.炼油及煤制油	Petroleum Refineries		-1.69
#油品再投入量(-)	Petroleum Products Input (-)		
6.制气	Gas Works		
#焦炭再投入量(-)	Coke Input (-)		
7.天然气液化	Natural Gas Liquefaction		
8.煤制品加工	Briquettes		
9.回收能	Recovery of Energy		
三.损失量	**Loss**		**1.76**
四.终端消费量	**Total Final Consumption**	**24.09**	**1541.07**
1.农、林、牧、渔业	Agriculture, Forestry, Animal Husbandry and Fishery		19.78
2.工业	Industry	24.09	338.51
#用作原料、材料	Non-Energy Use		
3.建筑业	Construction		68.99
4.交通运输、仓储和邮政业	Transport, Storage and Post		712.69
5.批发、零售业和住宿、餐饮业	Wholesale, Retail Trade and Hotel, Restaurants		66.17
6.其他	Others		87.60
7.生活消费	Residential Consumption		247.33
城镇	Urban		159.88
乡村	Rural		87.45
五.平衡差额	**Statistical Difference**		
六.消费量合计	**Total Energy Consumption**	**24.09**	**1559.52**

Continued 1

原油 (万吨) Crude Oil (10^4 tons)	汽油 (万吨) Gasoline (10^4 tons)	煤油 (万吨) Kerosene (10^4 tons)	柴油 (万吨) Diesel Oil (10^4 tons)	燃料油 (万吨) Fuel Oil (10^4 tons)	石脑油 (万吨) Naphtha (10^4 tons)	润滑油 (万吨) Lubricants (10^4 tons)	石蜡 (万吨) Paraffin Waxes (10^4 tons)	溶剂油 (万吨) White Spirit (10^4 tons)
801.03	**257.78**	**2.40**	**355.92**	**14.20**	**0.01**	**7.19**	**0.09**	
742.91	276.28	2.39	376.01	14.28		7.18	0.08	
53.78								
4.34	-18.50	0.01	-20.09	-0.08	0.01	0.01	0.01	
-800.01	**199.02**	**38.98**	**242.68**	**49.40**	**24.99**			**5.55**
			-0.52	-2.58				
			-0.05	-1.55				
-800.01	199.02	38.98	243.25	53.53	24.99			5.55
1.02	**456.80**	**41.38**	**598.60**	**63.60**	**25.00**	**7.19**	**0.09**	**5.55**
	10.47		9.09	0.01		0.01		
1.02	15.76	0.27	31.36	11.98	25.00	0.82	0.09	5.55
	16.00	0.21	52.12	0.06		0.01		
	152.27	38.88	438.00	48.09		3.32		
	36.76	1.48	11.62	1.53		1.10		
	62.01	0.54	15.89	0.78		1.05		
	163.53		40.52	1.15		0.88		
	112.82		14.50	0.81		0.75		
	50.71		26.02	0.34		0.13		
801.03	**456.80**	**41.38**	**599.17**	**67.73**	**25.00**	**7.19**	**0.09**	**5.55**

6-18 续表 2

项目	Item	石油沥青(万吨) Bitumen Asphalt (10^4 tons)	石油焦(万吨) Petroleum Coke (10^4 tons)
一.可供本地区消费的能源量	**Total Primary Energy Supply**	**0.19**	**2.30**
1.一次能源生产量	Indigenous Production		
2.外省(区、市)调入量	Moving In from Other Provinces	0.22	
3.进口量	Import		1.37
4.境内轮船和飞机在境外的加油量	Domestic Airplanes&Ships Refueling in Abroad		
5.本省(区、市)调出量(-)	Sending Out to Other Provinces(-)		
6.出口量(-)	Export(-)	0.02	0.04
7.境外轮船和飞机在境内的加油量(-)	Oversea Airplanes&Ships Refueling in China(-)		
8.库存增(-)、减(+)量	Stock Change	-0.01	0.97
二.加工转换投入(-)产出(+)量	**Input(-) & Output(+) of Transformation**		**20.82**
1.火力发电	Thermal Power		-4.04
2.供热	Heating Supply		-4.82
3.洗选煤	Coal Washing		
4.炼焦	Coking		
5.炼油及煤制油	Petroleum Refineries		29.68
#油品再投入量(-)	Petroleum Products Input (-)		
6.制气	Gas Works		
#焦炭再投入量(-)	Coke Input (-)		
7.天然气液化	Natural Gas Liquefaction		
8.煤制品加工	Briquettes		
9.回收能	Recovery of Energy		
三.损失量	**Loss**		
四.终端消费量	**Total Final Consumption**	**0.19**	**23.12**
1.农、林、牧、渔业	Agriculture, Forestry, Animal Husbandry and Fishery		
2.工业	Industry	0.19	23.12
#用作原料、材料	Non-Energy Use		
3.建筑业	Construction		
4.交通运输、仓储和邮政业	Transport, Storage and Post		
5.批发、零售业和住宿、餐饮业	Wholesale, Retail Trade and Hotel, Restaurants		
6.其他	Others		
7.生活消费	Residential Consumption		
城镇	Urban		
乡村	Rural		
五.平衡差额	**Statistical Difference**		
六.消费量合计	**Total Energy Consumption**	**0.19**	**31.98**

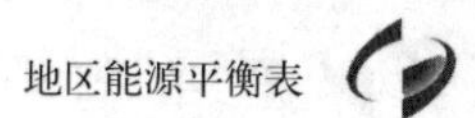

Continued 2

液化石油气 (万吨) LPG (10^4 tons)	炼厂干气 (万吨) Refinery Gas (10^4 tons)	其他石油制品 (万吨) Other Petroleum Products (10^4 tons)	天然气 (亿立方米) Natural Gas (10^8 cu.m)	液化天然气 (万吨) LNG (10^4 tons)	热力 (万百万千焦) Heat (10^10 kJ)	电力 (亿千瓦小时) Electricity (10^8 kW•h)	其他能源 (万吨标煤) Other Energy (10^4 tce)
27.67		**90.74**	**23.51**	**6.43**		**751.27**	**1501.11**
						551.36	
27.88		91.04	23.50	6.61		271.67	1501.15
						71.76	
-0.21		-0.30	0.01	-0.18			-0.04
58.21	**23.12**	**120.55**			**11922.95**	**762.38**	**-92.57**
	-0.34				-3211.55	762.38	-92.26
	-1.10				11888.54		-0.31
58.21	24.56	120.55					
					3245.96		
	1.76				**33.68**	**117.56**	
85.88	**21.36**	**211.29**	**23.51**	**6.43**	**11889.27**	**1396.09**	**1408.54**
0.20			0.08			21.71	149.49
15.52	21.36	186.47	11.19	3.16	11885.91	860.96	831.67
0.59			0.08			18.25	
8.02		24.11	1.96	2.38		39.55	107.82
13.68			1.88	0.86		57.57	
6.62		0.71	3.14		3.36	98.94	
41.25			5.18	0.03		299.11	319.56
31.00			5.09	0.03		161.27	159.78
10.25			0.09			137.84	159.78
85.88	**24.56**	**211.29**	**23.51**	**6.43**	**15134.50**	**1513.65**	**1501.11**

6-19 广东能源平衡表(实物量)-2014

项 目	Item	煤合计 (万吨) Coal Total (10^4 tons)	原煤 (万吨) Raw Coal (10^4 tons)
一.可供本地区消费的能源量	**Total Primary Energy Supply**	**17013.71**	**15923.69**
1.一次能源生产量	Indigenous Production		
2.外省(区、市)调入量	Moving In from Other Provinces	10720.55	9642.30
3.进口量	Import	6449.76	6449.76
4.境内轮船和飞机在境外的加油量	Domestic Airplanes&Ships Refueling in Abroad		
5.本省(区、市)调出量(-)	Sending Out to Other Provinces(-)		
6.出口量(-)	Export(-)	0.04	0.01
7.境外轮船和飞机在境内的加油量(-)	Oversea Airplanes&Ships Refueling in China(-)		
8.库存增(-)、减(+)量	Stock Change	-156.56	-168.36
二.加工转换投入(-)产出(+)量	**Input(-) & Output(+) of Transformation**	**-12058.80**	**-11760.15**
1.火力发电	Thermal Power	-10931.97	-10760.05
2.供热	Heating Supply	-831.25	-808.20
3.洗选煤	Coal Washing		
4.炼焦	Coking	-271.73	
5.炼油及煤制油	Petroleum Refineries	-60.32	-60.32
#油品再投入量(-)	Petroleum Products Input (-)		
6.制气	Gas Works	-5.99	-5.99
#焦炭再投入量(-)	Coke Input (-)		
7.天然气液化	Natural Gas Liquefaction		
8.煤制品加工	Briquettes	42.46	-125.59
9.回收能	Recovery of Energy		
三.损失量	**Loss**	**9.50**	**9.50**
四.终端消费量	**Total Final Consumption**	**4945.41**	**4154.04**
1.农、林、牧、渔业	Agriculture, Forestry, Animal Husbandry and Fishery	59.19	59.19
2.工业	Industry	4767.14	3996.59
#用作原料、材料	Non-Energy Use	178.90	175.27
3.建筑业	Construction	3.91	3.91
4.交通运输、仓储和邮政业	Transport, Storage and Post	4.31	4.31
5.批发、零售业和住宿、餐饮业	Wholesale, Retail Trade and Hotel, Restaurants	43.44	43.44
6.其他	Others	2.21	2.21
7.生活消费	Residential Consumption	65.21	44.39
城镇	Urban	33.82	20.86
乡村	Rural	31.39	23.53
五.平衡差额	**Statistical Difference**		
六.消费量合计	**Total Energy Consumption**	**17013.71**	**15923.69**

Energy Balance of Guangdong (Physical Quantity) -2014

洗精煤 (万吨) Cleaned Coal (10^4 tons)	其他洗煤 (万吨) Other Washed Coal (10^4 tons)	型煤 (万吨) Briquettes (10^4 tons)	煤矸石 (万吨) Gangue (10^4 tons)	焦炭 (万吨) Coke (10^4 tons)	焦炉煤气 (亿立方米) Coke Oven Gas (10^8 cu.m)	高炉煤气 (亿立方米) Blast Furnace Gas (10^8 cu.m)	转炉煤气 (亿立方米) Converter Gas (10^8 cu.m)	其他煤气 (亿立方米) Other Gas (10^8 cu.m)
921.89	**22.68**	**145.45**	**435.11**	**365.29**				**20.90**
909.73	22.72	145.80	435.11	413.53				20.90
				0.14				
		0.03		47.73				
12.16	-0.04	-0.32		-0.65				
-271.73		**-26.92**	**-394.57**	**192.66**	**5.98**	**135.78**	**8.27**	**2.18**
		-171.92	-394.57		-0.42	-29.15	-2.31	
		-23.05				-17.70	-0.97	-0.12
-271.73				192.76	6.40			
								2.30
				-0.10				
		168.05						
						182.63	11.55	
650.16	**22.68**	**118.53**	**40.54**	**557.95**	**5.98**	**135.78**	**8.27**	**23.08**
650.16	22.68	97.71	40.54	523.20	5.98	135.78	8.27	5.01
	0.68	2.95	23.42	0.90				
				0.20				
				33.46				5.75
				1.09				
		20.82						12.32
		12.96						12.32
		7.86						
921.89	**22.68**	**313.50**	**435.11**	**558.05**	**6.40**	**182.63**	**11.55**	**23.20**

6-19 续表 1

项　　目	Item	其他焦化产品(万吨) Other Coking Products (10^4 tons)	油品合计(万吨) Petroleum Products Total (10^4 tons)
一.可供本地区消费的能源量	**Total Primary Energy Supply**	**-0.12**	**5319.57**
1.一次能源生产量	Indigenous Production		1245.39
2.外省(区、市)调入量	Moving In from Other Provinces	5.74	2751.10
3.进口量	Import	121.96	2391.67
4.境内轮船和飞机在境外的加油量	Domestic Airplanes&Ships Refueling in Abroad		153.01
5.本省(区、市)调出量(-)	Sending Out to Other Provinces(-)	119.88	504.66
6.出口量(-)	Export(-)	7.86	409.16
7.境外轮船和飞机在境内的加油量(-)	Oversea Airplanes&Ships Refueling in China(-)		233.26
8.库存增(-)、减(+)量	Stock Change	-0.08	-74.52
二.加工转换投入(-)产出(+)量	**Input(-) & Output(+) of Transformation**	**10.30**	**-310.05**
1.火力发电	Thermal Power		-44.14
2.供热	Heating Supply		-118.94
3.洗选煤	Coal Washing		
4.炼焦	Coking	10.30	
5.炼油及煤制油	Petroleum Refineries		-146.97
#油品再投入量(-)	Petroleum Products Input (-)		
6.制气	Gas Works		
#焦炭再投入量(-)	Coke Input (-)		
7.天然气液化	Natural Gas Liquefaction		
8.煤制品加工	Briquettes		
9.回收能	Recovery of Energy		
三.损失量	**Loss**		**20.06**
四.终端消费量	**Total Final Consumption**	**10.18**	**4989.46**
1.农、林、牧、渔业	Agriculture, Forestry, Animal Husbandry and Fishery		123.67
2.工业	Industry	10.18	1422.57
#用作原料、材料	Non-Energy Use		679.76
3.建筑业	Construction		392.00
4.交通运输、仓储和邮政业	Transport, Storage and Post		1861.41
5.批发、零售业和住宿、餐饮业	Wholesale, Retail Trade and Hotel, Restaurants		269.43
6.其他	Others		71.23
7.生活消费	Residential Consumption		849.15
城镇	Urban		557.08
乡村	Rural		292.07
五.平衡差额	**Statistical Difference**		
六.消费量合计	**Total Energy Consumption**	**10.18**	**5319.57**

Continued 1

原油 (万吨) Crude Oil (10^4 tons)	汽油 (万吨) Gasoline (10^4 tons)	煤油 (万吨) Kerosene (10^4 tons)	柴油 (万吨) Diesel Oil (10^4 tons)	燃料油 (万吨) Fuel Oil (10^4 tons)	石脑油 (万吨) Naphtha (10^4 tons)	润滑油 (万吨) Lubricants (10^4 tons)	石蜡 (万吨) Paraffin Waxes (10^4 tons)	溶剂油 (万吨) White Spirit (10^4 tons)
4765.76	**246.44**	**-266.17**	**72.24**	**250.30**	**60.55**	**5.96**	**-6.49**	**-2.71**
1245.39								
1812.28	255.95	2.00	130.30	301.30	59.34			
1784.16		49.64	4.86	171.66		43.45	1.93	
		25.54	3.58	123.89				
		190.24	63.60			36.82	6.80	2.40
		119.08	1.04	157.59		1.92	1.61	0.31
		39.68	4.97	188.61				
-76.07	-9.51	5.65	3.11	-0.35	1.21	1.25	-0.01	
-4742.99	**872.46**	**535.00**	**1501.39**	**59.26**	**421.53**	**9.62**	**6.82**	**3.63**
			-1.62	-17.18				
			-0.03	-92.06				
-4742.99	872.46	535.00	1503.04	168.50	421.53	9.62	6.82	3.63
1.59	**8.99**	**1.20**	**8.28**					
21.18	**1109.91**	**267.63**	**1565.35**	**309.56**	**482.08**	**15.58**	**0.33**	**0.92**
	16.43		99.20			8.04		
21.18	62.39	3.95	237.30	125.66	482.08	0.92	0.33	0.92
	0.27	0.42	2.76	11.21	482.08	0.03	0.03	0.21
	36.50	0.36	33.40	0.54		0.04		
	363.55	259.26	1016.53	168.12		6.58		
	81.91		150.84	15.18				
	59.14	0.06	9.44	0.06				
	489.99	4.00	18.64					
	344.22	0.44	4.37					
	145.77	3.56	14.27					
4765.76	**1118.90**	**268.83**	**1575.28**	**418.80**	**482.08**	**15.58**	**0.33**	**0.92**

6–19 续表 2

项　目	Item	石油沥青(万吨) Bitumen Asphalt (10^4 tons)	石油焦(万吨) Petroleum Coke (10^4 tons)
一.可供本地区消费的能源量	**Total Primary Energy Supply**	**2.76**	**-166.42**
1.一次能源生产量	Indigenous Production		
2.外省(区、市)调入量	Moving In from Other Provinces	6.08	
3.进口量	Import	0.12	
4.境内轮船和飞机在境外的加油量	Domestic Airplanes&Ships Refueling in Abroad		
5.本省(区、市)调出量(−)	Sending Out to Other Provinces(-)	3.01	167.01
6.出口量(−)	Export(-)	0.43	
7.境外轮船和飞机在境内的加油量(−)	Oversea Airplanes&Ships Refueling in China(-)		
8.库存增(−)、减(+)量	Stock Change		0.59
二.加工转换投入(−)产出(+)量	**Input(-) & Output(+) of Transformation**	**318.82**	**218.15**
1.火力发电	Thermal Power		-22.72
2.供热	Heating Supply		-18.20
3.洗选煤	Coal Washing		
4.炼焦	Coking		
5.炼油及煤制油	Petroleum Refineries	318.82	259.07
#油品再投入量(−)	Petroleum Products Input (-)		
6.制气	Gas Works		
#焦炭再投入量(−)	Coke Input (-)		
7.天然气液化	Natural Gas Liquefaction		
8.煤制品加工	Briquettes		
9.回收能	Recovery of Energy		
三.损失量	**Loss**		
四.终端消费量	**Total Final Consumption**	**321.58**	**51.73**
1.农、林、牧、渔业	Agriculture, Forestry, Animal Husbandry and Fishery		
2.工业	Industry	1.28	51.73
#用作原料、材料	Non-Energy Use	0.08	
3.建筑业	Construction	320.30	
4.交通运输、仓储和邮政业	Transport, Storage and Post		
5.批发、零售业和住宿、餐饮业	Wholesale, Retail Trade and Hotel, Restaurants		
6.其他	Others		
7.生活消费	Residential Consumption		
城镇	Urban		
乡村	Rural		
五.平衡差额	**Statistical Difference**		
六.消费量合计	**Total Energy Consumption**	**321.58**	**92.65**

Continued 2

液化石油气 (万吨) LPG (10^4 tons)	炼厂干气 (万吨) Refinery Gas (10^4 tons)	其他石油制品 (万吨) Other Petroleum Products (10^4 tons)	天然气 (亿立方米) Natural Gas (10^8 cu.m)	液化天然气 (万吨) LNG (10^4 tons)	热力 (万百万千焦) Heat (10^{10} kJ)	电力 (亿千瓦小时) Electricity (10^8 kW•h)	其他能源 (万吨标煤) Other Energy (10^4 tce)
367.96		**-10.61**	**97.96**	**259.94**		**2302.42**	**307.68**
			83.66			873.52	
159.11		24.74	108.95			1709.32	314.43
335.77		0.08		389.69		12.76	
		34.78		144.26		147.63	
127.13		0.05	94.65			145.55	
0.21		-0.60		14.51			-6.75
217.71	**101.21**	**167.34**	**-41.18**	**-182.07**	**17463.56**	**2932.81**	**-251.42**
	-2.18	-0.44	-40.88	-175.34	-2844.19	2932.81	-250.00
	-7.53	-1.12	-0.30	-6.73	17352.67		-1.42
217.71	110.92	168.90					
					2955.08		
				14.01		**274.58**	
585.67	**101.21**	**156.73**	**56.78**	**63.86**	**17463.56**	**4960.65**	**56.26**
						87.18	
176.89	101.21	156.73	32.57	63.86	17444.71	3180.10	37.46
60.44	1.92	120.31	0.34	4.63			1.14
0.86			0.03		8.30	59.59	18.80
47.37			3.00			75.52	
21.50			7.50			272.78	
2.53			0.34		10.55	474.64	
336.52			13.34			810.84	
208.05			13.34			495.74	
128.47						315.10	
585.67	**110.92**	**158.29**	**97.96**	**259.94**	**20307.75**	**5235.23**	**307.68**

6-20 广西能源平衡表(实物量)-2014

项　　目	Item	煤合计 (万吨) Coal Total (10^4 tons)	原煤 (万吨) Raw Coal (10^4 tons)
一.可供本地区消费的能源量	**Total Primary Energy Supply**	**6795.98**	**6079.88**
1.一次能源生产量	Indigenous Production	615.40	615.40
2.外省(区、市)调入量	Moving In from Other Provinces	5231.76	4544.18
3.进口量	Import	1428.41	1428.41
4.境内轮船和飞机在境外的加油量	Domestic Airplanes&Ships Refueling in Abroad		
5.本省(区、市)调出量(-)	Sending Out to Other Provinces(-)	564.20	564.20
6.出口量(-)	Export(-)		
7.境外轮船和飞机在境内的加油量(-)	Oversea Airplanes&Ships Refueling in China(-)		
8.库存增(-)、减(+)量	Stock Change	84.61	56.09
二.加工转换投入(-)产出(+)量	**Input(-) & Output(+) of Transformation**	**-3927.33**	**-3246.42**
1.火力发电	Thermal Power	-2431.28	-2431.28
2.供热	Heating Supply	-535.18	-535.18
3.洗选煤	Coal Washing		
4.炼焦	Coking	-851.86	-166.81
5.炼油及煤制油	Petroleum Refineries		
#油品再投入量(-)	Petroleum Products Input (-)		
6.制气	Gas Works	-109.81	-109.81
#焦炭再投入量(-)	Coke Input (-)		
7.天然气液化	Natural Gas Liquefaction		
8.煤制品加工	Briquettes	0.80	-3.34
9.回收能	Recovery of Energy		
三.损失量	**Loss**		
四.终端消费量	**Total Final Consumption**	**2869.18**	**2834.72**
1.农、林、牧、渔业	Agriculture, Forestry, Animal Husbandry and Fishery	17.04	17.04
2.工业	Industry	2811.18	2776.72
#用作原料、材料	Non-Energy Use	214.19	213.18
3.建筑业	Construction		
4.交通运输、仓储和邮政业	Transport, Storage and Post	0.17	0.17
5.批发、零售业和住宿、餐饮业	Wholesale, Retail Trade and Hotel, Restaurants	18.45	18.45
6.其他	Others	5.36	5.36
7.生活消费	Residential Consumption	16.98	16.98
城镇	Urban	9.15	9.15
乡村	Rural	7.83	7.83
五.平衡差额	**Statistical Difference**	**-0.53**	**-1.26**
六.消费量合计	**Total Energy Consumption**	**6796.51**	**6081.14**

 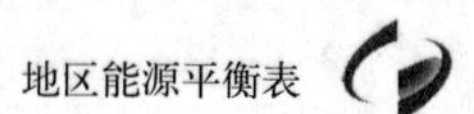

Energy Balance of Guangxi (Physical Quantity) -2014

洗精煤 (万吨) Cleaned Coal (10^4 tons)	其他洗煤 (万吨) Other Washed Coal (10^4 tons)	型煤 (万吨) Briquettes (10^4 tons)	煤矸石 (万吨) Gangue (10^4 tons)	焦炭 (万吨) Coke (10^4 tons)	焦炉煤气 (亿立方米) Coke Oven Gas (10^8 cu.m)	高炉煤气 (亿立方米) Blast Furnace Gas (10^8 cu.m)	转炉煤气 (亿立方米) Converter Gas (10^8 cu.m)	其他煤气 (亿立方米) Other Gas (10^8 cu.m)
709.51	**1.98**	**4.61**		**412.28**				
680.64	2.00	4.94		433.34				
28.87	-0.02	-0.33		-21.06				
-685.05		**4.14**		**606.33**	**18.37**	**207.34**	**12.69**	**41.45**
					-6.83	-69.32	-5.34	
-685.05				606.37	25.20			
								41.45
				-0.04				
		4.14						
						276.66	18.03	
24.07	**1.98**	**8.41**		**1018.61**	**18.37**	**207.34**	**12.69**	**41.45**
24.07	1.98	8.41		1018.61	18.37	207.34	12.69	41.45
0.93	0.08			14.88				
0.39		**0.34**						
709.12	**1.98**	**8.41**		**1018.65**	**25.20**	**276.66**	**18.03**	**41.45**

6-20 续表 1

项目	Item	其他焦化产品(万吨) Other Coking Products (10^4 tons)	油品合计(万吨) Petroleum Products Total (10^4 tons)
一.可供本地区消费的能源量	**Total Primary Energy Supply**	**-25.32**	**1108.91**
1.一次能源生产量	Indigenous Production		58.70
2.外省(区、市)调入量	Moving In from Other Provinces		1360.71
3.进口量	Import		
4.境内轮船和飞机在境外的加油量	Domestic Airplanes&Ships Refueling in Abroad		
5.本省(区、市)调出量(-)	Sending Out to Other Provinces(-)	25.01	298.78
6.出口量(-)	Export(-)		
7.境外轮船和飞机在境内的加油量(-)	Oversea Airplanes&Ships Refueling in China(-)		
8.库存增(-)、减(+)量	Stock Change	-0.31	-11.72
二.加工转换投入(-)产出(+)量	**Input(-) & Output(+) of Transformation**	**26.53**	**-33.20**
1.火力发电	Thermal Power		-0.63
2.供热	Heating Supply		-4.32
3.洗选煤	Coal Washing		
4.炼焦	Coking	26.53	
5.炼油及煤制油	Petroleum Refineries		-3.79
#油品再投入量(-)	Petroleum Products Input (-)		-24.46
6.制气	Gas Works		
#焦炭再投入量(-)	Coke Input (-)		
7.天然气液化	Natural Gas Liquefaction		
8.煤制品加工	Briquettes		
9.回收能	Recovery of Energy		
三.损失量	**Loss**		
四.终端消费量	**Total Final Consumption**	**1.21**	**1076.14**
1.农、林、牧、渔业	Agriculture, Forestry, Animal Husbandry and Fishery		93.36
2.工业	Industry	1.21	198.63
#用作原料、材料	Non-Energy Use		0.29
3.建筑业	Construction		1.89
4.交通运输、仓储和邮政业	Transport, Storage and Post		564.93
5.批发、零售业和住宿、餐饮业	Wholesale, Retail Trade and Hotel, Restaurants		47.79
6.其他	Others		31.58
7.生活消费	Residential Consumption		137.96
城镇	Urban		86.44
乡村	Rural		51.52
五.平衡差额	**Statistical Difference**		**-0.43**
六.消费量合计	**Total Energy Consumption**	**1.21**	**1109.34**

Continued 1

原油 (万吨) Crude Oil (10^4 tons)	汽油 (万吨) Gasoline (10^4 tons)	煤油 (万吨) Kerosene (10^4 tons)	柴油 (万吨) Diesel Oil (10^4 tons)	燃料油 (万吨) Fuel Oil (10^4 tons)	石脑油 (万吨) Naphtha (10^4 tons)	润滑油 (万吨) Lubricants (10^4 tons)	石蜡 (万吨) Paraffin Waxes (10^4 tons)	溶剂油 (万吨) White Spirit (10^4 tons)
1390.47	**-165.04**	**0.02**	**-68.65**	**0.03**	**-7.75**	**0.06**		
58.70								
1344.08								
	166.72		67.40		7.69			
-12.31	1.68	0.02	-1.25	0.03	-0.06	0.06		
-1390.47	**409.34**	**90.30**	**574.15**	**31.15**	**7.75**			
			-0.62	-0.01				
			-0.05	-0.01				
-1390.47	409.34	90.30	574.82	31.17	8.43			
					-0.68			
	244.30	**90.32**	**505.50**	**31.20**		**0.07**		
	15.23		78.13					
	4.83		35.77	17.13		0.07		
			0.29					
			1.89					
	115.33	90.32	345.21	14.07				
	11.12		24.36					
	11.44		20.14					
	86.35							
	55.12							
	31.23							
				-0.02		**-0.01**		
1390.47	**244.30**	**90.32**	**506.17**	**31.22**	**0.68**	**0.07**		

6-20 续表 2

项　　目	Item	石油沥青(万吨) Bitumen Asphalt (10^4 tons)	石油焦(万吨) Petroleum Coke (10^4 tons)
一.可供本地区消费的能源量	**Total Primary Energy Supply**	**-4.38**	**-31.24**
1.一次能源生产量	Indigenous Production		
2.外省(区、市)调入量	Moving In from Other Provinces		
3.进口量	Import		
4.境内轮船和飞机在境外的加油量	Domestic Airplanes&Ships Refueling in Abroad		
5.本省(区、市)调出量(-)	Sending Out to Other Provinces(-)	4.38	31.24
6.出口量(-)	Export(-)		
7.境外轮船和飞机在境内的加油量(-)	Oversea Airplanes&Ships Refueling in China(-)		
8.库存增(-)、减(+)量	Stock Change		
二.加工转换投入(-)产出(+)量	**Input(-) & Output(+) of Transformation**	**4.38**	**49.58**
1.火力发电	Thermal Power		
2.供热	Heating Supply		
3.洗选煤	Coal Washing		
4.炼焦	Coking		
5.炼油及煤制油	Petroleum Refineries	4.38	49.58
#油品再投入量(-)	Petroleum Products Input (-)		
6.制气	Gas Works		
#焦炭再投入量(-)	Coke Input (-)		
7.天然气液化	Natural Gas Liquefaction		
8.煤制品加工	Briquettes		
9.回收能	Recovery of Energy		
三.损失量	**Loss**		
四.终端消费量	**Total Final Consumption**		**18.34**
1.农、林、牧、渔业	Agriculture, Forestry, Animal Husbandry and Fishery		
2.工业	Industry		18.34
#用作原料、材料	Non-Energy Use		
3.建筑业	Construction		
4.交通运输、仓储和邮政业	Transport, Storage and Post		
5.批发、零售业和住宿、餐饮业	Wholesale, Retail Trade and Hotel, Restaurants		
6.其他	Others		
7.生活消费	Residential Consumption		
城镇	Urban		
乡村	Rural		
五.平衡差额	**Statistical Difference**		
六.消费量合计	**Total Energy Consumption**		**18.34**

Continued 2

液化石油气 (万吨) LPG (10⁴ tons)	炼厂干气 (万吨) Refinery Gas (10⁴ tons)	其他石油制品 (万吨) Other Petroleum Products (10⁴ tons)	天然气 (亿立方米) Natural Gas (10⁸ cu.m)	液化天然气 (万吨) LNG (10⁴ tons)	热力 (万百万千焦) Heat (10¹⁰ kJ)	电力 (亿千瓦小时) Electricity (10⁸ kW•h)	其他能源 (万吨标煤) Other Energy (10⁴ tce)
16.63		**-21.23**	**7.94**	**2.25**		**641.71**	**495.83**
			0.20			632.04	494.66
16.63			7.75	2.25		102.97	
		21.35				93.30	
		0.12	-0.02				1.17
73.36	**36.05**	**81.21**	**-0.16**	**-0.24**	**7712.24**	**678.10**	**-80.22**
			-0.16	-0.24	-4070.62	678.10	-71.88
	-4.26				7742.49		-8.34
86.39	40.31	91.96					
-13.03		-10.75					
					4040.37		
						81.20	
89.99	**36.44**	**59.98**	**7.78**	**2.02**	**7712.24**	**1226.31**	**415.61**
						25.02	
26.07	36.44	59.98	4.33	2.02	7712.24	814.29	415.61
				0.82			
						15.51	
			0.10			18.85	
12.31			0.45			39.92	
						74.22	
51.61			2.90			238.50	
31.32			2.90			130.51	
20.29						107.99	
	-0.39		**0.00**	**-0.01**		**12.30**	
103.02	**40.70**	**70.73**	**7.94**	**2.26**	**11782.86**	**1307.51**	**495.83**

6-21 海南能源平衡表(实物量)-2014

项　目	Item	煤合计(万吨) Coal Total (10^4 tons)	原煤(万吨) Raw Coal (10^4 tons)
一.可供本地区消费的能源量	**Total Primary Energy Supply**	**1018.30**	**1018.30**
1.一次能源生产量	Indigenous Production		
2.外省(区、市)调入量	Moving In from Other Provinces	324.83	324.83
3.进口量	Import	702.01	702.01
4.境内轮船和飞机在境外的加油量	Domestic Airplanes&Ships Refueling in Abroad		
5.本省(区、市)调出量(-)	Sending Out to Other Provinces(-)		
6.出口量(-)	Export(-)		
7.境外轮船和飞机在境内的加油量(-)	Oversea Airplanes&Ships Refueling in China(-)		
8.库存增(-)、减(+)量	Stock Change	-8.54	-8.54
二.加工转换投入(-)产出(+)量	**Input(-) & Output(+) of Transformation**	**-814.06**	**-814.06**
1.火力发电	Thermal Power	-797.16	-797.16
2.供热	Heating Supply	-16.90	-16.90
3.洗选煤	Coal Washing		
4.炼焦	Coking		
5.炼油及煤制油	Petroleum Refineries		
#油品再投入量(-)	Petroleum Products Input (-)		
6.制气	Gas Works		
#焦炭再投入量(-)	Coke Input (-)		
7.天然气液化	Natural Gas Liquefaction		
8.煤制品加工	Briquettes		
9.回收能	Recovery of Energy		
三.损失量	**Loss**		
四.终端消费量	**Total Final Consumption**	**204.24**	**204.24**
1.农、林、牧、渔业	Agriculture, Forestry, Animal Husbandry and Fishery		
2.工业	Industry	204.24	204.24
#用作原料、材料	Non-Energy Use		
3.建筑业	Construction		
4.交通运输、仓储和邮政业	Transport, Storage and Post		
5.批发、零售业和住宿、餐饮业	Wholesale, Retail Trade and Hotel, Restaurants		
6.其他	Others		
7.生活消费	Residential Consumption		
城镇	Urban		
乡村	Rural		
五.平衡差额	**Statistical Difference**		
六.消费量合计	**Total Energy Consumption**	**1018.30**	**1018.30**

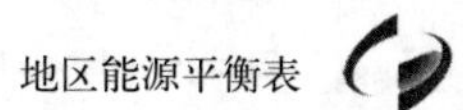

Energy Balance of Hainan (Physical Quantity) -2014

洗精煤 (万吨) Cleaned Coal (10^4 tons)	其他洗煤 (万吨) Other Washed Coal (10^4 tons)	型煤 (万吨) Briquettes (10^4 tons)	煤矸石 (万吨) Gangue (10^4 tons)	焦炭 (万吨) Coke (10^4 tons)	焦炉煤气 (亿立方米) Coke Oven Gas (10^8 cu.m)	高炉煤气 (亿立方米) Blast Furnace Gas (10^8 cu.m)	转炉煤气 (亿立方米) Converter Gas (10^8 cu.m)	其他煤气 (亿立方米) Other Gas (10^8 cu.m)
				0.04				
				0.04				
				0.04				
				0.04				
				0.04				

6-21 续表 1

项　　目	Item	其他焦化产品(万吨) Other Coking Products (10^4 tons)	油品合计(万吨) Petroleum Products Total (10^4 tons)
一.可供本地区消费的能源量	**Total Primary Energy Supply**		**418.82**
1.一次能源生产量	Indigenous Production		28.53
2.外省(区、市)调入量	Moving In from Other Provinces		62.19
3.进口量	Import		929.40
4.境内轮船和飞机在境外的加油量	Domestic Airplanes&Ships Refueling in Abroad		
5.本省(区、市)调出量(-)	Sending Out to Other Provinces(-)		375.90
6.出口量(-)	Export(-)		226.96
7.境外轮船和飞机在境内的加油量(-)	Oversea Airplanes&Ships Refueling in China(-)		
8.库存增(-)、减(+)量	Stock Change		1.56
二.加工转换投入(-)产出(+)量	**Input(-) & Output(+) of Transformation**		**-22.29**
1.火力发电	Thermal Power		-0.06
2.供热	Heating Supply		-10.09
3.洗选煤	Coal Washing		
4.炼焦	Coking		
5.炼油及煤制油	Petroleum Refineries		203.09
#油品再投入量(-)	Petroleum Products Input (-)		-215.23
6.制气	Gas Works		
#焦炭再投入量(-)	Coke Input (-)		
7.天然气液化	Natural Gas Liquefaction		
8.煤制品加工	Briquettes		
9.回收能	Recovery of Energy		
三.损失量	**Loss**		**0.13**
四.终端消费量	**Total Final Consumption**		**396.40**
1.农、林、牧、渔业	Agriculture, Forestry, Animal Husbandry and Fishery		47.30
2.工业	Industry		73.89
#用作原料、材料	Non-Energy Use		
3.建筑业	Construction		13.53
4.交通运输、仓储和邮政业	Transport, Storage and Post		181.03
5.批发、零售业和住宿、餐饮业	Wholesale, Retail Trade and Hotel, Restaurants		8.18
6.其他	Others		34.16
7.生活消费	Residential Consumption		38.31
城镇	Urban		31.59
乡村	Rural		6.72
五.平衡差额	**Statistical Difference**		
六.消费量合计	**Total Energy Consumption**		**418.82**

Continued 1

原油 (万吨) Crude Oil (10^4 tons)	汽油 (万吨) Gasoline (10^4 tons)	煤油 (万吨) Kerosene (10^4 tons)	柴油 (万吨) Diesel Oil (10^4 tons)	燃料油 (万吨) Fuel Oil (10^4 tons)	石脑油 (万吨) Naphtha (10^4 tons)	润滑油 (万吨) Lubricants (10^4 tons)	石蜡 (万吨) Paraffin Waxes (10^4 tons)	溶剂油 (万吨) White Spirit (10^4 tons)
942.52	**-137.90**	**-54.05**	**-168.73**	**16.62**	**-38.52**			
28.53								
		36.89		25.30				
914.17				15.23				
	78.31		118.01		38.52			
	59.18	91.57	52.15	24.06				
-0.18	-0.41	0.63	1.43	0.15				
-940.78	**218.06**	**138.64**	**280.82**	**19.82**	**38.52**			
			-0.06					
				-5.04				
-940.78	218.06	138.64	280.88	24.86	38.52			
1.74	**80.16**	**84.59**	**112.09**	**36.44**				
	2.10		45.20					
1.74	0.71		4.36	2.94				
	4.83		8.70					
	13.63	84.59	49.31	33.50				
	3.50		1.60					
	30.74		2.92					
	24.65							
	19.55							
	5.10							
942.52	**80.16**	**84.59**	**112.15**	**41.48**				

6-21 续表 2

项目	Item	石油沥青(万吨) Bitumen Asphalt (10^4 tons)	石油焦(万吨) Petroleum Coke (10^4 tons)
一.可供本地区消费的能源量	**Total Primary Energy Supply**		
1.一次能源生产量	Indigenous Production		
2.外省(区、市)调入量	Moving In from Other Provinces		
3.进口量	Import		
4.境内轮船和飞机在境外的加油量	Domestic Airplanes&Ships Refueling in Abroad		
5.本省(区、市)调出量(-)	Sending Out to Other Provinces(-)		
6.出口量(-)	Export(-)		
7.境外轮船和飞机在境内的加油量(-)	Oversea Airplanes&Ships Refueling in China(-)		
8.库存增(-)、减(+)量	Stock Change		
二.加工转换投入(-)产出(+)量	**Input(-) & Output(+) of Transformation**		
1.火力发电	Thermal Power		
2.供热	Heating Supply		
3.洗选煤	Coal Washing		
4.炼焦	Coking		
5.炼油及煤制油	Petroleum Refineries		
#油品再投入量(-)	Petroleum Products Input (-)		
6.制气	Gas Works		
#焦炭再投入量(-)	Coke Input (-)		
7.天然气液化	Natural Gas Liquefaction		
8.煤制品加工	Briquettes		
9.回收能	Recovery of Energy		
三.损失量	**Loss**		
四.终端消费量	**Total Final Consumption**		
1.农、林、牧、渔业	Agriculture, Forestry, Animal Husbandry and Fishery		
2.工业	Industry		
#用作原料、材料	Non-Energy Use		
3.建筑业	Construction		
4.交通运输、仓储和邮政业	Transport, Storage and Post		
5.批发、零售业和住宿、餐饮业	Wholesale, Retail Trade and Hotel, Restaurants		
6.其他	Others		
7.生活消费	Residential Consumption		
城镇	Urban		
乡村	Rural		
五.平衡差额	**Statistical Difference**		
六.消费量合计	**Total Energy Consumption**		

Continued 2

液化石油气 (万吨) LPG (10^4 tons)	炼厂干气 (万吨) Refinery Gas (10^4 tons)	其他石油制品 (万吨) Other Petroleum Products (10^4 tons)	天然气 (亿立方米) Natural Gas (10^8 cu.m)	液化天然气 (万吨) LNG (10^4 tons)	热力 (万百万千焦) Heat (10^{10} kJ)	电力 (亿千瓦小时) Electricity (10^8 kW•h)	其他能源 (万吨标煤) Other Energy (10^4 tce)
-35.59		**-105.53**	**45.29**	**5.17**		**37.27**	**18.45**
			1.58			31.46	
			43.71	5.17		6.04	18.46
35.63		105.43				0.23	
0.04		-0.10					-0.01
63.82	**40.04**	**118.77**	**-5.92**		**440.27**	**214.61**	**-11.31**
			-5.34		-534.01	214.61	-11.31
-2.21	-2.84		-0.58		757.61		
66.03	42.88	334.00					
		-215.23					
					216.67		
	0.13					**16.33**	
28.23	**39.91**	**13.24**	**39.37**	**5.17**	**440.27**	**235.55**	**7.14**
						11.04	
10.99	39.91	13.24	37.91	3.89	440.27	107.85	7.14
			23.21				
						8.08	
			0.41	1.28		3.84	
3.08			0.64			19.71	
0.50						41.10	
13.66			0.41			43.93	
12.04			0.41			22.09	
1.62						21.84	
30.44	**42.88**	**228.47**	**45.29**	**5.17**	**974.28**	**251.88**	**18.45**

6-22 重庆能源平衡表(实物量)-2014

项　　目	Item	煤合计 (万吨) Coal Total (10^4 tons)	原煤 (万吨) Raw Coal (10^4 tons)
一.可供本地区消费的能源量	**Total Primary Energy Supply**	**6095.78**	**5935.06**
1.一次能源生产量	Indigenous Production	3884.09	3884.09
2.外省(区、市)调入量	Moving In from Other Provinces	3273.61	2778.19
3.进口量	Import		
4.境内轮船和飞机在境外的加油量	Domestic Airplanes&Ships Refueling in Abroad		
5.本省(区、市)调出量(-)	Sending Out to Other Provinces(-)	1072.72	760.56
6.出口量(-)	Export(-)		
7.境外轮船和飞机在境内的加油量(-)	Oversea Airplanes&Ships Refueling in China(-)		
8.库存增(-)、减(+)量	Stock Change	10.79	33.34
二.加工转换投入(-)产出(+)量	**Input(-) & Output(+) of Transformation**	**-2908.04**	**-4214.78**
1.火力发电	Thermal Power	-1765.48	-1711.12
2.供热	Heating Supply	-269.32	-255.31
3.洗选煤	Coal Washing	-473.15	-2228.17
4.炼焦	Coking	-398.89	-20.18
5.炼油及煤制油	Petroleum Refineries		
#油品再投入量(-)	Petroleum Products Input (-)		
6.制气	Gas Works		
#焦炭再投入量(-)	Coke Input (-)		
7.天然气液化	Natural Gas Liquefaction		
8.煤制品加工	Briquettes	-1.20	
9.回收能	Recovery of Energy		
三.损失量	**Loss**		
四.终端消费量	**Total Final Consumption**	**3187.74**	**1720.28**
1.农、林、牧、渔业	Agriculture, Forestry, Animal Husbandry and Fishery	60.71	36.98
2.工业	Industry	2993.67	1549.94
#用作原料、材料	Non-Energy Use		
3.建筑业	Construction	21.72	21.72
4.交通运输、仓储和邮政业	Transport, Storage and Post	14.52	14.52
5.批发、零售业和住宿、餐饮业	Wholesale, Retail Trade and Hotel, Restaurants	12.37	12.37
6.其他	Others	36.67	36.67
7.生活消费	Residential Consumption	48.08	48.08
城镇	Urban	1.74	1.74
乡村	Rural	46.34	46.34
五.平衡差额	**Statistical Difference**		
六.消费量合计	**Total Energy Consumption**	**6095.78**	**5935.06**

Energy Balance of Chongqing (Physical Quantity) -2014

洗精煤 (万吨) Cleaned Coal (10^4 tons)	其他洗煤 (万吨) Other Washed Coal (10^4 tons)	型煤 (万吨) Briquettes (10^4 tons)	煤矸石 (万吨) Gangue (10^4 tons)	焦炭 (万吨) Coke (10^4 tons)	焦炉煤气 (亿立方米) Coke Oven Gas (10^8 cu.m)	高炉煤气 (亿立方米) Blast Furnace Gas (10^8 cu.m)	转炉煤气 (亿立方米) Converter Gas (10^8 cu.m)	其他煤气 (亿立方米) Other Gas (10^8 cu.m)
79.85	**66.74**	**14.13**	**252.64**	**46.67**				
124.48	356.81	14.13	252.64	92.20				
55.69	256.47			43.15				
11.06	-33.61			-2.38				
971.48	**326.98**	**8.28**	**-252.64**	**273.76**	**7.19**	**41.50**	**1.77**	
	-54.36		-282.85		-0.99	-42.06	-0.48	
	-14.01				-0.63			
1359.67	395.35		30.21					
-378.71				273.76	8.81			
-9.48		8.28						
						83.56	2.25	
1051.33	**393.72**	**22.41**		**320.43**	**7.19**	**41.50**	**1.77**	
	23.73							
1051.33	369.99	22.41		320.43	7.19	41.50	1.77	
1439.52	**462.09**	**22.41**	**282.85**	**320.43**	**8.81**	**83.56**	**2.25**	

6-22 续表 1

项　　目	Item	其他焦化产品(万吨) Other Coking Products (10^4 tons)	油品合计(万吨) Petroleum Products Total (10^4 tons)
一.可供本地区消费的能源量	**Total Primary Energy Supply**	**-1.11**	**704.33**
1.一次能源生产量	Indigenous Production		
2.外省(区、市)调入量	Moving In from Other Provinces		703.87
3.进口量	Import		
4.境内轮船和飞机在境外的加油量	Domestic Airplanes&Ships Refueling in Abroad		
5.本省(区、市)调出量(-)	Sending Out to Other Provinces(-)		
6.出口量(-)	Export(-)		
7.境外轮船和飞机在境内的加油量(-)	Oversea Airplanes&Ships Refueling in China(-)		
8.库存增(-)、减(+)量	Stock Change	-1.11	0.46
二.加工转换投入(-)产出(+)量	**Input(-) & Output(+) of Transformation**	**14.34**	**-1.10**
1.火力发电	Thermal Power		-0.98
2.供热	Heating Supply		-0.12
3.洗选煤	Coal Washing		
4.炼焦	Coking	14.34	
5.炼油及煤制油	Petroleum Refineries		
#油品再投入量(-)	Petroleum Products Input (-)		
6.制气	Gas Works		
#焦炭再投入量(-)	Coke Input (-)		
7.天然气液化	Natural Gas Liquefaction		
8.煤制品加工	Briquettes		
9.回收能	Recovery of Energy		
三.损失量	**Loss**		
四.终端消费量	**Total Final Consumption**	**13.23**	**703.23**
1.农、林、牧、渔业	Agriculture, Forestry, Animal Husbandry and Fishery		18.37
2.工业	Industry	13.23	68.98
#用作原料、材料	Non-Energy Use		
3.建筑业	Construction		44.16
4.交通运输、仓储和邮政业	Transport, Storage and Post		430.80
5.批发、零售业和住宿、餐饮业	Wholesale, Retail Trade and Hotel, Restaurants		40.01
6.其他	Others		15.89
7.生活消费	Residential Consumption		85.02
城镇	Urban		60.94
乡村	Rural		24.08
五.平衡差额	**Statistical Difference**		
六.消费量合计	**Total Energy Consumption**	**13.23**	**704.33**

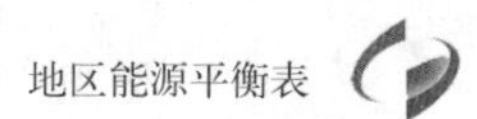

Continued 1

原油 (万吨) Crude Oil (10⁴ tons)	汽油 (万吨) Gasoline (10⁴ tons)	煤油 (万吨) Kerosene (10⁴ tons)	柴油 (万吨) Diesel Oil (10⁴ tons)	燃料油 (万吨) Fuel Oil (10⁴ tons)	石脑油 (万吨) Naphtha (10⁴ tons)	润滑油 (万吨) Lubricants (10⁴ tons)	石蜡 (万吨) Paraffin Waxes (10⁴ tons)	溶剂油 (万吨) White Spirit (10⁴ tons)
	181.64	**61.99**	**425.53**	**14.75**		**0.67**		
	181.64	61.98	425.23	14.70		0.66		
		0.01	0.30	0.05		0.01		
			-1.04	**-0.06**				
			-0.92	-0.06				
			-0.12					
	181.64	**61.99**	**424.49**	**14.69**		**0.67**		
	8.12		10.25					
	16.28	6.88	42.21	2.88		0.67		
	8.57	0.34	33.34	0.82				
	46.72	51.50	321.59	10.99				
	22.25		8.22					
	14.88		1.01					
	64.82	3.27	7.87					
	52.16	3.27	0.99					
	12.66		6.88					
	181.64	**61.99**	**425.53**	**14.75**		**0.67**		

6-22 续表 2

项 目	Item	石油沥青（万吨） Bitumen Asphalt (10^4 tons)	石油焦（万吨） Petroleum Coke (10^4 tons)
一.可供本地区消费的能源量	**Total Primary Energy Supply**		
1.一次能源生产量	Indigenous Production		
2.外省(区、市)调入量	Moving In from Other Provinces		
3.进口量	Import		
4.境内轮船和飞机在境外的加油量	Domestic Airplanes&Ships Refueling in Abroad		
5.本省(区、市)调出量(-)	Sending Out to Other Provinces(-)		
6.出口量(-)	Export(-)		
7.境外轮船和飞机在境内的加油量(-)	Oversea Airplanes&Ships Refueling in China(-)		
8.库存增(-)、减(+)量	Stock Change		
二.加工转换投入(-)产出(+)量	**Input(-) & Output(+) of Transformation**		
1.火力发电	Thermal Power		
2.供热	Heating Supply		
3.洗选煤	Coal Washing		
4.炼焦	Coking		
5.炼油及煤制油	Petroleum Refineries		
#油品再投入量(-)	Petroleum Products Input (-)		
6.制气	Gas Works		
#焦炭再投入量(-)	Coke Input (-)		
7.天然气液化	Natural Gas Liquefaction		
8.煤制品加工	Briquettes		
9.回收能	Recovery of Energy		
三.损失量	**Loss**		
四.终端消费量	**Total Final Consumption**		
1.农、林、牧、渔业	Agriculture, Forestry, Animal Husbandry and Fishery		
2.工业	Industry		
#用作原料、材料	Non-Energy Use		
3.建筑业	Construction		
4.交通运输、仓储和邮政业	Transport, Storage and Post		
5.批发、零售业和住宿、餐饮业	Wholesale, Retail Trade and Hotel, Restaurants		
6.其他	Others		
7.生活消费	Residential Consumption		
城镇	Urban		
乡村	Rural		
五.平衡差额	**Statistical Difference**		
六.消费量合计	**Total Energy Consumption**		

Continued 2

液化石油气 (万吨) LPG (10^4 tons)	炼厂干气 (万吨) Refinery Gas (10^4 tons)	其他石油制品 (万吨) Other Petroleum Products (10^4 tons)	天然气 (亿立方米) Natural Gas (10^8 cu.m)	液化天然气 (万吨) LNG (10^4 tons)	热力 (万百万千焦) Heat (10^{10} kJ)	电力 (亿千瓦小时) Electricity (10^8 kW•h)	其他能源 (万吨标煤) Other Energy (10^4 tce)
19.75			**81.63**	**3.74**		**434.74**	**391.24**
			48.05			242.52	252.40
19.66			46.55	3.74		228.65	138.84
			12.97			36.43	
0.09							
			-0.38		**4167.53**	**432.47**	**-18.26**
			-0.05		-2138.59	432.47	-15.74
			-0.33		4447.59		-2.52
					1858.53		
			0.31			**47.07**	
19.75			**80.94**	**3.74**	**4167.53**	**820.14**	**372.98**
			0.86			2.14	
0.06			48.27	2.09	4167.53	515.04	111.54
			30.26				
1.09			0.22			23.51	
			7.19			16.47	
9.54			3.96			43.82	
			0.33			82.62	
9.06			20.11	1.65		136.54	261.44
4.52			20.11	1.65		81.45	
4.54						55.09	261.44
19.75			**81.63**	**3.74**	**6306.12**	**867.21**	**391.24**

6-23 四川能源平衡表(实物量)-2014

项 目	Item	煤合计(万吨) Coal Total (10^4 tons)	原煤(万吨) Raw Coal (10^4 tons)
一.可供本地区消费的能源量	**Total Primary Energy Supply**	**11045.39**	**11053.71**
1.一次能源生产量	Indigenous Production	7662.80	7662.80
2.外省(区、市)调入量	Moving In from Other Provinces	3376.08	3376.08
3.进口量	Import		
4.境内轮船和飞机在境外的加油量	Domestic Airplanes&Ships Refueling in Abroad		
5.本省(区、市)调出量(-)	Sending Out to Other Provinces(-)	173.77	173.77
6.出口量(-)	Export(-)		
7.境外轮船和飞机在境内的加油量(-)	Oversea Airplanes&Ships Refueling in China(-)		
8.库存增(-)、减(+)量	Stock Change	180.28	188.60
二.加工转换投入(-)产出(+)量	**Input(-) & Output(+) of Transformation**	**-6043.38**	**-8367.01**
1.火力发电	Thermal Power	-2497.73	-2399.30
2.供热	Heating Supply	-174.11	-174.11
3.洗选煤	Coal Washing	-1428.28	-5676.67
4.炼焦	Coking	-1940.82	-83.67
5.炼油及煤制油	Petroleum Refineries		
#油品再投入量(-)	Petroleum Products Input (-)		
6.制气	Gas Works	-1.78	-1.78
#焦炭再投入量(-)	Coke Input (-)		
7.天然气液化	Natural Gas Liquefaction		
8.煤制品加工	Briquettes	-0.66	-31.48
9.回收能	Recovery of Energy		
三.损失量	**Loss**		
四.终端消费量	**Total Final Consumption**	**5002.01**	**2686.70**
1.农、林、牧、渔业	Agriculture, Forestry, Animal Husbandry and Fishery	7.97	7.97
2.工业	Industry	4643.59	2328.28
#用作原料、材料	Non-Energy Use	46.64	36.99
3.建筑业	Construction	11.20	11.20
4.交通运输、仓储和邮政业	Transport, Storage and Post	4.85	4.85
5.批发、零售业和住宿、餐饮业	Wholesale, Retail Trade and Hotel, Restaurants	32.00	32.00
6.其他	Others	26.00	26.00
7.生活消费	Residential Consumption	276.40	276.40
城镇	Urban		
乡村	Rural	276.40	276.40
五.平衡差额	**Statistical Difference**		
六.消费量合计	**Total Energy Consumption**	**11045.39**	**11053.71**

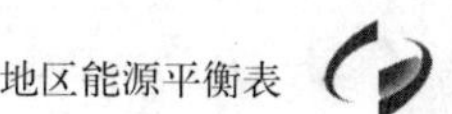

Energy Balance of Sichuan (Physical Quantity) -2014

洗精煤 (万吨) Cleaned Coal (10^4 tons)	其他洗煤 (万吨) Other Washed Coal (10^4 tons)	型煤 (万吨) Briquettes (10^4 tons)	煤矸石 (万吨) Gangue (10^4 tons)	焦炭 (万吨) Coke (10^4 tons)	焦炉煤气 (亿立方米) Coke Oven Gas (10^8 cu.m)	高炉煤气 (亿立方米) Blast Furnace Gas (10^8 cu.m)	转炉煤气 (亿立方米) Converter Gas (10^8 cu.m)	其他煤气 (亿立方米) Other Gas (10^8 cu.m)
-4.91	**-7.18**	**3.77**	**169.07**	**509.90**				
			165.04	515.00				
-4.91	-7.18	3.77	4.03	-5.10				
1188.68	**1102.54**	**32.41**	**-79.91**	**1353.98**	**34.75**	**218.40**	**4.22**	**0.46**
	-98.43		-231.97		-9.21	-84.46	-11.37	
			-11.36		-2.87	-15.98		
3047.42	1200.97		163.42					
-1857.15				1353.98	46.83			
								0.46
-1.59		32.41						
						318.84	15.59	
1183.77	**1095.36**	**36.18**	**89.16**	**1863.88**	**34.75**	**218.40**	**4.22**	**0.46**
1183.77	1095.36	36.18	89.16	1857.38	34.75	218.40	4.22	0.46
2.15	7.20	0.30	1.95	57.30				
				3.80				
				2.70				
3042.51	**1193.79**	**36.18**	**332.49**	**1863.88**	**46.83**	**318.84**	**15.59**	**0.46**

6-23 续表 1

项　目	Item	其他焦化产品(万吨) Other Coking Products (10^4 tons)	油品合计(万吨) Petroleum Products Total (10^4 tons)
一.可供本地区消费的能源量	**Total Primary Energy Supply**	**375.56**	**2724.13**
1.一次能源生产量	Indigenous Production		19.20
2.外省(区、市)调入量	Moving In from Other Provinces	375.00	2745.67
3.进口量	Import		
4.境内轮船和飞机在境外的加油量	Domestic Airplanes&Ships Refueling in Abroad		3.63
5.本省(区、市)调出量(−)	Sending Out to Other Provinces(-)		
6.出口量(−)	Export(-)		
7.境外轮船和飞机在境内的加油量(−)	Oversea Airplanes&Ships Refueling in China(-)		6.85
8.库存增(−)、减(+)量	Stock Change	0.56	-37.52
二.加工转换投入(−)产出(+)量	**Input(-) & Output(+) of Transformation**	**73.87**	**-256.26**
1.火力发电	Thermal Power		-0.72
2.供热	Heating Supply		-44.03
3.洗选煤	Coal Washing		
4.炼焦	Coking	73.87	
5.炼油及煤制油	Petroleum Refineries		-112.60
#油品再投入量(−)	Petroleum Products Input (-)		-98.91
6.制气	Gas Works		
#焦炭再投入量(−)	Coke Input (-)		
7.天然气液化	Natural Gas Liquefaction		
8.煤制品加工	Briquettes		
9.回收能	Recovery of Energy		
三.损失量	**Loss**		
四.终端消费量	**Total Final Consumption**	**449.43**	**2467.87**
1.农、林、牧、渔业	Agriculture, Forestry, Animal Husbandry and Fishery		169.77
2.工业	Industry	449.43	661.79
#用作原料、材料	Non-Energy Use		8.09
3.建筑业	Construction		201.08
4.交通运输、仓储和邮政业	Transport, Storage and Post		639.93
5.批发、零售业和住宿、餐饮业	Wholesale, Retail Trade and Hotel, Restaurants		217.96
6.其他	Others		207.66
7.生活消费	Residential Consumption		369.68
城镇	Urban		212.56
乡村	Rural		157.12
五.平衡差额	**Statistical Difference**		
六.消费量合计	**Total Energy Consumption**	**449.43**	**2724.13**

Continued 1

原油 (万吨) Crude Oil (10^4 tons)	汽油 (万吨) Gasoline (10^4 tons)	煤油 (万吨) Kerosene (10^4 tons)	柴油 (万吨) Diesel Oil (10^4 tons)	燃料油 (万吨) Fuel Oil (10^4 tons)	石脑油 (万吨) Naphtha (10^4 tons)	润滑油 (万吨) Lubricants (10^4 tons)	石蜡 (万吨) Paraffin Waxes (10^4 tons)	溶剂油 (万吨) White Spirit (10^4 tons)
865.40	**635.04**	**250.12**	**434.94**	**85.00**		**23.01**	**0.11**	**0.07**
19.20								
897.90	622.23	250.86	431.58	85.00		23.00	0.11	0.07
		3.63						
		6.85						
-51.70	12.81	2.48	3.36			0.01		
-865.10	**194.80**	**0.42**	**312.91**	**-6.54**	**0.10**	**10.64**		
			-0.72					
				-5.67				
-865.10	194.80	0.42	313.63	40.72	0.10	10.64		
				-41.59				
0.30	**829.84**	**250.54**	**747.85**	**78.46**	**0.10**	**33.65**	**0.11**	**0.07**
	0.72	0.10	168.95					
0.30	98.22	3.78	153.62	78.46	0.10	1.63	0.11	0.07
	0.63							
	37.40	1.50	3.64					
	189.70	186.40	218.59			32.02		
	97.82	5.87	105.63					
	56.87	52.51	97.32					
	349.11	0.38	0.10					
	197.69	0.02						
	151.42	0.36	0.10					
865.40	**829.84**	**250.54**	**748.57**	**125.72**	**0.10**	**33.65**	**0.11**	**0.07**

6-23 续表 2

项 目	Item	石油沥青 (万吨) Bitumen Asphalt (10^4 tons)	石油焦 (万吨) Petroleum Coke (10^4 tons)
一.可供本地区消费的能源量	**Total Primary Energy Supply**	**60.02**	**16.57**
1.一次能源生产量	Indigenous Production		
2.外省(区、市)调入量	Moving In from Other Provinces	64.09	16.98
3.进口量	Import		
4.境内轮船和飞机在境外的加油量	Domestic Airplanes&Ships Refueling in Abroad		
5.本省(区、市)调出量(-)	Sending Out to Other Provinces(-)		
6.出口量(-)	Export(-)		
7.境外轮船和飞机在境内的加油量(-)	Oversea Airplanes&Ships Refueling in China(-)		
8.库存增(-)、减(+)量	Stock Change	-4.07	-0.41
二.加工转换投入(-)产出(+)量	**Input(-) & Output(+) of Transformation**	**95.34**	
1.火力发电	Thermal Power		
2.供热	Heating Supply		
3.洗选煤	Coal Washing		
4.炼焦	Coking		
5.炼油及煤制油	Petroleum Refineries	95.34	
#油品再投入量(-)	Petroleum Products Input (-)		
6.制气	Gas Works		
#焦炭再投入量(-)	Coke Input (-)		
7.天然气液化	Natural Gas Liquefaction		
8.煤制品加工	Briquettes		
9.回收能	Recovery of Energy		
三.损失量	**Loss**		
四.终端消费量	**Total Final Consumption**	**155.36**	**16.57**
1.农、林、牧、渔业	Agriculture, Forestry, Animal Husbandry and Fishery		
2.工业	Industry	1.27	16.57
#用作原料、材料	Non-Energy Use	0.12	6.78
3.建筑业	Construction	154.09	
4.交通运输、仓储和邮政业	Transport, Storage and Post		
5.批发、零售业和住宿、餐饮业	Wholesale, Retail Trade and Hotel, Restaurants		
6.其他	Others		
7.生活消费	Residential Consumption		
城镇	Urban		
乡村	Rural		
五.平衡差额	**Statistical Difference**		
六.消费量合计	**Total Energy Consumption**	**155.36**	**16.57**

Continued 2

液化石油气 (万吨) LPG (10^4 tons)	炼厂干气 (万吨) Refinery Gas (10^4 tons)	其他石油制品 (万吨) Other Petroleum Products (10^4 tons)	天然气 (亿立方米) Natural Gas (10^8 cu.m)	液化天然气 (万吨) LNG (10^4 tons)	热力 (万百万千焦) Heat (10^{10} kJ)	电力 (亿千瓦小时) Electricity (10^8 kW•h)	其他能源 (万吨标煤) Other Energy (10^4 tce)
32.00		**321.85**	**165.17**			**1469.01**	**541.46**
			253.53			2493.33	
32.00		321.85	54.17			52.18	541.46
			142.53			1076.50	
11.62	**3.28**	**-13.73**	**-10.60**	**25.01**	**6213.89**	**586.15**	**64.34**
			-1.98			586.15	-59.68
-0.20	-38.16		-4.55		6213.89		
31.23	41.44	24.18					
-19.41		-37.91					
			-4.07	25.01			
							124.02
			6.52		**5.40**	**175.80**	
43.62	**3.28**	**308.12**	**148.05**	**25.01**	**6208.49**	**1879.36**	**605.80**
			0.01			11.51	
0.63	3.28	303.75	99.72	9.25	6208.49	1246.88	605.80
		0.56	30.89				
0.08		4.37	0.03			41.55	
13.22			5.96	15.76		35.32	
8.64			8.49			90.07	
0.96						129.90	
20.09			33.84			324.13	
14.85			33.84			186.90	
5.24						137.23	
63.23	**41.44**	**346.03**	**161.72**	**25.01**	**6213.89**	**2055.16**	**665.48**

6-24 贵州能源平衡表(实物量)-2014

项目	Item	煤合计 (万吨) Coal Total (10^4 tons)	原煤 (万吨) Raw Coal (10^4 tons)
一.可供本地区消费的能源量	**Total Primary Energy Supply**	**13279.50**	**16380.30**
1.一次能源生产量	Indigenous Production	18508.29	18508.29
2.外省(区、市)调入量	Moving In from Other Provinces	289.07	289.07
3.进口量	Import		
4.境内轮船和飞机在境外的加油量	Domestic Airplanes&Ships Refueling in Abroad		
5.本省(区、市)调出量(-)	Sending Out to Other Provinces(-)	4816.78	1714.78
6.出口量(-)	Export(-)		
7.境外轮船和飞机在境内的加油量(-)	Oversea Airplanes&Ships Refueling in China(-)		
8.库存增(-)、减(+)量	Stock Change	-701.08	-702.28
二.加工转换投入(-)产出(+)量	**Input(-) & Output(+) of Transformation**	**-7406.79**	**-11598.06**
1.火力发电	Thermal Power	-4931.64	-3759.24
2.供热	Heating Supply	-9.74	-9.74
3.洗选煤	Coal Washing	-1431.42	-7622.52
4.炼焦	Coking	-1028.31	-166.56
5.炼油及煤制油	Petroleum Refineries		
#油品再投入量(-)	Petroleum Products Input (-)		
6.制气	Gas Works	-2.00	-2.00
#焦炭再投入量(-)	Coke Input (-)		
7.天然气液化	Natural Gas Liquefaction		
8.煤制品加工	Briquettes	-3.68	-38.00
9.回收能	Recovery of Energy		
三.损失量	**Loss**		
四.终端消费量	**Total Final Consumption**	**5710.81**	**4689.84**
1.农、林、牧、渔业	Agriculture, Forestry, Animal Husbandry and Fishery	164.00	164.00
2.工业	Industry	2711.72	1725.17
#用作原料、材料	Non-Energy Use	537.16	527.97
3.建筑业	Construction	26.83	26.83
4.交通运输、仓储和邮政业	Transport, Storage and Post	68.00	68.00
5.批发、零售业和住宿、餐饮业	Wholesale, Retail Trade and Hotel, Restaurants	945.42	930.00
6.其他	Others	1033.87	1031.87
7.生活消费	Residential Consumption	760.97	743.97
城镇	Urban	153.40	146.40
乡村	Rural	607.57	597.57
五.平衡差额	**Statistical Difference**	**161.90**	**92.40**
六.消费量合计	**Total Energy Consumption**	**13117.60**	**16287.90**

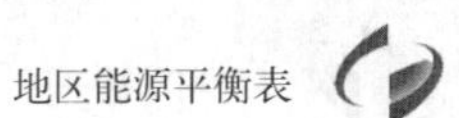

Energy Balance of Guizhou (Physical Quantity) -2014

洗精煤 (万吨) Cleaned Coal (10^4 tons)	其他洗煤 (万吨) Other Washed Coal (10^4 tons)	型煤 (万吨) Briquettes (10^4 tons)	煤矸石 (万吨) Gangue (10^4 tons)	焦炭 (万吨) Coke (10^4 tons)	焦炉煤气 (亿立方米) Coke Oven Gas (10^8 cu.m)	高炉煤气 (亿立方米) Blast Furnace Gas (10^8 cu.m)	转炉煤气 (亿立方米) Converter Gas (10^8 cu.m)	其他煤气 (亿立方米) Other Gas (10^8 cu.m)
-3089.00	**-11.80**			**-386.36**				
3102.00				347.82				
13.00	-11.80			-38.54				
3430.84	**725.01**	**35.42**	**13.18**	**761.67**	**9.93**	**56.31**	**3.21**	**0.60**
	-1172.40		-102.19		-3.25	-14.13		
4293.69	1897.41		115.37					
-861.75				761.67	13.18			
								0.60
-1.10		35.42						
						70.44	3.21	
341.84	**643.71**	**35.42**	**13.18**	**375.31**	**9.93**	**56.31**	**3.21**	**0.60**
341.84	643.71	1.00	13.18	370.26	6.52	56.31	3.21	0.60
9.19				34.34				
				5.05				
		15.42						
		2.00						
		17.00			3.41			
		7.00			3.41			
		10.00						
	69.50							
1204.69	**1816.11**	**35.42**	**115.37**	**375.31**	**13.18**	**70.44**	**3.21**	**0.60**

6-24 续表 1

项　　目	Item	其他焦化产品(万吨) Other Coking Products (10^4 tons)	油品合计(万吨) Petroleum Products Total (10^4 tons)
一.可供本地区消费的能源量	**Total Primary Energy Supply**		**683.03**
1.一次能源生产量	Indigenous Production		
2.外省(区、市)调入量	Moving In from Other Provinces		668.00
3.进口量	Import		
4.境内轮船和飞机在境外的加油量	Domestic Airplanes&Ships Refueling in Abroad		0.63
5.本省(区、市)调出量(-)	Sending Out to Other Provinces(-)		
6.出口量(-)	Export(-)		
7.境外轮船和飞机在境内的加油量(-)	Oversea Airplanes&Ships Refueling in China(-)		1.30
8.库存增(-)、减(+)量	Stock Change		13.10
二.加工转换投入(-)产出(+)量	**Input(-) & Output(+) of Transformation**	**21.08**	**-2.18**
1.火力发电	Thermal Power		-2.18
2.供热	Heating Supply		
3.洗选煤	Coal Washing		
4.炼焦	Coking	21.08	
5.炼油及煤制油	Petroleum Refineries		
#油品再投入量(-)	Petroleum Products Input (-)		
6.制气	Gas Works		
#焦炭再投入量(-)	Coke Input (-)		
7.天然气液化	Natural Gas Liquefaction		
8.煤制品加工	Briquettes		
9.回收能	Recovery of Energy		
三.损失量	**Loss**		
四.终端消费量	**Total Final Consumption**	**21.08**	**680.85**
1.农、林、牧、渔业	Agriculture, Forestry, Animal Husbandry and Fishery		5.32
2.工业	Industry	21.08	69.51
#用作原料、材料	Non-Energy Use	1.47	21.42
3.建筑业	Construction		34.25
4.交通运输、仓储和邮政业	Transport, Storage and Post		388.03
5.批发、零售业和住宿、餐饮业	Wholesale, Retail Trade and Hotel, Restaurants		17.50
6.其他	Others		129.00
7.生活消费	Residential Consumption		37.24
城镇	Urban		20.31
乡村	Rural		16.93
五.平衡差额	**Statistical Difference**		
六.消费量合计	**Total Energy Consumption**	**21.08**	**683.03**

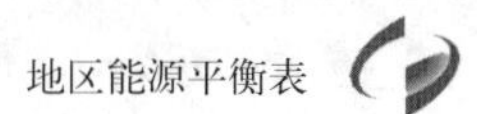

Continued 1

原油 (万吨) Crude Oil (10^4 tons)	汽油 (万吨) Gasoline (10^4 tons)	煤油 (万吨) Kerosene (10^4 tons)	柴油 (万吨) Diesel Oil (10^4 tons)	燃料油 (万吨) Fuel Oil (10^4 tons)	石脑油 (万吨) Naphtha (10^4 tons)	润滑油 (万吨) Lubricants (10^4 tons)	石蜡 (万吨) Paraffin Waxes (10^4 tons)	溶剂油 (万吨) White Spirit (10^4 tons)
	217.38	**30.10**	**380.34**	**0.12**		**0.24**		**0.04**
	209.56	27.97	375.26	0.12		0.24		0.04
		0.63						
		1.30						
	7.82	0.20	5.08					
			-2.18					
			-2.18					
	217.38	**30.10**	**378.16**	**0.12**		**0.24**		**0.04**
	2.52		2.80					
	3.63	1.15	20.36	0.12		0.24		0.04
	14.95		19.30					
	106.58	28.95	252.50					
	15.00		2.50					
	56.30		72.70					
	18.40		8.00					
	11.60							
	6.80		8.00					
	217.38	**30.10**	**380.34**	**0.12**		**0.24**		**0.04**

6-24 续表 2

项 目	Item	石油沥青(万吨) Bitumen Asphalt (10^4 tons)	石油焦(万吨) Petroleum Coke (10^4 tons)
一.可供本地区消费的能源量	**Total Primary Energy Supply**	**1.78**	**41.66**
1.一次能源生产量	Indigenous Production		
2.外省(区、市)调入量	Moving In from Other Provinces	1.78	41.66
3.进口量	Import		
4.境内轮船和飞机在境外的加油量	Domestic Airplanes&Ships Refueling in Abroad		
5.本省(区、市)调出量(-)	Sending Out to Other Provinces(-)		
6.出口量(-)	Export(-)		
7.境外轮船和飞机在境内的加油量(-)	Oversea Airplanes&Ships Refueling in China(-)		
8.库存增(-)、减(+)量	Stock Change		
二.加工转换投入(-)产出(+)量	**Input(-) & Output(+) of Transformation**		
1.火力发电	Thermal Power		
2.供热	Heating Supply		
3.洗选煤	Coal Washing		
4.炼焦	Coking		
5.炼油及煤制油	Petroleum Refineries		
#油品再投入量(-)	Petroleum Products Input (-)		
6.制气	Gas Works		
#焦炭再投入量(-)	Coke Input (-)		
7.天然气液化	Natural Gas Liquefaction		
8.煤制品加工	Briquettes		
9.回收能	Recovery of Energy		
三.损失量	**Loss**		
四.终端消费量	**Total Final Consumption**	**1.78**	**41.66**
1.农、林、牧、渔业	Agriculture, Forestry, Animal Husbandry and Fishery		
2.工业	Industry	1.78	41.66
#用作原料、材料	Non-Energy Use		21.42
3.建筑业	Construction		
4.交通运输、仓储和邮政业	Transport, Storage and Post		
5.批发、零售业和住宿、餐饮业	Wholesale, Retail Trade and Hotel, Restaurants		
6.其他	Others		
7.生活消费	Residential Consumption		
城镇	Urban		
乡村	Rural		
五.平衡差额	**Statistical Difference**		
六.消费量合计	**Total Energy Consumption**	**1.78**	**41.66**

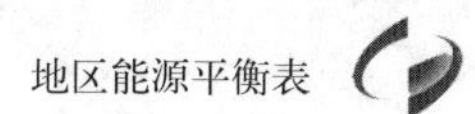

Continued 2

液化石油气（万吨） LPG (10^4 tons)	炼厂干气（万吨） Refinery Gas (10^4 tons)	其他石油制品（万吨） Other Petroleum Products (10^4 tons)	天然气（亿立方米） Natural Gas (10^8 cu.m)	液化天然气（万吨） LNG (10^4 tons)	热力（万百万千焦） Heat (10^10 kJ)	电力（亿千瓦小时） Electricity (10^8 kW•h)	其他能源（万吨标煤） Other Energy (10^4 tce)
11.36		**0.01**	**10.48**	**0.99**		**126.54**	
			1.60			700.52	
11.36		0.01	8.88	0.99			
						573.98	
			-1.60		**539.37**	**1047.19**	
			-1.60		-2508.58	1047.19	
					70.31		
					2977.64		
						98.77	
11.36		**0.01**	**8.88**	**0.99**	**539.37**	**1074.96**	
						4.83	
0.52		0.01	5.34	0.99	539.37	765.60	
			2.74				
						20.36	
			1.30			24.35	
						25.09	
						43.35	
10.84			2.24			191.38	
8.71			2.20			120.96	
2.13			0.04			70.42	
11.36		**0.01**	**10.48**	**0.99**	**3047.95**	**1173.73**	

6-25 云南能源平衡表(实物量)-2014

项目	Item	煤合计(万吨) Coal Total (10^4 tons)	原煤(万吨) Raw Coal (10^4 tons)
一.可供本地区消费的能源量	**Total Primary Energy Supply**	**8674.67**	**9123.26**
1.一次能源生产量	Indigenous Production	4740.86	4740.86
2.外省(区、市)调入量	Moving In from Other Provinces	4881.68	4832.27
3.进口量	Import		
4.境内轮船和飞机在境外的加油量	Domestic Airplanes&Ships Refueling in Abroad		
5.本省(区、市)调出量(-)	Sending Out to Other Provinces(-)	808.68	279.80
6.出口量(-)	Export(-)		
7.境外轮船和飞机在境内的加油量(-)	Oversea Airplanes&Ships Refueling in China(-)		
8.库存增(-)、减(+)量	Stock Change	-139.19	-170.07
二.加工转换投入(-)产出(+)量	**Input(-) & Output(+) of Transformation**	**-4816.92**	**-5430.04**
1.火力发电	Thermal Power	-2148.82	-2132.72
2.供热	Heating Supply	-38.55	-32.42
3.洗选煤	Coal Washing	-570.24	-2787.79
4.炼焦	Coking	-1856.31	-387.40
5.炼油及煤制油	Petroleum Refineries	-49.21	-49.21
#油品再投入量(-)	Petroleum Products Input (-)		
6.制气	Gas Works	-158.93	-20.10
#焦炭再投入量(-)	Coke Input (-)		
7.天然气液化	Natural Gas Liquefaction		
8.煤制品加工	Briquettes	5.14	-20.40
9.回收能	Recovery of Energy		
三.损失量	**Loss**		
四.终端消费量	**Total Final Consumption**	**3857.75**	**3693.22**
1.农、林、牧、渔业	Agriculture, Forestry, Animal Husbandry and Fishery	212.30	211.54
2.工业	Industry	3054.61	2937.72
#用作原料、材料	Non-Energy Use	471.66	462.44
3.建筑业	Construction	31.88	31.46
4.交通运输、仓储和邮政业	Transport, Storage and Post	15.13	15.13
5.批发、零售业和住宿、餐饮业	Wholesale, Retail Trade and Hotel, Restaurants	127.20	125.48
6.其他	Others	69.06	68.88
7.生活消费	Residential Consumption	347.57	303.00
城镇	Urban	25.41	20.91
乡村	Rural	322.16	282.09
五.平衡差额	**Statistical Difference**		
六.消费量合计	**Total Energy Consumption**	**8674.67**	**9123.26**

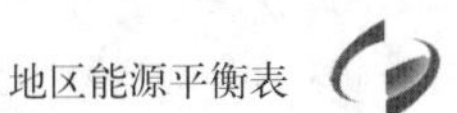

Energy Balance of Yunnan (Physical Quantity) -2014

洗精煤 (万吨) Cleaned Coal (10^4 tons)	其他洗煤 (万吨) Other Washed Coal (10^4 tons)	型煤 (万吨) Briquettes (10^4 tons)	煤矸石 (万吨) Gangue (10^4 tons)	焦炭 (万吨) Coke (10^4 tons)	焦炉煤气 (亿立方米) Coke Oven Gas (10^8 cu.m)	高炉煤气 (亿立方米) Blast Furnace Gas (10^8 cu.m)	转炉煤气 (亿立方米) Converter Gas (10^8 cu.m)	其他煤气 (亿立方米) Other Gas (10^8 cu.m)
83.45	**-532.56**	**0.52**	**26.30**	**-373.92**				
49.41			26.69					
	528.88			361.71				
34.04	-3.68	0.52	-0.39	-12.21				
-1.23	**588.81**	**25.54**	**-20.37**	**1507.70**	**18.18**	**106.42**	**8.48**	**0.27**
-2.70	-13.40		-19.76		-1.41	-79.17	-3.07	
	-6.13		-0.61					
1585.57	631.98							
-1445.27	-23.64			1405.63	17.19			
-138.83				102.07	2.40			0.27
		25.54						
						185.59	11.55	
						11.55		
82.22	**56.24**	**26.06**	**5.93**	**1133.78**	**18.18**	**94.87**	**8.48**	**0.27**
		0.76		2.30				
82.22	19.29	15.39	5.93	1131.23	13.58	94.87	8.48	
8.77		0.45	4.22	66.71				
	0.42							
		1.71			1.84			
		0.18			0.14			
	36.53	8.03		0.25	2.62			0.27
	2.81	1.69		0.12	2.62			0.22
	33.72	6.34		0.13				0.05
1669.02	**99.41**	**26.06**	**26.30**	**1133.78**	**19.59**	**174.04**	**11.55**	**0.27**

6-25 续表 1

项　　目	Item	其他焦化产品(万吨) Other Coking Products (10^4 tons)	油品合计(万吨) Petroleum Products Total (10^4 tons)
一.可供本地区消费的能源量	**Total Primary Energy Supply**	**-63.02**	**1061.47**
1.一次能源生产量	Indigenous Production		
2.外省(区、市)调入量	Moving In from Other Provinces		1073.73
3.进口量	Import		
4.境内轮船和飞机在境外的加油量	Domestic Airplanes&Ships Refueling in Abroad		0.85
5.本省(区、市)调出量(-)	Sending Out to Other Provinces(-)	62.67	1.55
6.出口量(-)	Export(-)		
7.境外轮船和飞机在境内的加油量(-)	Oversea Airplanes&Ships Refueling in China(-)		0.85
8.库存增(-)、减(+)量	Stock Change	-0.35	-10.70
二.加工转换投入(-)产出(+)量	**Input(-) & Output(+) of Transformation**	**64.82**	**4.77**
1.火力发电	Thermal Power		-0.53
2.供热	Heating Supply		
3.洗选煤	Coal Washing		
4.炼焦	Coking	79.24	
5.炼油及煤制油	Petroleum Refineries		5.30
#油品再投入量(-)	Petroleum Products Input (-)		
6.制气	Gas Works	-14.42	
#焦炭再投入量(-)	Coke Input (-)		
7.天然气液化	Natural Gas Liquefaction		
8.煤制品加工	Briquettes		
9.回收能	Recovery of Energy		
三.损失量	**Loss**		
四.终端消费量	**Total Final Consumption**	**23.81**	**1066.24**
1.农、林、牧、渔业	Agriculture, Forestry, Animal Husbandry and Fishery		27.86
2.工业	Industry	22.93	112.83
#用作原料、材料	Non-Energy Use	0.39	50.38
3.建筑业	Construction	0.88	59.92
4.交通运输、仓储和邮政业	Transport, Storage and Post		685.60
5.批发、零售业和住宿、餐饮业	Wholesale, Retail Trade and Hotel, Restaurants		14.45
6.其他	Others		39.68
7.生活消费	Residential Consumption		125.91
城镇	Urban		64.88
乡村	Rural		61.02
五.平衡差额	**Statistical Difference**	**-22.01**	**0.01**
六.消费量合计	**Total Energy Consumption**	**38.23**	**1061.46**

Continued 1

原油 (万吨) Crude Oil (10^4 tons)	汽油 (万吨) Gasoline (10^4 tons)	煤油 (万吨) Kerosene (10^4 tons)	柴油 (万吨) Diesel Oil (10^4 tons)	燃料油 (万吨) Fuel Oil (10^4 tons)	石脑油 (万吨) Naphtha (10^4 tons)	润滑油 (万吨) Lubricants (10^4 tons)	石蜡 (万吨) Paraffin Waxes (10^4 tons)	溶剂油 (万吨) White Spirit (10^4 tons)
0.04	**294.82**	**77.30**	**569.13**	**3.82**	**-0.12**	**-0.45**	**0.04**	**0.45**
0.04	300.14	76.47	575.35	3.82		0.98	0.04	0.45
		0.85						
					0.12	1.43		
		0.85						
	-5.32	0.83	-6.21					
	2.91		**-0.53**		**0.12**	**1.43**		
			-0.53					
	2.91				0.12	1.43		
0.04	**297.74**	**77.30**	**568.60**	**3.82**		**0.98**	**0.04**	**0.45**
	9.89	0.10	17.86					
0.04	4.10	0.24	30.95	3.82		0.65	0.04	0.45
	0.01		0.25			0.33	0.01	0.33
	21.79	1.60	36.53					
	155.71	75.22	454.34			0.33		
	28.13	0.10	9.86					
	78.12	0.03	19.06					
	44.04	0.02	7.23					
	34.08	0.01	11.84					
0.04	**297.74**	**77.30**	**569.13**	**3.82**		**0.98**	**0.04**	**0.45**

6-25 续表 2

项　　目	Item	石油沥青(万吨) Bitumen Asphalt (10^4 tons)	石油焦(万吨) Petroleum Coke (10^4 tons)
一.可供本地区消费的能源量	**Total Primary Energy Supply**	**9.07**	**62.76**
1.一次能源生产量	Indigenous Production		
2.外省(区、市)调入量	Moving In from Other Provinces	9.07	62.76
3.进口量	Import		
4.境内轮船和飞机在境外的加油量	Domestic Airplanes&Ships Refueling in Abroad		
5.本省(区、市)调出量(-)	Sending Out to Other Provinces(-)		
6.出口量(-)	Export(-)		
7.境外轮船和飞机在境内的加油量(-)	Oversea Airplanes&Ships Refueling in China(-)		
8.库存增(-)、减(+)量	Stock Change		
二.加工转换投入(-)产出(+)量	**Input(-) & Output(+) of Transformation**		
1.火力发电	Thermal Power		
2.供热	Heating Supply		
3.洗选煤	Coal Washing		
4.炼焦	Coking		
5.炼油及煤制油	Petroleum Refineries		
#油品再投入量(-)	Petroleum Products Input (-)		
6.制气	Gas Works		
#焦炭再投入量(-)	Coke Input (-)		
7.天然气液化	Natural Gas Liquefaction		
8.煤制品加工	Briquettes		
9.回收能	Recovery of Energy		
三.损失量	**Loss**		
四.终端消费量	**Total Final Consumption**	**9.07**	**62.76**
1.农、林、牧、渔业	Agriculture, Forestry, Animal Husbandry and Fishery		
2.工业	Industry	9.07	62.76
#用作原料、材料	Non-Energy Use	7.10	42.34
3.建筑业	Construction		
4.交通运输、仓储和邮政业	Transport, Storage and Post		
5.批发、零售业和住宿、餐饮业	Wholesale, Retail Trade and Hotel, Restaurants		
6.其他	Others		
7.生活消费	Residential Consumption		
城镇	Urban		
乡村	Rural		
五.平衡差额	**Statistical Difference**		
六.消费量合计	**Total Energy Consumption**	**9.07**	**62.76**

Continued 2

液化石油气 (万吨) LPG (10^4 tons)	炼厂干气 (万吨) Refinery Gas (10^4 tons)	其他石油制品 (万吨) Other Petroleum Products (10^4 tons)	天然气 (亿立方米) Natural Gas (10^8 cu.m)	液化天然气 (万吨) LNG (10^4 tons)	热力 (万百万千焦) Heat (10^{10} kJ)	电力 (亿千瓦小时) Electricity (10^8 kW•h)	其他能源 (万吨标煤) Other Energy (10^4 tce)
42.98		**1.63**	**5.67**	**-7.48**		**1138.07**	**311.57**
			0.02			2158.60	311.66
42.98		1.63	5.64			0.22	
			0.01			14.99	
				7.48		1012.40	
						23.33	
							-0.10
0.84			**-1.20**	**7.82**	**598.56**	**391.41**	**-215.50**
					-1506.12	391.41	-215.50
					421.97		
0.84							
			-1.20	7.82			
					1682.71		
						114.63	
43.82		**1.63**	**4.46**	**0.34**	**598.56**	**1414.85**	**96.06**
			0.01			13.22	
0.69		0.04	4.35	0.06	595.89	1032.13	95.75
		0.02					0.59
						26.92	
				0.28		23.65	0.31
14.45			0.07		2.67	41.31	
		1.59	0.01			73.74	
28.69			0.01			203.88	
13.60			0.01			118.40	
15.09						85.48	
43.82		**1.63**	**4.58**	**0.34**	**2104.68**	**1529.48**	**311.56**

6-26 陕西能源平衡表(实物量)-2014

项目	Item	煤合计(万吨) Coal Total (10^4 tons)	原煤(万吨) Raw Coal (10^4 tons)
一.可供本地区消费的能源量	**Total Primary Energy Supply**	**18386.08**	**22166.29**
1.一次能源生产量	Indigenous Production	52225.61	52225.61
2.外省(区、市)调入量	Moving In from Other Provinces	674.52	674.52
3.进口量	Import		
4.境内轮船和飞机在境外的加油量	Domestic Airplanes&Ships Refueling in Abroad		
5.本省(区、市)调出量(-)	Sending Out to Other Provinces(-)	34460.67	30670.37
6.出口量(-)	Export(-)	104.04	104.04
7.境外轮船和飞机在境内的加油量(-)	Oversea Airplanes&Ships Refueling in China(-)		
8.库存增(-)、减(+)量	Stock Change	50.66	40.57
二.加工转换投入(-)产出(+)量	**Input(-) & Output(+) of Transformation**	**-14192.96**	**-18392.22**
1.火力发电	Thermal Power	-6228.54	-4858.59
2.供热	Heating Supply	-456.68	-456.68
3.洗选煤	Coal Washing	-1387.24	-8347.58
4.炼焦	Coking	-6120.82	-4728.06
5.炼油及煤制油	Petroleum Refineries		
#油品再投入量(-)	Petroleum Products Input (-)		
6.制气	Gas Works		
#焦炭再投入量(-)	Coke Input (-)		
7.天然气液化	Natural Gas Liquefaction		
8.煤制品加工	Briquettes	0.33	-1.30
9.回收能	Recovery of Energy		
三.损失量	**Loss**		
四.终端消费量	**Total Final Consumption**	**4182.38**	**3763.32**
1.农、林、牧、渔业	Agriculture, Forestry, Animal Husbandry and Fishery	23.92	23.92
2.工业	Industry	3360.62	2941.56
#用作原料、材料	Non-Energy Use	1020.71	1020.71
3.建筑业	Construction	19.07	19.07
4.交通运输、仓储和邮政业	Transport, Storage and Post	28.58	28.58
5.批发、零售业和住宿、餐饮业	Wholesale, Retail Trade and Hotel, Restaurants	92.23	92.23
6.其他	Others	194.35	194.35
7.生活消费	Residential Consumption	463.61	463.61
城镇	Urban	204.22	204.22
乡村	Rural	259.39	259.39
五.平衡差额	**Statistical Difference**	**10.75**	**10.75**
六.消费量合计	**Total Energy Consumption**	**18375.34**	**22155.54**

Energy Balance of Shanxi (Physical Quantity) -2014

洗精煤（万吨） Cleaned Coal (10^4 tons)	其他洗煤（万吨） Other Washed Coal (10^4 tons)	型煤（万吨） Briquettes (10^4 tons)	煤矸石（万吨） Gangue (10^4 tons)	焦炭（万吨） Coke (10^4 tons)	焦炉煤气（亿立方米） Coke Oven Gas (10^8 cu.m)	高炉煤气（亿立方米） Blast Furnace Gas (10^8 cu.m)	转炉煤气（亿立方米） Converter Gas (10^8 cu.m)	其他煤气（亿立方米） Other Gas (10^8 cu.m)
-2089.63	**-1690.58**			**-2863.14**				
2088.07	1702.23			2852.14				
-1.56	11.65			-11.00				
2160.48	**2037.15**	**1.63**	**24.35**	**3838.22**	**4.92**	**48.69**	**3.24**	
	-1369.95		-335.13		-34.95	-30.49		
						-24.27		
3517.92	3442.42		359.48					
-1357.44	-35.32			3838.22	44.75			
					-4.87			
		1.63						
						103.45	3.24	
70.86	**346.57**	**1.63**	**24.35**	**975.07**	**4.92**	**48.69**	**3.24**	
70.86	346.57	1.63	24.35	975.07	4.92	48.69	3.24	
				272.19				
1428.29	**1751.84**	**1.63**	**359.48**	**975.07**	**39.88**	**103.45**	**3.24**	

6-26 续表 1

项目	Item	其他焦化产品 (万吨) Other Coking Products (10^4 tons)	油品合计 (万吨) Petroleum Products Total (10^4 tons)
一.可供本地区消费的能源量	**Total Primary Energy Supply**	**-142.17**	**1212.79**
1.一次能源生产量	Indigenous Production		3767.81
2.外省(区、市)调入量	Moving In from Other Provinces		475.85
3.进口量	Import		
4.境内轮船和飞机在境外的加油量	Domestic Airplanes&Ships Refueling in Abroad		
5.本省(区、市)调出量(-)	Sending Out to Other Provinces(-)	142.17	3018.34
6.出口量(-)	Export(-)		
7.境外轮船和飞机在境内的加油量(-)	Oversea Airplanes&Ships Refueling in China(-)		
8.库存增(-)、减(+)量	Stock Change		-12.52
二.加工转换投入(-)产出(+)量	**Input(-) & Output(+) of Transformation**	**187.25**	**-162.05**
1.火力发电	Thermal Power		-0.43
2.供热	Heating Supply		-1.87
3.洗选煤	Coal Washing		
4.炼焦	Coking	241.88	
5.炼油及煤制油	Petroleum Refineries	-54.63	-116.89
#油品再投入量(-)	Petroleum Products Input (-)		-42.87
6.制气	Gas Works		
#焦炭再投入量(-)	Coke Input (-)		
7.天然气液化	Natural Gas Liquefaction		
8.煤制品加工	Briquettes		
9.回收能	Recovery of Energy		
三.损失量	**Loss**		
四.终端消费量	**Total Final Consumption**	**45.08**	**1050.74**
1.农、林、牧、渔业	Agriculture, Forestry, Animal Husbandry and Fishery		53.13
2.工业	Industry	45.08	275.56
#用作原料、材料	Non-Energy Use		0.41
3.建筑业	Construction		83.76
4.交通运输、仓储和邮政业	Transport, Storage and Post		477.05
5.批发、零售业和住宿、餐饮业	Wholesale, Retail Trade and Hotel, Restaurants		48.99
6.其他	Others		19.00
7.生活消费	Residential Consumption		93.26
城镇	Urban		68.52
乡村	Rural		24.74
五.平衡差额	**Statistical Difference**		
六.消费量合计	**Total Energy Consumption**	**99.71**	**1212.80**

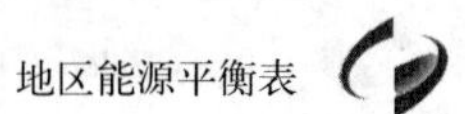

Continued 1

原油 (万吨) Crude Oil (10^4 tons)	汽油 (万吨) Gasoline (10^4 tons)	煤油 (万吨) Kerosene (10^4 tons)	柴油 (万吨) Diesel Oil (10^4 tons)	燃料油 (万吨) Fuel Oil (10^4 tons)	石脑油 (万吨) Naphtha (10^4 tons)	润滑油 (万吨) Lubricants (10^4 tons)	石蜡 (万吨) Paraffin Waxes (10^4 tons)	溶剂油 (万吨) White Spirit (10^4 tons)
2249.60	**-536.25**	**0.98**	**-356.32**	**-1.15**	**-0.24**	**-0.42**		**-0.74**
3767.81								
89.64	94.65	42.73	247.27	1.36		0.20		
1594.27	622.53	43.13	610.18	2.23		0.53		0.82
-13.58	-8.37	1.38	6.59	-0.28	-0.24	-0.09		0.08
-2095.79	**766.18**	**35.28**	**895.30**	**13.45**	**0.24**	**0.64**		**0.87**
			-0.43					
			-0.02					
-2095.79	766.18	35.28	895.75	18.68	7.23	0.64		0.87
				-5.23	-6.99			
153.81	**229.92**	**36.26**	**538.98**	**12.30**		**0.22**		**0.13**
	7.97		45.16					
153.81	25.83	3.03	72.11	0.16		0.22		0.13
	0.14		0.24					0.03
	10.29		50.09	1.02				
	91.86	33.23	327.36	10.09				
	16.36		26.12	1.03				
	6.66		12.34					
	70.95		5.80					
	57.53		0.46					
	13.42		5.34					
2249.60	**229.92**	**36.26**	**539.43**	**17.53**	**6.99**	**0.22**		**0.13**

6-26 续表 2

项　　目	Item	石油沥青(万吨) Bitumen Asphalt (10^4 tons)	石油焦(万吨) Petroleum Coke (10^4 tons)
一.可供本地区消费的能源量	**Total Primary Energy Supply**	**-28.80**	**-13.94**
1.一次能源生产量	Indigenous Production		
2.外省(区、市)调入量	Moving In from Other Provinces		
3.进口量	Import		
4.境内轮船和飞机在境外的加油量	Domestic Airplanes&Ships Refueling in Abroad		
5.本省(区、市)调出量(−)	Sending Out to Other Provinces(-)	28.80	15.39
6.出口量(−)	Export(-)		
7.境外轮船和飞机在境内的加油量(−)	Oversea Airplanes&Ships Refueling in China(-)		
8.库存增(−)、减(+)量	Stock Change		1.45
二.加工转换投入(−)产出(+)量	**Input(-) & Output(+) of Transformation**	**59.51**	**14.15**
1.火力发电	Thermal Power		
2.供热	Heating Supply		
3.洗选煤	Coal Washing		
4.炼焦	Coking		
5.炼油及煤制油	Petroleum Refineries	59.51	14.15
#油品再投入量(−)	Petroleum Products Input (-)		
6.制气	Gas Works		
#焦炭再投入量(−)	Coke Input (-)		
7.天然气液化	Natural Gas Liquefaction		
8.煤制品加工	Briquettes		
9.回收能	Recovery of Energy		
三.损失量	**Loss**		
四.终端消费量	**Total Final Consumption**	**30.71**	**0.21**
1.农、林、牧、渔业	Agriculture, Forestry, Animal Husbandry and Fishery		
2.工业	Industry		0.21
#用作原料、材料	Non-Energy Use		
3.建筑业	Construction	22.36	
4.交通运输、仓储和邮政业	Transport, Storage and Post	8.35	
5.批发、零售业和住宿、餐饮业	Wholesale, Retail Trade and Hotel, Restaurants		
6.其他	Others		
7.生活消费	Residential Consumption		
城镇	Urban		
乡村	Rural		
五.平衡差额	**Statistical Difference**		
六.消费量合计	**Total Energy Consumption**	**30.71**	**0.21**

Continued 2

液化石油气（万吨） LPG (10⁴ tons)	炼厂干气（万吨） Refinery Gas (10⁴ tons)	其他石油制品（万吨） Other Petroleum Products (10⁴ tons)	天然气（亿立方米） Natural Gas (10⁸ cu.m)	液化天然气（万吨） LNG (10⁴ tons)	热力（万百万千焦） Heat (10¹⁰ kJ)	电力（亿千瓦小时） Electricity (10⁸ kW•h)	其他能源（万吨标煤） Other Energy (10⁴ tce)
-62.43		**-37.49**	**93.64**	**-140.48**		**-264.89**	**19.57**
			410.11			129.94	
							17.93
62.97		37.49	316.47	140.48		394.83	
0.54							1.65
84.58		**63.54**	**-21.11**	**147.93**	**9129.62**	**1490.90**	**-0.31**
			-0.59		-1144.90	1490.90	-0.31
	-1.84		-0.36		8113.64		
84.58	1.84	94.19					
		-30.65					
			-20.16	147.93			
					2160.88		
22.15		**26.04**	**72.54**	**7.45**	**9129.62**	**1226.01**	**19.26**
						38.60	
0.17		19.88	46.76	0.57	4506.66	794.81	19.26
			3.93				17.75
					50.56	29.18	
		6.16	2.61	6.88	42.06	53.14	
5.48			7.16		248.22	50.55	
			0.42		655.68	82.14	
16.50			15.58		3626.44	177.60	
10.52			15.08		3626.44	107.18	
5.98			0.50			70.42	
22.15	**1.84**	**56.70**	**73.23**	**7.45**	**10274.52**	**1226.01**	**19.57**

6-27 甘肃能源平衡表(实物量)-2014

项　目	Item	煤合计(万吨) Coal Total (10^4 tons)	原煤(万吨) Raw Coal (10^4 tons)
一.可供本地区消费的能源量	**Total Primary Energy Supply**	**6715.87**	**6562.97**
1.一次能源生产量	Indigenous Production	4753.04	4753.04
2.外省(区、市)调入量	Moving In from Other Provinces	4035.19	3874.74
3.进口量	Import		
4.境内轮船和飞机在境外的加油量	Domestic Airplanes&Ships Refueling in Abroad		
5.本省(区、市)调出量(-)	Sending Out to Other Provinces(-)	1735.28	1722.86
6.出口量(-)	Export(-)		
7.境外轮船和飞机在境内的加油量(-)	Oversea Airplanes&Ships Refueling in China(-)		
8.库存增(-)、减(+)量	Stock Change	-337.08	-341.95
二.加工转换投入(-)产出(+)量	**Input(-) & Output(+) of Transformation**	**-4761.96**	**-4743.83**
1.火力发电	Thermal Power	-3321.54	-3321.54
2.供热	Heating Supply	-496.99	-496.99
3.洗选煤	Coal Washing	-173.04	-806.59
4.炼焦	Coking	-765.71	-114.03
5.炼油及煤制油	Petroleum Refineries		
#油品再投入量(-)	Petroleum Products Input (-)		
6.制气	Gas Works	-4.68	-4.68
#焦炭再投入量(-)	Coke Input (-)		
7.天然气液化	Natural Gas Liquefaction		
8.煤制品加工	Briquettes		
9.回收能	Recovery of Energy		
三.损失量	**Loss**		
四.终端消费量	**Total Final Consumption**	**1953.91**	**1819.14**
1.农、林、牧、渔业	Agriculture, Forestry, Animal Husbandry and Fishery	49.60	41.50
2.工业	Industry	1472.81	1419.64
#用作原料、材料	Non-Energy Use	185.70	178.49
3.建筑业	Construction	17.00	17.00
4.交通运输、仓储和邮政业	Transport, Storage and Post	29.00	29.00
5.批发、零售业和住宿、餐饮业	Wholesale, Retail Trade and Hotel, Restaurants	19.00	19.00
6.其他	Others	21.00	21.00
7.生活消费	Residential Consumption	345.50	272.00
城镇	Urban	57.50	32.00
乡村	Rural	288.00	240.00
五.平衡差额	**Statistical Difference**		
六.消费量合计	**Total Energy Consumption**	**6715.87**	**6562.97**

Energy Balance of Gansu (Physical Quantity) -2014

洗精煤 (万吨) Cleaned Coal (10^4 tons)	其他洗煤 (万吨) Other Washed Coal (10^4 tons)	型煤 (万吨) Briquettes (10^4 tons)	煤矸石 (万吨) Gangue (10^4 tons)	焦炭 (万吨) Coke (10^4 tons)	焦炉煤气 (亿立方米) Coke Oven Gas (10^8 cu.m)	高炉煤气 (亿立方米) Blast Furnace Gas (10^8 cu.m)	转炉煤气 (亿立方米) Converter Gas (10^8 cu.m)	其他煤气 (亿立方米) Other Gas (10^8 cu.m)
83.38	**-12.42**	**81.94**	**36.96**	**109.70**				
78.51		81.94	36.96	104.64				
	12.42							
4.87				5.06				
-36.55	**18.42**		**-32.69**	**581.71**	**8.80**	**137.02**	**8.94**	**1.65**
			-51.22		-0.39	-0.52	-0.80	
			-5.85		-0.87	-3.12	-0.15	
615.13	18.42		24.38					
-651.68				583.27	10.06			
								1.65
				-1.56				
						140.66	9.89	
46.83	**6.00**	**81.94**	**4.27**	**691.41**	**8.80**	**137.02**	**8.94**	**1.65**
		8.10						
46.83	6.00	0.34	4.27	691.41	8.64	137.02	8.94	1.65
7.21			0.25	71.06				
		73.50			0.16			
		25.50			0.16			
		48.00						
698.51	**6.00**	**81.94**	**61.34**	**692.97**	**10.06**	**140.66**	**9.89**	**1.65**

6-27 续表 1

项　　目	Item	其他焦化产品(万吨) Other Coking Products (10^4 tons)	油品合计(万吨) Petroleum Products Total (10^4 tons)
一.可供本地区消费的能源量	**Total Primary Energy Supply**	**-25.47**	**880.66**
1.一次能源生产量	Indigenous Production		771.97
2.外省(区、市)调入量	Moving In from Other Provinces		4488.85
3.进口量	Import		
4.境内轮船和飞机在境外的加油量	Domestic Airplanes&Ships Refueling in Abroad		
5.本省(区、市)调出量(-)	Sending Out to Other Provinces(-)	25.47	4338.84
6.出口量(-)	Export(-)		
7.境外轮船和飞机在境内的加油量(-)	Oversea Airplanes&Ships Refueling in China(-)		
8.库存增(-)、减(+)量	Stock Change		-41.32
二.加工转换投入(-)产出(+)量	**Input(-) & Output(+) of Transformation**	**27.13**	**-143.68**
1.火力发电	Thermal Power		-2.59
2.供热	Heating Supply		-11.63
3.洗选煤	Coal Washing		
4.炼焦	Coking	27.13	
5.炼油及煤制油	Petroleum Refineries		-129.46
#油品再投入量(-)	Petroleum Products Input (-)		
6.制气	Gas Works		
#焦炭再投入量(-)	Coke Input (-)		
7.天然气液化	Natural Gas Liquefaction		
8.煤制品加工	Briquettes		
9.回收能	Recovery of Energy		
三.损失量	**Loss**		
四.终端消费量	**Total Final Consumption**	**1.66**	**736.98**
1.农、林、牧、渔业	Agriculture, Forestry, Animal Husbandry and Fishery		37.00
2.工业	Industry	1.66	248.04
#用作原料、材料	Non-Energy Use	0.46	58.91
3.建筑业	Construction		32.40
4.交通运输、仓储和邮政业	Transport, Storage and Post		303.88
5.批发、零售业和住宿、餐饮业	Wholesale, Retail Trade and Hotel, Restaurants		12.36
6.其他	Others		50.70
7.生活消费	Residential Consumption		52.60
城镇	Urban		35.40
乡村	Rural		17.20
五.平衡差额	**Statistical Difference**		
六.消费量合计	**Total Energy Consumption**	**1.66**	**880.66**

Continued 1

原油 (万吨) Crude Oil (10^4 tons)	汽油 (万吨) Gasoline (10^4 tons)	煤油 (万吨) Kerosene (10^4 tons)	柴油 (万吨) Diesel Oil (10^4 tons)	燃料油 (万吨) Fuel Oil (10^4 tons)	石脑油 (万吨) Naphtha (10^4 tons)	润滑油 (万吨) Lubricants (10^4 tons)	石蜡 (万吨) Paraffin Waxes (10^4 tons)	溶剂油 (万吨) White Spirit (10^4 tons)
1467.85	**-252.25**	**-58.37**	**-253.59**	**-17.61**	**11.59**	**-15.31**	**-3.89**	**-0.17**
771.97								
696.45	1197.80	162.00	2402.81	1.93	12.23			
	1432.34	219.70	2629.25	19.01		15.39	3.90	0.23
-0.57	-17.71	-0.67	-27.15	-0.53	-0.64	0.08	0.01	0.06
-1446.44	**381.23**	**63.99**	**628.22**	**23.69**	**3.55**	**15.43**	**3.97**	**0.18**
			-0.15	-0.04				
			-0.02	-0.93				
-1446.44	381.23	63.99	628.39	24.66	3.55	15.43	3.97	0.18
21.41	**128.98**	**5.62**	**374.63**	**6.08**	**15.14**	**0.12**	**0.08**	**0.01**
	4.80		32.20					
21.41	8.75	0.15	25.86	6.08	15.14	0.12	0.08	0.01
	0.01	0.07	0.25		15.14		0.07	
	10.10		14.60					
	33.83	5.47	264.57					
	6.80		5.20					
	25.40		25.30					
	39.30		6.90					
	26.30		4.30					
	13.00		2.60					
1467.85	**128.98**	**5.62**	**374.80**	**7.05**	**15.14**	**0.12**	**0.08**	**0.01**

6-27 续表 2

项　　目	Item	石油沥青(万吨) Bitumen Asphalt (10^4 tons)	石油焦(万吨) Petroleum Coke (10^4 tons)
一.可供本地区消费的能源量	**Total Primary Energy Supply**	**12.45**	**8.82**
1.一次能源生产量	Indigenous Production		
2.外省(区、市)调入量	Moving In from Other Provinces	12.32	3.31
3.进口量	Import		
4.境内轮船和飞机在境外的加油量	Domestic Airplanes&Ships Refueling in Abroad		
5.本省(区、市)调出量(-)	Sending Out to Other Provinces(-)		
6.出口量(-)	Export(-)		
7.境外轮船和飞机在境内的加油量(-)	Oversea Airplanes&Ships Refueling in China(-)		
8.库存增(-)、减(+)量	Stock Change	0.13	5.51
二.加工转换投入(-)产出(+)量	**Input(-) & Output(+) of Transformation**		**31.42**
1.火力发电	Thermal Power		
2.供热	Heating Supply		
3.洗选煤	Coal Washing		
4.炼焦	Coking		
5.炼油及煤制油	Petroleum Refineries		31.42
#油品再投入量(-)	Petroleum Products Input (-)		
6.制气	Gas Works		
#焦炭再投入量(-)	Coke Input (-)		
7.天然气液化	Natural Gas Liquefaction		
8.煤制品加工	Briquettes		
9.回收能	Recovery of Energy		
三.损失量	**Loss**		
四.终端消费量	**Total Final Consumption**	**12.45**	**40.24**
1.农、林、牧、渔业	Agriculture, Forestry, Animal Husbandry and Fishery		
2.工业	Industry	4.75	40.24
#用作原料、材料	Non-Energy Use		4.98
3.建筑业	Construction	7.70	
4.交通运输、仓储和邮政业	Transport, Storage and Post		
5.批发、零售业和住宿、餐饮业	Wholesale, Retail Trade and Hotel, Restaurants		
6.其他	Others		
7.生活消费	Residential Consumption		
城镇	Urban		
乡村	Rural		
五.平衡差额	**Statistical Difference**		
六.消费量合计	**Total Energy Consumption**	**12.45**	**40.24**

Continued 2

液化石油气 (万吨) LPG (10^4 tons)	炼厂干气 (万吨) Refinery Gas (10^4 tons)	其他石油制品 (万吨) Other Petroleum Products (10^4 tons)	天然气 (亿立方米) Natural Gas (10^8 cu.m)	液化天然气 (万吨) LNG (10^4 tons)	热力 (万百万千焦) Heat (10^{10} kJ)	电力 (亿千瓦小时) Electricity (10^8 kW•h)	其他能源 (万吨标煤) Other Energy (10^4 tce)
-18.86			**25.07**	**0.93**		**364.48**	**4.51**
			1.30			510.08	
			23.77	0.93		129.97	4.51
19.02						275.57	
0.16							
25.93	**76.05**	**49.10**	**-0.69**		**11057.82**	**731.00**	
	-2.40				-404.50	731.00	
	-10.68		-0.69		9555.29		
25.93	89.13	49.10					
					1907.03		
						48.76	
7.07	**76.05**	**49.10**	**24.38**	**0.93**	**11057.82**	**1046.72**	**4.51**
						49.53	
0.30	76.05	49.10	14.58	0.93	8659.82	805.62	4.51
0.27		38.12	5.61				
					40.00	18.26	
0.01			2.10		208.00	40.01	
0.36			1.70		75.00	21.02	
			2.40		45.00	39.21	
6.40			3.60		2030.00	73.07	
4.80			3.60		2030.00	42.11	
1.60						30.96	
7.07	**89.13**	**49.10**	**25.07**	**0.93**	**11462.32**	**1095.48**	**4.51**

6-28 青海能源平衡表(实物量)-2014

项目	Item	煤合计 (万吨) Coal Total (10⁴ tons)	原煤 (万吨) Raw Coal (10⁴ tons)
一.可供本地区消费的能源量	**Total Primary Energy Supply**	**1816.52**	**2534.67**
1.一次能源生产量	Indigenous Production	1833.36	1833.36
2.外省(区、市)调入量	Moving In from Other Provinces	1113.13	1110.98
3.进口量	Import		
4.境内轮船和飞机在境外的加油量	Domestic Airplanes&Ships Refueling in Abroad		
5.本省(区、市)调出量(-)	Sending Out to Other Provinces(-)	1117.90	379.42
6.出口量(-)	Export(-)		
7.境外轮船和飞机在境内的加油量(-)	Oversea Airplanes&Ships Refueling in China(-)		
8.库存增(-)、减(+)量	Stock Change	-12.07	-30.25
二.加工转换投入(-)产出(+)量	**Input(-) & Output(+) of Transformation**	**-1142.50**	**-1866.38**
1.火力发电	Thermal Power	-653.44	-653.44
2.供热	Heating Supply	-17.07	-17.07
3.洗选煤	Coal Washing	-282.58	-1034.39
4.炼焦	Coking	-189.41	-161.48
5.炼油及煤制油	Petroleum Refineries		
#油品再投入量(-)	Petroleum Products Input (-)		
6.制气	Gas Works		
#焦炭再投入量(-)	Coke Input (-)		
7.天然气液化	Natural Gas Liquefaction		
8.煤制品加工	Briquettes		
9.回收能	Recovery of Energy		
三.损失量	**Loss**	**2.00**	**2.00**
四.终端消费量	**Total Final Consumption**	**672.01**	**666.30**
1.农、林、牧、渔业	Agriculture, Forestry, Animal Husbandry and Fishery	2.78	2.78
2.工业	Industry	509.17	503.46
#用作原料、材料	Non-Energy Use	10.94	9.17
3.建筑业	Construction	4.48	4.48
4.交通运输、仓储和邮政业	Transport, Storage and Post	7.82	7.82
5.批发、零售业和住宿、餐饮业	Wholesale, Retail Trade and Hotel, Restaurants	8.62	8.62
6.其他	Others	37.26	37.26
7.生活消费	Residential Consumption	101.88	101.88
城镇	Urban	12.32	12.32
乡村	Rural	89.56	89.56
五.平衡差额	**Statistical Difference**	**0.01**	**-0.01**
六.消费量合计	**Total Energy Consumption**	**1816.51**	**2534.68**

Energy Balance of Qinghai (Physical Quantity) -2014

洗精煤 (万吨) Cleaned Coal (10^4 tons)	其他洗煤 (万吨) Other Washed Coal (10^4 tons)	型煤 (万吨) Briquettes (10^4 tons)	煤矸石 (万吨) Gangue (10^4 tons)	焦炭 (万吨) Coke (10^4 tons)	焦炉煤气 (亿立方米) Coke Oven Gas (10^8 cu.m)	高炉煤气 (亿立方米) Blast Furnace Gas (10^8 cu.m)	转炉煤气 (亿立方米) Converter Gas (10^8 cu.m)	其他煤气 (亿立方米) Other Gas (10^8 cu.m)
-719.56		**1.41**		**120.30**				
		2.15		105.13				
738.48								
18.92		-0.74		15.17				
723.88				**132.90**	**0.25**	**15.01**		
					-0.01	-4.36		
751.82								
-27.94				132.90	0.26			
						19.37		
4.30		**1.42**		**253.22**	**0.25**	**15.01**		
4.30		1.42		253.22	0.25	15.01		
1.77				61.93				
0.02		**-0.01**		**-0.02**				
32.23		**1.42**		**253.22**	**0.26**	**19.37**		

6-28 续表 1

项　　目	Item	其他焦化产品(万吨) Other Coking Products (10^4 tons)	油品合计(万吨) Petroleum Products Total (10^4 tons)
一.可供本地区消费的能源量	**Total Primary Energy Supply**	**-4.65**	**240.44**
1.一次能源生产量	Indigenous Production		220.00
2.外省(区、市)调入量	Moving In from Other Provinces		189.71
3.进口量	Import		
4.境内轮船和飞机在境外的加油量	Domestic Airplanes&Ships Refueling in Abroad		
5.本省(区、市)调出量(-)	Sending Out to Other Provinces(-)	4.67	170.12
6.出口量(-)	Export(-)		
7.境外轮船和飞机在境内的加油量(-)	Oversea Airplanes&Ships Refueling in China(-)		
8.库存增(-)、减(+)量	Stock Change	0.02	0.85
二.加工转换投入(-)产出(+)量	**Input(-) & Output(+) of Transformation**	**4.65**	**-11.48**
1.火力发电	Thermal Power		-0.14
2.供热	Heating Supply		
3.洗选煤	Coal Washing		
4.炼焦	Coking	4.65	
5.炼油及煤制油	Petroleum Refineries		-11.34
#油品再投入量(-)	Petroleum Products Input (-)		
6.制气	Gas Works		
#焦炭再投入量(-)	Coke Input (-)		
7.天然气液化	Natural Gas Liquefaction		
8.煤制品加工	Briquettes		
9.回收能	Recovery of Energy		
三.损失量	**Loss**		
四.终端消费量	**Total Final Consumption**		**228.95**
1.农、林、牧、渔业	Agriculture, Forestry, Animal Husbandry and Fishery		9.52
2.工业	Industry		92.19
#用作原料、材料	Non-Energy Use		31.48
3.建筑业	Construction		10.46
4.交通运输、仓储和邮政业	Transport, Storage and Post		78.91
5.批发、零售业和住宿、餐饮业	Wholesale, Retail Trade and Hotel, Restaurants		14.92
6.其他	Others		8.74
7.生活消费	Residential Consumption		14.21
城镇	Urban		7.15
乡村	Rural		7.06
五.平衡差额	**Statistical Difference**		**0.01**
六.消费量合计	**Total Energy Consumption**		**240.43**

Continued 1

原油（万吨） Crude Oil (10^4 tons)	汽油（万吨） Gasoline (10^4 tons)	煤油（万吨） Kerosene (10^4 tons)	柴油（万吨） Diesel Oil (10^4 tons)	燃料油（万吨） Fuel Oil (10^4 tons)	石脑油（万吨） Naphtha (10^4 tons)	润滑油（万吨） Lubricants (10^4 tons)	石蜡（万吨） Paraffin Waxes (10^4 tons)	溶剂油（万吨） White Spirit (10^4 tons)
143.35	**-12.17**	**0.00**	**51.76**	**-3.77**				
220.00								
76.65		0.10	50.81					
153.30	13.08			3.74				
	0.91	-0.10	0.95	-0.03				
-140.88	**49.34**		**61.86**	**3.77**				
			-0.10	-0.04				
-140.88	49.34		61.97	3.81				
2.47	**37.17**		**113.62**					
	2.16		7.36					
2.47	3.53		20.34					
	0.02		0.35					
	2.73		7.73					
	7.73		71.17					
	3.58		4.41					
	7.36		1.38					
	10.08		1.23					
	5.57		0.11					
	4.51		1.12					
0.01								
143.34	**37.17**		**113.73**	**0.04**				

6-28 续表 2

项　　目	Item	石油沥青(万吨) Bitumen Asphalt (10^4 tons)	石油焦(万吨) Petroleum Coke (10^4 tons)
一.可供本地区消费的能源量	**Total Primary Energy Supply**	**2.10**	**51.39**
1.一次能源生产量	Indigenous Production		
2.外省(区、市)调入量	Moving In from Other Provinces	2.00	52.22
3.进口量	Import		
4.境内轮船和飞机在境外的加油量	Domestic Airplanes&Ships Refueling in Abroad		
5.本省(区、市)调出量(-)	Sending Out to Other Provinces(-)		
6.出口量(-)	Export(-)		
7.境外轮船和飞机在境内的加油量(-)	Oversea Airplanes&Ships Refueling in China(-)		
8.库存增(-)、减(+)量	Stock Change	0.10	-0.83
二.加工转换投入(-)产出(+)量	**Input(-) & Output(+) of Transformation**		
1.火力发电	Thermal Power		
2.供热	Heating Supply		
3.洗选煤	Coal Washing		
4.炼焦	Coking		
5.炼油及煤制油	Petroleum Refineries		
#油品再投入量(-)	Petroleum Products Input (-)		
6.制气	Gas Works		
#焦炭再投入量(-)	Coke Input (-)		
7.天然气液化	Natural Gas Liquefaction		
8.煤制品加工	Briquettes		
9.回收能	Recovery of Energy		
三.损失量	**Loss**		
四.终端消费量	**Total Final Consumption**	**2.11**	**51.40**
1.农、林、牧、渔业	Agriculture, Forestry, Animal Husbandry and Fishery		
2.工业	Industry	2.11	51.40
#用作原料、材料	Non-Energy Use	2.11	21.70
3.建筑业	Construction		
4.交通运输、仓储和邮政业	Transport, Storage and Post		
5.批发、零售业和住宿、餐饮业	Wholesale, Retail Trade and Hotel, Restaurants		
6.其他	Others		
7.生活消费	Residential Consumption		
城镇	Urban		
乡村	Rural		
五.平衡差额	**Statistical Difference**	**-0.01**	**-0.01**
六.消费量合计	**Total Energy Consumption**	**2.11**	**51.40**

Continued 2

液化石油气（万吨）LPG (10^4 tons)	炼厂干气（万吨）Refinery Gas (10^4 tons)	其他石油制品（万吨）Other Petroleum Products (10^4 tons)	天然气（亿立方米）Natural Gas (10^8 cu.m)	液化天然气（万吨）LNG (10^4 tons)	热力（万百万千焦）Heat (10^{10} kJ)	电力（亿千瓦小时）Electricity (10^8 kW•h)	其他能源（万吨标煤）Other Energy (10^4 tce)
3.16		**4.62**	**41.12**	**-3.71**		**593.35**	
			68.90			465.98	
3.16		4.77				146.11	
			27.78	3.71		18.75	
		-0.15					
6.71	**5.01**	**2.70**	**-3.77**	**4.02**	**618.97**	**129.86**	
			-2.57		-30.81	129.86	
			-0.59		539.09		
6.71	5.01	2.70					
			-0.61	4.02			
					110.69		
			0.40			**21.01**	
9.86	**5.01**	**7.31**	**36.94**	**0.31**	**618.97**	**702.20**	
						1.54	
0.01	5.01	7.31	25.42	0.31	240.83	647.90	
		7.30	10.57				
			0.12		0.50	6.70	
0.01			0.97		12.50	5.73	
6.93			0.91		41.50	5.80	
			4.55		76.60	12.79	
2.90			4.96		247.04	21.74	
1.47			4.76		247.04	15.23	
1.43			0.20			6.51	
0.01		**0.01**	**0.01**				
9.86	**5.01**	**7.31**	**40.55**	**0.31**	**649.78**	**723.21**	

6-29 宁夏能源平衡表(实物量)-2014

项　　目	Item	煤合计(万吨) Coal Total (10^4 tons)	原煤(万吨) Raw Coal (10^4 tons)
一.可供本地区消费的能源量	**Total Primary Energy Supply**	**8856.92**	**9867.25**
1.一次能源生产量	Indigenous Production	8563.47	8563.47
2.外省(区、市)调入量	Moving In from Other Provinces	2969.68	2519.78
3.进口量	Import		
4.境内轮船和飞机在境外的加油量	Domestic Airplanes&Ships Refueling in Abroad		
5.本省(区、市)调出量(-)	Sending Out to Other Provinces(-)	2716.31	1321.37
6.出口量(-)	Export(-)		
7.境外轮船和飞机在境内的加油量(-)	Oversea Airplanes&Ships Refueling in China(-)		
8.库存增(-)、减(+)量	Stock Change	40.09	105.37
二.加工转换投入(-)产出(+)量	**Input(-) & Output(+) of Transformation**	**-7242.93**	**-8411.75**
1.火力发电	Thermal Power	-5038.07	-5038.07
2.供热	Heating Supply	-397.64	-390.08
3.洗选煤	Coal Washing	-598.97	-2648.71
4.炼焦	Coking	-1123.22	-248.07
5.炼油及煤制油	Petroleum Refineries	-84.83	-84.83
#油品再投入量(-)	Petroleum Products Input (-)		
6.制气	Gas Works		
#焦炭再投入量(-)	Coke Input (-)		
7.天然气液化	Natural Gas Liquefaction		
8.煤制品加工	Briquettes	-0.20	-2.00
9.回收能	Recovery of Energy		
三.损失量	**Loss**		
四.终端消费量	**Total Final Consumption**	**1614.07**	**1455.54**
1.农、林、牧、渔业	Agriculture, Forestry, Animal Husbandry and Fishery	4.94	4.94
2.工业	Industry	1531.55	1374.82
#用作原料、材料	Non-Energy Use	535.66	452.70
3.建筑业	Construction	5.08	5.08
4.交通运输、仓储和邮政业	Transport, Storage and Post	4.82	4.82
5.批发、零售业和住宿、餐饮业	Wholesale, Retail Trade and Hotel, Restaurants	3.90	3.90
6.其他	Others	20.53	20.53
7.生活消费	Residential Consumption	43.25	41.45
城镇	Urban	2.65	2.65
乡村	Rural	40.60	38.80
五.平衡差额	**Statistical Difference**	**-0.08**	**-0.03**
六.消费量合计	**Total Energy Consumption**	**8857.00**	**9867.29**

Energy Balance of Ningxia (Physical Quantity) -2014

洗精煤 (万吨) Cleaned Coal (10^4 tons)	其他洗煤 (万吨) Other Washed Coal (10^4 tons)	型煤 (万吨) Briquettes (10^4 tons)	煤矸石 (万吨) Gangue (10^4 tons)	焦炭 (万吨) Coke (10^4 tons)	焦炉煤气 (亿立方米) Coke Oven Gas (10^8 cu.m)	高炉煤气 (亿立方米) Blast Furnace Gas (10^8 cu.m)	转炉煤气 (亿立方米) Converter Gas (10^8 cu.m)	其他煤气 (亿立方米) Other Gas (10^8 cu.m)
-931.52	**-78.81**		**1.29**	**-395.15**				
418.70	31.20			110.42				
1312.76	82.18			506.96				
-37.46	-27.83		1.29	1.39				
1074.60	**92.43**	**1.80**	**7.70**	**782.00**	**8.47**	**13.46**	**0.11**	
			-129.22		-1.91	-1.84		
	-7.55		-21.38					
1939.92	109.81		158.30					
-865.33	-9.83			782.00	10.38			
		1.80						
						15.30	0.11	
143.09	**13.64**	**1.80**	**9.00**	**386.87**	**8.48**	**13.46**	**0.11**	
143.09	13.64		9.00	386.87	8.48	13.46	0.11	
81.71	1.25			160.32	0.03	5.99		
		1.80						
		1.80						
-0.02	**-0.02**		**-0.02**	**-0.02**				
1008.42	**31.02**	**1.80**	**159.60**	**386.87**	**10.39**	**15.29**	**0.11**	

6-29 续表 1

项目	Item	其他焦化产品(万吨) Other Coking Products (10^4 tons)	油品合计(万吨) Petroleum Products Total (10^4 tons)
一.可供本地区消费的能源量	**Total Primary Energy Supply**	**-39.73**	**237.03**
1.一次能源生产量	Indigenous Production		7.94
2.外省(区、市)调入量	Moving In from Other Provinces		535.87
3.进口量	Import		
4.境内轮船和飞机在境外的加油量	Domestic Airplanes&Ships Refueling in Abroad		
5.本省(区、市)调出量(-)	Sending Out to Other Provinces(-)	39.70	295.61
6.出口量(-)	Export(-)		
7.境外轮船和飞机在境内的加油量(-)	Oversea Airplanes&Ships Refueling in China(-)		
8.库存增(-)、减(+)量	Stock Change	-0.03	-11.17
二.加工转换投入(-)产出(+)量	**Input(-) & Output(+) of Transformation**	**44.87**	**-40.95**
1.火力发电	Thermal Power		-0.34
2.供热	Heating Supply		
3.洗选煤	Coal Washing		
4.炼焦	Coking	44.87	
5.炼油及煤制油	Petroleum Refineries		16.41
#油品再投入量(-)	Petroleum Products Input (-)		-57.01
6.制气	Gas Works		
#焦炭再投入量(-)	Coke Input (-)		
7.天然气液化	Natural Gas Liquefaction		
8.煤制品加工	Briquettes		
9.回收能	Recovery of Energy		
三.损失量	**Loss**		
四.终端消费量	**Total Final Consumption**	**5.12**	**192.00**
1.农、林、牧、渔业	Agriculture, Forestry, Animal Husbandry and Fishery		8.68
2.工业	Industry	5.12	49.64
#用作原料、材料	Non-Energy Use	3.57	3.60
3.建筑业	Construction		23.70
4.交通运输、仓储和邮政业	Transport, Storage and Post		95.05
5.批发、零售业和住宿、餐饮业	Wholesale, Retail Trade and Hotel, Restaurants		1.13
6.其他	Others		7.52
7.生活消费	Residential Consumption		6.28
城镇	Urban		3.70
乡村	Rural		2.58
五.平衡差额	**Statistical Difference**	**0.02**	**4.08**
六.消费量合计	**Total Energy Consumption**	**5.12**	**232.95**

Continued 1

原油（万吨） Crude Oil (10^4 tons)	汽油（万吨） Gasoline (10^4 tons)	煤油（万吨） Kerosene (10^4 tons)	柴油（万吨） Diesel Oil (10^4 tons)	燃料油（万吨） Fuel Oil (10^4 tons)	石脑油（万吨） Naphtha (10^4 tons)	润滑油（万吨） Lubricants (10^4 tons)	石蜡（万吨） Paraffin Waxes (10^4 tons)	溶剂油（万吨） White Spirit (10^4 tons)
426.16	**-167.77**	**-8.63**	**-69.73**	**22.58**	**-4.69**	**0.63**		
7.94								
416.02	11.00		8.20	24.00		0.63		
	175.00	8.83	74.58	1.20	4.50			
2.20	-3.77	0.20	-3.35	-0.22	-0.19			
-426.15	**193.54**	**8.65**	**192.97**	**-22.28**	**4.92**			
			-0.14	-0.20				
-426.15	193.54	8.65	193.11	7.67	4.92			
				-29.74				
	21.77	**0.03**	**123.24**	**0.25**	**0.23**	**0.63**		
	0.80		7.88					
	0.65	0.03	6.41	0.15	0.23	0.12		
			0.31					
	3.49		17.78	0.09				
	4.62		89.92			0.51		
	0.51		0.31					
	6.66		0.86					
	5.04		0.07					
	3.56							
	1.49		0.07					
	4.00			**0.06**				
426.15	**21.77**	**0.03**	**123.38**	**30.19**	**0.23**	**0.63**		

6-29 续表 2

项　　目	Item	石油沥青(万吨) Bitumen Asphalt (10^4 tons)	石油焦(万吨) Petroleum Coke (10^4 tons)
一.可供本地区消费的能源量	**Total Primary Energy Supply**	**3.22**	**39.39**
1.一次能源生产量	Indigenous Production		
2.外省(区、市)调入量	Moving In from Other Provinces	3.28	44.90
3.进口量	Import		
4.境内轮船和飞机在境外的加油量	Domestic Airplanes&Ships Refueling in Abroad		
5.本省(区、市)调出量(-)	Sending Out to Other Provinces(-)		
6.出口量(-)	Export(-)		
7.境外轮船和飞机在境内的加油量(-)	Oversea Airplanes&Ships Refueling in China(-)		
8.库存增(-)、减(+)量	Stock Change	-0.06	-5.51
二.加工转换投入(-)产出(+)量	**Input(-) & Output(+) of Transformation**		
1.火力发电	Thermal Power		
2.供热	Heating Supply		
3.洗选煤	Coal Washing		
4.炼焦	Coking		
5.炼油及煤制油	Petroleum Refineries		
#油品再投入量(-)	Petroleum Products Input (-)		
6.制气	Gas Works		
#焦炭再投入量(-)	Coke Input (-)		
7.天然气液化	Natural Gas Liquefaction		
8.煤制品加工	Briquettes		
9.回收能	Recovery of Energy		
三.损失量	**Loss**		
四.终端消费量	**Total Final Consumption**	**3.20**	**39.42**
1.农、林、牧、渔业	Agriculture, Forestry, Animal Husbandry and Fishery		
2.工业	Industry	0.87	39.42
#用作原料、材料	Non-Energy Use		3.15
3.建筑业	Construction	2.33	
4.交通运输、仓储和邮政业	Transport, Storage and Post		
5.批发、零售业和住宿、餐饮业	Wholesale, Retail Trade and Hotel, Restaurants		
6.其他	Others		
7.生活消费	Residential Consumption		
城镇	Urban		
乡村	Rural		
五.平衡差额	**Statistical Difference**	**0.03**	**-0.03**
六.消费量合计	**Total Energy Consumption**	**3.20**	**39.42**

Continued 2

液化石油气 (万吨) LPG (10^4 tons)	炼厂干气 (万吨) Refinery Gas (10^4 tons)	其他石油制品 (万吨) Other Petroleum Products (10^4 tons)	天然气 (亿立方米) Natural Gas (10^8 cu.m)	液化天然气 (万吨) LNG (10^4 tons)	热力 (万百万千焦) Heat (10^{10} kJ)	电力 (亿千瓦小时) Electricity (10^8 kW•h)	其他能源 (万吨标煤) Other Energy (10^4 tce)
-30.70		**26.57**	**25.19**	**-52.96**		**-204.01**	
						114.24	
1.40		26.44	25.19	-54.07		38.17	
31.50						356.42	
-0.60		0.13		1.11			
32.90	**0.12**	**-25.62**	**-8.96**	**53.02**	**5003.74**	**1052.76**	
					-50.52	1052.76	
			-0.97		4979.97		
32.90	0.12	1.65					
		-27.27					
			-7.99	53.02			
					74.29		
						27.04	
2.18	**0.12**	**0.94**	**16.23**	**0.07**	**5003.73**	**821.72**	
						14.87	
0.70	0.12	0.94	9.49	0.07	3079.82	744.76	
0.14			3.82				
			0.06		10.09	6.95	
			2.75		20.74	7.48	
0.31			0.88		293.10	10.30	
			0.63		395.35	14.33	
1.17			2.43		1204.63	23.04	
0.14			2.08		1204.63	14.35	
1.03			0.35			8.69	
0.03							
2.18	**0.12**	**28.22**	**17.87**	**0.07**	**5054.25**	**848.75**	

6-30 新疆能源平衡表(实物量)-2014

项　目	Item	煤合计 (万吨) Coal Total (10^4 tons)	原煤 (万吨) Raw Coal (10^4 tons)
一.可供本地区消费的能源量	**Total Primary Energy Supply**	**12631.24**	**12591.33**
1.一次能源生产量	Indigenous Production	14519.53	14519.53
2.外省(区、市)调入量	Moving In from Other Provinces	485.47	259.54
3.进口量	Import	6.79	6.79
4.境内轮船和飞机在境外的加油量	Domestic Airplanes&Ships Refueling in Abroad		
5.本省(区、市)调出量(-)	Sending Out to Other Provinces(-)	1943.76	1728.83
6.出口量(-)	Export(-)	0.08	0.08
7.境外轮船和飞机在境内的加油量(-)	Oversea Airplanes&Ships Refueling in China(-)		
8.库存增(-)、减(+)量	Stock Change	-436.71	-465.62
二.加工转换投入(-)产出(+)量	**Input(-) & Output(+) of Transformation**	**-13727.46**	**-13727.33**
1.火力发电	Thermal Power	-8198.85	-8189.87
2.供热	Heating Supply	-1374.60	-1372.60
3.洗选煤	Coal Washing	-287.30	-1303.68
4.炼焦	Coking	-3688.22	-2682.69
5.炼油及煤制油	Petroleum Refineries		
#油品再投入量(-)	Petroleum Products Input (-)		
6.制气	Gas Works	-178.49	-178.49
#焦炭再投入量(-)	Coke Input (-)		
7.天然气液化	Natural Gas Liquefaction		
8.煤制品加工	Briquettes		
9.回收能	Recovery of Energy		
三.损失量	**Loss**		
四.终端消费量	**Total Final Consumption**	**2360.57**	**2320.79**
1.农、林、牧、渔业	Agriculture, Forestry, Animal Husbandry and Fishery	105.10	105.10
2.工业	Industry	1827.13	1787.35
#用作原料、材料	Non-Energy Use		
3.建筑业	Construction	27.52	27.52
4.交通运输、仓储和邮政业	Transport, Storage and Post	50.90	50.90
5.批发、零售业和住宿、餐饮业	Wholesale, Retail Trade and Hotel, Restaurants	50.01	50.01
6.其他	Others	43.11	43.11
7.生活消费	Residential Consumption	256.80	256.80
城镇	Urban	59.91	59.91
乡村	Rural	196.89	196.89
五.平衡差额	**Statistical Difference**	**-3456.79**	**-3456.79**
六.消费量合计	**Total Energy Consumption**	**16088.03**	**16048.12**

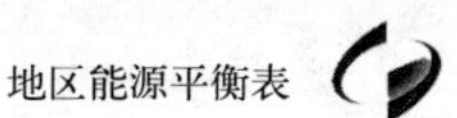

Energy Balance of Xinjiang (Physical Quantity) -2014

洗精煤 (万吨) Cleaned Coal (10^4 tons)	其他洗煤 (万吨) Other Washed Coal (10^4 tons)	型煤 (万吨) Briquettes (10^4 tons)	煤矸石 (万吨) Gangue (10^4 tons)	焦炭 (万吨) Coke (10^4 tons)	焦炉煤气 (亿立方米) Coke Oven Gas (10^8 cu.m)	高炉煤气 (亿立方米) Blast Furnace Gas (10^8 cu.m)	转炉煤气 (亿立方米) Converter Gas (10^8 cu.m)	其他煤气 (亿立方米) Other Gas (10^8 cu.m)
143.34	**-103.43**			**-1161.51**				**-4.06**
225.93								
	214.93			1087.68				4.06
				6.75				
-82.59	111.50			-67.08				
-125.87	**125.74**			**2235.24**	**15.94**	**120.60**	**2.93**	**4.60**
	-8.98				-2.59	-10.54	-2.40	
	-2.00				-2.47	-31.91	-2.79	
879.66	136.72							
-1005.53				2235.24	21.00			
								4.60
						163.05	8.12	
17.47	**22.31**			**1073.73**	**15.94**	**120.60**	**2.93**	**0.54**
17.47	22.31			1073.73	15.52	120.60	2.93	0.54
					0.42			
					0.42			
1023.00	**33.29**			**1073.73**	**21.00**	**163.05**	**8.12**	**0.54**

6-30 续表 1

项　目	Item	其他焦化产品 (万吨) Other Coking Products (10^4 tons)	油品合计 (万吨) Petroleum Products Total (10^4 tons)
一.可供本地区消费的能源量	**Total Primary Energy Supply**	**-106.92**	**1269.79**
1.一次能源生产量	Indigenous Production		2875.30
2.外省(区、市)调入量	Moving In from Other Provinces		25.75
3.进口量	Import		1218.91
4.境内轮船和飞机在境外的加油量	Domestic Airplanes&Ships Refueling in Abroad		2.44
5.本省(区、市)调出量(-)	Sending Out to Other Provinces(-)	111.78	3098.76
6.出口量(-)	Export(-)		0.09
7.境外轮船和飞机在境内的加油量(-)	Oversea Airplanes&Ships Refueling in China(-)		0.77
8.库存增(-)、减(+)量	Stock Change	4.86	245.47
二.加工转换投入(-)产出(+)量	**Input(-) & Output(+) of Transformation**	**170.49**	**-31.49**
1.火力发电	Thermal Power		-0.77
2.供热	Heating Supply		-6.22
3.洗选煤	Coal Washing		
4.炼焦	Coking	170.49	
5.炼油及煤制油	Petroleum Refineries		23.53
#油品再投入量(-)	Petroleum Products Input (-)		-48.03
6.制气	Gas Works		
#焦炭再投入量(-)	Coke Input (-)		
7.天然气液化	Natural Gas Liquefaction		
8.煤制品加工	Briquettes		
9.回收能	Recovery of Energy		
三.损失量	**Loss**		
四.终端消费量	**Total Final Consumption**	**63.57**	**1238.30**
1.农、林、牧、渔业	Agriculture, Forestry, Animal Husbandry and Fishery		100.23
2.工业	Industry	63.57	454.63
#用作原料、材料	Non-Energy Use		
3.建筑业	Construction		57.25
4.交通运输、仓储和邮政业	Transport, Storage and Post		430.49
5.批发、零售业和住宿、餐饮业	Wholesale, Retail Trade and Hotel, Restaurants		54.40
6.其他	Others		67.43
7.生活消费	Residential Consumption		73.87
城镇	Urban		62.17
乡村	Rural		11.70
五.平衡差额	**Statistical Difference**		
六.消费量合计	**Total Energy Consumption**	**63.57**	**1269.79**

Continued 1

原油 (万吨) Crude Oil (10^4 tons)	汽油 (万吨) Gasoline (10^4 tons)	煤油 (万吨) Kerosene (10^4 tons)	柴油 (万吨) Diesel Oil (10^4 tons)	燃料油 (万吨) Fuel Oil (10^4 tons)	石脑油 (万吨) Naphtha (10^4 tons)	润滑油 (万吨) Lubricants (10^4 tons)	石蜡 (万吨) Paraffin Waxes (10^4 tons)	溶剂油 (万吨) White Spirit (10^4 tons)
2693.05	**-105.04**	**-42.70**	**-651.86**	**-40.55**	**-36.58**	**-39.94**		**-4.47**
2875.30								
		25.75						
1180.03			7.11	18.61		0.06		
		2.44						
1609.88	106.05	70.72	658.20	59.90	37.26	38.98		2.23
						0.08		
		0.77						
247.60	1.01	-0.94	-0.77	0.74	0.68	-0.94		-2.24
-2644.40	**320.88**	**65.27**	**1212.61**	**40.92**	**37.85**	**42.50**		**4.76**
			-0.75	-0.02				
			-0.02					
-2644.40	320.88	65.27	1213.38	46.77	37.85	42.50		4.76
				-5.83				
48.65	**215.84**	**22.57**	**560.75**	**0.37**	**1.27**	**2.56**		**0.29**
	14.10		85.00			0.02		
48.65	5.57	0.05	67.53	0.37	1.27	2.05		0.29
	5.50		20.53			0.01		
	93.00	22.20	309.00			0.09		
	13.40		33.31			0.02		
	36.81		28.90			0.02		
	47.46	0.32	16.48			0.35		
	43.40	0.01	11.34			0.22		
	4.06	0.31	5.14			0.13		
2693.05	**215.84**	**22.57**	**561.52**	**6.22**	**1.27**	**2.56**		**0.29**

6-30 续表 2

项 目	Item	石油沥青(万吨) Bitumen Asphalt (10^4 tons)	石油焦(万吨) Petroleum Coke (10^4 tons)
一.可供本地区消费的能源量	**Total Primary Energy Supply**	**-93.40**	**-131.86**
1.一次能源生产量	Indigenous Production		
2.外省(区、市)调入量	Moving In from Other Provinces		
3.进口量	Import	0.02	
4.境内轮船和飞机在境外的加油量	Domestic Airplanes&Ships Refueling in Abroad		
5.本省(区、市)调出量(-)	Sending Out to Other Provinces(-)	96.23	128.95
6.出口量(-)	Export(-)	0.01	
7.境外轮船和飞机在境内的加油量(-)	Oversea Airplanes&Ships Refueling in China(-)		
8.库存增(-)、减(+)量	Stock Change	2.82	-2.91
二.加工转换投入(-)产出(+)量	**Input(-) & Output(+) of Transformation**	**135.62**	**206.13**
1.火力发电	Thermal Power		
2.供热	Heating Supply		
3.洗选煤	Coal Washing		
4.炼焦	Coking		
5.炼油及煤制油	Petroleum Refineries	135.62	206.13
#油品再投入量(-)	Petroleum Products Input (-)		
6.制气	Gas Works		
#焦炭再投入量(-)	Coke Input (-)		
7.天然气液化	Natural Gas Liquefaction		
8.煤制品加工	Briquettes		
9.回收能	Recovery of Energy		
三.损失量	**Loss**		
四.终端消费量	**Total Final Consumption**	**42.22**	**74.27**
1.农、林、牧、渔业	Agriculture, Forestry, Animal Husbandry and Fishery		
2.工业	Industry	6.11	74.27
#用作原料、材料	Non-Energy Use		
3.建筑业	Construction	31.01	
4.交通运输、仓储和邮政业	Transport, Storage and Post	5.10	
5.批发、零售业和住宿、餐饮业	Wholesale, Retail Trade and Hotel, Restaurants		
6.其他	Others		
7.生活消费	Residential Consumption		
城镇	Urban		
乡村	Rural		
五.平衡差额	**Statistical Difference**		
六.消费量合计	**Total Energy Consumption**	**42.22**	**74.27**

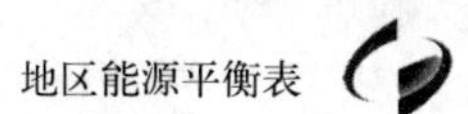

Continued 2

液化石油气 (万吨) LPG (10^4 tons)	炼厂干气 (万吨) Refinery Gas (10^4 tons)	其他石油制品 (万吨) Other Petroleum Products (10^4 tons)	天然气 (亿立方米) Natural Gas (10^8 cu.m)	液化天然气 (万吨) LNG (10^4 tons)	热力 (万百万千焦) Heat (10^{10} kJ)	电力 (亿千瓦小时) Electricity (10^8 kW•h)	其他能源 (万吨标煤) Other Energy (10^4 tce)
-28.22		**-248.64**	**177.33**	**-54.07**		**156.18**	**61.80**
			296.70			331.39	58.85
13.08			287.35				
41.47		248.89	406.72	54.30		175.21	
0.17		0.25		0.23			2.95
74.11	**121.48**	**350.78**	**-27.54**	**54.35**	**27411.01**	**1759.55**	**-61.80**
			-6.97		-883.92	1759.55	-55.08
	-6.20		-12.22		28294.93		-25.26
74.11	127.68	392.98					
		-42.20					
			-8.35	54.35			
							18.54
						140.72	
45.89	**121.48**	**102.14**	**149.79**	**0.28**	**27411.01**	**1775.01**	
1.11						141.90	
24.85	121.48	102.14	127.27	0.28	11162.03	1447.80	
0.20			0.04		28.00	15.04	
1.10			7.90		70.01	24.08	
7.67			2.93		300.20	25.79	
1.70			1.68		134.40	47.25	
9.26			9.97		15716.37	73.15	
7.20			9.70		15716.37	46.65	
2.06			0.27			26.50	
45.89	**127.68**	**144.34**	**169.83**	**0.28**	**28294.93**	**1915.73**	**80.34**

七、香港、澳门特别行政区能源数据

Chapter 7　Energy Data for Hong Kong and Macao Special Administrative Region

7-1　香港主要能源及相关指标
Major Energy and Related Indicators of Hong Kong

项 目　Item	1990	2000	2005	2008	2009	2010	2011	2012	2013
一次能源供应总量（百万吨标准油） Total Primary Energy Supply (Mtoe)	10.66	15.45	18.07	14.14	14.93	13.67	15.16	14.26	13.93
净进口量（百万吨标准油） Net Imports (Mtoe)	11.93	18.91	23.53	25.72	29.87	31.47	30.07	28.06	28.46
油净进口量（百万吨标准油） Net Oil Imports (Mtoe)	6.58	12.40	14.11	15.47	19.08	21.69	19.13	17.29	17.52
油可供量（百万吨标准油） Oil Supply (Mtoe)	5.27	8.89	8.60	3.83	4.08	3.80	4.11	3.40	2.90
电消费量（十亿千瓦小时） Electricity Consumption (tW·h)	23.83	36.30	40.05	40.93	41.49	41.95	42.14	43.11	42.60
能源最终消费量（百万吨标准油） Total Final Consumption of Energy (Mtoe)	7.12	11.92	11.98	8.07	8.91	8.65	8.94	8.60	8.65
年中人口数（万人） Mid-year Population (104 persons)	570.00	666.50	680.00	695.00	700.00	705.00	710.00	720.00	720.00
国内生产总值（10亿美元,2005年价） GDP (109 US$,2005 prices)	98.86	145.18	177.77	207.08	201.57	220.11	230.79	234.25	241.03
人均国内生产总值（美元,2005年价） Per Capita GDP (US$,2005 prices)	17343.86	21782.45	26142.65	29795.68	28795.71	30582.00	32521.00	32534.72	
人均能源供应量（吨标准油／人） TPES/Population (toe per capita)	1.52	2.01	1.86	2.03	2.13	2.01	2.14	1.99	1.94
人均电力消费量（千瓦小时／人） Per Capita Electricity Consumption (kW·h/capita)	4178.00	5446.36	5879.00	5866.00	5924.00	5974.00	5960.00	6027.00	5933.00

资料来源：国际能源署，《非OECD成员国能源平衡表》。
Source: ENERGY BALANCES OF NON-OECD COUNTRIES, IEA.

7-2 香港电力和煤气消费量

Consumption of Electricity and Gas of Hong Kong

年 份 Year	电力（太焦耳） Electricity (terajoule)				煤气（太焦耳） Gas (terajoule)			
	住 宅 Residential	商 业 Commercial	工业 Industrial	总 计 Total	住 宅 Residential	商 业 Commercial	工业 Industrial	总 计 Total
1990	19037	41830	24934	85801	7596	6877	583	15056
1995	27063	60191	20222	107477	11408	9586	978	21972
2000	32234	80672	17769	130675	13866	11209	982	26057
2001	32799	84580	16759	134139	14493	11060	1011	26564
2002	33394	87606	16112	137112	14794	10860	987	26641
2003	34365	89218	14851	138435	15446	10542	1015	27002
2004	34134	91638	15430	141201	15237	10945	955	27137
2005	35811	93724	14636	144171	15444	10919	898	27261
2006	35428	95761	14015	145204	15082	11050	903	27034
2007	36422	97546	13104	147072	14842	11305	895	27041
2008	37100	98063	12182	147345	15583	11095	905	27583
2009	38972	98856	11143	149366	15303	11069	902	27274
2010	39344	99883	11080	150705	15272	11389	917	27578
2011	39872	100067	11104	151432	15500	11562	1086	28147
2012	41188	102440	11283	154911	15473	11556	1331	28360
2013	39941	102070	11190	153201	15266	11678	1612	28556
2014	43415	103271	11281	157967	15400	11762	1673	28835

资料来源：《香港能源统计》，下同。
Source: Hong Kong Energy Statistics, the same applies to tables following.

7-3 香港油产品进口留用量

Hong Kong Retained Imports of Oil Products

年 份 Year	航空汽油与煤油（千公升） Aviation Gasoline and Kerosene (kilolitre)	车用汽油（千公升） Motor Gasoline (kilolitre)		轻质柴油、重质柴油与石脑油(千公升) Gas Oil, Diesel Oil and Naphtha (kilolitre)	燃料油（千公升） Fuel Oil (kilolitre)	液化石油气和天然气(公吨) LPG, Natural Gas (tonne)
1990	2303262		390577	2690712	1347198	169224
		含铅 Leaded Petrol	不含铅 Unleaded Petrol			
1995	3318386	171456	323351	4691324	1561524	147544
2000	4011029		486087	7802247	2140655	2363434
2001	4198740		524588	6920460	2394450	2459050
2002	4315798		473441	6810838	2973785	2420756
2003	3986920		458985	7094270	3216278	1689413
2004	4937314		458802	6989635	4626483	2299778
2005	5424882		454254	4992498	4975866	2310535
2006	5543549		425146	5075975	5915645	2592142
2007	6261518		471418	4762939	7089613	2404774
2008	6003457		447546	3582774	6625377	2728962
2009	5807816		485331	7457229	6949268	2650259
2010	6510406		512091	6576001	9731120	3208070
2011	6990394		535880	5353688	7715460	2644854
2012	6674012		546563	4492756	7263198	2457899
2013	7050700		546062	4286927	7492322	2323320
2014	6959479		497730	4090929	6309426	2270428

7-4 香港煤产品进口留用量

Hong Kong Retained Imports of Coal Products

单位：公吨 (tonne)

年 份 Year	蒸馏煤与其他煤产品 Steam Coal and Other Coal	木炭 Wood Charcoal	无烟煤 Anthracite	焦煤与半焦煤 Coke and Semi-coke
1990	8928614	16252	2053	1404
1995	9108994	13920		1063
2000	6057802	6050	1310	
2001	8033097	-4764	540	
2002	8717699	8142	201	
2003	10675881	8313	677	
2004	10691194	8052	396	-59
2005	10823664	7307	1423	
2006	11403420	6491	139	
2007	12261438	3945		
2008	11344961	7374	162	
2009	12331385	5831	389	
2010	10324200	3932	99	
2011	12528714	6094	163	
2012	12350726	4954	9	
2013	12971504	2524	2	
2014	13788766	6935	131	

7-5 香港电力生产、消费和进出口

Hong Kong Electricity Production,Consumption,Imports and Exports

单位：太焦耳 (terajoule)

年 份 Year	本地发电厂产电 Electricity Generated at Local Plant	由大陆进口 Imports to Mainland of China	系统损耗 System Loss	出口往大陆 Exports of Mainland of China	由电表量度的本地电力耗用 Local Electricity Consumption as Measured at Meter Point
1990	104256		11985	6470	85801
1995	100496	27164	14843	5340	107477
2000	112783	36732	14587	4253	130675
2001	116745	37278	14192	5692	134139
2002	123522	36655	15235	7830	137112
2003	127822	37428	15988	10827	138435
2004	133663	35413	16763	11112	141201
2005	138414	39604	17654	16192	144172
2006	139005	39230	16731	16300	145204
2007	140212	39453	18066	14527	147072
2008	136765	40668	17299	12789	147345
2009	139420	41725	18347	13432	149366
2010	137850	39765	17518	9392	150705
2011	140495	40822	19240	10645	151432
2012	139506	42508	20487	6616	154911
2013	140628	35889	17376	5940	153201
2014	143291	37038	17948	4414	157967

7-6 澳门主要能源及相关指标

Major Energy Related Indicators of Macao

项 目 Item	1990	1995	2000	2005	2008	2009	2010	2011	2012	2013
净进口量（太焦耳） Net Imports (Terajoule)	13955	17487	22742	33605	26367	29462				
可供电量（百万千瓦小时） Electricity Supply (GWh)		1335	1657	2287	3463	3632	3815	3999	4372	4437
电力消费量（百万千瓦小时） Electricity Consumption (GWh)		1265	1570	2112	3264	3422	3615	3856	4205	4291
能源消费量（太焦耳） Energy Consumption (Terajoule)	8953	12120	12823	16748	22211	22427	23392	24796	26942	
年中人口数（万人） Mid-year Population (104 persons)	34	41	43	47	54	55	55	55	57	
国内生产总值（万澳门元，现价） GDP (104 MOP, Current Market Prices)	2617500	5227400	5141859	9412203	16601021	17009467	22374332	29374500	34341600	41347100
人均国内生产总值（澳门元，现价） Per Capita GDP (MOP,Current Prices)	78134	127716	119301	198989	305166	317557	421312	534734	603495	697507
人均能源消费量（百万焦耳） Per Capita Energy Consumption (106 joules)	26725	29612	29752	35408	40829	41075	42764	45084	47267	
人均电力消费量（千瓦小时/人） Per Capita Electricity Consumption (kW•h/capita)		3092	3643	4466	6088	6268	6609	6925	7277	

资料来源：《澳门统计年鉴》，下同。
Source: Macao Statistical Yearbook, the same applies to tables following.

7-7 澳门能源平衡表

Macao Energy Balance Table

单位：太焦耳 (terajoules)

项 目	Item	1990	1995	2000	2005	2006	2007	2008	2009	2010	2011	2012	2013
进口	Import												
总计	Total Energy	13975	17499	22742	33605	34833	37524	26367	29462	17941	20981	23835	
#轻柴油	#Gas Oil and Diesel	3564	3257	3467	7114	6191	7062	5504	5560	5303	5815	6471	7319
#重油	#Fuel Oil	8274	10325	11949	14108	12745	10711	5853	7993	2607	3773	3485	2119
#电力	#Electricity	327	650	701	1227	3472	6060	8319	8016	10031	11393	13879	14611
#汽油	#Gasoline	752	1128	1340	1758	1802	2003	2038	2220				
出口	Export												
总计	Total Energy	20	12										
#电力	#Electricity	9	11										
#液化石油气	#LPG		1										
库存变化	Change in Stocks	252	-43	-487	-68	372	341	-917	122	-399	-86	60	
内部总消费	Gross Internal Consumption	13704	17670	19795	26050	25700	27488	27284	29341	28823	28720	28762	
能源转化	Energy Transformation	-4461	-5124	-6458	-8558	-6517	-5662	-4298	-6084	-4705	-3230	-1089	
电厂自耗和输电损失	Distribution and Transmission Loss	149	240	304	462	482	550	545	826	749	699	761	652
最终能源耗用量	Total Final Consumption	8953	12120	12823	16748	18442	21054	22211	22427	23392	24796	26942	

附录 1　台湾省能源数据

Appendix Ⅰ　Energy Data for Taiwan Province

附录 1-1 台湾省主要能源及相关指标

Major Energy Related Indicators of Taiwan Province

项 目 Item	1990	2000	2005	2008	2009	2010	2011	2012	2013
能源生产量（百万吨标准油） Energy Production (Mtoe)	10.81	11.49	12.27	12.68	12.84	12.96	13.59	13.27	13.51
净进口量（百万吨标准油） Net Imports (Mtoe)	41.75	79.31	95.14	97.49	90.88	102.26	97.20	96.74	97.82
一次能源需求总量（百万吨标准油） Total Primary Energy Supply (Mtoe)	48.24	85.10	102.59	105.50	102.40	111.44	107.73	106.53	108.63
油净进口量（百万吨标准油） Net Oil Imports (Mtoe)	28.76	45.15	48.20	46.07	43.28	46.14	42.03	44.08	43.62
油可供量（百万吨标准油） Oil Supply (Mtoe)	25.88	38.31	43.45	42.38	40.43	42.19	39.47	49.49	52.75
电消费量（十亿千瓦小时） Electricity Consumption (tW•h)	84.85	176.15	218.32	229.73	220.28	237.33	241.87	240.98	244.78
终端能源消费量（百万吨标准油） Total Final Consumption of Energy (Mtoe)	29.36	48.64	60.44	63.29	62.88	67.71	65.28	65.29	67.66
年中人口数（百万人） Mid-year Population (106 persons)	20.40	22.10	22.70	22.90	22.95	23.20	23.40	23.30	23.40
国内生产总值（10亿美元，2005年价） GDP (109 US$,2005 prices)	167.05	305.75	364.85	410.68	402.77	446.48	464.50	470.94	481.26
人均国内生产总值（美元，2005年价） Per Capita GDP (US$, 2005 prices)	8188.73	13834.84	16072.69	17933.62	17549.89	19322.94	20195.00	20212.02	
人均能源消费量（吨标准油/人） Per Capita Energy Consumption (toe/capita)	2.38	3.85	4.50	4.61	4.46	4.71	4.64	4.57	4.64
人均电力消费量（千瓦小时/人） Per Capita Electricity Consumption (kW•h/capita)	4184.00	7941.00	9617.00	10023.00	9588.00	10247.00	10414.00	10335.00	10458.00

资料来源：国际能源署，《非OECD成员国能源平衡表》
Source: ENERGY BALANCES OF NON-OECD COUNTRIES, IEA

附录 1-2 台湾省分行业电力消费量

Taiwan Province Electricity Consumption by Sector

单位：百万千瓦小时 (GWh)

年份 Year	总计 Total	农、林、牧、渔业 Farming,Forestry, Animal Husbandry, Fishery	采掘业 Mining and Quarrying	制造业 Manufacturing	建筑业 Construction	批发及零售业 Wholesale and Retail Trades	运输及仓储业 Transport and Storage	住宿及餐饮业 Hotels and Catering Services
1990	51841	1611	171	40698	265			
1995	68931	2042	209	50792	564			
2000	94768	2262	319	67378	490	4818	2893	1911
2001	94794	2229	293	66127	543	5011	3014	1997
2002	100435	2326	367	69696	530	5363	3240	2074
2003	106043	2416	431	73691	544	5628	3326	2140
2004	113293	2511	444	79267	556	5936	3440	2262
2005	117648	2490	443	82518	553	6216	3572	2405
2006	123598	2602	453	86869	539	6297	2373	2502
2007	128226	2620	462	91042	575	6302	2669	2574
2008	128644	2600	380	91207	566	6020	3005	2545
2009	121348	2582	338	85298	488	5701	3003	2547
2010	134135	2616	419	97113	472	5631	3143	2680
2011	138161	2726	435	101220	501	5461	3211	2744
2012	139134	2708	416	102170	542	5372	3277	2776
2013	142529	2751	469	105131	561	5320	3394	2584

资料来源：中国台湾省编辑的《统计年鉴》，下同。
Source: Statistical Yearbook, Taiwan Province of China, the same applies to tables following.

附录 1-3 台湾省能源供给总量及构成

Taiwan Province Energy Supply and Composition

年份 Year	供给量总计（千公升油当量） Total Supply (103 kl oil equivalent)	占供给总量的比重(%) As Percentage of Total Supply (%)				
		煤炭 Coal	石油 Petroleum	天然气 Natural Gas	水力发电 Hydro power	核能发电 Nuclear Power
1990	58521	24.0	55.2	3.5	1.0	16.3
1995	79770	26.8	54.5	5.2	0.6	12.8
2000	101788	29.7	51.6	6.4	0.4	11.0
2001	106382	30.5	51.7	6.5	0.5	9.7
2002	114909	32.8	48.9	6.8	0.2	10.0
2003	119583	30.4	51.9	6.7	0.2	9.4
2004	132608	30.2	52.4	7.3	0.2	8.6
2005	133679	29.7	52.7	7.4	0.3	8.7
2006	136530	30.1	52.1	7.7	0.3	8.5
2007	144192	30.0	52.2	7.8	0.3	8.1
2008	139162	30.2	50.6	8.7	0.3	8.5
2009	136258	28.1	52.5	8.7	0.3	8.8
2010	142501	29.3	50.1	10.4	0.3	8.5
2011	138237	31.4	46.2	11.8	0.3	8.8
2012	140768	29.7	48.0	12.2	0.4	8.3
2013	143136	30.2	47.6	11.9	0.4	8.4

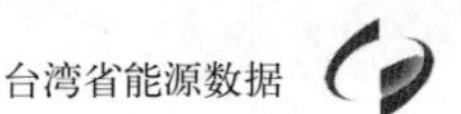

附录 1-4 台湾省能源消费总量及分部门消费构成

Taiwan Province Energy Consumption and Composition by Sector

年 份 Year	消费总计(千公升油当量) Total Energy Consumption (103 kl oil equivalent)	占消费总量比重(%) As Percentage of Total Energy Consumption(%)					
		农业部门 Agriculture	工业部门 Industry	能源部门 Residence	运输部门 Transportation	其他部门 Other	非能源消费 Non-energy Use
1990	50355	2.9	41.4	9.6	14.7	21.7	9.8
1995	62628	2.4	41.2	10.2	17.3	24.2	4.7
2000	101788	1.6	39.8	11.4	14.5	21.7	10.9
2001	106382	1.5	37.2	11.2	13.8	20.9	15.4
2002	100498	1.5	38.6	8.4	13.2	23.5	14.8
2003	119583	1.6	37.2	11.3	13.2	19.9	16.8
2004	132608	1.6	37.4	8.3	13.2	19.6	17.0
2005	133679	1.5	37.0	8.5	13.3	20.3	16.3
2006	136530	1.1	37.7	8.4	13.0	23.3	16.4
2007	144192	0.9	37.5	7.9	12.0	22.2	19.6
2008	139162	1.0	37.1	7.4	11.7	22.8	19.9
2009	136258	0.9	35.3	7.3	12.1	22.9	21.5
2010	142501	0.8	37.1	7.1	11.8	21.8	21.3
2011	138237	0.9	38.6	7.2	12.1	22.2	19.1
2012	140768	0.9	38.2	7.1	11.9	21.9	20.0
2013	143136	0.9	38.0	6.9	11.6	21.4	21.3

附录 1-5 台湾省电力生产量和消费量

Taiwan Province Electricity Production and Consumption

单位: 百万千瓦小时 (GWh)

年 份 Year	发电量 Electricity Generation				耗电量 Electricity Consumption			损失 Loss
	总计 Total	水力发电 Hydro power	火力发电 Thermal Power	核能发电 Nuclear Power	总计 Total	工业用电 Industry Consumption	住户及商业用电 Residence and Commerce	
1990	82350	8167	42629	31554	74345	51841	22504	5355
1995	117859	8858	75071	33931	105368	68931	36437	6848
2000	156511	8843	110672	36996	142413	94768	47645	8735
2001	158058	4070	114822	34094	143624	94807	48816	8610
2002	165901	3604	121526	38009	151193	100435	50758	9417
2003	173810	3852	129566	37371	159380	106043	53336	8751
2004	181245	3338	136770	37939	167478	113293	54185	8937
2005	189663	3830	143295	38404	175293	117648	57645	9036
2006	196567	3902	150014	38317	181593	123598	57996	9539
2007	201856	3924	154142	38961	187075	128226	58848	9590
2008	200241	3459	152636	39260	186931	128644	58288	8584
2009	193605	3290	145756	39981	179239	121348	57890	9418
2010	207385	3047	159112	40029	193313	134135	59179	9669
2011	213042	2889	164085	40522	198637	138161	60476	10149
2012	211708	2924	162621	38887	198391	139134	59256	9360
2013	213429	3174	162857	40079	201945	142529	59416	7251

附录 2　有关国家和地区能源数据

Appendix Ⅱ　Energy Data for Related Countries or Areas

附录2-1　年中人口数

单位:百万人

国家和地区	Contury or Area	2002	2003	2004	2005	2006	2007
世界总计	**World**	**6202.2**	**6280.2**	**6356.3**	**6431.7**	**6534.5**	**6610.5**
OECD合计	**OECD Total**	**1148.0**	**1155.7**	**1164.1**	**1171.5**	**1173.8**	**1181.9**
美国	United States	288.2	291.1	293.9	296.7	298.4	301.7
日本	Japan	127.4	127.7	127.8	127.8	127.8	127.8
墨西哥	Mexico	101.4	102.7	104.0	105.3	104.3	105.7
德国	Germany	82.5	82.5	82.5	82.5	82.4	82.3
法国	France	61.4	61.9	62.3	62.7	63.0	63.8
英国	United Kingdom	59.3	59.6	59.8	60.2	60.4	61.0
意大利	Italy	58.1	57.6	58.2	58.5	58.7	59.4
韩国	Korea	47.6	47.9	48.1	48.3	48.2	48.5
西班牙	Spain	41.3	42.0	42.7	43.4	43.7	44.9
加拿大	Canada	31.4	31.7	32.0	32.3	32.5	32.9
澳大利亚	Australia	19.8	20.0	20.2	20.5	20.6	21.2
荷兰	Netherlands	16.2	16.2	16.3	16.3	16.3	16.4
比利时	Belgium	10.3	10.4	10.4	10.5	10.5	10.6
瑞典	Sweden	8.9	9.0	9.0	9.0	9.1	9.2
瑞士	Switzerland	7.3	7.4	7.5	7.5	7.5	7.6
以色列	Israel	6.6	6.7	6.8	6.9	7.1	7.2
非OECD合计	**NON-OECD Total**	**5054.3**	**5124.5**	**5192.2**	**5260.2**	**5360.7**	**5428.6**
中国	China	1280.4	1288.4	1296.2	1300.4	1311.0	1318.3
印度	India	1048.6	1064.4	1079.7	1087.2	1109.8	1124.8
印度尼西亚	Indonesia	211.8	214.7	217.6	219.1	223.0	225.6
巴西	Brazil	178.9	181.4	183.9	185.6	188.2	190.1
俄罗斯	Russia	145.3	144.6	143.9	143.6	142.5	142.1
埃及	Egypt	69.9	71.3	72.6	72.3	78.6	80.1
伊朗	Islamic Republic of Iran	65.5	66.4	67.3	68.6	70.1	71.0
泰国	Thailand	62.6	63.1	63.7	62.8	66.5	67.0
南非	South Africa	45.3	45.8	46.4	46.6	47.4	47.9
阿根廷	Argentina	37.6	38.0	38.4	38.6	39.1	39.5
委内瑞拉	Venezuela	25.2	25.7	26.1	26.4	27.0	27.5
沙特阿拉伯	Saudi Arabia	22.7	22.1	22.5	22.8	23.7	24.2
中国，台北	Chinese Taipei	22.5	22.6	22.8	22.7	22.8	22.9
中国，香港	Hong Kong, China	6.8	6.8	6.9	6.8	6.9	6.9

资料来源：国际能源署，《OECD成员国能源统计》，《非OECD成员国能源统计》，《OECD成员国能源平衡表》，《非OECD成员国能源平衡表》，下同。

Mid-Year Population

(millions)

2008	2009	2010	比重% Percent of World	2011	比重% Percent of World	2012	比重% Percent of World	2013	比重% Percent of World
6687.9	**6722.4**	**6882.2**	**100.00**	**6958.0**	**100.00**	**7039.3**	**100.00**	**7177.7**	**100.00**
1189.8	**1221.2**	**1239.5**	**18.01**	**1240.5**	**17.83**	**1254.1**	**17.82**	**1261.0**	**17.57**
304.5	306.2	309.8	4.50	312.0	4.48	314.3	4.46	316.5	4.41
127.7	127.4	128.0	1.86	127.8	1.84	127.6	1.81	127.3	1.77
106.6	107.0	114.3	1.66	109.2	1.57	117.1	1.66	118.4	1.65
82.1	82.0	81.8	1.19	81.8	1.18	81.9	1.16	82.1	1.14
64.1	64.3	65.0	0.94	65.1	0.94	65.6	0.93	65.9	0.92
61.4	61.6	62.8	0.91	62.7	0.90	63.7	0.91	64.1	0.89
59.9	60.0	59.8	0.87	60.7	0.87	60.3	0.86	60.65e	
48.6	48.7	49.4	0.72	49.8	0.72	50.0	0.71	50.2	0.70
45.6	45.8	46.6	0.68	46.1	0.66	46.8	0.66	46.6	0.65
33.3	33.5	34.0	0.49	34.5	0.50	34.8	0.49	35.2	0.49
21.5	21.9	22.1	0.32	22.8	0.33	22.9	0.33	23.3	0.32
16.4	16.5	16.6	0.24	16.7	0.24	16.8	0.24	16.8	0.23
10.7	10.8	10.9	0.16	11.0	0.16	11.1	0.16	11.1	0.15
9.3	9.3	9.4	0.14	9.5	0.14	9.5	0.14	9.6	0.13
7.7	7.8	7.8	0.11	7.9	0.11	8.0	0.11	8.1	0.11
7.3	7.4	7.6	0.11	7.8	0.11	7.9	0.11	8.1	0.11
5498.1	**5489.35**	**5642.8**	**81.99**	**5717.5**	**82.17**	**5785.2**	**82.18**	**5856.7**	**81.60**
1325.6	1328.1	1340.0	19.47	1344.1	19.32	1350.0	19.18	1360.0	18.95
1140.0	1147.7	1210.0	17.58	1241.5	17.84	1240.0	17.62	1250.0	17.42
228.2	236.2	238.7	3.47	242.3	3.48	247.0	3.51	250.0	3.48
192.0	192.4	195.0	2.83	196.7	2.83	199.0	2.83	200.0	2.79
141.8	142.0	141.9	2.06	141.9	2.04	143.0	2.03	143.0	1.99
81.5	79.0	78.1	1.13	82.5	1.19	80.7	1.15	82.1	1.14
72.0	72.7	74.5	1.08	74.8	1.08	76.4	1.09	77.4	1.08
67.4	68.5	66.4	0.96	69.5	1.00	66.8	0.95	67.0	0.93
48.7	49.1	50.8	0.74	50.6	0.73	52.3	0.74	53.2	0.74
39.9	39.9	40.4	0.59	40.8	0.59	41.1	0.58	41.4	0.58
27.9	28.2	29.0	0.42	29.3	0.42	30.0	0.43	30.4	0.42
24.6	26.5	27.3	0.40	28.1	0.40	28.3	0.40	28.8	0.40
22.9	23.0	23.2	0.34	23.4	0.34	23.3	0.33	23.4	0.33
7.0	7.0	7.0	0.10	7.1	0.10	7.2	0.10	7.2	0.10

Source: ENERGY STATISTICS OF OECD COUNTRIES, ENERGY STATISTICS OF NON-OECD COUNTRIES, ENERGY BALANCES OF OECD COUNTRIES, ENERGY BALANCES OF NON-OECD COUNTRIES, IEA, the same applies to tables following.

附录2-2 国内生产总值汇率算法(2005年价格)

单位:10亿美元

国家和地区	Contury or Area	1980	1990	2000	2005	2008	2009
世界总计	**World**	**23104.4**	**30998.9**	**40712.9**	**46935.8**	**50105.7**	**48949.1**
OECD合计	**OECD Total**	**18723.6**	**25507.5**	**33232.8**	**37010.2**	**37887.0**	**36401.3**
美国	United States	5933.6	8237.5	11553.3			12635.2
日本	Japan	2448.1	3851.3	4308.1			4403.9
德国	Germany	1815.8	2285.8	2777.4			2840.9
英国	United Kingdom	1241.1	1647.6	2087.5			2289.7
法国	France	1290.9	1650.0	2030.0			2176.4
意大利	Italy	1184.6	1501.7	1768.8			1734.0
加拿大	Canada	596.4	774.6	1026.9			1166.4
西班牙	Spain	557.2	744.0	979.5			1182.7
韩国	Korea	141.6	364.3	712.8			958.5
墨西哥	Mexico	468.4	560.3	788.3			871.6
荷兰	Netherlands	371.8	463.4	633.8			673.7
瑞士	Switzerland	269.6	335.8	378.4			400.8
瑞典	Sweden	222.7	276.7	341.7			376.9
比利时	Belgium	233.0	284.2	355.0			391.1
澳大利亚	Australia	337.3	453.9	642.9			853.3
以色列	Israel	49.1	71.1	127.4			156.6
非OECD合计	**NON-OECD Total**	**4380.8**	**5491.4**	**7480.1**	**9925.6**	**12218.6**	**12547.8**
中国	China	268.6	625.5	1564.7	2438.5	3183.6	3476.5
印度	India	203.9	350.2	602.7	834.2	1050.2	1145.8
巴西	Brazil	513.3	598.5	769.0	882.2	1023.2	1016.6
俄罗斯	Russian Federation		843.1	567.4	764.0	943.9	870.1
中国，台北	Chinese Taipei	80.1	167.1	305.8	364.9	410.7	402.8
印度尼西亚	Indonesia	80.9	150.1	226.9	285.9	340.0	355.6
沙特阿拉伯	Saudi Arabia	211.0	197.8	258.6	328.5	346.2	346.7
南非	South Africa	153.6	178.4	213.6	257.8	285.3	280.5
阿根廷	Argentina	150.7	129.5	202.0	222.9	230.5	232.5
伊朗	Islamic Republic of Iran	82.7	101.5	146.3	192.0	224.3	228.3
中国，香港	Hong Kong, China	52.3	100.2	147.7	181.6	207.1	201.6
泰国	Thailand	41.8	88.9	137.5	176.4	199.5	194.9
委内瑞拉	Venezuela	96.2	104.3	128.3	145.5	183.1	177.2
埃及	Egypt	29.1	49.5	75.4	89.7	110.0	115.1

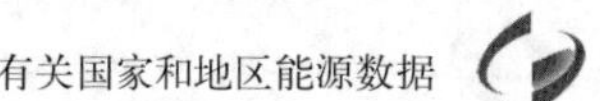

Gross Domestic Products Using Exchange Rates(US$2005)

(billion US$)

2010	比重% Percent of World	2011	比重% Percent of World	2012	比重% Percent of World	2013	比重% Percent of World
52541.4	**100.00**	**53327.4**	**100.00**	**55244.0**	**100.00**	**56519.0**	**100.00**
38901.5	**74.04**	**38943.1**	**73.03**	**40068.8**	**72.53**	**40615.2**	**71.86**
13599.3	25.88	14231.58	26.69	14137.75	25.59	14451.51	25.57
4648.5	8.85	4694.39	8.80	4708.58	8.52	4784.55	8.47
3037.7	5.78	3073.86	5.76	3158.59	5.72	3161.94	5.59
2477.5	4.72	2393.03	4.49	2534.84	4.59	2577.06	4.56
2289.8	4.36	2249.44	4.22	2345.26	4.25	2351.95	4.16
1825.0	3.47	1729.86	3.24	1784.87	3.23	1754.56	3.10
1240.1	2.36	1293.15	2.42	1301.33	2.36	1327.4	2.35
1219.9	2.32	1160.46	2.18	1187.05	2.15	1172.45	2.07
1098.7	2.09	1078.21	2.02	1165.25	2.11	1199	2.12
952.0	1.81	1027.51	1.93	1029.21	1.86	1044.04	1.85
725.7	1.38	680.92	1.28	726.06	1.31	720.79	1.28
454.9	0.87	439.8	0.82	468.28	0.85	477.25	0.84
420.9	0.80	417.24	0.78	430.85	0.78	436.37	0.77
412.2	0.78	406.82	0.76	419.24	0.76	420.46	0.74
870.4	1.66	924.97	1.73	925.49	1.68	949.05	1.68
177.1	0.34	190.02	0.36	190.01	0.34	196.18	0.35
13639.9	**25.96**	**14384.3**	**26.97**	**15175.2**	**27.47**	**15903.8**	**28.14**
4059.3	7.73	4194.94	7.87	4751.62	8.60	5105.03	9.03
1243.7	2.37	1326.24	2.49	1393.63	2.52	1489.78	2.64
1096.8	2.09	1126.72	2.11	1138.35	2.06	1166.72	2.06
909.3	1.73	948.26	1.78	980.91	1.78	993.52	1.76
446.4	0.85	464.5	0.87	470.94	0.85	481.26	0.85
377.9	0.72	402.43	0.75	427.48	0.77	452.34	0.80
436.0	0.83	473.36	0.89	500.87	0.91	520.66	0.92
300.2	0.57	299.68	0.56	316.74	0.57	323.75	0.57
293.7	0.56	276.25	0.52	321.84	0.58	331.26	0.59
242.7	0.46	249.98	0.47	257.48	0.47	242.55	0.43
220.1	0.42	230.79	0.43	234.16	0.42	241.03	0.43
210.1	0.40	210.25	0.39	226.37	0.41	230.37	0.41
174.6	0.33	181.84	0.34	192.07	0.35	194.65	0.34
121.0	0.23	123.17	0.23	125.90	0.23	128.55	0.23

附录2-3 能源生产总量

单位：百万吨标准油

国家和地区	Contury or Area	2005	2006	2007	2008	2009
世界总计	**World**	**11573.31**	**11778.39**	**11985.38**	**12334.15**	**12232.12**
OECD合计	**OECD Total**	**3838.09**	**3842.02**	**3843.28**	**3863.22**	**3793.93**
美国	United States	1629.89	1654.23	1668.96	1706.06	1685.85
加拿大	Canada	402.09	411.74	415.92	407.38	390.15
澳大利亚	Australia	268.19	267.79	298.60	302.13	297.08
墨西哥	Mexico	259.21	255.97	244.44	233.60	220.03
英国	United Kingdom	205.16	186.62	176.44	166.69	158.94
法国	France	137.12	137.02	134.79	136.63	128.86
德国	Germany	135.28	136.76	138.64	134.11	127.15
日本	Japan	99.89	101.07	90.60	88.66	93.96
荷兰	Netherlands	61.90	60.77	61.18	66.54	63.06
韩国	Korea	42.93	43.73	42.60	44.73	44.31
西班牙	Spain	30.13	31.36	30.26	30.42	29.97
瑞典	Sweden	34.67	32.79	33.58	33.24	30.35
意大利	Italy	27.85	27.43	26.38	26.94	26.99
比利时	Belgium	15.64	15.48	14.37	14.55	15.32
瑞士	Switzerland	10.88	12.15	12.62	12.73	12.79
以色列	Israel	2.12	2.65	2.73	3.27	3.27
非OECD合计	**NON-OECD Total**	**7735.22**	**7936.38**	**8142.09**	**8470.93**	**8438.19**
中国	China	1664.62	1724.41	1820.65	1950.58	2044.83
俄罗斯	Russia	1203.24	1227.00	1239.13	1253.92	1186.38
沙特阿拉伯	Saudi Arabia	580.56	570.65	552.00	579.32	528.38
印度	India	423.75	437.87	452.73	470.92	505.41
印度尼西亚	Indonesia	279.94	313.88	333.35	323.63	351.83
伊朗	Islamic Republic of Iran	310.47	311.53	327.37	337.43	341.49
巴西	Brazil	194.61	206.48	216.36	227.94	230.41
委内瑞拉	Venezuela	233.73	195.73	183.83	205.47	198.62
南非	South Africa	157.89	157.97	159.67	161.39	159.53
埃及	Egypt	77.98	79.74	82.28	89.14	87.99
阿根廷	Argentina	84.69	86.19	82.87	82.87	80.82
泰国	Thailand	55.19	56.26	59.31	65.49	64.61
中国，台北	Chinese Taipei	12.48	12.41	12.71	12.71	12.84
中国，香港	Hong Kong, China	0.05	0.05	0.05	0.05	0.05

Total Energy Production

(Mtoe)

2010	比重% Percent of World	2011	比重% Percent of World	2012	比重% Percent of World	2013	比重% Percent of World
12860.49	**100.00**	**13216.16**	**100.00**	**13461.14**	**100.00**	**13642.14**	**100.00**
3866.26	**30.06**	**3845.47**	**29.10**	**3869.21**	**28.74**	**3977.02**	**29.15**
1723.41	13.40	1806.48	13.67	1859.34	13.81	1881.03	13.79
395.55	3.08	419.66	3.18	434.96	3.23	435.07	3.19
308.57	2.40	317.39	2.40	344.83	2.56	343.90	2.52
222.19	1.73	218.98	1.66	217.46	1.62	216.51	1.59
148.38	1.15	117.48	0.89	109.28	0.81	110.08	0.81
135.34	1.05	134.47	1.02	135.96	1.01	136.25	1.00
129.28	1.01	123.38	0.93	119.72	0.89	120.38	0.88
99.26	0.77	28.32	0.21	27.20	0.20	27.96	0.20
69.81	0.54	64.72	0.49	69.36	0.52	69.40	0.51
44.92	0.35	46.22	0.35	43.52	0.32	43.60	0.32
34.30	0.27	33.34	0.25	33.85	0.25	34.50	0.25
33.09	0.26	36.18	0.27	33.88	0.25	35.08	0.26
29.49	0.23	31.86	0.24	34.73	0.26	36.76	0.27
15.31	0.12	15.89	0.12	16.14	0.12	14.91	0.11
12.63	0.10	12.73	0.10	12.94	0.10	12.95	0.09
3.86	0.03	3.26	0.02	6.54	0.05	6.44	0.05
8994.23	**69.94**	**9370.69**	**70.90**	**9591.94**	**71.26**	**9665.12**	**70.85**
2261.11	17.58	2431.56	18.40	2525.28	18.76	2613.70	19.16
1293.05	10.05	1314.88	9.95	1331.61	9.89	1340.21	9.82
531.45	4.13	592.68	4.48	625.00	4.64	614.48	4.50
529.96	4.12	539.22	4.08	544.55	4.05	523.34	3.84
379.83	2.95	422.56	3.20	440.25	3.27	459.99	3.37
349.91	2.72	353.94	2.68	302.90	2.25	298.93	2.19
246.61	1.92	249.20	1.89	251.90	1.87	252.92	1.85
202.51	1.57	203.57	1.54	199.29	1.48	192.14	1.41
163.79	1.27	163.13	1.23	166.08	1.23	165.72	1.21
84.46	0.66	83.61	0.63	82.05	0.61	82.82	0.61
79.51	0.62	77.25	0.58	75.17	0.56	71.43	0.52
70.56	0.55	68.65	0.52	75.73	0.56	78.07	0.57
12.96	0.10	13.59	0.10	13.31	0.10	13.51	0.10
0.10		0.11		0.11		0.10	

附录2-4 能源生产量/一次能源供应量(能源自给率)

Energy Production/Tpes (Self Sufficiency)

国家和地区	Contury or Area	2002	2003	2004	2005	2006	2007	2008	2009	2010	2011	2012	2013
世界	**World**	**1.01**	**1.00**	**1.00**	**1.01**	**1.00**	**1.00**	**1.01**	**1.01**	**1.01**	**1.01**	**1.01**	**1.01**
OECD合计	**OECD Total**	**0.72**	**0.70**	**0.70**	**0.70**	**0.70**	**0.70**	**0.71**	**0.73**	**0.72**	**0.73**	**0.74**	**0.75**
澳大利亚	Australia	2.27	2.25	2.28	2.22	2.19	2.40	2.32	2.36	2.49	2.41	2.50	2.66
加拿大	Canada	1.54	1.47	1.48	1.47	1.53	1.53	1.53	1.56	1.58	1.62	1.65	1.72
墨西哥	Mexico	1.48	1.52	1.53	1.47	1.44	1.39	1.29	1.26	1.27	1.23	1.16	1.13
荷兰	Netherlands	0.77	0.72	0.82	0.75	0.76	0.76	0.84	0.81	0.84	0.83	0.82	0.90
美国	United States	0.73	0.72	0.71	0.70	0.71	0.71	0.75	0.78	0.78	0.81	0.84	0.86
英国	United Kingdom	1.13	1.06	0.97	0.87	0.81	0.84	0.80	0.81	0.73	0.69	0.61	0.58
瑞典	Sweden	0.61	0.61	0.65	0.66	0.64	0.67	0.67	0.67	0.65	0.66	0.72	0.71
法国	France	0.51	0.50	0.50	0.50	0.50	0.51	0.51	0.51	0.52	0.54	0.53	0.54
瑞士	Switzerland	0.43	0.44	0.44	0.40	0.43	0.49	0.48	0.47	0.48	0.49	0.50	0.48
德国	Germany	0.39	0.39	0.39	0.39	0.39	0.40	0.40	0.40	0.40	0.40	0.39	0.38
西班牙	Spain	0.24	0.24	0.23	0.21	0.22	0.21	0.22	0.24	0.27	0.25	0.27	0.30
比利时	Belgium	0.23	0.23	0.24	0.25	0.25	0.25	0.25	0.27	0.26	0.31	0.26	0.26
日本	Japan	0.19	0.16	0.18	0.19	0.19	0.18	0.18	0.20	0.19	0.11	0.06	0.06
韩国	Korea	0.17	0.18	0.18	0.20	0.20	0.19	0.20	0.19	0.18	0.18	0.18	0.17
意大利	Italy	0.16	0.15	0.15	0.15	0.15	0.15	0.15	0.16	0.18	0.19	0.22	0.24
以色列	Israel	0.04	0.04	0.09	0.10	0.13	0.13	0.15	0.15	0.17	0.20	0.13	0.27
非OECD合计	**NON-OECD Total**	**1.32**	**1.34**	**1.33**	**1.36**	**1.33**	**1.31**	**1.32**	**1.28**	**1.28**	**1.26**	**1.24**	**1.22**
沙特阿拉伯	Saudi Arabia	3.78	4.31	4.16	3.99	3.99	3.73	3.76	3.35	2.87	3.33	3.12	3.20
委内瑞拉	Venezuela	3.52	3.36	3.43	3.49	3.22	2.89	2.93	2.83	2.69	2.88	2.66	2.79
俄罗斯	Russia	1.67	1.73	1.80	1.85	1.83	1.84	1.82	1.83	1.84	1.78	1.78	1.83
印度尼西亚	Indonesia	1.52	1.53	1.53	1.55	1.73	1.75	1.73	1.77	1.81	2.06	2.08	2.15
伊朗	Islamic Republic of Iran	1.81	1.89	1.85	1.80	1.74	1.69	1.66	1.60	1.69	1.67	1.38	1.31
埃及	Egypt	1.16	1.17	1.14	1.24	1.25	1.22	1.24	1.23	1.16	1.10	1.05	1.07
南非	South Africa	1.26	1.30	1.22	1.23	1.23	1.19	1.09	1.11	1.15	1.15	1.18	1.17
阿根廷	Argentina	1.45	1.41	1.32	1.26	1.18	1.13	1.08	1.08	1.01	0.97	0.94	0.89
巴西	Brazil	0.85	0.89	0.87	0.90	0.93	0.92	0.92	0.96	0.93	0.92	0.89	0.86
中国	China	0.99	0.98	0.95	0.95	0.93	0.93	0.94	0.91	0.89	0.89	0.87	0.86
印度	India	0.82	0.80	0.78	0.79	0.78	0.76	0.75	0.75	0.73	0.72	0.68	0.67
泰国	Thailand	0.54	0.54	0.52	0.56	0.56	0.57	0.61	0.60	0.60	0.58	0.60	0.58
中国，台北	Chinese Taipei	0.12	0.13	0.12	0.12	0.12	0.12	0.12	0.13	0.12	0.13	0.12	0.12
中国，香港	Hong Kong, China									0.01	0.01	0.01	0.01

附录2-5　能源供应量/GDP(2005年价格)
TPES/GDP(2005 US$)

单位:吨标准油/千美元　　(toe per thousand US$)

国家和地区	Contury or Area	1980	1990	2000	2005	2008	2009	2010	2011	2012	2013
世界	**World**	**0.31**	**0.28**	**0.25**	**0.25**	**0.24**	**0.25**	**0.25**	**0.25**	**0.24**	**0.24**
OECD合计	**OECD Total**	**0.22**	**0.18**	**0.16**	**0.15**	**0.14**	**0.14**	**0.14**	**0.14**	**0.13**	**0.13**
澳大利亚	Australia	0.21	0.19	0.17				0.14	0.14	0.14	0.14
加拿大	Canada	0.34	0.28	0.25				0.21	0.20	0.19	0.19
墨西哥	Mexico	0.21	0.22	0.19				0.19	0.19	0.18	0.18
荷兰	Netherlands	0.18	0.15	0.12				0.12	0.11	0.12	0.11
美国	United States	0.31	0.24	0.20				0.17	0.17	0.15	0.15
英国	United Kingdom	0.17	0.14	0.11				0.09	0.08	0.08	0.07
瑞典	Sweden	0.19	0.18	0.15				0.13	0.12	0.12	0.11
法国	France	0.15	0.14	0.13				0.12	0.11	0.11	0.11
瑞士	Switzerland	0.08	0.08	0.07				0.06	0.06	0.05	0.06
德国	Germany	0.20	0.16	0.13				0.11	0.10	0.10	0.10
西班牙	Spain	0.12	0.12	0.13				0.11	0.11	0.11	0.10
比利时	Belgium	0.20	0.17	0.17				0.15	0.14	0.14	0.13
日本	Japan	0.14	0.11	0.12				0.11	0.10	0.10	0.10
韩国	Korea	0.29	0.26	0.28				0.25	0.25	0.24	0.22
意大利	Italy	0.11	0.10	0.10				0.10	0.09	0.09	0.09
以色列	Israel	0.17	0.17	0.15				0.14	0.13	0.13	0.12
非OECD合计	**NON-OECD Total**	**0.69**	**0.75**	**0.61**	**0.58**	**0.53**	**0.52**	**0.52**	**0.52**	**0.50**	**0.50**
伊朗	Islamic Republic of Iran	0.46	0.68	0.84	0.90	0.91	0.93	0.91	0.86	0.85	0.94
俄罗斯	Russian Federation		1.04	1.09	0.85	0.73	0.74	0.78	0.78	0.76	0.74
中国	China	2.77	1.66	0.83	0.78	0.66	0.65	0.63	0.65	0.62	0.62
埃及	Egypt	0.52	0.65	0.54	0.70	0.65	0.62	0.61	0.62	0.62	0.60
印度	India	1.01	0.90	0.77	0.65	0.60	0.59	0.56	0.57	0.54	0.52
泰国	Thailand	0.53	0.47	0.53	0.56	0.54	0.55	0.56	0.57	0.56	0.58
印度尼西亚	Indonesia	0.69	0.66	0.68	0.63	0.55	0.56	0.55	0.51	0.50	0.47
南非	South Africa	0.44	0.53	0.53	0.52	0.52	0.51	0.47	0.47	0.44	0.44
沙特阿拉伯	Saudi Arabia	0.15	0.30	0.39	0.46	0.45	0.46	0.43	0.38	0.40	0.37
委内瑞拉	Venezuela	0.37	0.42	0.44	0.46	0.38	0.40	0.44	0.39	0.38	0.35
阿根廷	Argentina	0.34	0.43	0.37	0.37	0.33	0.32	0.31	0.29	0.25	0.24
中国，台北	Chinese Taipei	0.35	0.29	0.28	0.28	0.26	0.25	0.25	0.23	0.23	0.23
巴西	Brazil	0.22	0.23	0.24	0.24	0.24	0.24	0.24	0.24	0.25	0.25
中国，香港	Hong Kong, China	0.09	0.09	0.09	0.07	0.07	0.07	0.06	0.07	0.06	0.06

附录2-6　人均能源供应量

单位:吨标准油/人

国家和地区	Contury or Area	2002	2003	2004	2005	2006
世界	**World**	**1.65**	**1.69**	**1.75**	**1.79**	**1.80**
OECD合计	**OECD Total**	**4.66**	**4.67**	**4.73**	**4.62**	**4.64**
加拿大	Canada	7.97	8.28	8.40	8.47	8.27
美国	United States	7.94	7.84	7.92	7.89	7.74
比利时	Belgium	5.48	5.73	5.58	5.89	5.79
澳大利亚	Australia	5.66	5.66	5.62	5.90	5.90
瑞典	Sweden	5.91	5.70	5.91	5.78	5.65
韩国	Korea	4.24	4.34	4.44	4.42	4.48
荷兰	Netherlands	4.87	4.99	5.41	5.05	4.90
法国	France	4.33	4.38	4.41	4.40	4.31
德国	Germany	4.19	4.21	4.22	4.19	4.23
日本	Japan	4.09	4.04	4.17	4.14	4.13
瑞士	Switzerland	3.65	3.63	3.64	3.60	3.73
英国	United Kingdom	3.85	3.90	3.90	3.89	3.82
以色列	Israel	3.05	3.09	3.02	2.96	2.96
意大利	Italy	2.99	3.14	3.14	3.17	3.13
西班牙	Spain	3.19	3.24	3.33	3.34	3.28
墨西哥	Mexico	1.53	1.56	1.59	1.70	1.69
非OECD合计	**NON-OECD Total**	**0.97**	**0.99**	**1.05**	**1.08**	**1.11**
沙特阿拉伯	Saudi Arabia	5.54	5.59	5.86	6.05	6.04
俄罗斯	Russian Federation	4.25	4.42	4.47	4.55	4.71
中国，台北	Chinese Taipei	4.16	4.36	4.59	4.50	4.60
伊朗	Islamic Republic of Iran	1.99	2.10	2.22	2.47	2.56
南非	South Africa	2.51	2.58	2.79	2.72	2.72
委内瑞拉	Venezuela	2.29	2.07	2.18	2.52	2.25
中国，香港	Hong Kong, China	2.41	2.47	2.58	1.86	1.94
阿根廷	Argentina	1.49	1.57	1.65	1.73	1.87
中国	China	0.95	1.06	1.22	1.34	1.41
泰国	Thailand	1.33	1.41	1.56	1.49	1.50
巴西	Brazil	1.07	1.07	1.14	1.16	1.19
埃及	Egypt	0.75	0.78	0.79	0.85	0.81
印度尼西亚	Indonesia	0.76	0.78	0.79	0.79	0.81
印度	India	0.51	0.46	0.48	0.49	0.51

TPES/Population

(toe per capita)

2007	2008	2009	2010	2011	2012	2013
1.82	**1.83**	**1.80**	**1.87**	**1.89**	**1.88**	**1.90**
4.65	**4.49**	**4.27**	**4.36**	**4.25**	**4.19**	**4.20**
8.26	8.00	7.44	7.38	7.36	7.26	7.20
7.74	7.50	7.04	7.03	7.02	6.81	6.92
5.37	5.47	5.29	5.59	5.38	4.92	5.07
5.88	6.05	5.68	5.53	5.40	5.52	5.55
5.47	5.36	4.88	5.47	5.19	5.27	5.13
4.58	4.67	4.70	5.12	5.23	5.27	5.25
4.90	4.85	4.73	5.02	4.64	4.69	4.61
4.14	4.16	3.93	4.04	3.88	3.85	3.84
4.05	4.08	3.87	4.00	3.81	3.81	3.87
4.03	3.88	3.70	3.90	3.61	3.55	3.57
3.38	3.46	3.46	3.37	3.22	3.20	3.30
3.45	3.40	3.19	3.26	3.00	3.02	2.98
3.02	3.01	2.88	3.01	3.00	3.07	2.97
3.02	2.94	2.74	2.81	2.76	2.61	2.5620e
3.21	3.04	2.78	2.77	2.72	2.68	2.51
1.67	1.69	1.63	1.64	1.70	1.61	1.62
1.15	**1.18**	**1.19**	**1.27**	**1.31**	**1.32**	**1.35**
6.13	5.89	5.89	6.80	6.41	7.08	6.67
4.73	4.85	4.56	4.94	5.17	5.18	5.11
4.81	4.61	4.46	4.73	4.64	4.57	4.64
2.73	2.82	2.91	2.79	2.82	2.87	2.95
2.81	3.03	2.93	2.80	2.75	2.68	2.66
2.31	2.51	2.47	2.59	2.39	2.44	2.26
2.07	2.03	2.13	2.01	2.14	1.99	1.94
1.86	1.93	1.86	1.95	1.96	1.95	1.94
1.49	1.57	1.69	1.89	2.04	2.08	2.22
1.55	1.58	1.56	1.77	1.79	1.89	2.00
1.24	1.30	1.24	1.36	1.37	1.42	1.47
0.84	0.92	0.90	0.93	0.96	0.97	0.94
0.84	0.80	0.84	0.87	0.84	0.86	0.85
0.53	0.55	0.58	0.60	0.62	0.61	0.62

附录2-7 煤生产量

单位：百万吨标准油

国家和地区	Contury or Area	2002	2003	2004	2005	2006	2007	2008
世界总计	**World**	**2375.3**	**2517.7**	**2743.5**	**2977.8**	**3081.7**	**3230.9**	**3415.7**
中国	China	752.6	876.9	1033.0	1186.0	1234.5	1312.2	1452.9
美国	United States	555.1	526.1	553.2	564.2	576.8	568.5	579.3
印度	India	156.8	166.3	176.4	187.8	197.9	210.2	225.1
澳大利亚	Australia	184.4	185.2	192.6	202.0	201.4	227.4	231.9
印度尼西亚	Indonesia	63.6	70.9	86.0	98.2	137.5	157.9	165.0
俄罗斯	Russian Federation	117.8	127.3	130.1	157.4	143.3	163.0	167.2
南非	South Atrica	124.3	134.8	137.1	138.4	138.3	139.9	142.5
波兰	Poland	71.2	70.8	69.8	68.9	67.6	62.5	60.9
哈萨克斯坦	Kazakhstan	35.6	37.3	38.2	38.3	42.3	43.0	48.8
哥伦比亚	Colombia	26.1	32.8	35.2	38.4	42.6	45.4	47.8
德国	Germany	58.4	57.7	58.3	56.5	53.4	54.6	50.1
加拿大	Canada	32.6	30.3	32.2	33.1	32.5	34.3	33.6
乌克兰	Ukraine	32.0	37.1	34.8	34.7	35.3	33.6	33.7
英国	United Kingdom	17.8	16.8	14.9	11.9	10.7	10.2	10.8

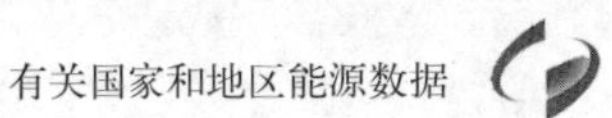

Coal Production

(Mtoe)

2009	2010	比重% Percent of World	2011	比重% Percent of World	2012	比重% Percent of World	2013	比重% Percent of World
3394.4	**3596.0**	**100.00**	**3850.5**	**100.00**	**3831.8**	**100.00**	**4006.4**	**100.00**
1496.2	1623.2	45.14	1823.4	47.35	1800.7	**46.99**	1943.0	**48.50**
530.1	531.9	14.79	536.4	13.93	495.5	**12.93**	477.2	**11.91**
244.9	247.3	6.80	252.2	6.55	229.0	**5.98**	238.1	**5.94**
225.7	236.4	6.60	222.6	5.78	239.9	**6.26**	263.8	**6.58**
166.8	186.3	5.18	233.3	6.06	255.9	**6.68**	281.1	**7.02**
153.6	180.0	5.01	180.0	4.68	185.1	**4.83**	184.3	**4.60**
140.9	143.8	4.00	142.7	3.71	146.0	**3.81**	145.0	**3.62**
56.4	55.4	1.54	55.8	1.45	57.8	**1.51**	57.1	**1.43**
44.3	48.6	1.35	50.9	1.32	52.8	**1.38**	52.4	**1.31**
47.3	48.3	1.34	55.8	1.45	57.9	**1.51**	55.6	**1.39**
45.7	45.9	1.25	46.5	1.21	47.6	**1.24**	45.1	**1.12**
30.7	33.8	0.94	33.7	0.87	33.5	**0.88**	35.0	**0.87**
32.0	33.7	0.86	40.4	1.05	40.3	**1.05**	40.7	**1.02**
10.7	10.8	0.31	10.9	0.28	10.0	**0.26**	7.5	**0.19**

附录2-8　原油和天然气凝析液(NGL)生产量

单位：千吨

国家和地区	Contury or Area	2003	2004	2005	2006	2007	2008
世界总计	**World**	**3707983**	**3951180**	**3965041**	**4011420**	**3998630**	**4041340**
石油输出国家组织	**OPEC**	**1511598**	**1698790**	**1722991**	**1727900**	**1697710**	**1746660**
俄罗斯	Russian Federation	418582	458470	466448	478130	490040	488530
沙特阿拉伯	Saudi Arabia	477792	502230	514016	517090	496200	518280
美国	United States	338430	325916	322550	317810	317450	312910
伊朗	Iran	191417	202540	220078	217090	219790	216420
中国	China	169655	175940	181426	184850	186420	195170
加拿大	Canada	140426	145419	147450	155300	161950	160420
委内瑞拉	Venezuela	137829	161520	182556	159420	147840	145910
墨西哥	Mexico	189289	191367	197280	190480	179600	168930
尼日利亚	Nigeria	117666	131000	127976	127180	114850	110080
阿联酋	United Arab Emirates	119291	126750	132943	137600	135440	138450
科威特	Kuwait	111125	122730	134662	140910	137130	142970
伊拉克	Iraq	65949	101230	93644	99550	103550	116100
挪威	Norway	147011	144627	142030	131280	122010	116910
安哥拉	Angola	43083	50480	62446	72600	87370	97990
哈萨克斯坦	Kazakhstan	51452	59760	62238	65840	67410	70980
阿尔及利亚	Algeria	79180	87390	86130	90490	90610	88190
利比亚	Libya	70781	79520	86512	89970	87990	90590
英国	United Kingdom	106193	95491	88470	80010	80160	74610
印度尼西亚	Indonesia	59356	55950	52447	49140	47510	49230
阿根廷	Argentina	40369	39430	37707	37670	36680	35710

Crude Oil and NGL Production

(1000 tonnes)

2009	2010	比重% Percent of World	2011	比重% Percent of World	2012	比重% Percent of World	2013	比重% Percent of World
3901215	**3982849**	**100.00**	**4030254**	**100.00**	**4098166**	**100.00**	**4117142**	**100.00**
1642594	**1682906**	**42.25**	**1720289**	**42.68**	**1770147**	**43.19**	**1724836**	**41.89**
491247	504102	12.66	512388	12.71	518747	12.66	521688	12.67
456926	461099	11.58	520168	12.91	546685	13.34	535818	13.01
321675	330032	8.29	343236	8.52	388379	9.48	452495	10.99
219427	221883	5.57	220203	5.46	164836	4.02	158510	3.85
189616	203154	5.10	203028	5.04	207637	5.07	210138	5.10
152622	157757	3.96	169440	4.20	179889	4.39	191232	4.64
155502	158969	3.99	157179	3.90	155239	3.79	153868	3.74
146007	144722	3.63	143395	3.56	143048	3.49	141240	3.43
115054	126511	3.18	127283	3.16	121294	2.96	113572	2.76
125621	130278	3.27	143699	3.57	147720	3.60	154670	3.76
118946	123119	3.09	141024	3.50	158039	3.86	154665	3.76
117074	117270	2.94	133602	3.31	146475	3.57	147681	3.59
108295	99648	2.50	94235	2.34	87648	2.14	83452	2.03
91072	88415	2.22	81603	2.02	86001	2.10	86447	2.10
77522	80961	2.03	81278	2.02	80537	1.97	83108	2.02
77433	74428	1.87	72284	1.79	67537	1.65	65230	1.58
78038	87481	2.20	23731	0.59	74637	1.82	51641	1.25
68198	62962	1.58	51972	1.29	44560	1.09	40646	0.99
47313	47535	1.19	45283	1.12	43653	1.07	41391	1.01
35252	35295	0.89	33206	0.82	31879	0.78	30196	0.73

附录2-9　天然气生产量

单位：百万标准油

国家和地区	Contury or Area	2003	2004	2005	2006	2007	2008
世界总计	**World**	**2246.1**	**2305.3**	**2373.3**	**2437.4**	**2507.7**	**2608.2**
俄罗斯	Russian Federation	499.7	509.2	515.7	525.7	521.9	534.6
美国	United States	447.9	435.8	421.4	430.9	449.8	472.6
加拿大	Canada	151.1	150.8	154.0	154.9	151.4	143.8
伊朗	Iran	66.2	73.6	83.4	87.4	104.0	108.0
卡塔尔	Qatar	27.6	33.5	40.0	44.4	55.1	69.7
中国	China	29.3	35.3	41.3	49.0	57.9	67.2
印度尼西亚	Indonesia	66.0	63.5	65.5	64.1	62.4	64.3
阿尔及利亚	Algeria	79.4	78.3	75.6	74.4	73.6	73.8
沙特阿拉伯	Saudi Arabia	42.8	46.5	55.6	53.6	55.1	60.8
荷兰	Netherland	52.2	61.6	56.3	55.4	54.4	59.9
英国	United Kingdom	92.6	86.4	79.5	72.0	64.9	62.7
埃及	Egypt	26.1	28.2	42.6	44.6	45.9	49.2
乌兹别克斯坦	Uzbekistan	47.2	48.1	49.0	51.0	52.9	54.9
马来西亚	Malaysia	44.7	46.5	49.8	54.6	50.0	52.5
阿联酋	United Arab Emirates	35.9	38.8	39.0	40.9	42.9	42.1
澳大利亚	Australia	31.3	32.0	35.4	36.8	39.0	39.4
印度	India	23.6	23.4	25.9	23.4	26.1	26.3
墨西哥	Mexico	33.9	35.5	36.9	40.5	39.0	38.8
特立尼达和多巴哥	Trinidad and Tobago	20.9	22.0	27.7	26.1	32.5	32.2
土库曼斯坦	Turkmenistan	48.2	48.0	51.3	51.5	56.1	57.4
阿根廷	Argentina	35.8	36.8	39.9	37.2	38.9	39.1
巴基斯坦	Pakistan	22.2	24.1	25.6	25.1	27.2	26.5
泰国	Thailand	16.9	17.5	18.5	19.0	20.3	22.5
委内瑞拉	Venezuela	22.6	22.3	28.7	23.4	22.7	22.3
德国	Germany	15.9	14.7	14.2	14.1	13.1	11.3

Production of Natural Gas

(Mtoe)

2009	2010	比重% Percent of World	2011	比重% Percent of World	2012	比重% Percent of World	2013	比重% Percent of World
2528.8	**2715.0**	**100.00**	**2805.4**	**100.00**	**2832.8**	**100.00**	**2908.6**	**100.00**
474.4	540.0	19.89	552.7	19.70	540.6	19.08	563.1	19.36
479.6	494.7	18.22	530.9	18.92	558.2	19.71	566.9	19.49
135.3	132.3	4.87	132.4	4.72	129.9	4.59	130.3	4.48
116.2	121.7	4.48	127.2	4.53	132.2	4.67	133.5	4.59
79.5	107.3	3.95	134.5	4.80	128.4	4.53	145.2	4.99
71.3	79.4	2.92	85.9	3.06	89.7	3.16	101.1	3.48
67.1	74.7	2.75	71.0	2.53	67.3	2.37	62.9	2.16
70.9	72.0	2.65	69.6	2.48	72.5	2.56	68.9	2.37
61.4	59.9	2.21	61.0	2.17	66.2	2.34	66.9	2.30
56.4	63.4	2.34	57.7	2.06	57.5	2.03	61.8	2.12
53.7	51.5	1.90	40.8	1.45	35.0	1.24	32.9	1.13
50.7	46.4	1.71	46.1	1.64	44.2	1.56	45.1	1.55
49.9	48.9	1.80	51.2	1.82	51.2	1.81	48.6	1.67
46.8	51.0	1.88	52.7	1.88	51.5	1.82	58.2	2.00
40.9	41.5	1.53	42.4	1.51	44.0	1.55	44.2	1.52
39.3	44.5	1.64	44.7	1.59	45.6	1.61	52.1	1.79
38.5	43.0	1.58	39.0	1.39	33.3	1.18	29.0	1.00
38.4	41.9	1.54	41.8	1.49	40.4	1.42	40.5	1.39
36.2	35.8	1.32	34.1	1.22	34.3	1.21	34.5	1.19
31.1	36.9	1.36	53.9	1.92	56.2	1.98	63.9	2.20
37.2	35.4	1.30	34.9	1.24	34.2	1.21	32.4	1.11
27.3	27.0	0.99	26.9	0.96	27.1	0.96	25.8	0.89
21.4	24.7	0.91	22.0	0.78	26.2	0.92	28.4	0.98
22.0	19.2	0.71	24.0	0.85	20.3	0.72	19.6	0.67
11.1	9.7	0.36	10.9	0.39	9.6	0.34	8.9	0.30

附录2-10　终端能源消费量

单位：百万吨标准油

国家和地区	Contury or Area	2004	2005	2006	2007	2008
世界	**World**	**7731.12**	**7938.51**	**8074.24**	**8287.07**	**8411.73**
OECD合计	**OECD Total**	**3702.41**	**3783.65**	**3824.38**	**3759.89**	**3732.30**
美国	United States	1599.74	1591.86	1572.16	1581.62	1542.25
日本	Japan	350.65	353.75	351.79	342.27	318.81
德国	Germany	252.56	249.26	253.57	228.32	235.67
加拿大	Canada	202.46	204.16	201.51	205.33	202.26
法国	France	176.81	175.23	173.95	165.18	165.55
韩国	Korea	145.34	143.64	145.08	147.10	147.54
英国	United Kingdom	162.53	161.30	158.73	142.21	142.85
意大利	Italy	146.31	145.22	144.57	138.52	133.40
墨西哥	Mexico	105.33	108.64	113.43	113.79	115.40
西班牙	Spain	103.50	105.19	103.93	102.79	99.07
澳大利亚	Australia	73.95	77.90	77.73	75.07	76.71
荷兰	Netherlands	63.25	63.92	61.25	61.63	61.04
比利时	Belgium	41.37	44.55	43.55	39.65	42.36
瑞典	Sweden	35.59	35.17	34.99	34.40	33.77
瑞士	Switzerland	22.04	22.27	22.24	20.30	20.97
以色列	Israel	13.00	11.97	12.29	12.92	13.15
非OECD合计	**NON-OECD Total**	**3745.29**	**3839.32**	**4006.26**	**4191.60**	**4333.54**
中国	China	1025.16	1162.38	1171.91	1252.97	1369.86
印度	India	349.78	360.23	375.39	394.20	415.24
俄罗斯	Russia	427.36	412.36	425.05	428.26	434.88
巴西	Brazil	170.54	171.68	178.23	188.33	194.54
伊朗	Islamic Republic of Iran	119.07	124.45	140.23	150.28	152.45
印度尼西亚	Indonesia	128.54	134.24	134.99	138.12	140.74
沙特阿拉伯	Saudi Arabia	80.70	74.80	85.75	90.29	94.04
泰国	Thailand	68.75	69.78	67.33	69.57	73.61
中国，台北	Chinese Taipei	63.38	60.44	60.36	64.74	63.29
南非	South Africa	63.96	63.38	63.26	64.10	71.78
阿根廷	Argentina	46.12	49.97	53.67	54.15	54.59
埃及	Egypt	39.34	42.89	44.52	47.55	49.94
委内瑞拉	Venezuela	37.96	43.52	42.40	43.20	38.60
中国，香港	Hong Kong, China	11.41	7.54	7.76	7.99	8.07

Total Final Consumption of Energy

(Mtoe)

2009	2010	比重% Percent of World	2011	比重% Percent of World	2012	比重% Percent of World	2013	比重% Percent of World
8316.56	**8723.01**	**100.00**	**8885.74**	**100.00**	**8950.78**	**100.00**	**9172.80**	**100.00**
3568.70	**3686.66**	**42.26**	**3633.70**	**40.89**	**3579.36**	**39.99**	**3645.67**	**39.74**
1458.67	1500.77	**17.20**	1503.71	16.92	1435.76	**16.04**	1495.07	**16.30**
314.41	321.55	3.69	314.47	3.54	310.37	3.47	311.41	3.39
222.73	229.60	2.63	221.02	2.49	220.11	2.46	224.90	2.45
190.95	190.72	2.19	203.98	2.30	197.66	2.21	199.09	2.17
157.90	161.81	1.85	152.20	1.71	154.84	1.73	157.56	1.72
147.82	157.69	1.81	161.04	1.81	166.42	1.86	167.84	1.83
131.46	137.36	1.57	126.30	1.42	128.28	1.43	129.03	1.41
125.58	130.04	1.49	126.75	1.43	125.70	1.40	121.17	1.32
110.10	113.61	1.30	116.07	1.31	117.01	1.31	118.18	1.29
92.04	92.24	1.06	88.60	1.00	84.66	0.95	81.46	0.89
74.66	76.49	0.88	77.85	0.88	79.86	0.89	80.79	0.88
60.10	64.77	0.74	59.63	0.67	61.05	0.68	61.65	0.67
39.22	43.54	0.50	42.64	0.48	39.97	0.45	41.77	0.46
31.88	34.86	0.40	32.73	0.37	32.95	0.37	32.34	0.35
20.17	20.69	0.24	19.45	0.22	19.80	0.22	20.29	0.22
13.92	14.83	0.17	14.08	0.16	14.73	0.16	14.65	0.16
4415.43	**4675.53**	**53.60**	**4885.15**	**54.98**	**5019.89**	**56.08**	**5173.21**	**56.40**
1431.92	1533.93	17.58	1635.13	18.40	1708.01	19.08	1822.70	19.87
441.33	474.70	5.44	494.65	5.57	508.06	5.68	528.34	5.76
418.15	446.32	5.12	458.57	5.16	448.51	5.01	434.49	4.74
190.77	210.91	2.42	217.89	2.45	224.35	2.51	228.43	2.49
159.91	156.80	1.80	163.15	1.84	163.14	1.82	165.42	1.80
146.52	149.69	1.72	151.86	1.71	159.66	1.78	161.99	1.77
99.56	120.65	1.38	123.35	1.39	133.32	1.49	133.07	1.45
77.82	84.90	0.97	87.14	0.98	91.83	1.03	95.80	1.04
62.88	67.86	0.78	67.71	0.76	65.29	0.73	67.66	0.74
71.02	69.12	0.79	69.86	0.79	71.07	0.79	74.32	0.81
52.15	56.70	0.65	58.34	0.66	59.39	0.66	60.45	0.66
48.28	53.01	0.61	55.51	0.62	55.88	0.62	54.15	0.59
38.93	49.11	0.56	48.02	0.54	48.72	0.54	45.35	0.49
8.91	8.20	0.09	8.94	0.10	8.60	0.10	8.65	0.09

附录2-11　煤的一次供应量

单位：百万吨标准油

国家和地区	Contury or Area	2004	2005	2006	2007	2008
世界	**World**	**2764.51**	**2951.39**	**3053.54**	**3190.30**	**3314.18**
OECD合计	**OECD Total**	**1131.74**	**1146.37**	**1138.65**	**1155.31**	**1128.09**
美国	United States	548.77	558.46	550.96	554.80	545.76
日本	Japan	116.48	111.04	112.41	116.24	113.50
德国	Germany	85.83	81.69	82.27	86.67	80.97
韩国	Korea	50.09	49.47	52.61	56.14	62.77
澳大利亚	Australia	49.47	53.18	53.75	55.47	57.96
英国	United Kingdom	37.35	37.94	41.29	38.77	35.89
加拿大	Canada	28.44	30.03	27.53	26.41	26.27
意大利	Italy	16.60	16.47	16.67	16.78	16.28
法国	France	13.90	14.30	13.20	13.64	12.88
墨西哥	Mexico	7.13	8.85	8.74	9.10	7.52
西班牙	Spain	21.02	20.49	17.87	20.01	13.48
荷兰	Netherlands	8.70	8.19	7.78	8.51	8.08
以色列	Israel	8.11	7.64	8.18	8.02	7.79
比利时	Belgium	5.79	5.02	4.78	4.24	4.35
瑞典	Sweden	2.94	2.62	2.69	2.65	2.43
瑞士	Switzerland	0.13	0.15	0.16	0.18	0.16
非OECD合计	**NON-OECD Total**	**1630.44**	**1805.02**	**1915.05**	**2034.98**	**2186.09**
中国	China	973.63	1138.53	1206.98	1285.07	1406.35
印度	India	197.25	208.04	222.77	242.49	261.37
俄罗斯	Russian Federation	104.19	112.64	106.74	110.96	117.07
南非	South Africa	94.40	91.94	93.60	97.10	95.83
中国，台北	Chinese Taipei	37.46	38.14	39.96	41.79	40.11
印度尼西亚	Indonesia	20.22	23.18	29.22	33.99	37.14
泰国	Thailand	10.71	11.50	12.50	14.23	15.40
巴西	Brazil	13.43	12.99	12.79	13.59	13.73
中国，香港	Hong Kong, China	6.59	6.67	7.03	7.56	6.99
伊朗	Islamic Republic of Iran	1.03	1.65	1.28	1.71	1.61
阿根廷	Argentina	0.57	0.89	1.02	1.08	1.25
埃及	Egypt	0.94	0.90	0.87	0.87	0.85
委内瑞拉	Venezuela	-	0.04	0.04	0.05	0.04
沙特阿拉伯	Saudi Arabia					

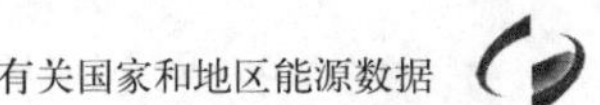

Primary Supply of Coal

(Mtoe)

2009	2010	比重% Percent of Word	2011	比重% Percent of Word	2012	比重% Percent of Word	2013	比重% Percent of Word
3289.99	**3607.45**	**100.00**	**3789.32**	**100.00**	**3741.13**	**100.00**	**3927.77**	**100.00**
1029.17	**1087.31**	**31.26**	**1064.80**	**28.10**	**1020.08**	**27.27**	**1029.27**	**26.20**
484.98	502.64	14.46	479.00	12.64	425.04	11.36	432.13	11.00
101.15	115.12	3.31	107.42	2.83	112.37	3.00	121.26	3.09
71.62	78.95	2.22	77.35	2.04	80.15	2.14	81.64	2.08
64.84	73.43	2.11	80.24	2.12	77.08	2.06	77.88	1.98
52.33	50.03	1.48	48.18	1.27	46.64	1.25	45.65	1.16
29.83	30.75	0.88	30.66	0.81	38.87	1.04	37.31	0.95
22.22	22.29	0.64	19.60	0.52	18.91	0.51	17.37	0.44
12.75	14.17	0.41	15.91	0.42	15.71	0.42	13.54	0.34
11.20	12.04	0.35	10.28	0.27	11.47	0.31	12.45	0.32
7.75	8.63	0.25	10.01	0.26	9.36	0.25	12.51	0.32
10.15	7.68	0.22	12.44	0.33	15.18	0.41	11.01	0.28
7.46	7.60	0.22	7.47	0.20	8.20	0.22	8.12	0.21
7.15	7.41	0.21	7.75	0.20	8.59	0.23	7.00	0.18
2.98	3.19	0.09	2.91	0.08	3.11	0.08	3.22	0.08
1.93	2.49	0.07	2.49	0.07	2.19	0.06	2.22	0.06
0.15	0.15		0.14		0.12		0.13	
2260.82	**2520.14**	**68.74**	**2724.53**	**71.90**	**2721.04**	**72.73**	**2898.50**	**73.80**
1509.57	1700.70	45.89	1878.79	49.58	1883.93	50.36	2044.93	52.06
282.78	310.07	8.30	325.78	8.60	318.02	8.50	341.38	8.69
95.27	114.83	3.30	118.81	3.14	117.81	3.15	108.33	2.76
102.85	100.97	2.90	98.46	2.60	96.93	2.59	95.43	2.43
38.16	41.43	1.19	40.93	1.08	39.59	1.06	40.29	1.03
30.51	30.48	0.88	25.49	0.67	30.06	0.80	31.52	0.80
14.93	16.36	0.47	18.25	0.48	16.48	0.44	17.24	0.44
10.98	14.45	0.42	15.43	0.41	15.25	0.41	16.42	0.42
7.60	6.36	0.18	7.72	0.20	7.61	0.20	7.99	0.20
1.18	1.49	0.04	1.46	0.04	1.13	0.03	1.21	0.03
1.17	1.05	0.03	1.24	0.03	1.14	0.03	0.75	0.02
0.82	0.49	0.02	0.49	0.01	0.39	0.01	0.39	0.01
0.24	0.20	0.01	0.21	0.01	0.21	0.01	0.21	0.01

附录2-12 石油的一次供应量

单位：百万吨标准油

国家和地区	Contury or Area	2004	2005	2006	2007	2008	2009
世界	**World**	**3944.34**	**4025.69**	**4033.43**	**4078.04**	**4072.29**	**3989.63**
OECD合计	**OECD Total**	**2237.22**	**2188.05**	**2128.17**	**2102.69**	**2057.70**	**1953.00**
美国	United States	947.47	952.20	937.12	902.87	851.60	801.73
日本	Japan	253.60	250.53	240.57	229.83	214.29	200.50
德国	Germany	125.21	123.15	123.55	104.40	111.13	103.69
墨西哥	Mexico	96.12	103.82	100.74	100.37	103.71	99.03
韩国	Korea	101.43	94.94	93.61	94.45	89.62	90.60
加拿大	Canada	97.95	97.50	95.34	99.17	96.42	85.39
法国	France	92.13	91.56	90.71	83.96	83.20	79.02
意大利	Italy	83.77	82.11	81.19	75.96	72.46	67.61
英国	United Kingdom	83.20	84.60	83.80	67.44	67.73	64.18
西班牙	Spain	70.77	71.17	70.84	67.94	65.05	60.37
澳大利亚	Australia	34.56	37.88	38.76	36.25	39.40	39.35
荷兰	Netherlands	31.96	33.41	32.40	32.79	31.01	30.33
比利时	Belgium	23.02	25.55	24.45	22.50	24.08	23.95
瑞典	Sweden	15.45	14.90	14.62	12.93	13.52	11.85
瑞士	Switzerland	12.53	12.63	12.97	10.45	11.09	11.51
以色列	Israel	10.84	10.89	10.51	11.16	11.09	10.22
非OECD合计	**NON-OECD Total**	**1543.70**	**1522.10**	**1583.29**	**1639.77**	**1668.69**	**1704.20**
中国	China	311.12	317.44	341.53	354.99	363.63	377.99
印度	India	127.21	126.45	131.76	138.79	150.80	159.57
俄罗斯	Russia	131.62	129.20	133.80	132.39	143.13	137.92
巴西	Brazil	86.58	87.11	88.72	92.64	95.74	95.42
沙特阿拉伯	Saudi Arabia	85.45	89.94	89.51	93.03	93.03	96.50
伊朗	Islamic Republic of Iran	72.61	84.89	84.22	85.55	91.64	95.73
印度尼西亚	Indonesia	63.80	65.45	59.24	61.09	63.88	64.15
泰国	Thailand	45.68	43.74	42.29	41.86	40.31	42.07
委内瑞拉	Venezuela	28.12	30.68	29.90	33.12	37.23	37.83
中国，台北	Chinese Taipei	45.93	43.45	43.31	45.84	42.38	40.43
埃及	Egypt	28.04	29.35	29.36	31.19	31.85	32.18
阿根廷	Argentina	24.14	22.95	27.07	26.62	28.31	26.79
南非	South Africa	15.55	17.07	15.25	16.94	20.73	20.74
中国，香港	Hong Kong, China	8.13	3.19	3.30	3.89	3.83	4.08

Primary Supply of Oil

(Mtoe)

2010	比重% Percent of Word	2011	比重% Percent of Word	2012	比重% Percent of Word	2013	比重% Percent of Word
4130.12	**100.00**	**4132.18**	**100.00**	**4207.75**	**100.00**	**4209.53**	**100.00**
1956.86	**47.38**	**1917.07**	**46.39**	**1903.10**	**45.23**	**1884.15**	**44.76**
805.61	19.51	786.03	19.02	771.32	18.33	780.38	18.54
202.32	4.90	206.30	4.99	209.62	4.98	202.45	4.81
105.14	2.55	101.92	2.47	101.44	2.41	102.90	2.44
94.65	2.29	100.09	2.42	102.01	2.42	98.86	2.35
95.11	2.30	93.71	2.27	97.22	2.31	96.57	2.29
86.04	2.08	81.92	1.98	83.34	1.98	78.38	1.86
75.59	1.83	75.56	1.83	73.32	1.74	71.04	1.69
65.30	1.58	62.70	1.52	55.55	1.32	53.34	1.27
62.40	1.51	60.50	1.46	59.09	1.40	57.49	1.37
58.16	1.41	54.81	1.33	50.40	1.20	47.81	1.14
40.22	0.97	41.35	1.00	44.38	1.05	45.89	1.09
31.49	0.76	29.81	0.72	30.92	0.73	29.79	0.71
23.96	0.58	22.60	0.55	21.35	0.51	22.44	0.53
13.92	0.34	13.73	0.33	12.60	0.30	11.75	0.28
10.35	0.25	9.98	0.24	9.99	0.24	10.72	0.25
10.57	0.26	10.63	0.26	12.79	0.30	10.43	0.25
1813.62	**43.91**	**1848.22**	**44.73**	**1953.17**	**46.42**	**1971.49**	**46.83**
428.25	10.37	442.25	10.70	464.19	11.03	478.32	11.36
161.06	3.90	166.20	4.02	177.21	4.21	175.91	4.18
140.33	3.40	158.52	3.84	168.84	4.01	160.11	3.80
104.76	2.54	109.03	2.64	116.83	2.78	121.87	2.90
125.51	3.04	117.03	2.83	134.12	3.19	125.25	2.98
82.77	2.00	80.56	1.95	88.71	2.11	94.41	2.24
70.39	1.70	73.22	1.77	75.42	1.79	76.61	1.82
44.56	1.08	46.81	1.13	49.49	1.18	52.75	1.25
41.83	1.01	36.44	0.88	43.27	1.03	39.37	0.94
42.19	1.02	39.47	0.96	49.49	1.18	52.75	1.25
33.85	0.82	34.14	0.83	35.81	0.85	34.38	0.82
31.45	0.76	29.96	0.73	29.24	0.69	28.99	0.69
20.01	0.48	21.26	0.51	21.48	0.51	22.98	0.55
3.80	0.09	4.11	0.10	3.40	0.08	2.90	0.07

附录2-13 天然气供应量

单位：百万吨标准油

国家和地区	Contury or Area	2003	2004	2005	2006	2007	2008
世界	**World**	**2240.82**	**2289.45**	**2368.26**	**2417.13**	**2527.91**	**2592.81**
OECD合计	**OECD Total**	**1189.26**	**1195.39**	**1208.82**	**1205.82**	**1262.34**	**1276.75**
美国	United States	519.80	512.12	507.07	501.27	542.69	542.77
日本	Japan	71.30	70.56	70.57	77.44	83.05	83.71
英国	United Kingdom	85.86	87.36	85.60	81.04	81.94	84.45
加拿大	Canada	79.71	78.00	80.60	79.47	80.59	77.05
德国	Germany	79.11	78.71	80.83	79.47	76.85	76.53
意大利	Italy	63.60	66.00	70.63	69.17	69.51	69.50
墨西哥	Mexico	41.97	43.70	44.19	48.56	47.11	49.08
法国	France	39.31	40.14	41.07	39.61	38.48	39.87
荷兰	Netherlands	35.99	36.73	35.31	34.25	33.26	34.65
韩国	Korea	22.00	25.28	27.37	28.70	31.15	31.81
西班牙	Spain	21.35	25.16	29.84	31.01	31.77	34.90
澳大利亚	Australia	22.15	22.74	23.04	23.43	25.79	25.72
比利时	Belgium	14.40	14.76	14.74	14.99	14.92	14.83
以色列	Israel	0.01	0.98	1.35	1.88	1.94	2.37
瑞士	Switzerland	2.63	2.71	2.78	2.71	2.63	2.81
瑞典	Sweden	0.89	0.88	0.84	0.88	0.91	0.83
非OECD合计	**NON-OECD Total**	**1051.56**	**1096.25**	**1159.44**	**1211.31**	**1265.57**	**1316.06**
俄罗斯	Russian Federation	342.50	346.56	349.57	358.61	365.96	366.17
伊朗	Islamic Republic of Iran	68.13	75.56	83.81	91.39	104.48	109.98
中国	China	27.73	33.25	38.78	47.36	59.12	68.32
沙特阿拉伯	Saudi Arabia	42.78	46.48	55.59	53.61	55.08	61.04
印度	India	23.57	26.34	31.75	33.48	35.70	35.58
印度尼西亚	Indonesia	32.54	30.31	29.25	28.25	30.08	29.79
埃及	Egypt	25.43	25.17	29.98	31.00	32.35	36.40
阿根廷	Argentina	30.17	31.31	35.81	36.64	38.08	39.37
泰国	Thailand	23.26	24.37	25.92	26.68	28.30	30.94
委内瑞拉	Venezuela	22.64	22.32	28.68	23.39	22.80	24.42
巴西	Brazil	12.76	15.77	16.72	17.50	17.72	21.21
中国，台北	Chinese Taipei	7.21	8.82	8.57	9.55	9.88	10.76
中国，香港	Hong Kong, China	1.51	2.18	2.19	2.40	2.24	2.59
南非	South Africa	1.08	2.78	2.76	3.75	3.77	3.49

Primary Supply of Gas

(Mtoe)

2009	2010	2011	比重% Percent of Word	2012	比重% Percent of Word	2013	比重% Percent of Word
2538.80	**2737.33**	**2790.09**	**100.00**	**2837.89**	**100.00**	**2901.63**	**100.00**
1248.64	**1319.16**	**1316.77**	**47.19**	**1343.71**	**47.35**	**1370.91**	**47.25**
535.23	555.92	568.73	20.38	594.74	20.96	609.76	21.01
80.66	86.01	99.95	3.58	105.31	3.71	106.26	3.66
78.10	84.79	70.18	2.52	66.50	2.34	65.66	2.26
78.37	78.68	83.57	3.00	83.48	2.94	87.02	3.00
76.56	75.88	69.58	2.49	69.80	2.46	73.08	2.52
63.88	68.04	63.80	2.29	61.34	2.16	50.69	1.75
48.51	53.26	56.22	2.01	58.47	2.06	61.78	2.13
38.45	42.53	37.03	1.33	38.21	1.35	32.37	1.12
34.96	39.20	34.19	1.23	32.78	1.16	33.05	1.14
31.70	38.63	41.58	1.49	44.97	1.58	47.60	1.64
31.22	31.12	28.98	1.04	28.57	1.01	26.16	0.90
26.86	26.21	27.02	0.97	28.11	0.99	29.72	1.02
15.11	16.99	15.12	0.54	14.36	0.51	14.39	0.50
3.42	4.41	4.10	0.15	2.10	0.07	5.74	0.20
2.69	3.01	2.67	0.10	2.93	0.10	3.08	0.11
1.09	1.47	1.16	0.04	1.01	0.04	0.96	0.03
1290.17	**1418.17**	**1473.32**	**52.81**	**1494.18**	**52.65**	**1530.72**	**52.75**
350.29	383.43	395.88	14.19	387.01	13.64	395.05	13.61
115.38	122.11	129.17	4.63	128.28	4.52	130.18	4.49
75.04	88.57	107.75	3.86	120.54	4.25	140.17	4.83
61.35	59.89	60.99	2.19	66.22	2.33	66.93	2.31
48.93	54.39	54.99	1.97	48.93	1.72	44.47	1.53
34.37	38.79	35.63	1.28	35.00	1.23	32.72	1.13
35.83	35.80	39.02	1.40	39.12	1.38	39.94	1.38
38.72	37.97	40.45	1.45	41.67	1.47	41.92	1.44
28.91	32.94	30.78	1.10	35.19	1.24	37.84	1.30
23.71	25.86	25.96	0.93	21.73	0.77	21.19	0.73
16.99	23.02	22.89	0.82	27.23	0.96	32.07	1.11
11.27	13.28	14.02	0.50	13.24	0.47	13.13	0.45
2.52	3.13	2.49	0.09	2.30	0.08	2.16	0.07
2.58	3.87	3.84	0.14	4.03	0.14	4.09	0.14

附录2-14　总发电量(2013年)
Total Electricity Generation(2013)

单位：百万千瓦小时　(GWh)

国家和地区	Contury or Area	总发电量 Total Production of Electricity	发电量占世界比重(%) Percent of (%)	煤电比重(%) Electricity Generation from Coal (% of total)	油电比重(%) Electricity Generation from Oil (% of total)	气电比重(%) Electricity Generation from Gas (% of total)	水电比重(%) Electricity Generation from Hydro (% of total)	核电比重(%) Electricity Generation from Nuclear (% of total)
世界总计	**World**	**23307163**	**100.00**	**41.20**	**4.40**	**21.80**	**16.30**	**10.60**
美国	United States	4286903	18.39	39.95	0.86	27.02	6.32	19.17
中国	China	5422163	23.26	75.40	0.10	1.80	16.80	2.10
日本	Japan	1038470	4.46	32.43	14.43	38.68	7.52	0.90
俄罗斯	Russian Federation	1057589	4.54	15.30	0.80	50.10	17.10	16.30
印度	India	1193480	5.12	72.80	1.90	5.50	11.90	2.90
德国	Germany	627374	2.69	46.77	1.15	10.96	3.67	15.51
加拿大	Canada	651808	2.80	10.00	1.15	10.31	60.10	15.77
法国	France	567366	2.43	4.37	0.44	3.03	12.42	74.68
巴西	Brazil	570329	2.45	3.80	4.70	12.10	68.60	2.60
韩国	Korea	537891	2.31	41.43	3.98	26.93	0.80	25.80
英国	United Kingdom	356256	1.53	37.03	0.60	26.84	1.32	19.82
西班牙	Spain	279275	1.20	15.19	4.93	20.44	13.17	20.31
墨西哥	Mexico	297079	1.27	10.76	16.12	55.79	9.43	3.97
南非	South Africa	253192	1.09	93.70	0.10		0.50	5.60
中国，台北	Chinese Taipei	248851	1.07	49.50	3.00	26.50	2.20	16.70
乌克兰	Ukraine	193706	0.83	41.80	0.20	7.20	7.10	43.00
瑞典	Sweden	153031	0.66	0.88	0.27	0.55	40.10	43.43
阿根廷	Argentina	139171	0.60	2.60	14.30	54.40	22.30	4.50
荷兰	Netherlands	100875	0.43	27.30	1.24	54.69	0.11	2.87
巴基斯坦	Pakistan	97796	0.42	0.10	36.90	26.30	31.90	4.90
比利时	Belgium	82113	0.35	6.28	0.19	25.47	0.46	51.93
捷克	Czech Republic	86160	0.37	51.38	0.05	2.00	3.17	35.68
芬兰	Finland	71251	0.31	20.17	0.33	9.53	18.02	33.13
瑞士	Switzerland	68805	0.30		0.07	1.17	55.90	37.77
罗马尼亚	Romania	58536	0.25	29.00	1.00	14.80	25.60	19.80
保加利亚	Bulgaria	43069	0.18	45.00	0.50	5.40	9.50	32.90

附录2-15　国内生产总值电耗(2005年价)
Electricity Consumption/Gdp (2005 US$)

单位：千瓦小时/美元　(kW•h per US$)

国家和地区	Contury or Area	2000	2005	2008	2009	2010	2011	2012	2013
世界	**World**	**0.36**	**0.37**	**0.37**	**0.38**	**0.38**	**0.38**	**0.38**	**0.38**
OECD合计	**OECD Total**	**0.28**	**0.28**	**0.27**	**0.27**	**0.27**	**0.26**	**0.26**	**0.25**
非OECD合计	**NON-OECD Total**	**0.67**	**0.69**	**0.69**	**0.69**	**0.70**	**0.71**	**0.71**	**0.71**
埃及	Egypt	0.89	1.06	1.06	1.07	1.08	1.16	1.16	1.16
中国	China	0.89	1.03	1.02	1.01	1.03	1.06	1.04	1.05
俄罗斯	Russia	1.34	1.08	0.97	1.00	1.01	0.98	0.97	0.94
伊朗	Islamic Republic of Iran	0.69	0.76	0.78	0.80	0.81	0.80	0.86	0.92
南非	South Africa	1.01	0.90	0.84	0.82	0.80	0.79	0.75	0.71
泰国	Thailand	0.66	0.71	0.70	0.72	0.74	0.73	0.74	0.72
印度	India	0.68	0.62	0.63	0.62	0.64	0.66	0.68	0.66
沙特阿拉伯	Saudi Arabia	0.45	0.50	0.54	0.57	0.50	0.48	0.50	0.51
委内瑞拉	Venezuela	0.50	0.53	0.47	0.49	0.55	0.54	0.53	0.50
中国，台北	Chinese Taipei	0.58	0.60	0.56	0.55	0.53	0.52	0.50	0.51
阿根廷	Argentina	0.46	0.51	0.48	0.48	0.46	0.44	0.43	0.40
巴西	Brazil	0.43	0.43	0.42	0.42	0.42	0.43	0.44	0.44
印度尼西亚	Indonesia	0.36	0.40	0.40	0.40	0.41	0.41	0.42	0.44
中国，香港	Hong Kong, China	0.25	0.23	0.20	0.21	0.19	0.18	0.18	0.18

附录2-16　人均电力消费量
Electricity Consumption/Population

单位：千瓦小时/人　(kW•h per capita)

国家和地区	Contury or Area	2002	2003	2004	2005	2006	2007	2008	2009	2010	2011	2012	2013
世界	**World**	**2365**	**2435**	**2507**	**2593**	**2668**	**2758**	**2787**	**2739**	**2881**	**2941**	**2967**	**3024**
OECD合计	**OECD Total**	**7991**	**8081**	**8205**	**8308**	**8418**	**8508**	**8377**	**7983**	**8283**	**8181**	**8088**	**8072**
非OECD合计	**NON-OECD Total**	**1087**	**1162**	**1236**	**1296**	**1409**	**1506**	**1539**	**1576**	**1693**	**1797**	**1856**	**1937**
中国，台北	Chinese Taipei	8441	8898	9293	9617	9917	10216	10023	9588	10247	10414	10335	10458
沙特阿拉伯	Saudi Arabia	5810	6620	6587	6553	7080	7247	7127	7427	8023	8161	8763	9157
俄罗斯	Russia	5305	5480	5642	5785	6123	6318	6435	6136	6431	6486	6626	6562
中国，香港	Hong Kong, China	5612	5653	5779	5879	5883	5899	5866	5924	5974	5960	6027	5933
南非	South Africa	4546	4756	4886	4704	4831	4980	4934	4666	4571	4604	4407	4328
委内瑞拉	Venezuela	2653	2664	2760	2875	3029	2979	3092	3053	3288	3328	3239	3231
中国	China	1184	1379	1586	1784	2041	2328	2458	2633	2944	3298	3477	3755
阿根廷	Argentina	2017	2186	2301	2422	2560	2658	2801	2759	2907	2967	3027	3175
伊朗	Islamic Republic of Iran	1782	1916	2006	2080	2334	2318	2417	2499	2635	2653	2752	2888
巴西	Brazil	1813	1885	1951	2017	2075	2171	2236	2205	2380	2438	2505	2583
泰国	Thailand	1656	1752	1898	1878	1984	2055	2052	2045	2335	2316	2482	2487
埃及	Egypt	1103	1173	1234	1284	1304	1384	1484	1549	1671	1795	1804	1812
印度	India	417	435	457	475	516	552	581	617	657	713	738	783
印度尼西亚	Indonesia	428	440	487	498	530	564	572	597	639	684	722	792

附录2-17 煤净进口量
Net Import of Coal

单位：百万吨标准油 (Mtoe)

国家和地区	Contury or Area	2002	2003	2004	2005	2006	2007	2008	2009	2010	2011	2012	2013
日本	Japan	102.58	106.48	116.48	111.42	112.03	116.16	114.19	100.87	115.02	107.51	112.12	123.33
中国	China	-57.40	-63.86	-54.72	-28.95	-30.46	-17.39	-15.92	60.80	82.78	102.71	143.57	167.09
韩国	Korea	43.95	46.51	50.25	46.90	50.38	54.50	61.51	62.92	72.95	79.48	76.08	77.38
印度	India	15.48	14.11	19.30	25.07	29.49	33.43	36.62	46.22	69.33	74.32	84.17	100.01
中国台北	Chinese Taipei	34.15	35.98	39.73	38.60	39.96	41.90	40.84	37.27	41.35	40.98	39.14	40.60
德国	Germany	24.45	25.14	27.70	25.72	29.08	32.04	31.01	25.89	31.64	31.69	32.12	36.27
英国	United Kingdom	17.45	20.01	22.59	27.23	31.21	26.92	26.89	22.96	15.81	19.66	27.01	30.65
意大利	Italy	13.12	14.53	16.78	16.37	16.62	16.65	16.57	12.42	14.30	15.29	15.77	13.02
土耳其	Turkey	8.34	10.90	11.20	11.72	13.58	14.64	12.86	13.34	13.85	15.53	19.46	17.82
法国	France	12.60	11.76	13.11	13.51	13.83	12.59	14.20	10.27	12.18	10.17	10.90	11.63
巴西	Brazil	11.01	11.36	11.02	10.61	10.18	11.30	11.81	9.08	12.11	13.64	12.25	13.35
荷兰	Netherlands	8.24	9.23	8.58	8.32	7.97	8.87	8.56	9.30	9.24	7.54	6.86	9.06
以色列	Israel	7.98	7.70	8.02	7.94	7.99	8.10	7.66	7.11	7.38	7.56	8.35	7.65
西班牙	Spain	14.36	12.72	14.14	14.40	13.51	13.32	11.04	8.97	6.73	8.58	11.57	7.57
比利时	Belgium	5.46	5.80	5.87	5.09	4.58	4.07	4.64	2.44	3.59	2.94	2.79	3.07
波兰	Poland	-15.60	-14.72	-14.97	-12.99	-12.28	-8.52	-3.58	-2.64	-2.74	-0.55	-3.24	-5.41
加拿大	Canada	-1.46	-2.00	-4.52	-5.09	-5.22	-7.91	-7.59	-9.63	-12.23	-14.12	-14.57	-18.07
美国	United States	-11.49	-8.96	-10.06	-8.78	-5.05	-12.48	-27.13	-22.11	-36.80	-55.15	-67.94	-63.02
南非	South Africa	-45.17	-46.69	-44.25	-46.43	-44.64	-42.77	-39.21	-33.33	-42.83	-44.27	-48.95	-49.22
哥伦比亚	Colombia	-23.20	-29.73	-33.21	-34.85	-40.29	-41.99	-44.06	-43.78	-45.11	-52.25	-55.00	-53.11
印度尼西亚	Indonesia	-45.62	-52.06	-65.50	-75.05	-107.81	-124.24	-128.57	-136.29	-155.85	-207.78	-225.87	-249.54
澳大利亚	Australia	-132.58	-135.50	-141.70	-150.34	-150.00	-164.78	-172.58	-169.04	-190.14	-184.04	-194.98	-217.04

注(Note)：负数表示净出口。
Negative numbers show net export.

附录2-18 石油净进口量

Net Import of Oil

单位：百万吨标准油 (Mtoe)

国家和地区	Contury or Area	2002	2003	2004	2005	2006	2007	2008	2009	2010	2011	2012	2013
美国	United States	557.94	594.72	641.07	659.40	652.14	634.42	589.67	517.77	508.20	465.69	403.14	335.30
中国	China	79.80	106.16	148.29	143.43	168.56	183.83	200.54	218.06	253.49	275.30	292.55	298.03
日本	Japan	259.08	260.62	256.84	257.88	244.89	240.08	224.82	205.74	211.78	216.00	221.12	211.96
印度	India	80.35	85.19	88.09	90.32	97.02	104.90	115.92	124.63	123.53	127.32	138.74	138.76
德国	Germany	124.45	126.3	122.41	123.13	121.58	109.25	117.08	110.63	112.67	107.39	109.24	110.57
韩国	Korea	106.47	108.69	107.84	102.49	105.97	105.87	100.24	104.95	108.80	105.99	109.69	109.08
法国	France	93.39	93.78	93.87	93.93	92.36	91.08	89.93	85.25	81.78	82.44	79.87	78.29
新加坡	Singapore	41.03	34.81	41.79	44.63	44.38	44.38	56.21	61.84	62.15	64.57	66.01	64.34
西班牙	Spain	74.98	75.71	77.47	79.97	79.69	79.44	77.44	71.36	69.47	66.84	60.32	57.03
意大利	Italy	85.49	83.97	81.29	78.55	78.70	76.03	72.02	67.06	66.80	62.32	55.04	53.08
中国，台北	Chinese Taipei	43.79	45.35	48.36	48.20	49.34	50.01	46.07	43.28	47.97	42.03	44.08	43.62
荷兰	Netherlands	40.49	41.29	44.53	48.75	47.61	49.17	49.03	46.47	45.72	44.22	46.52	43.59
比利时	Belgium	29.43	31.93	30.72	33.43	32.96	31.91	35.57	31.81	33.54	30.67	28.56	30.45
泰国	Thailand	28.36	30.98	35.91	34.70	31.80	30.69	29.51	29.86	31.99	32.28	33.77	34.50
土耳其	Turkey	28.39	28.32	28.94	28.07	30.41	31.53	29.45	28.04	29.35	29.02	31.92	31.28
希腊	Greece	20.37	19.68	21.53	20.11	21.18	20.26	20.71	18.62	17.02	14.96	15.26	12.42
英国	United Kingdom	-39.85	-28.52	-14.15	-2.54	7.34	0.56	7.07	6.08	11.32	19.81	26.32	28.04
厄瓜多尔	Ecuador	-12.64	-13.41	-18.41	-17.96	-18.41	-16.31	-17.01	-14.91	-13.68	-13.78	-14.70	-15.05
阿曼	Oman	-45.17	-41.27	-38.79	-38.56	-33.99	-30.99	-35.33	-39.26	-38.13	-41.58	-39.49	-41.73
墨西哥	Mexico	-81.73	-94.4	-97.77	-92.24	-88.58	-74.24	-60.12	-55.42	-56.25	-55.13	-45.29	-47.12
阿尔及利亚	Algeria	-64.54	-72.39	-75.61	-79.28	-77.51	-76.98	-73.01	-64.99	-61.10	-58.75	-52.91	-49.07
利比亚	Libya	-51.25	-59.34	-66.74	-69.16	-77.49	-75.33	-73.45	-62.12	-72.59	-13.26	-63.79	-39.66
卡塔尔	Qatar	-32.12	-34.16	-48.36	-52.14	-43.31	-43.05	-61.76	-58.83	-65.11	-72.47	-74.96	-75.30
哈萨克斯坦	Kazakhstan	-38.05	-44.38	-50.1	-54.69	-54.38	-56.05	-60.52	-68.64	-70.07	-70.36	-69.14	-66.91
加拿大	Canada	-49.08	-49.32	-51.81	-47.03	-58.96	-63.01	-62.71	-70.27	-74.89	-90.51	-102.30	-115.90
安哥拉	Angola	-42.82	-41.24	-47.2	-61.28	-69.36	-84.14	-93.20	-88.46	-85.23	-78.02	-81.12	-81.93
挪威	Norway	-152.59	-145.4	-144.9	-125.68	-121.34	-112.36	-103.82	-98.55	-85.83	-84.10	-74.59	-67.30
伊拉克	Iraq	-73.73	-42.85	-74.1	-70.30	-65.84	-71.74	-90.40	-91.16	-86.62	-100.04	-110.24	-108.16
科威特	Kuwait	-86.17	-97.27	-105.2	-118.43	-124.98	-119.77	-123.41	-99.31	-104.01	-123.33	-139.00	-135.82
阿联酋	United Arab Emirates	-89.27	-99.54	-104.4	-112.18	-111.74	-107.83	-116.58	-100.65	-103.45	-115.03	-118.86	-125.10
委内瑞拉	Venezuela	-139.82	-120.1	-133	-169.27	-131.42	-113.53	-129.07	-123.44	-125.27	-132.69	-120.09	-122.02
尼日利亚	Nigeria	-90.67	-107.7	-118.7	-116.41	-111.52	-106.67	-100.98	-108.95	-116.67	-117.03	-113.05	-103.07
伊朗	Iran	-109.43	-126.4	-129.3	-139.82	-135.01	-132.37	-134.00	-127.42	-136.26	-141.07	-78.56	-52.30
俄罗斯	Russian Federation	-250.44	-290.4	-325.4	-334.92	-334.63	-351.44	-338.15	-348.68	-355.07	-346.91	-344.14	-350.90
沙特阿拉伯	Saudi Arabia	-346.91	-405.1	-414.7	-430.98	-423.26	-398.97	-422.36	-353.98	-349.01	-403.63	-425.03	-419.79

注(Note)：负数表示净出口。
Negative numbers show net export.

附录2-19 天然气净进口量

Net Import of Gas

单位：百万吨标准油 (Mtoe)

国家和地区	Contury or Area	2002	2003	2004	2005	2006	2007	2008	2009	2010	2011	2012	2013
日本	Japan	64.46	68.65	68.04	67.78	74.19	80.07	79.88	77.76	82.79	97.60	102.05	103.71
意大利	Italy	48.50	51.10	55.28	59.82	63.07	60.49	62.76	56.60	61.58	57.51	55.34	50.55
美国	United States	81.23	76.08	79.52	84.16	80.48	88.33	69.24	62.38	60.75	45.95	35.61	30.73
德国	Germany	60.05	62.42	65.88	65.72	66.41	61.74	64.67	67.27	61.63	60.36	59.81	63.52
法国	France	36.73	37.52	38.66	40.71	39.46	37.12	38.99	38.78	39.54	38.26	36.91	38.00
韩国	Korea	20.85	22.73	25.91	26.10	29.54	29.91	33.34	30.20	39.28	41.89	42.84	47.65
英国	United Kingdom	-6.98	-7.02	1.46	5.97	9.55	16.62	22.00	24.66	32.20	31.00	31.37	32.91
西班牙	Spain	18.92	21.16	24.61	30.24	31.24	31.50	35.23	30.87	30.94	29.39	28.07	25.79
土耳其	Turkey	14.34	17.28	18.12	22.13	25.17	29.76	30.24	28.93	30.78	35.53	37.29	36.70
乌克兰	Ukraine	45.82	49.00	48.68	48.25	42.11	42.00	44.09	30.65	29.55	36.18	26.59	22.59
白俄罗斯	Belarus	14.59	15.03	16.30	16.70	17.25	17.12	17.48	14.62	17.90	16.60	16.81	16.82
比利时	Belgium	13.65	14.24	14.55	14.81	15.03	14.90	14.89	14.96	16.79	15.20	14.16	14.47
中国，台北	Chinese Taipei	6.24	6.50	8.01	8.35	9.05	9.66	10.58	10.32	12.94	14.24	13.52	13.60
波兰	Poland	6.68	7.50	8.12	8.53	8.90	8.25	9.12	8.12	8.87	9.64	10.04	10.18
泰国	Thailand	5.82	6.31	6.85	7.42	7.64	7.99	7.44	7.47	8.23	8.79	8.98	9.46
匈牙利	Hungary	8.70	9.94	9.28	9.80	9.41	8.55	9.30	7.83	7.72	6.13	6.05	5.56
阿联酋	United Arab Emirates	-5.73	-5.73	-6.27	-4.84	-4.79	-1.12	6.02	8.21	7.82	8.38	9.65	10.44
捷克	Czech Republic	7.92	7.70	7.09	7.53	7.90	6.71	7.02	7.02	6.84	7.50	6.10	6.96
阿根廷	Argentina	-4.81	-5.59	-5.51	-4.11	-4.95	-0.83	0.24	1.56	2.61	5.55	7.51	9.53
文莱	Brunei Darssalam	-7.99	-8.39	-8.31	-8.16	-8.54	-8.25	-8.47	-8.01	-7.59	-7.53	-7.39	-7.72
乌兹别克斯坦	Uzbekistan	-3.77	-4.89	-7.03	-9.18	-9.38	-10.87	-11.32	-11.66	-11.72	-9.75	-8.31	-10.99
阿曼	Oman	-6.85	-7.62	-8.45	-10.48	-10.48	-14.22	-11.33	-12.68	-8.86	-8.06	-8.00	-8.46
澳大利亚	Australia	-8.88	-9.15	-9.25	-12.38	-13.40	-13.17	-13.66	-12.46	-16.04	-17.72	-17.51	-22.39
马来西亚	Malaysia	-16.99	-20.36	-25.98	-21.14	-20.81	-18.77	-18.41	-17.74	-19.81	-21.02	-19.04	-20.03
土库曼斯坦	Turkmenistan	-32.00	-35.34	-36.56	-37.05	-39.19	-42.68	-43.69	-15.99	-19.55	-34.82	-36.54	-43.64
尼日利亚	Nigeria	-6.64	-9.99	-10.67	-10.29	-14.89	-17.74	-16.77	-13.06	-17.75	-19.08	-21.03	-18.55
印度尼西亚	Indonesia	-32.88	-33.47	-33.18	-36.27	-30.66	-32.31	-32.35	-32.68	-35.97	-35.40	-32.31	-30.22
阿尔及利亚	Algeria	-55.31	-57.60	-57.08	-55.08	-52.82	-51.28	-51.26	-46.92	-48.64	-44.81	-44.50	-40.30
加拿大	Canada	-82.78	-75.35	-77.52	-79.55	-76.01	-77.45	-71.86	-61.59	-60.40	-50.87	-47.43	-46.55
卡塔尔	Qatar	-15.03	-15.91	-20.36	-26.08	-30.10	-36.94	-51.51	-59.99	-84.34	-105.39	-92.60	-106.01
挪威	Norway	-55.04	-60.93	-65.32	-71.10	-73.65	-73.20	-82.24	-85.17	-87.46	-81.33	-96.16	-89.83
俄罗斯	Russian Federation	-144.00	-145.87	-156.26	-161.18	-158.03	-148.98	-151.39	-129.32	-150.63	-158.72	-152.17	-166.33

注(Note)：负数表示净出口。
Negative numbers show net export.

附录2-20 主要高耗能产品单位能耗中外比较
Energy Consumption for Main Energy Intensive Products by Comparing China with Selected Countries

1. 火电厂发电煤耗 Gross Coal Consumption Rate for Fossil-Fired Power Plant

单位：克标准煤/千瓦小时 (gce/kW·h)

国家	Country	1990	1995	2000	2005	2006	2007	2008	2009	2010	2011	2012	2013	2014
中国①	China	392	379	363	343	342	332	322	320	312	308	305	302	300
日本②	Japan	317	315	303	301	299	300	297	294	294	295	294	292	

注(Notes)：①6MW以上机组(>6MW Unit).
②九大电力公司平均(Average level of 9 key electricity companies).

资料来源(Source)：1.中国电力企业联合会(China Electricity Council).
2.The Institute of Energy Economics, Japan, Handbook of Energy and Economic Statistics in Japan, 2015 Edition.

2. 火电厂供电煤耗 Net Coal Consumption Rate for Fossil-fired Power Plant

单位：克标准煤/千瓦小时 (gce/kW·h)

国家	Country	1990	1995	2000	2005	2006	2007	2008	2009	2010	2011	2012	2013	2014
中国	China	427	412	392	370	367	356	345	340	333	329	325	321	319
日本	Japan	332	331	316	314	312	312	310	307	306	306	305	302	
意大利	Italy	326	319	315	288	283	280	276	276	275	274			

资料来源(Source)：1.中国电力企业联合会(China Electricity Council).
2.The Institute of Energy Economics, Japan, Handbook of Energy and Economic Statistics in Japan,2015 Edition.
3.International Energy Agency, Electricity Information.

2011年电源结构 2011 Power Generation by Source

单位：% (%)

国家	Country	水电 (Hydropower)	火电 (Thermal power)	核电 (Nuclear power)	其他 (Others)
中国	China	14.1	82.5	1.8	1.6
美国	United States	8.4	69.2	19.1	3.3
日本	Japan	7.4	75.3	15.1	2.2
法国	France	9.3	10.2	78.1	2.4

资料来源(Source)：1.中国电力企业联合会(China Electricity Council).
2.The Insititute of Energy Economics, Japan, Handbook of Energy and Economic Statistics in Japan, 2015 Edition.
3.International Energy Agency, Electricity Information.

3. 钢可比能耗 Comparable Energy Consumption for Steel

单位：千克标准煤/吨 (kgce/tn)

国家	Country	1990	1995	2000	2005	2006	2007	2008	2009	2010	2011	2012	2013	2014
中国①	China	997	976	784	732	729	718	709	697	681	675	674	662	654
日本	Japan	629	656	646	640	627	610		612	612	614			

注(Notes)：①大中型钢铁企业平均值。(Average level of key enterprises).
②综合能耗中的电耗，均按发电煤耗折算标准得。(In the full energy consumption, all of conversion from electric to coal equivalent according to gross coal consumption for fossil-fired power plant).

资料来源(Source):1.中国钢铁工业协会。(China Iron and Steel Association).
2.日本能源学会志。(Journal of Energy Society of Japan).
3.日本钢铁协会。(Japan Steel Association).

4. 电解铝交流电耗 Alternating Current Power Consumption for Electrolytic Aluminium

单位：千瓦时/吨 (kW·h/t)

国家	Country	1990	1995	2000	2005	2008	2009	2010	2011	2012	2013	2014
中国	China	17100	16620	15418	14575	14323	14171	13979	13913	13844	13740	13596
国际先进水平	International Advanced Level	14400	14400	14400	14100	13800	13830	12900	12900	12900	12900	12900

资料来源(Source)：中国有色金属工业协会。(China Ferrous Metals Industry Association).

5. 水泥综合能耗 Fully Energy Consumption for Cement

单位：千克标准煤/吨 (kgce/tn)

国家	Country	1990	1995	2000	2005	2006	2007	2008	2009	2010	2011	2012	2013	2014
中国	China	201	199	172	149	166	164	154	136	134	129	127	125	124
日本	Japan	123	124	126	127	126	118	122	130		129	119		

注(Notes)：综合能耗中的电耗，均按发电煤耗折算标准煤。(In the full energy consumption, all of conversion from electric to coal equivalent according to gross coal consumption for fossil-fired power plant).

资料来源(Source)：1.中国水泥协会(China Cement Association).
2.日本能源学会志。(Journal of Energy Sociaty of Japan).
3.日本水泥协会。(Japan Cement Association).

6. 乙烯综合能耗 Fully Energy Consumption for Ethylene

单位: 千克标准煤/吨 (kgce/tn)

国家	Country	1990	2000	2005	2006	2007	2008	2009	2010	2011	2012	2013	2014
中国①	China	1580	1125	1073	1013	1026	1010	976	950	895	893	879	860
国际先进水平	International Advanced Level	897	714	629②	629②	629②	629②	629②	629②	629②	629②	629②	629

注(Notes): ①主要用石油脑油作原料。(Feedstocks of ethylene production is used naphtha mainly).
②中东地区平均值，主要用乙烷作原料。(Average level of Middle-East region, feedstocks of ethylene production is uesd ethane mainly
③综合能耗中，电耗按发电煤耗折算标准煤。(In the full energy consumption, all of conversion from electric to coal equivalant accordi to gross coal consumption for fossil-fired power plant).
资料来源(Source): 中国石油和化学工业联合会。(China Petroleum and Chemical Industry Federation).

7. 合成氨综合能耗 Fully Energy Consumption for Sythetic Ammonia

单位: 千克标准煤/吨 (kgce/tn)

国家	Country	1990	1995	2000	2005	2008	2009	2010	2011	2012	2013	2014
中国①	China	2035	1849	1699	1650	1661	1591	1587	1568	1552	1532	1540
美国②	United States	1000	1000	1000	990	990	990	990	990	990	990	990

注(Notes): ①大、中、小型装置平均值.2013年煤占合成氨原料76%。(Average level of large. medium and small size installation. In 2013, the coal amount to 76% of the feedstocks for sythetic ammonia).
②以天然气为原料的大型装置的平均值.2010年天然气占合成氨原料98%。 (Average level of large size installation by natural gas. In 2010, the natural gas amount to 98% of the feedstocks for sythetic ammonia).
资料来源(Source): 同表6(Same Table 6).

8. 纸和纸板综合能耗 Full Energy Consumption for Paper and Paperboard

单位: 千克标准煤/吨 (kgce/tn)

国家	Country	1990	2000	2005	2006	2007	2010	2011	2012	2013	2014
中国	China	1550	1540	1380	1290	1255	1200	1170	1128	1087	1050
日本	Japan	744	678	640	627	610	581	583			

注(Notes): 产品能耗为自制浆企业平均(Average level of enterprises which made pulp by oneself).
资料来源(Source): 1.中国造纸协会(China Paper Association).
2.日本能源学会志(Journal of Energy Society of Japan).
3.The Institute of Energy Economics, Japan, Handbook of Energy and Economic Statistics in Japan, 2015 Edition.

附录 3　主要统计指标解释

Appendix Ⅲ Explanatory Notes of Main Statistical Indicators

主要统计指标解释

国内生产总值 指按市场价格计算的一个国家（或地区）所有常住单位在一定时期内生产活动的最终成果。国内生产总值有三种表现形态，即价值形态、收入形态和产品形态。从价值形态看，它是所有常住单位在一定时期内生产的全部货物和服务价值与同期投入的全部非固定资产货物和服务价值的差额，即所有常住单位的增加值之和；从收入形态看，它是所有常住单位在一定时期内创造并分配给常住单位和非常住单位的初次收入之和；从产品形态看，它是所有常住单位在一定时期内最终使用的货物和服务价值与货物和服务净出口价值之和。在实际核算中，国内生产总值有三种计算方法，即生产法、收入法和支出法。三种方法分别从不同的方面反映国内生产总值及其构成。

三次产业 三产业的划分是世界上较为常用的产业结构分类，但各国的划分不尽一致。根据《国民经济行业分类》(GB/T 4754—2011)，我国的三次产业划分是：

第一产业 是指农、林、牧、渔业（不含农、林、牧、渔服务业）。

第二产业 是指采矿业（不含开采辅助活动），制造业（不含金属制品、机械和设备修理业），电力、热力、燃气及水生产和供应业，建筑业。

第三产业 即服务业，是指除第一产业、第二产业以外的其他行业。

能源生产总量 指一定时期内全国（地区）一次能源生产量的总和，是观察全国（地区）能源生产水平、规模、过程构成和发展速度的总量指标。一次能源生产量包括原煤、原油、天然气、水电、核电及其他动力能（如风能、地热能等）发电量。不包括低热值燃料生产量、太阳热能等的利用和由一次能源加工转换而成的二次能源产量。

能源消费总量 指一定地域内（国家或地区）国民经济各行业和居民家庭在一定时期消费的各种能源的总和。能源消费总量分为三部分，即终端能源消费量、能源加工转换损失量和损失量。

(1) 终端能源消费量指一定时期内全国（地区）各行业和居民生活消费的各种能源在扣除了用于加工转换二次能源消费量和损失量以后的数量。

(2) 能源加工转换损失量指一定时期内全国（地区）投入加工转换的各种能源数量之和与产出各种能源产品之和的差额。它是观察能源在加工转换过程中损失量变化的指标。

(3) 能源损失量指一定时期内能源在输送、分配、储存过程中发生的损失和由客观原因造成的各种损失量。不包括各种气体能源放空、放散量。

能源生产弹性系数 是能源生产量的增长与国民经济增长之间的比值。计算公式：

$$\text{能源生产弹性系数}=\frac{\text{能源生产总量年平均增长速度}}{\text{国民经济年平均增长速度}}$$

本资料采用国内生产总值指标计算国民经济年平均增长速度。

电力生产弹性系数 是电力生产量的增长与国民经济增长之间的比值。计算公式：

$$电力生产弹性系数=\frac{电力生产量年平均增长速度}{国民经济年平均增长速度}$$

能源消费弹性系数 是能源消费增长速度与国民经济增长速度之间的比值。计算公式：

$$能源消费弹性系数=\frac{能源消费总量年平均增长速度}{国民经济年平均增长速度}$$

电力消费弹性系数 是电力消费增长速度与国民经济增长速度之间的比值。计算公式：

$$电力消费弹性系数=\frac{电力消费量年平均增长速度}{国民经济年平均增长速度}$$

能源加工转换效率 指一定时期内能源经过加工转换后，产出的各种能源产品的数量与投入加工转换的各种能源数量的比率。它是观察能源加工转换装置和生产工艺先进与落后、管理水平高低等的重要指标。计算公式：

$$能源加工转换效率=\frac{加工转换产出量}{加工转换投入量}\times 100\ \%$$

Explanatory Notes on Main Statistical Indicators

Gross Domestic Product (GDP): refers to the final products at market prices produced by all resident units in a country during a certain period of time. Gross domestic product is expressed in three different perspectives, namely value, income, and products respectively. GDP in its value perspective refers to the balance of total value of all goods and services produced by all resident units during a certain period of time, minus the total value of input of goods and services of the nature of non-fixed assets; in other words, it is the sum of the value-added of all resident units. GDP from the perspective of income includes the primary income created by all resident units and distributed to resident and non-resident units. GDP from the perspective of products refers to the value of all goods and services for final demand by all resident units plus the net exports of goods and services during a given period of time. In the practice of national accounting, gross domestic product is calculated from three approaches, namely production approach, income approach and expenditure approach, which reflect gross domestic product and its composition from different angles.

Three Strata of Industry: Classification of economic activities into three strata of industry is a common practice in the world, although the grouping varies to some extent from country to country. In China, according to Industrial classification for National Economic Activities (GB/T 4754—2011), economic activities are categorized into the following three strata of industry:

Primary industry: refers to agriculture, forestry, animal husbandry and fishery industries (not including services in support of agriculture, forestry, animal husbandry and fishery industries).

Secondary industry: refers to mining and quarrying (not including support activities for mining), manufacturing (not including repair service of metal products, machinery and equipment), production and supply of electricity, heat, gas and water, and construction.

Tertiary industry: refers to all other economic activities not included in the primary or secondary industries.

Total Energy Production: refers to the total production of primary energy by all energy producing enterprises in the country (region) in a given period of time. It is a comprehensive indicator to show the capacity, scale, composition and development of energy production of the country (region). The production of primary energy includes that of coal, crude oil, natural gas, hydro power and electricity generated by other means such as wind power and geothermal power. However, it excludes the production of fuels of low calorific value, solar thermal and the secondary energy converted from the primary energy.

Total Energy Consumption: refers to the total consumption of energy of various kinds of national economy industries and residents in a certain area (country or region) in a given period of time. Total energy consumption can be divided into three parts:

(1) Final Energy Consumption: refers to the total energy consumption by industry and residential in the country (region) in a given period of time, but excludes the consumption in conversion of the primary energy into the secondary energy and the loss in the process of energy transformation.

(2) Loss During Energy Transformation: refers to the total input of various kinds of energy for transformation, minus the total output of various kinds of energy in the country in a given period of time. It is an indicator to show the loss that occurs during the process of energy transformation.

(3) Loss: refers to the total of the loss of energy during the course of energy transport, distribution and storage and the loss caused by any objective reason in a given period of time. The loss of various kinds of gas due to gas discharges and stocktaking is excluded.

Elasticity of Energy Production: is an indicator to show the relationship between the growth rate of energy production and the growth rate of the national economy. The formula is:

$$Elasticity\ of\ Energy\ Production = \frac{average\ annual\ growth\ rate\ of\ energy\ production}{average\ annual\ growth\ rate\ of\ national\ economy}$$

The gross domestic products (GDP) is used to calculate the growth rate of national economy in this book.

Elasticity of Electricity Production: is an indicator to show the relationship between the growth rate of electricity production and the growth rate of the national economy. The formula is:

$$Elasticity\ of\ Electricity\ Production = \frac{average\ annual\ growth\ rate\ of\ electricity\ production}{average\ annual\ growth\ rate\ of\ national\ economy}$$

Elasticity of Energy Consumption: is an indicator to show the relationship between the growth rate of energy consumption and the growth rate of the national economy. The formula is:

$$Elasticity\ of\ Energy\ Consumption = \frac{average\ annual\ growth\ rate\ of\ energy\ consumption}{average\ annual\ growth\ rate\ of\ national\ economy}$$

Elasticity of Electricity Consumption: is an indicator to show the relationship between the growth rate of electricity consumption and the growth rate of the national economy. The formula is:

$$Elasticity\ of\ Electricity\ Consumption = \frac{average\ annual\ growth\ rate\ of\ electricity\ consumption}{average\ annual\ growth\ rate\ of\ national\ economy}$$

Efficiency of Energy Transformation: refers to the ratio of the total output of energy products after transformation and the total input of energy for transformation in the same reference period. It is an indicator to show the current conditions of energy processing and conversion equipment, production technique and management. The formula is:

$$Efficiency\ of\ Energy\ Transformation = \frac{output\ of\ energy\ from\ transformation}{input\ of\ energy\ for\ transformation}$$

附录 4　各种能源折标准煤参考系数

Appendix Ⅳ Conversion Factors from Physical Units to Coal Equivalent

各种能源折标准煤参考系数

能源名称	平均低位发热量	折标准煤系数
原煤	20 908 千焦 /(5 000 千卡)/ 千克	0.7143 千克标准煤 / 千克
洗精煤	26 344 千焦 /(6 300 千卡)/ 千克	0.9000 千克标准煤 / 千克
其它洗煤		
洗中煤	8 363 千焦 /(2 000 千卡)/ 千克	0.2857 千克标准煤 / 千克
煤泥	8 363～12 545 千焦 /(2 000～3 000 千卡)/ 千克	0.2857～0.4286 千克标准煤 / 千克
焦炭	28 435 千焦 /(6 800 千卡)/ 千克	0.9714 千克标准煤 / 千克
原油	41 816 千焦 /(10 000 千卡)/ 千克	1.4286 千克标准煤 / 千克
燃料油	41 816 千焦 /(10 000 千卡)/ 千克	1.4286 千克标准煤 / 千克
汽油	43 070 千焦 /(10 300 千卡)/ 千克	1.4714 千克标准煤 / 千克
煤油	43 070 千焦 /(10 300 千卡)/ 千克	1.4714 千克标准煤 / 千克
柴油	42 652 千焦 /(10 200 千卡)/ 千克	1.4571 千克标准煤 / 千克
液化石油气	50 179 千焦 /(12 000 千卡)/ 千克	1.7143 千克标准煤 / 千克
炼厂干气	45 998 千焦 /(11 000 千卡)/ 千克	1.5714 千克标准煤 / 千克
天然气	32 238～38 931 千焦 /(7 700～9 310 千卡)/ 立方米	1.1000～1.3300 千克标准煤 / 立方米
焦炉煤气	16 726～17 981 千焦/(4 000～4 300 千卡)/ 立方米	0.5714～0.6143 千克标准煤 / 立方米
其它煤气		
发生炉煤气	5 227 千焦 /(1 250 千卡)/ 立方米	0.1786 千克标准煤 / 立方米
重油催化裂解煤气	19 235 千焦 /(4 600 千卡)/ 立方米	0.6571 千克标准煤 / 立方米
重油热裂解煤气	35 544 千焦 /(8 500 千卡)/ 立方米	1.2143 千克标准煤 / 立方米
焦炭制气	16 308 千焦 /(3 900 千卡)/ 立方米	0.5571 千克标准煤 / 立方米
压力气化煤气	15 054 千焦 /(3 600 千卡)/ 立方米	0.5143 千克标准煤 / 立方米
水煤气	10 454 千焦 /(2 500 千卡)/ 立方米	0.3571 千克标准煤 / 立方米
煤焦油	33 453 千焦 /(8 000 千卡)/ 千克	1.1429 千克标准煤 / 千克
粗苯	41 816 千焦 /(10 000 千卡)/ 千克	1.4286 千克标准煤 / 千克
热力(当量)		0.03412 千克标准煤 / 百万焦耳 (0.14286 千克标准煤 /1000 千卡)
电力(当量)	3 600 千焦 /(860 千卡)/ 千瓦小时	0.1229 千克标准煤 / 千瓦小时
(等价)	按当年火电发电标准煤耗计算	
生物质能		
人粪	18 817 千焦 /(4 500 千卡)/ 千克	0.643 千克标准煤 / 千克
牛粪	13 799 千焦 /(3 300 千卡)/ 千克	0.471 千克标准煤 / 千克
猪粪	12 545 千焦 /(3 000 千卡)/ 千克	0.429 千克标准煤 / 千克
羊、驴、马、骡粪	15 472 千焦 /(3 700 千卡)/ 千克	0.529 千克标准煤 / 千克
鸡粪	18 817 千焦 /(4 500 千卡)/ 千克	0.643 千克标准煤 / 千克
大豆秆、棉花秆	15 890 千焦 /(3 800 千卡)/ 千克	0.543 千克标准煤 / 千克
稻秆	12 545 千焦 /(3 000 千卡)/ 千克	0.429 千克标准煤 / 千克
麦秆	14 635 千焦 /(3 500 千卡)/ 千克	0.500 千克标准煤 / 千克
玉米秆	15 472 千焦 /(3 700 千卡)/ 千克	0.529 千克标准煤 / 千克
杂草	13 799 千焦 /(3 300 千卡)/ 千克	0.471 千克标准煤 / 千克
树叶	14 635 千焦 /(3 500 千卡)/ 千克	0.500 千克标准煤 / 千克
薪柴	16 726 千焦 /(4 000 千卡)/ 千克	0.571 千克标准煤 / 千克
沼气	20 908 千焦 /(5 000 千卡)/ 立方米	0.714 千克标准煤 / 立方米

Conversion Factors from Physical Unit to Coal Equivalent

Energy	Average Low Calorific Value	Conversion Factor
Raw Coal	20 908 kjoule / (5 000 kcal) / kg	0.7143 kgce / kg
Cleaned Coal	26 344 kjoule / (6 300 kcal) / kg	0.9000 kgce / kg
Other Washed Coal		
Middlings	8 363 kjoule / (2 000 kcal) / kg	0.2857 kgce / kg
Slimes	8 363~12 545 kjoule / (2 000~3 000kcal)/ kg	0.2857~0.4286 kgce / kg
Coke	28 435 kjoule / (6 800 kcal) / kg	0.9714 kgce / kg
Crude Oil	41 816 kjoule / (10 000 kcal) / kg	1.4286 kgce / kg
Fuel Oil	41 816 kjoule / (10 000 kcal) / kg	1.4286 kgce / kg
Gasoline	43 070 kjoule / (10 300 kcal) / kg	1.4714 kgce / kg
Kerosene	43 070 kjoule / (10 300 kcal) / kg	1.4714 kgce / kg
Diesel	42 652 kjoule / (10 200 kcal) / kg	1.4571 kgce / kg
Liquefied Petroleum Gas	50 179 kjoule / (12 000 kcal) / kg	1.7143 kgce / kg
Refinery Gas	45 998 kjoule / (11 000 kcal) / kg	1.5714 kgce / kg
Natural Gas	32 238~38 931kjoule / (7 700~9 310 kcal) / cu.m	1.1000~1.3300 kgce / cu.m
Coke Oven Gas	16 726~17 981kKjoule/ (4 000~ 4 300kcal)/ cu.m	0.5714~0.6143 kgce / cu.m
Other Coal Gas		
By Gas Furnace	5 227 kjoule / (1 250 kcal) / cu.m	0.1786 kgce / cu.m
By Heavy Oil Catalytic Cracking	19 235 kjoule / (4 600 kcal) / cu.m	0.6571 kgce / cu.m
By Heavy Oil Thermal Cracking	35 544 kjoule / (8 500 kcal) / cu.m1.2143 kgce / cu.m	
Coke Gas	16 308 kjoule / (3 900 kcal) / cu.m	0.5571 kgce / cu.m
By Pressure Gasification	15 054 kjoule / (3 600 kcal) / cu.m	0.5143 kgce / cu.m
Water Coal Gas	10 454 kjoule / (2 500 kcal) / cu.m	0.3571 kgce / cu.m
Coal Tar	33 453 kjoule / (8 000 kcal) / kg	1.1429 kgce / kg
Benzene	41 816 kjoule / (10 000 kcal) / kg	1.4286 kgce / kg
Heat (in calorific value)	0.03412 kgce / Mjoule	(0.14286 kgce / 1000 kcal)
Electricity (in calorific value)	3 600 kjoule / (860 kcal) / kW • h	0.1229 kgce / kW • h
(in coal equivalent)	calculated by average coal input for thermal power generation in the year	
Biomass Energy		
Night Soill	8 817 kjoule / (4 500 kcal) / kg	0.643 kgce / kg
Cow Dung	13 799 kjoule / (3 300 kcal) / kg	0.471 kgce / kg
Pig Dung	12 545 kjoule / (3 000 kcal) / kg	0.429 kgce / kg
Sheep/Donkey/Horse/Mule Dung	15 472 kjoule / (3 700 kcal) / kg	0.529 kgce / kg
Poultry Manure	18 817 kjoule / (4 500 kcal) / kg	0.643 kgce / kg
Soybean Stalk, Cotton Stalk	15 890 kjoule / (3 800 kcal) / kg	0.543 kgce / kg
Paddy Stalk	12 545 kjoule / (3 000 kcal) / kg	0.429 kgce / kg
Wheat stalk	14 635 kjoule / (3 500 kcal) / kg	0.500 kgce / kg
Maize Stalk	15 472 kjoule / (3 700 kcal) / kg	0.529 kgce / kg
Fireweed	13 799 kjoule / (3 300 kcal) / kg	0.471 kgce / kg
Leaves	14 635 kjoule / (3 500 kcal) / kg	0.500 kgce / kg
Firewood	16 726 kjoule / (4 000 kcal) / kg	0.571 kgce / kg
Biogas	20 908 kjoule / (5 000 kcal) / cu.m	0.714 kgce / cu.m